인간의 지능

황정규 저

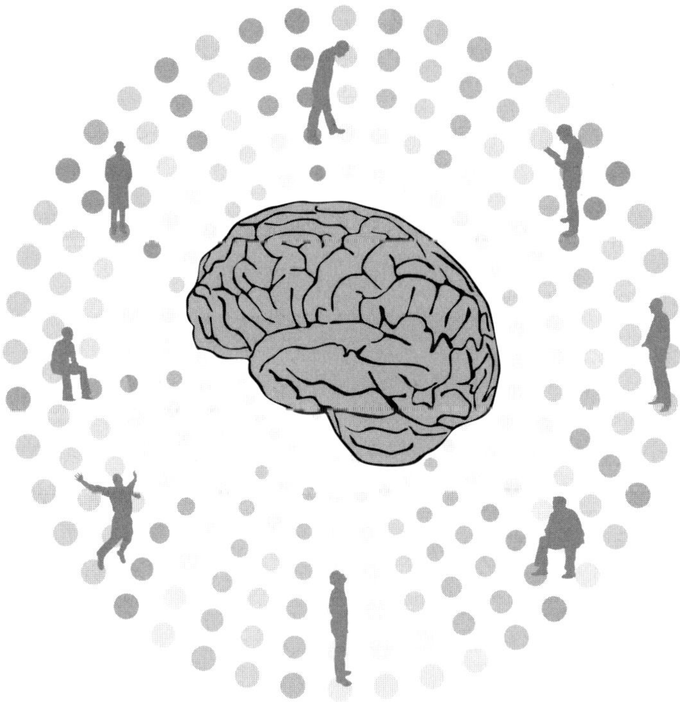

학지사

머리말

탈고를 하고, 교정지를 매만지며 이제 곧 책이 되어 나온다는 순간은 희열을 느껴야 할 터인데도 아쉬움 비슷한 이질감이 입안에 씹힐 뿐만 아니라 어쩐지 두려움조차도 느끼게 된다.

책을 거의 마무리지을 때쯤 해서의 내 생일에 딸 선희가 준 선물 속에 끼어 있던 잠언이 언뜻 생각나다.

행복의 참 비결은
오늘을 사는 것,
언제까지고
과거를 후회하거나
미래를 생각하고
괴로워하지 말고
지금
이 순간부터
가장 큰 기쁨을
찾는 것이다.

미진한 부분은 저자의 또 다른 다음의 도전 대상으로 남겨 두기로 하고, 우선 오늘을 정리하는 뜻에서 이 연구서를 내기로 했다.

'지능'이니 'IQ'니 하는 말은 이제 너무나 보편화되어 버렸다. 오히려 전문 분야의 개념이라기보다 '사랑'이란 말만큼 속된 말로 불리는 것 같다. 이 같은 현상이 지능의 개념을 올바르게 인식시키는 데 역작용할 가능성도 없지 않지만, 동시에 '지능'이 우리 인간에게 그만큼 친숙해졌다는 뜻에서 다행한 일이라고 보고 싶다.

이 책에서 다룬 인간의 지능에 관한 문제들은 저자가 계속 관심을 가져왔던 문제들이다. 그러나 이것들을 완벽하게 다룬다는 시각에서보다는 관심을 확대하고 새로운 문제를 탐구한다는 시각에서 접근하려고 했다. 제1부 '지능의 성질'은 지능이 무엇이며, 그 개념을 어떻게 인식할 것인가에 초점을 두고 논의했다. 제2부 '지능의 구조'에서는 지능 이론이 처음 제안된 이후 발전된 여러 가지 요인론의 시각에서 지능을 분석하고 있다. 제3부는 '지능의 인지과정'에 관한 최근의 연구 업적에 초점을 맞추어 인지상관접근, 인지요소접근, 인지발달접근으로 나누어 논의하였다. 이 부분은 저자가 계속 탐구하려는 관심 분야이기도 한다. 제4부는 '지능의 발달'에 미치는 유전의 영향과 환경의 역할에 관한 상대적 기여도를 문제삼고 있고, 제5부 '지능, 학습, 사회, 이데올로기'는 지능이 가지고 있는 숨겨진 사회적 · 문화적 · 이데올로기적 함의가 무엇인지를 탐구해 보려고 하였다.

이 책을 쓰게 되기에는 대우문화재단에서 연구모노그래프 집필을 위한 연구비를 지급해 준 것이 직접적 촉매작용을 했다. 또한 이 저서를 집필하면서 여러 사람의 도움과 격려가 있었다. 고려대학교의 신일철 교수의 격려가 컸으며, 또 비록 분야는 다르지만 늘 관심을 쏟아 준 고대의 정문길 교수의 우정을 잊을 수 없다. 석사학위 논문을 쓰는 바쁜 중에도 이 책의 교정에 시간을 아끼지 아니한 임승열 학형에게 감사한다.

이 저서를 아내에게 바치고 싶다. 저자가 미국에 있으면서 이 책을 집필하는 동안, 대학입시를 앞둔 아들에게, 히포크라테스의 정신을 연마하느라 지친 의대생 딸에게, 그리고 부모를 모시면서 언제나 한결같이 주님의 구속과 은총을 믿게 해 준 아내에게 이 책을 바치는 것이 지극히 자연스럽게 느껴진다.

이 연구서는 원래 국한문 혼용으로 쓰여져 있어서, 한문에 익숙지 않은 세대에게 부담이 되었다. 이 같은 불편을 덜기 위해 이번에 한글로 바꾸었다.

무엇보다도 바쁜 일정에도 불구하고 이 책의 출판을 위해 애써 주신 학지사의 김진환 사장 및 직원들의 헌신적 노력에 감사한다.

2010년 1월

황정규 분당 불곡산 자락에서

차례

제3부 지능의 인지과정

제1부

지능의 성질

지능이란 용어는 이제 전문가의 전용물이 아니라 안방의 가정부인에서부터 노동자, 기술자, 교사, 심리학자, 심지어 자연과학자나 정치에 종사하는 사람에 이르기까지 보편적으로 사용하는 용어가 되어 버렸다. 마치 '사랑'이란 용어가 누구의 입에서나 쉽게 이야기되는 것만큼이나 지능이란 용어도 보편화된 셈이다. 어떤 개념이건 간에 이렇게 보편성을 띠기 시작하면 그 개념의 진면목이나 본질에 대한 정체는 상대적으로 모호해지는 것이 일반적인 현상이다.

지능이란 개념을 전문적인 학문적 용어로 사용하는 경우에도 보는 인식의 시각에 따라, 철학적 관점에 따라, 또 같은 인식체계나 철학적 체계 속에서도 이론의 다양성에 따라, 전혀 다른 속성으로 개념화하는 경향도 있다. 더욱이 지능의 개념은 대개 언어적 공식화(verbal formulation)에 의존하고 있는 반면, 지능을 측정하는 지능검사는 지능의 개념을 조작주의(operationalism)의 시각에서 정의하고 있다는 것도 중요한 괴리현상을 빚는 원인의 하나로 지적할 수 있다.

제1부에서는 우선 이같이 쉽게 이해할 듯 하면서도 또한 대단히 막연한 것 같기도 한 지능의 개념 및 본질이 무엇이며, 그것이 어떤 역사적 맥락을 거쳐 발달되어 왔는가를 전반부에서 논의한다. 이 논의는 대체로 지능을 능력의 통합체로 보는 이론, 단일 특성으로 보는 이론, 다요인 이론, 지능의 과정을 중요시하는 이론에 나누어 접근할 것이다. 그리고 후반부에서는 지능에 관한 이론적 논의나 탐구를 위해 필요한 전제조건으로서 지능검사의 발전, 대표적인 지능검사의 내용을 살펴볼 것이다. 제2부 이후에서 다룰 지능에 관한 여러 가지 이론과 경험

적인 연구들을 보다 심층적으로 이해하기 위해서는 지능검사에 관한 예비적 레퍼토리의 이해 없이는 불가능하다. 뿐만 아니라 지능에 관한 이론과 실제의 비판이 지능의 측정도구와 병행하여 발전되어 왔기 때문에 측정도구에 대한 기술적 이해는 필수적이다.

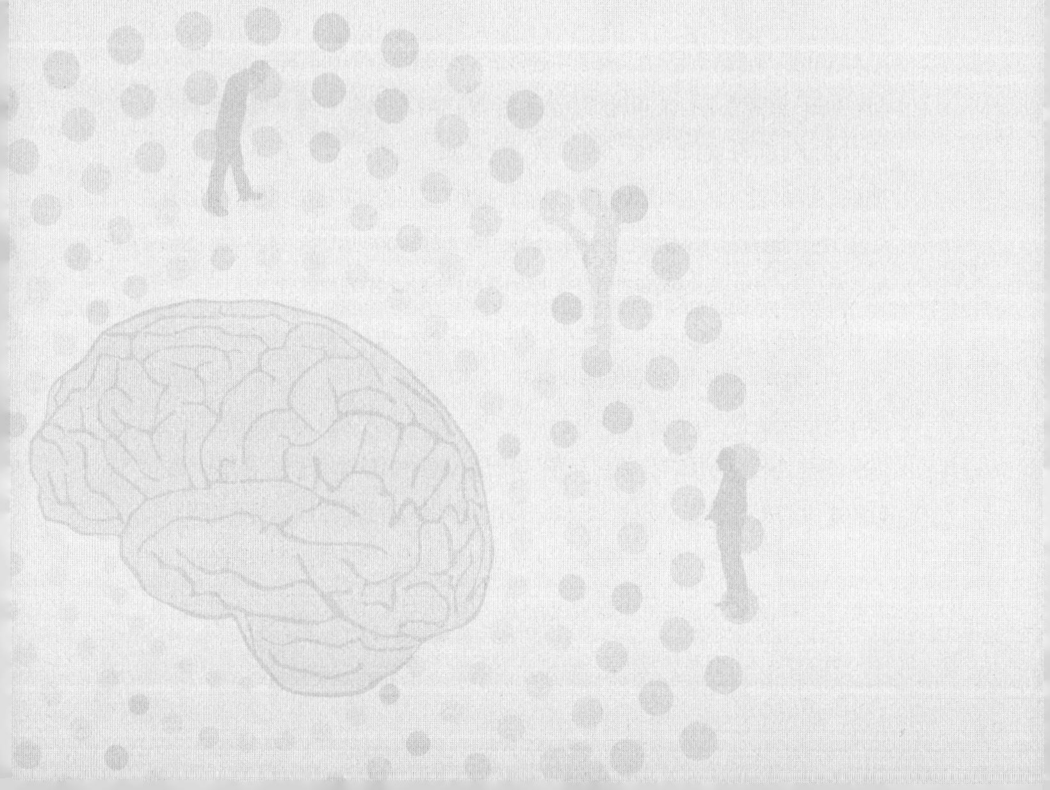

제 1 장

지능의 인식론

지능의 존재

지능이란 용어는 intelligence라는 영어의 번역이라는 것은 누구나 익히 알고 있는 사실이다. 영어의 intelligence라는 개념의 어원은 Aristotle이 인간의 정서적 · 가치적 기능을 orexis라 하고 인지적 · 지적 기능을 clianoia라고 하여 그 사이의 구별을 하기 시작한 때부터라고 말할 수 있으며, Cicero가 후자의 개념을 intelligentia라고 번역한 데서 유래한다. Intelligentia의 inter는 내(within)라는 뜻이며, leger는 모으다(bring together), 선택하다(choose), 구별하다(discriminate)라는 뜻을 지니고 있다. 이 같은 뜻을 종합하면 마음속에서 무엇을 함께 연결시키거나, 선택하거나, 구별하는 정신기능을 지능이라고 불렀다는 것을 알 수 있다. 그러나 이 같은 어원을 캐어 보는 일은 마치 고고학자가 화석 속에서 뼈 하나를 주어 내는 일만치나 무의미한 일이다. 뼈 하나를 주어 내었다고 해서, 그것이 전체 인류문화의 맥락 속에서 어떤 관련을 갖는가를 연결시키지 못하는 한, 그것은 어디까지나 한 개의 뼛조각에 불과하다. 지능의 어원이 intelligentia에서 출발했다고 해서 우리에게 어떤 의미를 제공해 주지는 않는다.

지능이라는 것은 우리가 마치 어떤 사물을 보듯 관찰할 수도 만질 수도 없는 것이다. 전자기장이나 양자 등은 우리가 직접 관찰하거나 만질 수는 없어도 그 특성의 존재에 대해 누구나 동의할 수 있는 측정방법이 있어서 합의에 도달하는 데 문제가 없다. 그러나 지능이란 개념이 심리학, 교육학, 사회학 등 여러 인문과학, 사회과학의 전문가들뿐 아니라 비전문적인 사람도 지능하면 "아! 그 IQ말이지요." 라고 할 정도로 지능에 대한 개념은 보편화되어 있다. 그러면서도 정작 지능이 무엇이냐고 물으면 합의된 대답이 쉽게 나오지 않는다. "그 야구선수 잘하는데"라고 했을 때 '야구선수의 야구 능력'은 득점률, 타율, 홈런율, 수비 정확률 등 몇 가지를 들고서 그 능력을 정의한다. 그에 비해 지능은 더 보편적으로 사용하면서도 그 개념에 대한 인식 수준은 훨씬 모호하고 불분명하다. 그럼에도 불구하고 지능이 마치 생물학의 유전인자나 물리학의 원자처럼 존재하고 있는 실체(reality)라는 생각에는 누구도 거부하지 않는다.

그러면 지능이란 무엇일까? 1921년에 미국 심리학회에서 지능에 관한 심포지엄을 열고 당시의 유명한 심리학자들에게 지능에 관한 개념과 그 측정문제에 관한 의견을 나누었을 때, 거기에서 발표된 논문에서 언급된 지능의 개념은 다양하기 이를 데 없다.[1] Lewis

---

1) "Intelligence and its measurement: A symposium", *Journal of Educational Psychology*, 1921, *12*, 123-47, 195-216.

Terman은 '추상적 사고를 수행하는 능력(the ability to carry on abstract thinking)', E. L. Thorndike는 '진실 혹은 사실이라는 관점에서 보아 좋은 반응을 하는 힘(the power of good responses from point of view of truth or fact)', S. S. Colvin은 '자기 자신을 환경에 적응하도록 학습하는 능력(the ability to learn to adjust oneself to the environment)', Rudolf Pintner는 "생활의 비교적 새로운 상황에 자신을 적절히 적응시키는 개인의 능력(the ability of the individual to adapt himself adequately to relatively new situations in life)", Herbert Woodrow는 "지능이란 획득하는 능력이다. ……지능은 능력을 획득하는 능력이다(it is an acquiring-capacity.……Intelligence is the capacity to acquire capacity)", M. E. Haggerty는 "감각, 지각, 연합, 기억, 상상, 변별, 판단, 추리와 같은 전통적으로 정의하는 일군의 복잡한 정신 과정(a group of complex mental processes traditionally defined……as sensation, perception, association, memory, imagination, discrimination, judgment and reasoning)"이라고 정의하고 있고, V. A. C. Henmon은 "지능은 지식을 획득하는 능력과 획득한 지식의 두 가지 요인을 포함한다(Intelligence involves two factors-the capacity for knowledge and knowledge possessed)"라고 정의하고 있다. 그외 David Wechsler는 "지능이란 목적을 향해 행동하고, 합리적으로 사고하며, 환경을 효과 있게 다루는 개인의 집합적 능력이다(The aggregate or global capacity of the individual to act purposefully, to think rationally and to deal effectively with his environment)."[2]라고 정의하며, G. D.

---

2) David Wechsler, *The Measurement of Adult Intelligence*, Baltimore: Williams & Wilkins, 1944, p. 3.

Stoddard는 "지능이란 난이도(difficulty), 복잡성(complexity), 추상성(abstraction), 속도(economy), 목적성(adaptiveness to a goal), 사회적 가치(social value), 독창성(emergence of originality)이라는 일곱 가지 특징이 내포된 활동, 수행하는 능력이다."[3]라고 정의하고 있다. 이 같은 지능의 정의를 나열해 보면 지능의 개념이 더 명확해지기는커녕 오히려 더 모호해지고 아리송해진다. 이 같은 개념을 필자가 몇 가지 유목으로 정리해 본 결과[4] 대개 4개의 유목으로 분류할 수 있었다. 첫째는 지능의 적응적 성질을 강조하여 지능을 전체 환경에 대한 적응능력, 생활의 새로운 문제 및 새로운 상황에 대한 일반적인 정신적 적응능력으로 정의하려는 것이며, 둘째는 지능은 학습하는 능력(ability to learn)과 같은 개념으로 보려는 정의다. 특히 이 중에서도 추상적 사고를 강조하려는 관점이 지배적이다. 셋째는 추상적인 능력과 구체적 · 실제적 능력과의 관련 및 응용을 강조하려는 정의 방법이며, 넷째는 Wechsler, Stoddard, Haggerty와 같이 종합적 · 포괄적 · 집합적 · 합승식 정의를 하려는 방법이다.

지금까지 지능에 관한 어원과 그 개념 정의에 대한 논의를 이끌어 온 것은 지능이란 개념이 보기보다는 단순한 것이 아니라는 사실, 그리고 그 개념 속에서는 여러 가지 다양한 속성이 내포되어 있다는 사실을 인식하려는 데 있다. 지능하면 '아! IQ말이지요.'라는 단정은 상식적인 수준의 이해는 될지 몰라도 정확한 인식은 되지 않는다는 사실이다. 오해는 때로 무지보다 더 위험한 일이다.

---

3) G. D. Stoddard, *The Meaning of Intelligence*, New York: Macmillan Co., 1943, p. 4.

4) 황정규, **지능 및 적성의 측정**, 서울: 교우사, 1961.

인간과 지능

모든 과학의 개념이나 실체가 그러하듯 지능도 그것이 인간을 어떤 시각에서 관조하느냐에 따라 전혀 다른 의미로 이해되고, 해석되며, 때로는 비판의 도구로 이용될 수 있다. 인간이란 모두가 평등하며, 각자의 특성에 따라 살아갈 권리가 있고, 인간은 이해해 주어야 할 대상이지 차별당하거나 열등시되어야 하는 존재가 아니라는 인간주의적(humanitarian), 평등주의적(equalitarian) 관점에서 볼 수 있다. 이에 반해 인간이란 그가 지닌 능력과 업적에 따라 차등과 위계가 있기 마련이며, 어떤 형태로든지 이러한 위계를 형성할 수밖에 없다는 계층적 · 계급적 · 차별적 관점에 선 인간관이 존재할 수 있다. 이 같은 두 개의 인간관은 지능을 처음 측정하기 시작했던 때부터 전혀 궤도를 달리한 길을 치닫고 발전되어 왔다. 지능을 처음 측정하기 시작했던 Alfred Binet는 프랑스 문교부의 부탁을 받기는 했지만, 초등학교에서 교육을 제대로 성취하지 못하는 어린이를 찾아내어 그들에게 특수한 교육적 처치를 제공함으로써 인간의 평등과 실제적 인간주의를 실천하려는 관점에서 지능검사를 개발하고 실시하였다. 이에 반해 영국에서 지능연구를 처음 시작하고 Binet보다는 거친 지능측정을 시작한 Francis Galton 및 그 후예들은 능력이 우수한 자와 열등한 자를 가려내고 그럼으로써 능력의 지위에서뿐 아니라 사회적 지위에서의 위계질서를 확고히 고정시키려는 계급주의, 차별주의에 입각한 인간관에서 출발하고 있다. 그래서 처음부터 우생학을 창시 · 발전시켰으며, 지적으로 열등한 인간과 우수한 인간은 존재하기 마련이라는 귀족주의적 시각, 진화론적 사고가 그 밑에 깔려 있다. 이 같은 두 개의 인간관은 지능의 개념, 이론, 측정방법의 발전과 함께 꾸준히 이어져 내려오는 시각이 되고 있다. 전자의 인간주의적 관점에서는 어디까지나 인간의 특성을 이해하고, 그것을 개발하고, 지적 결핍은 사회적 중재의 역할이 실패한 데 기인하고 있다는 관점에서 그것을 극복하려고 하는 데 반해, 후자의 관점은 일찍부터 지적 열등자의 불임수술법, 이민제한, IQ의 사회적 지위 획득의 결정론 등을 통해 차등정책을 강력히 추진하여 온 셈이다.

이 같은 인간 특성(그 특성이 무엇이건), 혹은 격차의 문제는 역사가 있어 온 이래 인간에게 언제나 심각하고 중요한 문제로 부각되어 왔다. 고대에서부터 현대에 이르기까지 사회사상가들은 경제적 · 정치적 · 사회적 불평등에 깊은 관심을 표명했고, 이 같은 불평등의 자연성(naturalness), 일관성(consistency), 불가피성(inevitability)에 관한 저마다의 이론을 전개하면서 그것이 사회 목적에 선한 것이냐 악한 것이냐에 대해 깊이 파헤치고 들었다. Plato는 『국가론(The Republic)』[5]에서 모든 시민은 이미 태어날 때부터 보호계급(guardians), 보조계급(auxiliaries), 노동자 계급(workers)의 어느 한 계급에 속하는 능력을 타고 태어나는 것으로 규정하고, 이들 각 계급에 따라 그 나름의 명확히 획선되는 기능과 역할이 주어져야 하는 것으로 사회계급의 불평등을 시인하는 이론을 전개하고 있다. 이 같은 사상은 Aristotle의 '정치론'에 그대로 계승되고, 이것이 서구 사상의 중요한 하나의 근간을 형성하고 이어져 내려온다. 그러나 이에 반해, Machiavelli, Hobbes, 그리고 가까이는 J. Locke, J. J. Rousseau

5) Plato, The Republic, In Translated by W. H. D. Rouse, *Great Dialogues of Plato*, New York: Mentor Book, 1956.

등을 거치는 동안 인간 사이의 불평등의 기원은 그것이 자연법칙에 의한 필연적인 결과가 아니라 인간이 인공적으로 만들어 낸 가공적 결과라는 생각이 지배하기 시작했다. Karl Marx에 이르러 인간의 불평등은 생산양식에 의해 결정된다고 주장하고, 농경이 주된 사회에서는 지주와 소작인, 산업사회에서는 자본가와 노동자 사이의 계급이 인위적으로 형성되었으며, 이 같은 불평등을 종식시키기 위한 계급투쟁은 필연적이라고 주장한다.

이 같은 불평등의 가장 원인적 변인이 지능이라고 생각하고 있는 것이 불평등 시각에서 보는 이론의 초점이다. 그들은 또한 각 개인의 지능이란 이미 고정적 · 결정론적이라고 보기 때문에, 각 개인의 지능은 학업에서의 성공을 낳고, 학업에서의 성공은 사회에서의 성공을 낳고, 사회에서의 성공은 또한 비슷한 지능을 가진 배우자와 비슷한 성공을 한 가족끼리의 교배를 보장하며, 이것은 계속 높은 지능을 유전법칙에 의해 세대 간에 유전시킴으로써 개인 간의 격차는 어쩔 수 없는 자연적 현상이라고 본다. 이것을 부인하려는 것은 과학과 자연과 인간성을 부인하려는 것이나 마찬가지로 간주한다. 이 같은 시각에서 지능의 이론, 측정, 연구를 대표해 온 것이 C. Burt,[6] H. J. Eysenck,[7] A. R. Jensen,[8] R. J. Herrnstein[9] 등을 들 수 있다. 이 사회가 자유주의 사회이고 각자가 지닌 능력에 따라, 그리고 그 능력이 나타난 업적의 결과에 따라 위계가 정해지는 것은 자유를 존중하는 민주사회, 경쟁과 능률을 바탕으로 한 자본주의 사회, 업

---

6) C. Burt, "The inheritance of mental ability", *American Psychologist*, 1958, *13*, 1-15.

7) H. J. Eysenck, *The Inequality of Man*, London: Temple Smith, 1971.

8) A. R. Jensen, "How much can we boost IQ and scholastic achievement", *Harvard Educational Review*, 1969, *39*, 1-123.

9) R. J. Herrnstein, *IQ in the Meritocracy*, Boston: Atlantic Monthly Press, 1973.

적주의(meritocracy) 사회의 당연한 결과로 지적한다.

이에 반해 지능을 측정한다는 검사 자체가 이미 기존의 상류계층이나 귀족계층의 문화를 반영하도록 제작된 것이며, 심지어 상류계층에 유리하도록 검사 문항을 제외해 가면서 만들었을 뿐 아니라, 사회계층 자체가 이미 지능을 높일 수 있는 유리한 환경을 소유하고 있는 이중적 혜택을 지니고 있기 때문에 IQ 자체에 의한 격차는 불평등을 고정시키고, 따라서 사회계층의 위계를 고정시키려는 음모가 그 뒤에 숨어 있다고 지적한다. 인간에게 지능이건, 기타 어떤 행동 특성이건 불가피한 불평등은 존재하지 않으며, 불평등이 존재한다면 그것은 기존의 보수사회가 보수적 질서를 고착화시키기 위해 이용하는 허위적인 정당화에 불과하다고 본다. 더욱이 여기에다 상류계층 위주의 문화 내용 전달 대리자인 학교교육제도가 개방적 · 객관적 · 업적주의라는 미명하에 하류계층 아동을 서서히 다른 궤도로 몰아가는 역할을 맡음으로써 경제적 성공이 본질적으로 개인이 지닌 지적 능력에 의존한다는 신념을 키우고 강화시키는 역할을 한다. 영국이 11세에 11+ 시험을 치르는 것도, 프랑스에서 바까로레아 시험을 치는 것도, 미국에서 SAT를 치는 것도 모두 이 같은 트랙을 객관적 · 공개적인 방법에 의해 한다는 정당화의 상징적 표식이라고 해석한다. 인간의 지능은 이 같은 결정된 것, 고정적인 것이 아니라 개발될 수 있는 것이며, 환경과 개인의 상호작용을 통해 얼마든지 개발될 수 있는 것이며, 지능이란 IQ와 같은 어떤 단일 척도 위에서 사람을 분류하고 서열화시키기 위해 존재하는 것이 아니라 지능이 지닌 다양한 속성(요인)에 따라 그 특징적이며 변별적 개발을 시키려는 인간 이해, 인간주의 에스프리(esprit)가 더 중요하다고 주장한다. 이 같은 입장을 대표하는 것이 L. L. Thurstone,[10] L.

Kamin,[11] B. S. Bloom,[12] S. J. Gould,[13] S. Bowles와 Gintis[14] 등을 들 수 있다.

지능은 보는 시각에 따라 프랑켄슈타인 같은 존재가 될 수도 있고, 혹은 천사가 될 수도 있다. 또 보는 시각에 따라 그것이 학교 성적, 유전, 직업 성공, 인생 성공, 사회계층, 배우자까지 결정해 주는 마법의 등불처럼 생각할 수도 있지만, 또 다른 관점에서 보면 그것은 다만 인간의 극히 적은 지적 특성의 대략적인 정도나 프로필을 보여 주는 것 이상의 아무것도 아니라고 볼 수 있다. 이 같은 지능관에 대한 상반된 논의를 이 저서의 첫머리에 제시하는 것은 지능에 관한 일반적인 고정관념을 이 자리에서 탈피하고, 비교적 편견 없는 눈으로 지능에 관련된 모든 문제에 접해 주기를 바라기 때문이다. 지능은 분명히 심리학 및 교육학에서 사용하는 중요한 과학적 개념이다. 그러나 그 개념이 일단 형성되면 거기에는 과학적 개념 이외의 다른 역사적·사상적·사회적, 심지어는 이데올로기적 함축성이 스며드는 것이 사실이며, 또 그러한 관점에서 해석되고 비판되는 경향이 흔히 있기 때문이다.

---

10) L. L. Thurstone, "Theories of intelligence", *Scientific Monthly*, 1946, February, 101-12.

11) L. Kamin, *The Science and Politics of IQ*, Potomac. MD: Lawrence-Erlbaum Associates, 1974.

12) B. S. Bloom, *Stability and Change in Human Characteristics*, New York: Wiley, 1964.

13) S. J. Gould, *The Mismeasure of Man*, New York: W. W. Norton, 1981.

14) S. Bowles, S. & H. Gintis, *Schooling in Capitalist America*, New York: Basic Books, 1976.

지능과 개인차: 인간변산

전통적으로 심리학에서는 인간의 여러 가지 특성(여기에서는 인간의 정신능력 혹은 지능에 관하여 논의하고 있지만)을 보는 시각에 크게 두 가지 시각이 존재해 왔고, 이 같은 시각은 아직도 여러 형태로 인간의 지적 능력을 보는 데도 나타나고 있다.

하나는 인간의 정신능력 혹은 지능은 비교적 안정성이 있고 변하지 않으며, 그것은 상수로 작용하고 개인 사이의 지적 능력의 차이란 별로 의미 없는 것이기 때문에 인간의 정신능력에 관한 일반 법칙의 수립이 가능하다고 신념하는 관점이다. 이 같은 관점을 대표하는 것이 주로 실험심리학적 관점에서 인간을 보는 입장이며, Wundt, Thorndike, Skinner 등은 이 같은 관점에서 지적 능력을 보고 있다. 그러기 때문에 이들에게 관심이 있는 것은 어떤 처치(treatment)를 주면 어떤 효과가 나타나느냐에 관심이 있을 뿐이다. 그 사이에 존재하는 개인의 지적 능력의 차이에서 오는 영향은 모두 일반 법칙을 수립하고자 하는 처치의 효과를 혼란스럽게 하는 방해요인(disturbing factor)으로 본다. 그들의 관심은 누구에게나 똑같은 효과를 나타낼 수 있는 처치가 있다고 본다. 이것을 통해 그들은 일반 법칙을 수립하려는 입장이다. 이에 반해 인간이 가진 지적 능력은 변하는 것이며, 그것은 변수로 작용하고 있다고 보며 개인의 지적 능력은 상황, 환경, 시간에 따라 고정적이 아니라고 본다. 이같이 지적 능력에는 개인차의 변산, 능력의 변이가 있기 때문에, 고정적인 일반 법칙이란 존재할 수 없고, 지적 능력의 개인차에 따라 처치의 효과는 달라진다고 본다. 이 같은 관점은 넓은 의미의 상관심리학자(사회심리,

발달심리, 심리측정, 차이심리 등이 모두 포함된다)들이 보는 관점이다.

전자는 자기들이 조작하는 실험조건의 변이에 관심이 있는 반면 후자는 자연이 이미 만들어 놓은 개인 간에 존재하는 지적 능력의 변산에 관심이 있다. 전자는 지능의 개인차가 일반 법칙 수립에 방해가 되는 방해요인이라고 보는 반면 후자는 개인차 자체에 관심이 있고 여기에 무궁무진한 진리의 정보가 담겨 있다고 본다. 전자는 그들의 연구 방법이 주로 단일처치에 대한 단일효과에 관한 연구를 중심으로 한 Fisher의 실험처치와 변량분석의 방법이 주된 방법이 된다. 이 경우 개인차는 오차변량으로 취급되어 나타난다. 반면 후자의 경우에는 여러 처치에 대한 여러 가지 개인차의 효과가 무엇인지에 대한 상관연구, 요인분석, 다변인 변량분석이 주된 방법이 된다. 그리고 오차 자체의 분석에 관심이 더 크다. 즉, 공변량분석에 관심이 있다. 전자는 주로 실험모형이 S–R형태를 취한다면 후자는 S O R의 형태를 취하며, 전자가 이론의 형식논리의 전개에 관심이 있는 반면 후자는 별로 이 같은 형식논리 없이 출발하는 것이 관례처럼 되어 왔다. 전자가 수학과 일반 법칙에 보다 지향되어 있다면 후자는 통계와 국지법칙(local laws)의 발견에 관심이 있다.

이 같은 두 개의 시각은 지적 능력에 관한 적용문제에 오면 기초연구나 이론적 수준에서보다 더 예리하게 대립한다. 실험심리학적 전통을 이어받은 응용심리학은 모든 사람을 같게 다루었을 때 최고의 평균 수행 결과를 나타내도록 하는 단일한 최선의 처치 방법(the one best treatment)을 찾으려고 하는 반면, 상관심리학적 전통을 이어받은 응용심리학은 사람의 능력이 다름에 따라 달리 처치를 가함으로써 평균 수행 결과를 올리려고 한다. 상관연구자는 단일법칙, 방법이 존재한다는 데 반항적이다. 이 같은 응용심리학적 관점은 곧

Darwin의 생물진화론적 사고, Spencer의 사회진화론의 생각과 결합하게 되어, 인간이란 주어진 조건에 적응해서 살아남아야 되는 주어진 환경에 적응해야 하는 적자생존의 원칙이 성립된다는 생각으로 이어지며, 제도, 처치, 준거를 받아들이고, 이 제도의 요구에 맞는 인간을 찾는 일이 주된 관심이 된다. 이에 반해 인간이란 환경에 적응할 뿐 아니라 환경이 그에 적합하지 않을 때 그것을 변형시키는, 적응이 가능한 유기체라 보고 생존을 위한 최고의 투쟁은 환경과의 투쟁이라는 생각을 가질 수 있다. 이것은 곧 한 조건 아래에서 잘 적응하는 유기체가 다른 조건 아래에서는 생존하지 못할 수도 있다는 것을 의미한다. 만약 각 환경에 대해 살아남을 수 있는 최선의 유기체가 존재한다고 하면 마찬가지 논리로 각각의 유기체에 적합한 최선의 환경이 있을 수 있다는 것이 후자의 생각이다.

이 같은 두 가지 인간의 진화를 보는 시각은 곧 실험심리학과 상관심리학을 접목하여 하나로 통합시키는 계기가 있어야 함을 의미하며, 그것은 곧 각 개인의 능력(상관심리학의 관심 변인)과 여러 가지 처치(실험심리학의 관심 변인)를 통합하고 그 사이에 어떠한 상호관계가 형성되는지에 대한 새로운 접근이 요구된다. 이 같은 노력을 위한 제안은 Cronbach와 Snow가 ATI이론을 제창하면서 새로운 문을 열기 위한 시도를 했다. 그러나 Cronbach가 실토하고 있는 것처럼 ATI연구에서도 기대한 성과가 나타나고 있지 않다. 이것은 곧 처치에 대한 새로운 개념 정립, 개인차에 대한 새로운 개념 정립에 대한 연구가 있어야 할 것을 시사한다.

제 2 장

지능의 개념

전 제

인간 사이의 지능의 차를 밝히려는 관심, 이 같은 지능의 차를 측정하려는 방법은 우리의 과학적 지식과 이 지식을 해석하는 사회적 · 문화적 상황의 함수관계 속에 발달해 왔다. 모든 지식 분야가 다 그렇다고 판단되지만 그 시대 지식의 혁신적 개념에 대한 태도와 가치가 연구하려는 질문의 성질과 방향을 결정하며, 새로이 생성되는 이론의 성질을 결정하고 사회에 대한 적절성의 형태를 결정한다고 본다.[1] 지능을 측정하고 연구하며, 그 이론을 형성하는 과정에서 나타나는 맥락도 이 예를 벗어나지 않는다.

---

1) Thomas S. Kuhn, *The Structure of Scientific Revolutions*, Chicago: University of Chicago Press, 2nd ed., 1970.

인간의 정신능력에 관한 개인차(individual differences)의 과학적 연구사도 겨우 1세기 정도며, 그러기 때문에 발달 시초에서부터 시작하여 사회적 상황과의 관계, 과학적 업적, 교육이나 기타 분야에의 적용 등을 관련시키면서 그 개념을 체계적으로 살펴볼 필요가 있다.

여기에서는 네 가지 지능의 개념을 발달의 맥락에 관련시켜 논의하려고 한다. 각 개념을 제시할 때 개념의 정의는 비교적 신축성 있게 제시할 것이다. 왜냐하면, 아직도 네 가지 지능의 개념은 계속 발전하고 있는 도중에 있고 그것이 결정적 정의가 아니기 때문이다. 독자는 이 같은 포괄적 논의를 통해서 각자 나름의 개성 있는 이해를 해주기 바란다.

각 개념을 제시할 때 우선 그 개념을 탄생, 발달시킨 사회적 · 교육적 · 심리적 환경을 먼저 논의하고, 이어 그 개념에 관련된 경험적(empirical), 이론적(theoretical) 발전을 제시한다. 제일 먼저 제시할 지능의 개념은 지능에 관한 실험적 연구에서 기원한 것으로 10세기 말엽에 시작하여 여러 가지 과업이나 개인에 걸쳐 존재한다고 본 기본 능력(faculties) 혹은 정신작용(mental processes)의 종합체(a composite)로 본 개념이며, 독일의 심리실험연구, 영국의 진화론의 관점, 프랑스의 지능부진연구 등이 모두 이 속에 포함된다고 볼 수 있다. 두 번째의 개념은 지능검사라는 괴물 혹은 마법의 등불이 제작되면서 심리학자 및 교육학자가 그것에 관한 집중적인 관심을 표명한 결과로 발전되었으며 지적 작업에 관련하여 모든 능력, 모든 인간에게 존재한다고 본 단일 특성(unitary trait) 혹은 단일능력(unitary capacity)으로 본 개념이다. 세 번째의 개념은 1930년대에 다요인분석(multiple factor analysis)의 발달과 맥을 같이하면서 발전된 것으로, 지능이란 단일한 특성이나 능력이 아니라 여러 가지 다양한 능력의 요인으로 구성되어 있다는 개념으로 전환되었다. 네 번째의 개념, 이것이 현재 지능이론에서 비교적 지배적인 개념이라고 말할 수 있는 것으로 현존하는 지능검사나 지능측정에 대한 불만에서 출발하여 검사 수행에 내포되어 있는 과정(processes), 전략(strategies), 지식(knowledge)을 탐구하려는 시각에서 지능을 보려고 하는 입장이다.

정신능력의 종합체

19세기 이전까지의 지능에 대한 개념은 희랍 철학자가 지녔던 이성적 동물로 보는 철학의 모체에서 아직 이유를 하지 못한 상태였다.[2] 이때의 사고는 인간이 다른 동물과 차이가 있는 것은 유일하게 합리적 사고를 할 수 있는 이성적 동물이라는 철학적 인식이 전부였다. 따라서 지능이란 인간 사이의 개인차를 표현하고 탐색하기 위해서가 아니라 인간이면 공통적으로 가지고 있는 이성의 존재를 확인하기 위해 사용한 개념이다. 직업은 개인이 지니고 태어나는 지위에 의해 결정되며,[3] 이것은 빨리 결정될수록, 그리고 기회는 결정적인 것을 전제로 했다. 그러나 18세기 후반에서 19세기 초 사이에 일어난 사회적 · 정치적 · 이데올로기적 혁명은 이 같은 보장된 사회구조, 봉건적 정신을 붕괴하고 새로운 사회질서를 탄생시키면서 인간

2) R. O. Tuddenham, "The nature and measurement of intelligence", in L. Postman (Ed.), *Psychology In the Making*, New York: Knoft, 1962.

3) Plato, "The Republic," in Translated by W. N. D. Rouse, *Great Dialogues of Plato*, New York: Mentor Book, 1956.

개인이 자기 자신을 돌아보는 여유와 관심을 갖기 시작했다. 이 같은 혁신은 지능에 관한 과거의 개념에 대한 변신을 아울러 요구하게 되었다.

우선 인간의 본성(nature of man)에 대해 가졌던 과거의 가정에 대한 회의를 갖게 되었다는 것이 중요한 변화로 지적될 수 있다. 18세기 후반에 발달하기 시작한 과학적 연구는 철학자 및 과학자로 하여금 인간과 동물 사이에 존재한다고 믿었던 전통적 구별이 하나의 환상적 허구에 불과하며, 그 차이는 유형의 차이가 아니라 양의 차이에 지나지 않는다는 것을 인식하게 되었다. '인간 같은 동물(human-like animal)'이 있는가 하면 '동물같은 인간(animal-like human)'도 있다는 과학적 증거는 인간 사이의 개인차의 변산에 대한 관심을 자극하게 되었다.

이 같은 개인차에 관한 호기심에 기폭제의 역할을 한 것이 Darwin이 1895년에 출판한 『종의 기원』[4]이다. 이 저서의 원래 목적은 종의 생물적 진화를 설명하기 위한 것이며, 다양한 종류의 진화는 자연도태(natural selection)와 적자생존(survival of the fittest)의 두 가지 원리에 의해 단순한 종에서부터 복잡한 종(예컨대, 인간)으로 진화된다는 생각이다. 이 같은 논리는 곧 생물학적 원리를 초월하여 정신적 진화 및 사회적 진화에도 적응할 수 있다는 가능성을 시사하였으며, 이것은 곧 개인의 진보, 사회의 진보는 생득적인 것이 아니라 능력의 함수라는 사회적 공감대를 형성하였고, 이것이 18세기 이전에 존재했던 고정적인 기존의 사회적 위계를 붕괴하는 촉매작용을 했다.[5]

---

4) C. Darwin, *On the Origin of Species*, London: John Murray, 1859.

5) H. Spencer, *Education: Intellectual, Moral and Physical*, New York: Appleton,

이 같은 진화론의 영향은 여러 가지 영향 중의 하나에 지나지 않으며, 기타 19세기에 발달하기 시작한 과학적 사고와 실증주의적 정신 등은 인간의 지능을 연구하는 심리학의 방향을 철학이라는 모체에서 분리시키는 데 중요한 자극제가 되었다. 그러나 아직 이때까지만 해도 철학적 심리학과 과학적 심리학이 함께 공존하고 있었다.[6)] 그러나 천문학자가 사용한 기상측정의 크로노메트릭 기구(chronometric instrument)에서 각 개인이 관측할 때 개인 사이에서도 오차가 발생하고, 개인이 반복 관찰해도 오차가 발생한다는 개인 오차(personal equation)의 발견은 인간의 능력에서 중요한 것은 감각(sensation), 심상(image) 및 감정(feeling)이라는 생각을 갖게 하면서, 인간의 감각능력을 정확히 측정하려는 실험심리학을 대두시켰다. 대표적인 예로 Wundt[7)] 및 Titchener[8)]는 인간의 각종 감각능력, 신체적 특징 등을 정확히 측정하면서 그 차이와 오차를 밝히려고 했던 연구를 들 수 있다. 이 같은 경향은 곧 '인간 지능의 실체는 인간의 감각식별능력에 있다.' 고 하는 사고를 유발한 셈이다.

앞에서 논의한 사회적 · 심리적 · 교육적 사고는 인간과 우주와의 관계에 대한 형이상학적 관심에서부터 차츰 인간 사이의 차이를 밝히려는 관심으로 전환시켰다. 진화론은 적응하는 인간의 정신적 ·

1887.

________, *The Principles of Sociology*, 3 vols: 1876-1896, New York: Appleton, 1923.

6) E. G. Boring, *A History of Experimental Psychology*, New York: Appleton Century-crofts, 1950, pp. 157-158.

7) W. Wundt, *Principles of Physiological Psychology*, New York: Macmillan, 1910.

8) E. B. Titchener, "The Posttulates of a Structural Psychology", *Philosophical Review*, 1898, 7, 449-465.

________, *Experimental Psychology*, New York: Macmillan, 1905.

신체적 능력은 생득적인 것이 아니라 인간 자신의 조건에 의해 좌우된다는 생각을 제공했고, 이것은 심리학으로 하여금 정신능력이 철학의 탐구 대상이기보다 실험적 분석의 대상이 되어야 한다는 사고의 전환을 가져왔다. 여기에다 18~19세기 사이에 대두된 민주주의 정치 이념이나 사상이 가세하여 지능의 변산에 대한 확신과 그것을 측정하려는 새로운 장을 열기 시작했다.

이 같은 지능연구의 창시자로 우리는 1879년에 독일 라이프치히 대학교에 심리실험실을 처음 세운 Wilhelm Wundt를 들어야 한다. Wundt는 인간의 지능은 감각(sensation)과 주의력(attention)과 같은 기본적 능력으로 구성되는 것으로 보고 이것을 어떻게 보다 복잡한 정신과정으로 종합하느냐에 관심이 있었다. Wundt는 Bessel이 천체망원경으로 별의 움직임을 관찰하는 각 측정자들의 측정치가 다르게 나타난다는 사실을 발견한 것에 착안하여, 한 자극물에서 다른 자극물로 자동적으로 주의력을 이행하는 능력이 바로 정신과정의 주된 본질이라 보고 그것을 측정하는 데 관심을 기울였으며, 그것에 적용할 수 있는 일반법칙을 찾아내려고 하였다.[9] 그러나 주목할 사실은 Wundt는 물리학이나 화학처럼 인간의 감각능력에 관한 일반 법칙을 찾으려고 했을 뿐 개인 사이에 존재하는 정신능력이나 감각능력의 차이, 변산에는 별로 관심이 없었다는 것이다. 즉, 정신능력의 개인차에는 관심이 없었다.

이 같은 법칙 발견의 실험적 사고에서 정신능력의 개인차에 관심을 기울이기 시작한 것은 Francis Galton이다. Darwin의 사촌으로

9) A. L. Blumental, "Wilhelm Wundt and early American Psychology: A clash of cultures". in R. W. Riber (Ed.), *Wilhelm Wundt and the Making of A Scientific Psychology*, New York: Plenum, 1980.

서 지리학자였으며 동시에 탐험가, 기자, 수학자, 우생학자(eugenicist),[10] 수필가였던 Galton은 Darwin의 진화론을 지능 문제에 적응시킨 『유전적 천재(Hereditary Genius)』[11]라는 저서를 출판하여 지능의 계통발생학을 증명함으로써 진화론을 정당화시키려고 했다. 이것은 Darwin의 『종의 기원』이 출판된 지 꼭 10년 후의 일이다. 이 저서에서 다룬 두 개의 주제는, 첫째 인간 사이의 정신능력에는 큰 변산, 즉 개인차가 존재하며, 둘째 우수한 지능은 유전에 의해 가계를 통해 전수된다는 것이었다. 지능의 유전론 문제는 다시 뒤에서 논의하겠거니와 Galton의 연구가 주는 함의는 그 역시 독일의 실험심리학적 영향을 받아 인간의 정신능력을 청각, 무게, 시각 등과 같은 감각적 및 시각적 과정으로 인식하였다는 것이며, 이것들을 정확히 측정하기 위한 측정도구를 처음으로 제작하였다는 사실, 그리고 이 같은 감각작업이나 지각작업에 내포된 정신의 내면적 과정보다는 그 같은 측정도구에 나타난 수행능력에서의 차이에 관심을 두었다는 사실이다. 이 같은 전통은 그 이후의 지능이론 및 지능측정의 흐름을 결정하는 데 결정적 계기를 제공했다.

Wundt의 실험심리학적 엄격성과 Galton의 실용적 동기는 미국에 들어오면서 James Mckeen Cattell[12]에 의해 종합되었다. 그는 독일 전통과 영국 전통에 따라 단순한 감각기능을 지능의 한 부분으로 보면서도 색채식별력(color discrimination), 시간지각(time perception), 손운동의 정확성(accuracy of hand movement), 기억력(memory), 심상(imagery) 등도 지능의 속성으로 보고 측정하려고

10) 우생학이란 용어는 Galton이 처음 사용했다.

11) F. Galton, *Hereditary Genius*, New York: D. Appleton, 1869.

12) J. Mck. Cattell, "Mental tests and measurements". *Mind*, 1890, *15*, 373-380.

하였다. 뿐만 아니라 그는 처음으로 정신검사(mental test)라는 용어를 도입했으며, 지능의 개인차 연구가 교육이나 심리학의 대상으로 중요시되어야 한다는 시사를 한 것은 사고의 획기적 전환점이 되었다.

Wundt의 독일적 사고는 프랑스의 심리학자 Alfred Binet에게 직접적인 영향을 미쳤다. 그도 처음에는 두 가지 중요한 요소, 즉 지각하는 일과 기억 속에 있는 이 지각을 보존하고, 변형하는 능력을 지능의 본질로 보았다. 그러나 1895년 그의 동료 Victor Henri와 함께 연구하면서 정신능력은 감각기능이나 운동기능에 있는 것이 아니라 보다 복잡한 정신작용에 있다는 결론에 이르면서, 그 속에 기억력, 정신심상, 상상력, 주의력, 기계적 및 언어 이해력, 암시력(suggestibility), 미적 감상력, 도덕적 감수성(moral sensitivity), 추리력(reasoning), 판단력(judgment) 등이 포함되어야 한다고 주장하였다.[13] 그들이 발견한 중요한 사실은 단순한 감각이나 지각능력에서는 개인차가 별로 나타나지 않지만, 이 같은 복잡한 정신능력에서는 대단한 개인차가 존재한다는 사실이었다. Binet의 이 같은 아이디어는 그동안 Wundt의 독일적인 감각식별능력 중심의 지능의 개념에 집착하던 사고에서 탈피하여 복잡한 정신능력이라는 개념과 그것을 측정하는 방향으로 전환시키는 데 중요한 촉매작용을 한 셈이다. 그러나 Binet가 지능의 개념을 감각이나 지각과 같은 기초적 정신과정에 집착하던 사고에서 복잡한 정신과정으로 시각을 전환시키

13) A. Binet & V. Henri, "La Psychologie individualle", *L'Année Psychologique*, 1895, 2, 411-65. Reprinted and translated in R. J. Herrnstein & E. G. Boring, *A Source Book in the History of Psychology*, Cambridge, Mass: Harvard University Press, 1965, pp. 428-433.

기는 했지만 지능을 정신능력(mental faculties)이나 정신력(mental power)의 종합체로 생각하고, 지능을 측정하는 방법도 이 같은 여러 가지 정신능력을 따로따로 측정하여 종합하려는 입장에 있었다. 이것은 곧 Wundt에서 시작하여, Galton, Cattell, Binet에 이르기까지의 지능에 관한 개념은 여러 가지 정신과정의 종합체라는 공통성을 보여 준다.

Binet의 이 같은 사고는 그가 제작한 최초의 지능검사에서도 잘 반영되고 있다. 그가 제자 Theodore Simon과 함께 제작한 Binet-Simon 척도 속에는 단순한 감각, 지각 식별능력을 측정하는 문제도 포함되어 있는가 하면 판단력, 추리력, 문장 이해력, 수리능력 등도 포함되어 있다.[14] 또한 각 검사문제를 요구하는 정신능력의 어려움에 따라 배열하고, 그것은 검사받는 아동의 생활연령(chronlogical age)에 따라 그 식별역(threshold)을 결정하는 방법은 아직도 그 속에 심리물리학(psychophysics)적인 실험심리학의 사고가 뒤섞여 있었다고 말할 수 있다.

단일능력

Binet의 지능척도는 급속도로 각국에 번역되어 보급되기 시작했다. 그중에서도 미국의 경우는 지능검사가 번식하기 가장 좋은 환경

14) Binet-Simon 척도에 관해서는 다음의 문헌을 참고하라.
A. Binet & Th. Simon, "The development of intelligence in children" (The Binet-Simon Scale) translated from articles in *L'Année Psychologique* 1905, 1908, 1911 by Elizabeth S. Kite, Baltimore: Williams and Wilkins, 1916.

을 지니고 있었다. 1912년에 이미 Goddard는 최초의 미국판을 제작하여 1915년까지 88,000부의 검사를 실시했으며[15] 미국의 비네판인 Stanford–Binet 지능검사를 제작한 Terman은 "심리학을 구름 속에서 땅 위의 사람에게 끌어 내린 것은 검사방법이다. 심리학을 쓸모없는 과학에서 인간공학의 과학으로 변환시킨 것은 검사의 힘이다."[16]라고까지 주장했다. 그러나 이 같은 지능검사의 만연은 몇 가지 사회적 요구와 사회적 에토스의 결과로 해석해야 한다.

첫째, 교육혁신을 요구하는 사회환경을 지적할 수 있다. 19세기의 미국 국민은 교육이 종교라고 할 만큼 그에 대한 기대, 열정이 팽배해 있었다. 교육에 대한 기대는 개인 생활의 실용적 목적에 이바지할 뿐 아니라 사회와 국가를 융성하게 하는 견인 역할로 보았다. Spencer도 "우리에게 완전한 생활을 준비시켜 주는 것은 교육이 배출하는 기능에 달려 있다. 교육 내용을 판단하는 유일한 합리적 방법은 그 교육이 이 같은 기능을 어느 정도 배출할 수 있는가 하는 판단에 달려 있다."[17]라고 주장한다. 이 같은 사상적 기초 위에서 미국은 자연도태라는 다윈의 생물학적 법칙을 정신능력에 의한 도태라는 사회진화론으로 대체하게 되었고, 사회진화를 위해 교육은 국가의 지능을 개발시킬 수 있는 유일한 수단으로써 그 사용적 가치를 인정받게 되었다.

지능은 이제 공장이 되어야 할 운명이다. 경험의 지식은 유전적

---

15) T. H. Wolf, *Alfred Binet*, Chicago: University of Chicago Press, 1973.

16) L. M. Terman, "The mental test as a psychological method", *Psychological Review*, 1924, *31*, 93-117.

17) H. Spencer, *Education: Intellectual, Moral and Physical*, New York: Appleton, 1887, p. 31.

> 산물이지만 교육에 의한 지식은 목적론적 산물이다. 이 같은 지식의 생성과 분배를 우연이나 자연에 맡겨 놓을 수는 없다. 진실한 기술을 통해 이것을 체계적으로 개발시켜야 한다.[18)]

교육 및 과학 분야의 지도자는 이 같은 비전을 당연한 사회적 요구의 논리로 받아들였고, 이때 출현한 John Dewey는 이 같은 움직임에 대한 철학적 배경을, E. L. Thorndike는 과학적 증거를 제공했으며, 미국의 의무교육법은 팽창하는 학령 인구와 함께 이 같은 요구에 상승하는 압력으로 작용했다. 이 같은 교육의 실용적 효과를 과학적으로 증명하기 위해 사용된 도구가 바로 지능검사다. Terman은 교사가 학생의 성적을 5단계로 평가한 결과와 Stanford-Binet 검사의 지능지수와는 아주 일치한다[19)]는 사실을 증거로 제시함으로써 지능검사의 교육적 가치와 과학적 신빙성을 확고히 했다.

둘째, 미국 사회에 팽배하기 시작한 민족주의(nationalism) 경향을 지적해야 한다. '무지한 사람은 지배받아야 하고 현명한 사람만이 그들을 지배해야 한다.'는 생각과 Thomas Jefferson의 인간존중의 사상은 교육과 국가발전 사이에 묘하게 얽힌 패러독스였다. 19세기에 들어오면서 미국에 밀려오는 이민의 물결은 미국의 발전에 위협이 되었으며 동시에 교육에 무거운 짐으로 등장하였다. 이민 오는 사람들은 대개 능력이나 교육 수준이 낮았으며, 따라서 미국 전체의 지적 발전을 후퇴시킬 가능성을 지니고 있었고, 그들 때문에 발생하는 잉여노동인구 때문에 전체 임금 수준이 저하되는 위험도 있었다.

---

18) L. F. Ward, *Dynamic Sociology*, vol. 2, New York: Appleton, 1883.

19) L. M. Terman, *The Measurement of Intelligence*, Boston: Houghton Mifflin, 1916, p. 73.

이 같은 현상은 곧 미국 원주민, 인종차별주의자, 엘리트주의자, 민족주의자들로 하여금 이민을 제한하는 데 압력을 가하게 되었고, 제한을 가하는 척도로 가장 적절한 도구가 지능검사라는 데 의견의 일치를 보게 되었다. 이 같은 민족주의적 사회 압력이 지능검사의 발전과 지능의 개념에 대한 변신을 요구하는 중요한 사회적 환경이라고 지적할 수 있다.

셋째는 미국이 제1차 세계대전에 참전하면서 군인의 선발과 그들의 수행능력을 예언하는 데 지능검사의 역할이 필수적이라는 것을 인식하게 된 배경을 지적할 수 있다. 새로이 징병되는 많은 신병의 선발과 적절한 배치, 그들의 능력과 수행 결과에 따른 승진 등에 지능검사의 효력은 절대적이었다. 이미 Terman의 제자인 Arthur Otis가 제작한 집단지능검사를 이 같은 목적에 이용했으며, 이것을 군대 α 검사(army α test)라고 불렀다. 검사의 원래 목적은 군대 의무를 수행하기에 정신적으로 부적합한 사람을 발견하여 제거하는 것이었으나 검사의 효용도는 적재적소의 배치, 영어에 서툰 무학자 및 이민자들의 지능측정을 위한 β 검사의 제작, 검사 성적이 좋은 사람의 특수 임무 배치 및 승진 등 여러 가지로 활용도가 높았다. 이 같은 군대검사는 곧 집단지능검사의 효시가 되었으며, 그 이후 학교, 산업체 등에서도 간편하고 실용적인 집단지능검사의 이용을 촉진하게 하는 계기를 제공하게 되었다.

사회적 요구와 시대적 정신이 지능검사의 폭발적인 사용을 자극하면서 지능 연구자는 개인 사이의 지능차는 생각보다 측정하기 쉽다는 생각이 지배하기 시작했다. 숱한 지능검사가 이 사람, 저 사람에 의해 제작되어 시장에 판매되었고, 대중이나 학교, 군대, 산업체, 연구기관에서 이를 대량으로 소비하게 되었다. 이 같은 결과는 지능이란 개념이 무엇이냐는 문제에 대한 정립에 앞서서 지능을 측정하는 도구가 먼저 견인차 역할을 하게 되는 현상을 빚었고, 이것은 결국 지능의 이론적 개념과 조작적으로 정의된 지능검사의 이용 사이에 괴리를 심화시키는 결과를 낳았다. "혼란을 이 이상 방치해서는 안 된다. 다른 검사 사이의 불일치는 고사하고, 같은 검사자 속에서도 그 이론과 실제는 원심원으로 달리고 있다."[20]라고 하는 반성을 낳게 되었다. 이러한 반성이 다시 지능의 개념이 무엇이며, 지능검사의 점수가 무엇을 의미하는지에 대한 이론적 · 실제적 분석을 시도하려는 진지한 노력을 불러일으키게 되었다. 이 같은 노력을 몇 갈래로 정리해 보자.

첫째, Binet 자신 정신능력이란 정신과정 속에 나타나는 질적 차이에 의해 구별된다는 이론적 가설을 주장하면서도 다른 한편으로는 지능검사의 척도는 순전히 실용적 요구와 비이론적 관점에서 일반적인 지적 작용을 측정하고 있다. 이 같은 이론과 실제의 괴리에 대해 비판과 의문을 제기하면서 지능의 성질과 측정 문제에 자기 나름의 독특한 해석을 시도한 것이 Charles Spearman이다.[21]

Spearman의 지능에 관한 개념은 요인분석(factor analysis)의 방법론적 접근과 병존한다. 그는 여러 가지 정신능력검사 사이에 정의 상관이 존재한다는 사실을 관찰하고 이같이 검사 사이에 정(正)의 상호 상관(intercorrelation)이 존재하는 것은 그 사이에 어떤 공통요인(common factor) 혹은 일반요인(general factor)이 존재하기 때문이라고 보았다. 이것을 그는 'g'라고 명명하였다. g는 ① 자기 마음

20) Spearman, C. *The Abilities of Man*, New York: Macmillan, 1927, p. 14.
21) *Ibid.*

속에 일어나고 있는 것을 관찰할 수 있는 능력, 즉 이해력(apprehension), ② 아이디어 사이에 존재하는 관계를 생각하는 능력, 즉 관계의 추출력(education of relations), ③ 주어진 아이디어와 다른 아이디어와를 관계 짓는 능력, 즉 상관의 추출력(eduction of correlates)이라고 주장했다. g는 물리현상의 에너지와 같은 것으로 모든 정신작용에 존재하며, 한 정신작용에서 다른 정신작용으로 전환되며, 누구에게나 g가 존재하되 그것은 고정적이다. 그러나 개인 사이에는 차이가 있다고 보았다. 또한 g는 양적이며 계량 가능하다고 보고 지능검사에 의해 측정되어 나오는 것이 g의 절대지수(absolute index)라고 보았다. 일반지능이 아닌 각 검사에 귀속된 특수능력은 지능이 아니며, 그것은 혼돈물이라고 주장한다.

둘째, Spearman의 지능의 g 개념은 과거에 지능을 여러 가지 능력의 종합체로 본 사고에 혁신적인 충격을 주었다. 즉, 지능은 일반능력 g로 구성되어 있고 이것이 각 개인에게 고정적인 상수라는 것은 지능의 개념 자체에도 수정이 따라야 할 필연성을 주었지만 동시에 인간능력의 개인차에 대한 유전적 해석에 새로운 장을 열게 해 주었다. 인간의 변산, 즉 개인차의 개념과 함의에 대해서는 두 가지 상반된 시각이 언제나 예리한 갈등을 일으켜 왔다. 하나의 시각은 개인 간의 차이를 기본적 · 고정적이며 지울 수 없는 것이며, 그러기 때문에 사회는 이같이 다른 재능을 충분히 고려해야 한다는 시각이다. 다른 시각은 인간은 평등하게 탄생하였기 때문에 차이는 순전히 기회의 결핍에서 연유한다는 시각이다. 초기의 지능연구자는 이 같은 문제에 별로 심각한 의미를 부여하지 않았다. 예컨대, Galton은 영국 종족을 발전시키는 데 관심이 있었고, Binet는 정신능력이 모자라는 아동을 교육적 · 임상적 처치를 통해 발달시키려는 데 관심이 있었다.

그러나 이제는 Spearman의 g의 개념이 이 같은 흐름에 제동을 걸기 시작하였다. 더욱이 Mendel의 유전이론이 1900년에 발표된 이후여서, 이 같은 일반지능 g의 유전 결정론은 뜨거운 논쟁을 불러 일으킬 시한폭탄이었던 셈이다. Thorndike[22)]는 상관계수와 지능 검사를 이용해서 쌍둥이 사이의 유사성을 연구한 결과 "우리가 해야 할 일은 환경의 개선을 통한 성적의 증가에 있으며 여기에 유전의 역할은 아무런 장애가 되지 않는다. ……그러나 실제 인생 경주에서는 주된 결정요인이 유전이다."라고 말하고 있다. 또한 Goddard[23)]의 Kallikak 가계연구에서 한 가계의 정신능력은 유전적으로 전수되며 가계에서 한 번 전수된 유전적 능력은 여러 세대 동안 비교적 항구적이라는 결론을 제시하고 있다. 이 같은 일반지능의 유전결정론에 관해서는 뒤에 자세히 논의하겠지만 현대의 지능연구자인 Burk,[24)] Burt,[25)] Terman[26)] 사이에서도 널리 받아들여지고 있다.

지능에 관한 단일능력이론인 Spearman의 g는 개념에 관한 이론 그 자체도 중요하지만, 그것이 파생시키는 교육적 · 심리적 · 사회적 · 정치적 함축성이 보다 더 중요한 의미를 갖는다는 것에 주목할 필요가 있다.

---

22) E. L. Thorndike, "Measurement of twins", *Journal of Philosophy, Psychology, and Scientific Method*, 1905, *2*, 547-53.

23) H. H. Goddard, *The Kallikak Family*, New York: Macmillan, 1912.

24) B. S. Burk, "The relative influence of nature and nurture upon mental development". in G. M. Whipple (Ed.). *National Society for the Study of Education*, 27th Yearbook, Part 1. Bloomington, Ill: Public School Publishing, 1928.

25) C. Burt, The inheritance of mental characteristics, *Eugenics Review*, 1912, *4*, 168-200.

26) L. M. Terman, *The Measurement of Intelligence*, Boston: Houghton Mifflin, 1916.

다요인능력

지능은 생득적으로 결정되는 능력이며, 그것이 미래의 성취 결과에 영향을 미치는 것이라고 보는 g의 개념이 일반화되면서 각 국가에서 정신능력검사는 급속도로 보편화되기 시작했다. 이 같은 현상이 가장 두드러진 곳이 미국이라고 말할 수 있고, 영국에서도 11세 때의 정신능력검사 결과에 의해 대학에 진학할 학생과 직업학교나 기술학교에 가야 할 학생의 인생행로를 결정하는 잣대로 이용하였다. 뿐만 아니라 지능검사의 결과는 교육적 처치를 결정하고 직업선택을 결정하는 데도 이용하기 시작했다. 이에 따라 g의 개념에 따라 제작된 지능검사가 인간의 조건을 제한하는 데 대한 논쟁과 회의가 서서히 일어나기 시작했다.[27)]

첫째, 학교 인구가 급격히 증가하고 다양화되면서 학생들 사이의 성적 수준의 차이가 커지는 것이 교육자에게 중요한 관심사가 되었다. 이 같은 현상에 대해 일반능력 g로 표현되는 지능의 개념은 그러한 현상에 대해 아주 적절한 설명을 제공해 줄 뿐 아니라 심지어 만병통치약 같은 합리성도 제공해 주었다. '이미 g는 생득적으로 결정되어 있기 때문에 그것은 당연한 현상이다.'라는 대답이면 족했다. 학교제도는 지능검사의 결과에 따라 학생을 동질적 능력집단(homogeneous ability group)으로 묶어 가르치는 경향이 보편화되

27) G. A. Lowndes, *The British Educational System*, London: Hutchinson, 1955.
A. Yates & D. A. Pidgeon, *Admission to Grammar Schools*, London: National Foundation for Educational Research in England and Wales, 1957.
B. D. Wood, *Measurement in Higher Education*, Yorkers, N. Y.: World Book, 1923.

기 시작했다. 이에 대한 반대 의견[28]의 소리가 없었던 것은 아니지만 큰 힘을 미치지 못했다. 이같이 학생을 계층화하는 이론의 대표자인 Rudolf Pintner의 주장을 인용해 보자.

> 이 같은 분류의 결과는 긍정적이며 이 방법에 의해 여러 가지 유형의 학생에게 정의[29]를 실현할 수 있다. 교사는 학생이 동질화되면서 부적응 학생의 방해를 받지 않아 도움이 되고 훈육 문제도 훨씬 좋아졌고 학습 태도도 좋아졌다. 다같이 능력에 따라 학생을 분류함으로써 능력에 따라 가르쳐야 할 내용도 점차 분화시켜 갈 수 있다.[30]

각급학교에서 학생을 계층화하기 위해 지능검사를 사용한 데 대해서는 교사나 검사제작자뿐 아니라 일반인에 이르기까지 공감대가 형성되었고, 지능검사에서 측정한 것이 학업에서의 성공, 실패를 결정하는 중요한 요인이며, 학생의 일반지능 g는 그가 학교에서 해야 할 일의 유형을 결정해야 한다고 믿었다. 이 같은 능력집단의 가정은 지능검사의 점수가 각 학생의 학습 속도를 반영하며, 이 속도에 기초한 계층화는 학업성적에서 나타나는 개인차를 줄일 수 있다는 것이었다. 그런데도 불구하고 이렇게 능력집단으로 묶어서 학습시켜 본 결과 여전히 성적의 개인차는 크게 나타난다는 사실에 주목하

---

28) A. V. Keiliher, *A Critical Study of Homogenous Grouping*, New York: Columbia University, 1931.
P. T. Rankin, "Pupil classification and grouping", *Review of Educational Research*, 1931, *1*, 200-230.

29) 방점은 필자의 것이다.

30) R. Pintner, *Intelligence Testing: Methods and Results*, New York: Holt, 1931, p. 269.

게 되면서, 학생의 능력을 단일한 g가 아닌 보다 질적 측정, 변별적 측정에 의존해야 할 필요성을 느끼기 시작했다.[31)]

둘째, 교육적인 문제 이외에 지능검사가 선별적인 직업적 결정을 하는 데도 이용되었다. 20세기에 들어오면서 과학, 기술, 지식의 발달은 과거에 주로 육체적 노동, 단순 노동에 의존하던 직업에서 보다 훈련된 정신노동을 요구하는 직업의 증가와 다양화를 요구하게 되었다. g의 개념에 의해 제작된 지능검사가 직업 결정에 도움을 주는 것은 사실이지만 그 예언의 정확성은 별로 높지 못한 것을 인식하기 시작하면서 각 직업의 특징에 맞는 특수 능력을 조합한 지능검사를 요구하기 시작하게 되었다.[32)]

이 같은 두 가지 사회적 환경, 즉 학교교육에서의 요구와 직업선택에서의 요구가 일반지능이 아닌 보다 다양한 능력을 측정하는 지능의 개념, 지능검사의 발전을 자극하게 되었다.

이론적 관점에서의 발전을 살펴보자. 앞에서 논의한 바와 같이 사회가 보다 다양화하고 기술이 발달하면서 동시에 지능검사도 보다 다양하고 구체적이며 보다 정확성이 높고 예언능률이 높기를 요구하는 것은 당연한 시대적 요청이라고 말할 수 있다. 또한 이 같은 검사의 기술적 진보뿐 아니라 지능이 단일하다고 하는 이론에 대한 의문도 함께 제기되기 시작했다. 즉, 지능은 여러 가지 독립된 능력의 집합적 개념으로 보려는 경향이 강력히 대두되기 시작했다. 예컨대, Wechsler는 지능이란 전적으로 다른 여러 가지 능력으로 구성되어 있으며, 그 실체는 너무나 복잡하기 때문에 단일한 요인으로 나타내

31) G. D. Stoddard, *The Meaning of Intelligence*, New York: Macmillan, 1949.

32) M. S. Viteles, *Industrial Psychology*, New York: Norton, 1932.

기에는 불가능하다고 주장했다.[33] 그는 "지능은 목적을 향해 행동하고, 합리적으로 사고하며, 환경을 효과 있게 다루는 개인의 집합적 능력이다."라고 정의한다. Wechsler의 경우는 그의 웩슬러 성인 지능검사를 제작하는 실제적 · 임상적 관점이 이 같은 결론에 도달하게 해 주었지만, 한편으로 심리측정 이론가들도 이 같은 시각에서 지능의 개념에 대한 다면성을 추구하기 시작했으며, 그것을 위해 Spearman이 기초를 닦아 놓은 요인분석의 비약적인 발전이 획기적 전환점을 마련해 주었다.

첫째, 지능검사의 요인구조(factorial structures)를 밝히려는 연구를 들 수 있다. 지능검사 속에는 한 개의 능력 이상의 많은 능력이 존재한다는 견해는 이미 과거에도 제시되었다.[34] Spearman 자신도 g 이외의 능력이 존재한다는 것을 시인하면서도 여러 가지 능력을 측정하는 문항을 검사 속에 포함시키면 그것이 곧 중화되어서 g에 접근한다고 보았다.[35] 이에 반해 Kelley는 여러 가지 다른 능력의 영향을 먼저 고려하면 오히려 g의 요인은 사라진다고 보았다.[36] 이 문제에 대해 다요인분석(multiple factor analysis) 방법을 창안한 Thurstone은

---

33) D. Wechsler, *Wechsler-Bellevue Intelligence Scale*, New York: Psychological Corp, 1939.

34) 대표적인 것은 다음 문헌을 참고하라.

G. H. Thomson, "General vs. group factors in mental activities", *Psychological Review*, 1920, *27*, 173-190.

E. L. Thorndike, E. D. Bregman, M. V. Cobb & E. Woodyard, *The Measurement of Intelligence*, New York: Columbia University, 1927.

35) C. Spearman, *The Abilities of Man*, New York: Macmillan, 1927.

36) T. L. Kelley, *Crossroads in the Mind of Man*, Stanford: Stanford University Press, 1928.

> 검사 사이의 상호 상관을 단일요인으로 나타낼 수도 있지만 같은 상호 상관으로 둘, 셋, 열 개의 요인으로도 나타낼 수 있다. ……단일한 공통요인 g가 존재할 뿐 다른 요인은 존재하지 않는다고 하는 것은 불필요한 가정에 불과하다. ……정확한 결론은 상호 상관을 설명하기 위해서는 한 개 이상의 요인이 존재한다고 상정하고 그중 한 개의 요인이 지능 g라고 보는 것이다. 그러나 불행하게도 이 같은 다요인분석 방법이 아직 없다는 것이다.[37)]

라고 했다. 이 당시까지만 해도 이론적으로는 지능의 다요인설을 가정했지만 그 방법이 개발되지 않았다. 그러나 전기공학자였던 Thurstone는 다요인분석 방법을 창안하였고[38)] 이 방법에 의해 지능에는 7개의 요인이 있다는 사실을 확인하고 그것을 기본정신능력(Primary Mental Abilities: PMA)이라 명명했다.[39)] 다요인분석의 이론과 방법이 지능의 개념을 정립하는 데 획기적인 전환점을 제공한 것은 물론이지만, 그 외의 다른 여러 가지 인간의 심리적 현상, 사회현상 밑에 잠재해 있는 잠재구조(latent structure)를 밝히는 방법으로도 널리 이용되기 시작했다.

Thurstone이 지적한 것처럼 요인분석은 사회적 · 심리적 현상의 복잡성을 몇 개의 요인으로 단순화시키고 축소해 주는 도구일 뿐이다. 나타난 일반요인, 공통요인, 특수요인의 의미는 이 요인에 부하

---

37) L. L. Thurstone, The Vectors of mind, *Psychological Review*, 1934, *41*, 1-32.

38) L. L. Thurstone, *The Vectors of Mind*, Chicago: University of Chicago Press, 1935.
L. L. Thurstone, *Multiple Factor Analysis*, Chicago: University of Chicago Press, 1947.

39) L. L. Thurstone, *Primary Mental Abilities*, Chicago: University of Chicago Press, 1938.

된 검사의 의미를 충분히 고려하지 않고는 완전한 이해에 도달할 수 없다. 지금까지 이 방법에 의해 지능의 다요인 개념을 정립하려는 노력은 여러 사람에 의해 시도되었지만[40] 아직도 지능의 다요인 개념에 대한 모호성은 상존하고 있다고 보아야 할 것이다.

둘째, 다요인분석의 이론과 방법이 발전되면서 지능은 단일하다고 보는 g를 넘어서서 g 이외의 여러 가지 기본정신능력으로 구성되어 있다고 보는 것이 지능을 g로 보는 것보다 과학적으로나 이론적으로 합리적이라는 생각을 갖게 되기는 했지만 그것이 문제를 해결해 주지는 않았다. 각각의 요인이 서로 분명히 구별되는 다른 능력임에도 불구하고 그 사이에는 높은 상관이 존재한다는 사실을 발견하였기 때문이다. 이 같은 발견은 곧 여러 사람으로 하여금 각 요인을 따로따로 측정하는 검사를 개발하는 데로 관심을 기울이게 했고[41] 이것이 적성검사(aptitude tests)의 발달을 촉진시키는 계기가 되었다. 적성검사의 목적은 어떤 특수한 분야의 학업이나 직업 수행에 필요한 적절한 지능 요인의 조합이 무엇인가를 진단하고 예언하는 학업지도 및 직업상담에 중요한 정보를 제공해 주는 이론 및 검사로 인정받게 되었다. 그러나 적성의 조합이 직업 성공을 예언하는 데는 비교적 성공적이었지만 학업 성공을 예언하는 데는 별로 성공적이

---

40) R. B. Cattell, "Theory of fluid and crystalized intelligence: A critical theory of modulators", *Psychological Review*, 1963, *70*, 1-18.

J. P. Guilford, "Three faces of intellect", *American Psychologist*, 1959, *14*, 469-479.

J. L. Horn, "Organization of abilities and development of intelligence", *Psychological Review*, 1968, *75*, 242-259.

41) G. K. Bennet, H. G. Seashore, & H. G. Wesman, *Differential Aptitude Tests*, New York: Psychological Corporation, 1947.

T. G. Thurstone & L. L. Thurstone, *Tests of Primary Mental Abilities for Age 5 and 6*, Chicago: Science Research Associates, 1946.

지 못했다.[42] 오히려 몇 개의 적성으로 학업성적을 예언하기보다는 일반지능 g로 학업성적을 예언하는 것이 더 정확하고 예언능률이 높다는 사실에 주목하기 시작했다. 이 같은 연구 결과 g는 학업적성(scholastic aptitude)을 측정하는 것이며, 적성의 각 요인은 독립된 공통요인을 측정하는 것이라는 생각을 갖게 했다. 지능의 다요인 개념과 g의 개념을 학업성적에 관련시켜 보려는 재조명은 그동안 사장된 문제에 대한 새로운 도전을 하게 만들었다.

셋째, 지능의 개념이나 그 측정은 출발 당시부터 학업성적과의 관계라는 맥락 속에서 발전되어 왔다. 지능, 적성, 학업성적 사이에는 필연적인 상호 관련이 있기 마련이다. 이 같은 문제에 처음 시선을 돌리게 해 준 것이 Woodrow[43]이다. 그는 지능과 학업성적 사이에는 높은 상관이 있음에도 불구하고 매년 성적의 증가점수(gain score)와 지능 사이에는 거의 상관이 존재하지 않는다는 것을 발견했다. Tilton[44]은 그 이후 성적검사에서 쉬운 문항을 제외한 나머지 문항으로 된 검사와 지능검사와 상관을 내어보니 대단히 높은 상관이 나타나는 것을 발견했다. 이 같은 사실은 지능이 학습한 양 자체보다는 학습한 자료의 복잡성(complexity)과 관계 있으리라는 가설

---

42) J. B. Carroll, "On the theory-practice interface in the measurement of intellectual abilities", in P. Suppes (Ed.), *Impact of Research on Education: Some Case Studies*, Washington, D. C.: National Academy of Education, 1978.

Q. McNemar, "Lost: Our Intelligence? Why?", *American Psychologist*, 1964, *17*, 871-882.

43) H. Woodrow, "Intelligence and improvement in school subjects", *Journal of Educational Psychology*, 1945, *36*, 155-166.

H. Woodrow, "The ability to learn", *Psychological Review*, 1946, *753*, 147-158.

44) J. W. Tilton, "Intelligence test scores as indicative of ability to learn", *Educational and Psychological Measurement*, 1949, *9*, 291-296.

을 탐색하게 해 준 셈이다. 이것은 지능과 학업성적 사이의 인과관계를 보는 우리의 시각에 새로운 전환점을 마련해 주는 연구였다고 말할 수 있다.

지능 자체는 학업성적을 예언하는 데 별로 도움이 되지 않는다는 사실의 확인은 1960년대에 와서 지능의 각 요인인 적성이 교수방법(instructional treatments)과 어떻게 상호작용하느냐는 문제를 밝히려는 노력으로 관심을 돌리게 되었다.[45] 흔히 적성-교수방법 상호작용(aptitude-treatment interaction: ATI)이라는 이름으로 알려진 이 이론의 관심은 ① 학습을 특정 적성에 적절히 관련시키고, ② 적성이 낮은 학생에게 학습을 쉽게 하도록 하며, ③ 적성 자체를 개발시키려는 세 가지 전략으로 요약할 수 있다. 만약 이 같은 세 가지 방법이 이론적으로나 경험적 연구에서 성공적인 결과를 얻는다면 학업성적에서의 여러 가지 문제를 해결할 수 있는 약속의 땅이 있을 것으로 기대했다.

그러나 밝혀진 연구 결과는 각 적성이 교수방법과 상호작용해서 성공적인 학업성적을 나타내는 결과는 극히 희귀하다는 비관적인 결론에 도달했고, 여전히 일반 지능과 학업성적과의 상관만이 높게 나오는 것을 발견했다. 왜 그럴까? 이에 대한 회의는 현재 심리측정 이론의 관점에서 정립된 지능의 개념에 따라 제작된 지능검사와 학습 및 교수방법의 변인 사이에는 전혀 다른 이론적 배경이 놓여 있다는 것을 감지하게 했으며, 그것은 곧 지능 그 자체에 대한 새로운 개념 정립과 이론을 요구하게 되었다.

45) L. J. Cronbach & R. E. Snow, *Aptitudes and Instructional Methods*, New York: Irvington, 1977.

인지과정과 지능

심리측정 이론, 요인분석의 이론과 실제적 방법의 개발 등이 지능의 개념, 이론, 측정 방법에 미친 과학적 영향은 실로 대단했다. 그러나 20세기 후반에 들어오면서 지능검사 자체의 타당성이나 유용성에 대한 회의가 교육학자, 심리학자, 일반 사회인에 의해 심각한 도전을 받기 시작했다. 지능검사의 발전이 학교교육의 목적, 직업정보의 제공, 선발의 도구, 군인선발, 분류, 배치 등의 실용적 목적에 이바지할 때는 과학의 우상처럼 인정되었다. 그러나 앞에서 논의한 바처럼 사회적 · 교육적 · 심리적 상황이 서서히 변화함에 따라 지능검사의 목적, 타당성, 가정에 대해서 광범위한 논쟁이 야기되기 시작하고, 이것이 지능의 개념에 대한 새로운 시각을 탄생시키는 원동력이 되었다.

첫째, 사회적 불만을 들 수 있다. 지능검사가 가장 발달되고 많이 사용되었으며, 또한 중요한 예언도구로 이용된 미국에서 지능검사 자체가 소수민족(minority group)에게 불리한 결과를 빚도록 제작되었다는 반발이 거세게 일기 시작하였다.[46] 그중에서도 특히 지능검사 결과는 흑인에게 근원적으로 불리하게 제작되었다는 사회적 불만이 터져 나오기 시작했다. 또한 지능검사 자체가 학교교육에서 성공할 것인가 실패할 것인가를 예언하는 데는 도움이 되지만 실패를 극복할 수 있는 이론의 제시나 검사를 개인의 요구에 적응시키는 데

46) L. J. Cronbach, "Selection theory for a political world", *Public Personnel Management*, 1980, *9*, 37-51.

는 한 푼의 가치도 없다는 비난이 야기되었다. 모든 사람에게 기회 균등을 제공하려고 하는 사회의 요구에 비해 지능검사는 아무런 단서도 제공하지 못하고 오직 예언과 분류에만 이용되고 다양한 개인의 능력에 따라 어떻게 무엇을 제공해 주어야 할지에 대한 아무런 진단적 정보를 제공해 주지 못하는 데 대한 거부반응도 만만치 않게 발생하였다.

더욱이 전문가나 일반인이 공통적으로 지적하는 지능 개념 속에는 언어능력(verbal ability), 문제해결력(problem-solving ability), 실생활 적응력(real-world adaptability)의 세 가지 요인이 들어 있는데,[47] 지능검사 속에는 언어능력과 문제해결력을 요구하는 문항만 존재할 뿐 세 번째 유형의 실생활 적응력 문항은 전혀 들어 있지 않다는 사실도 지적되었다.[48] Binet나 Terman 이후 전통적으로 지능검사는 학문적 혹은 학업적 능력이나 적성을 강조해 온 것이 사실이다. 그러나 지능검사가 실생활의 적응을 예언하는 데 실패하고 있다는 사실, 지능이 장기적인 성적이나 직업적 성공을 별로 예언하지 못한다는 연구 결과들은 곧 지능의 개념 속에 그와 같은 요인이 다루어지지 않고 있기 때문이라는 사회적 저항을 유발시키기에 충분했다.

둘째, 교육적 불만을 지적할 수 있다. 소련의 스푸트니크 충격 이후 다른 교육의 영역에도 그랬지만 지능검사에 대해서도 마찬가지였다. 지능검사가 한 개인의 지능 수준을 지시만 해 줄 뿐 학교가 무엇을 어떻게 해야 하는지에 대한 시사를 하나도 해 주지 않는 데 대한

47) R. J. Sternberg, B. E. Conway, J. L. Kerton, & M. Berstein, People's conceptions of intelligence, *Journal of Personality and Social Psychology: Attitudes and Social Cognition*, 1981, *41*, 37-55.

48) D. C. McClelland, "Testing for competence rather than for intelligence", *American Psychologist*, 1973, *28*, 1-14.

불만이 제기되었다. 교육은 이제 학교교육을 통해 성공할 자가 누구냐를 가려 주는 데 있기보다 모든 학생이 성공할 수 있도록 하는 데로 관심이 전환되었다. 그런데 지능검사는 성공, 실패를 분류해 줄 뿐 교수방법을 개선하거나 학습문제를 이해하는 데 거의 아무런 정보를 제공해 주지 않았다. 이러한 경향은 Binet 지능검사 이후 하나도 변화되지 아니한 유일한 특징이었다. 교사에게는 이제 어떤 과제를 주고, 어떤 교육과정과 교수 방법을 통해, 학생의 학습문제를 개발시키는 데 필요한 정보를 제공해 주는 지능검사가 필요하게 되었다.[49)]

셋째, 심리학적 불만을 지적할 수 있다. 지능검사에 관해서 한편으로는 검사이론과 기술은 그것대로 발전하고 다른 한편으로는 학습 및 인지이론은 그것대로 독자적으로 발전하여 그 사이에 상호작용이 전혀 결핍되어 있었다는 현상에 대한 반성에서 출발한다. 이 같은 사실은 이미 1957년 Cronbach의 유명한 논문 「과학적 심리학의 두 개의 학문 경향」이란 논문에서 명쾌히 지적되고 있다.[50)]

> 실험심리학자는 전적으로 일반적, 비개인적 구인(construct)에만 관심을 갖고, 상관심리학자는 전적으로 발달 변인 내에서만 법칙을 찾으려고 한 때가 있었다. ……응용 분야이건 일반 기초과학 분야이건 이제는 심리학이 이 역사적인 두 학문 분야에서 평행이 아닌 종합적인 통합을 하기 위한 노력이 필요한 때다(pp. 682-683).

---

49) J. McV. Hunt, "Psychological assessment in education and social class", in B. Z. Fiedlander, G. M. Sterritt, & G. Kirk (Eds.), *Exceptional Infant* (vol. 3), New York: Brunner-Mazel, 1975.

50) L. J. Cronbach, "The two disciplines of scientific psychology", *American Psychologist*, 1957, *12*, 671-684.

이러한 상호작용의 결핍은 차이심리학과 실험심리학이 서로 완전히 분리된 상태에서 상대방의 이론, 방법을 전혀 고려하지 않으면서 발전되어 가도록 만들었다. 그러나 이제는 자극-반응접근의 이론이 정보처리이론(information-processing)으로 전환되기 시작했고, 이것은 곧 실험심리학이 이 같은 정보처리이론을 지능 및 지능검사를 분석하는 데 초점을 맞추기 시작했다는 것을 의미한다. 학습에 관련된 기억, 문제해결력, 지식의 표상 등에 초점을 두고 연구하는 인지접근은 인간의 인지과정에 관련된 개인차의 변인을 연구할 수 있는 가능성을 열어 주기 시작했다.

이 같은 인지심리학(cognitive psychology)은 적성검사를 분석해서 나타나는 요인의 해석에만 의존하던 측정이론적 지능의 개념에 새로운 시사를 주었으며, 정보처리이론은 지능검사의 특정 문항이 요구하는 정신과정과 지식이 무엇인지를 분석할 수 있는 틀을 제공하였다. 더욱이 문화적 차이에 따라 지능검사에서 요구하는 정신과정이 다르다는 사실도 중요한 시사를 주기 시작했다. 마찬가지로 인지발달에 관한 Piaget의 관점과 인지발달이 환경에 크게 의존한다는 그의 이론은 지적 과제에 관한 경험적 기초를 제공하며 인지과정을 분석하는 방향으로 관심을 전환시키는 데 큰 역할을 했다.[51)]

인지과정을 분석함으로써 지능의 새로운 개념을 형성하려는 탐구는 아직도 초기 단계에 있다. 그러나 지능검사 및 적성검사 문항 밑에 잠재해 있는 과정, 전략, 내용이 무엇인가에 관한 지식이 증가함에 따라 지능의 각 요인이 무엇을 측정하고 있는지, 그것을 어떻게 학습, 교수에 이용할 것인지에 관한 가능성은 증가하고 있는 편이다.[52)]

---

51) J. McV. Hunt, *Intelligence and Experience*, New York: Ronald Press, 1961.

이론적으로 보면 인지이론과 정신능력에 관한 개인차 연구 사이의 접목은 주로 다음의 세 가지 문제에 관심을 두고 발전되고 있다고 볼 수 있다. 첫째는 적성이라는 심리측정에서 나타나는 개인 간의 변산에 기여하는 정신능력이 무엇인가를 이해하려는 노력과 둘째 학습하는 능력에 나타나는 개인차를 매개하는 인지과정과 내용을 교수 방법에 의해 어떻게 수정하느냐는 문제, 셋째 지능에 관한 인지과정에 관한 이해가 보다 이론적이며, 진단적 정보를 갖는 개인차의 측정의 발전에 어떤 함축성을 시사하느냐는 문제다.

첫째, 적성검사에서 성공하는 데 요구되는 인지과정이나 정신과정이 무엇인가를 밝히려는 연구는 두 가지 형태의 접근이 시도되고 있는데 Pellegrino와 Glaser[53]는 이것을 인지상관접근(cognitive correlates approach)과 인지요소접근(cognitive component approach)으로 부르고 있다. 전자는 심리측정 과제(혹은 적성검사)에서 나타나는 점수와 기본적 인지과정의 능률 사이의 상호관계를 밝히려는 것이며, 후자는 적성검사에서 요구하는 인지과정에 관한 모형(model)을 먼저 개발한 다음 이것을 같은 검사에서 나타나는 개인차를 분석하는 데 적용하려는 접근 방법이다. 예컨대, 인지상관접근은 어떤 특정 검사에서 점수가 높은 사람과 낮은 사람에 나타나는 정보

52) R. B. Carroll, "Psychometric tests as cognitive task: A new 'Structure of Intellect,'" in L. B. Resnick (Ed.), *The Nature of Intelligence*, Hillsdale, N. J.: Lawrence Erlbaum, 1976.

R. B. Carroll, "Remarks on Sternberg's 'Factor theories of intelligence are all right almost'", *Educational Researcher*, 1980, *9*(8), 14-18.

R. J. Sternberg, "Factor theories of intelligence are all right almost", *Educational Researcher,* 1980, *9*(8), 6-13: 18.

53) J. W. Pellegrino & R. Glaser, "Cognitive correlates and components in the analysis of individual differences", *Intelligence*, 1979, *3*, 187-214.

처리능력에 어떤 차이가 있는가를 밝히려는 입장이라 하면, 인지요소접근은 먼저 과제분석을 시도하여 어떤 특정과제 수행에 요구하는 정보처리과정이 어떤지를 모형으로 추정하고, 이것을 개인차를 연구하는 데 이용하려는 입장이다. 두 접근 방법이 근본적으로 인지과정 및 정보처리능력을 분석하려는 점에서는 공통되지만 그 강조점이 개인차의 분석이 먼저냐 아니면 인지과정에 관한 모형의 분석이 먼저냐에서 차이가 나타난다. 인지상관 접근의 예로는 기억검사에서의 점수가 높은 사람과 낮은 사람 사이에는 정보에 접근하고 그것을 조작하는 인지기능(cognitive skills)에 개인차가 있기 때문이라는 것을 밝힌 Hunt, Frost, Lunneborg의 연구[54]를 들 수 있으며, 인지요소 접근은 유추추리과제(analogical reasoning task)와 법칙귀납과제(rule induction tasks)를 분석하여 그것을 개인차 연구에 이용한 Pellegrino와 Glaser[55], Sternberg[56]의 연구를 성공적인 예로 지적할 수 있다.

둘째, 학습하는 능력 혹은 지능 및 적성에 나타나는 개인차를 매개하는 인지과정을 교수 방법에 의해 수정하려는 노력을 들 수 있다. 전통적으로 심리측정 이론에 힘입어 발전된 지능이나 적성들은

---

54) E. Hunt, N. Frost, & C. Lunneborg, "Individual differences in cognition: A New approach to intelligence", in G. H. Bower (Ed.), *The Psychology of Learning and Motivation*, vol. 7. New York: Academic Press, 1973.

55) J. W. Pellegrine & R. Glaser, Components of inductive reasoning. in R. E. Snow, P. A. Federico, & W. E. Montague (Eds.), *Aptitude, Learning and Instruction: Cognitive Process Analysis of Aptitude*, vol. 2. Hillsdale, N. J.: Lawrence Erlbaum, 1980.

56) R. J. Sternberg, *Intelligence, Information Processing and Analogical Reasoning: The Componential Analysis of Human Abilities*, Hillsdale, N. J.: Lawrence Erlbaum, 1977.

직업 성공을 예언하는 데는 실패한 편이지만 학교교육이나 성적을 예언하는 데는 밀접한 관련이 있어서 그 상관이 높았다. 그러나 '왜' 이 같은 관계가 존재하며, 그것이 '어떤 함축성'을 갖는지에 대한 해석은 과거의 지능 개념이나 이론에서는 거의 도외시했다. 이 같은 지적 작용에 관한 인지과정의 분석은 지능을 학습과 교수 방법에 관련시킬 수 있는 새로운 가능성을 시사하는 전환점을 마련해 줄 수 있다.

만약 표준화된 적성검사가 학교 학습이나 작업훈련에 관련된 어떤 특정 기능의 표본으로 구성되어 있다면 이 같은 기능을 어떻게 획득하며 교수 방법에 의해 어떻게 길러 줄 수 있는지에 관한 연구는 지능이론의 관점에서도 중요한 관심거리가 될 수 있다. 현재까지 연구는 적성검사 점수와 정보를 기억에 저장, 배출하는 속도와의 관계,[57] 적성과 기억 내용을 다루는 전략(strategies)의 이용과의 관계,[58] 적성과 문항을 기호화(encoding) 하는 수준과 범위와의 관계,[59] 적성과 과제가 요구하는 지식 및 제약조건을 파악하는 경향성과의 관계[60] 등의 연구를 들 수 있고, 최근에는 적성검사에서 요구하는 것과 유사한 인지과정을 훈련하는 연구에 상당한 관심이 집중되고 있다.

최근 이 같은 접근과 관련한 특별한 관심은 지식의 구조(structures)와 내용(contents)이 인지과정과 전략의 발달 및 그 이용과 어떻게 상호작용하는가를 이해하려는 노력이다. 예컨대, 인지과정이나 정

57) E. Hunt, et. al, *op. cit.* (1973).

58) J. C. Campione & A. L. Brown, "Toward a theory of intelligence: Contributions from research with retarted children", in R. J. Sternberg & D. K. Detterman (Eds.), *Human Intelligence*, Norwood, N. J.: Ablex, 1979.

59) R. J. Sternberg, *op. cit.* (1977).

60) J. W. Pellegrino & R. Glaser, "Analyzing aptitudes for learning", in R. Glaser (Ed.), *Advances in Instructional Psychology*, Hillsdale, N. J.: Lawrence Erlbaum, 1981.

보의 처리 방법이나 양식만이 지능(및 적성)의 본질적 요소라면 정보의 내용이 무엇이건 얼마나 되건 아무런 관계가 없게 된다. 그러나 어떤 분야의 전문가와 비전문가 사이의 개인차를 연구해 본 결과 전문가는 잘 조직된 지식의 체계를 갖고 있고, 그러한 정보를 저장하고 추적하는 단기기억(short-term memory) 및 장기기억(long-term memory)에서 현격한 질적 차이가 있음을 시사하고 있다. 이 같은 연구 결과는 지능을 인지과정 중심으로 연구하는 방향에서 지식지향(knowledge-oriented) 연구로 전향하게 하는 계기를 이루게 해 주었다. 이 같은 경향은 곧 지능의 개념이 인지과정뿐 아니라 무엇을 인지과정에서 처리하느냐는 지식의 내용과 구조를 함께 다루어야 교수 방법에 의해 적성이나 지능을 수정, 개발시킬 수 있다는 결론을 추출하게 해 준 셈이다.[61)]

셋째, 인지과정에 관한 이해가 새로운 측정 방법에 주는 함의가 무엇인가 하는 발전을 지적할 수 있다. 지금까지 논의한 바와 같이 정신능력의 개인차에 대한 정보처리이론의 적용은 이 같은 개인차를 과정과 구조라는 틀에 비추어 새롭게 해석할 수 있는 가능성을 열어 주었다. 과거의 지능 개념에 비해 인지적 관점의 지능 개념은 정신능력을 가상적인 정태적 양으로 보기보다 동태적 과정, 전략, 지식으로 본다. 이 같은 새로운 지능 개념이 측정에는 어떤 함의를 주는가?

지금까지 연구된 검사성적의 인지과정의 분석에 의하면 개인이 각 문항에 관하여 소유하고 있는 지식의 수준, 문항을 푸는 데 사용하는 인지과정의 유형, 문항이 요구하는 제약의 이해 수준에서 개인

61) M. E. Curtis & R. Glaser, "Changing conceptions of intelligence", in D. C. Berliner (Ed.), *Review of Research in Education*, vol. 9, Washington: American Educational Research Association, 1981, pp. 111-148.

차가 있다는 것을 밝혀 주고 있다. 이 같은 연구 결과는 이제 지능을 측정하기 위해서는 문항에서 정오를 판단하여 그 결과만을 표시하는 방법이 아니라 요구하는 지식과 기능에 의해 특징을 표시해야 한다는 것을 시사한다. 뿐만 아니라, 문항의 난이도(difficulty)의 개념도 바뀌어야 한다. 그럼으로써 각 문항이 보다 지적 기능을 개발시키는 데 이용할 수 있는 교육적 처치에 도움을 주는 집단적 정보를 주는 방향으로 측정 방법이 바뀌어야 함을 시사한다.

인지적 관점의 지능은 측정 형태에도 두 가지 수준의 측정이 있어야 할 것을 시사한다. 즉, 개인이 혼자서 검사에서 성취하는 수준과 어떤 종류의 도움을 받아 성취하는 수준이다. 전자를 독립 수준(independent level), 후자를 후원 수준(assisted level)이라고 한다면, 이 두 수준의 차이가 곧 교수 방법의 대상이 되어야 할 부분이라고 할 수 있다. 이미 이 같은 개념은 소련의 진단검사에서 이용하고 있는 방법이다.[62)]

또한 인지이론에서는 검사에 관련된 지식의 조직과 구조의 역할을 강조한다. 지능이 높다는 사실은 지식의 구조와 조직이 그렇지 않은 사람에 비해 질적으로 다르다는 사실을 의미한다. 만약 인지과정에서 이 같은 사실이 확인된다면 그러한 인지기능을 개발시키기 위해서 지식의 조직과 구조에 관한 개인차를 밝힐 수 있는 측정 방법도 고안되어야 한다. 아직까지는 이 같은 측면의 측정 방법이 성공적이라고 말할 수 없지만, 이제부터 도전해야 할 무지의 영역, 그러나 가능성을 낙관할 수 있는 영역이라고 지적할 수 있다.

---

62) L. Vygotsky, *Mind in Society*, Cambridge: Harvard University Press, 1978.

제 3 장

지능검사

지능검사 발전의 배경

인간의 지능 혹은 정신능력에 관한 발전의 역사는 그 개념이나 이론의 발전과 함께 정신능력을 측정하기 위한 방법, 도구, 검사의 발전과 병행되어 성장해 왔다. 때로는 정신능력이나 지능에 관한 이론의 발전에 앞서서 측정도구 및 검사의 발전이 앞질러 발전되어 가는 경우도 없지 않았다. 이 같은 현상은 자연과학의 초기 발전이 각종 측정도구의 개발이 앞서고 이론적 정립이나 체계화가 뒤따라오는 경우와 흡사하다. 더욱이 자연과학의 측정 대상처럼 그 객체가 불분명한 인간의 정신능력에 관한 이론은 측정 방법이나 검사도구의 개발 없이는 그 대상을 구상화할 방법이 없었기 때문에 이 같은 필요성은 더욱 절실했다. 뿐만 아니라 초기의 정신검사 발전에 영향을 준 정신지체아의 진단과 처치, 임상적 처치, 교육적 필요 등은 심리학이 사변적 요람 속에서 정신능력에 관한 개발을 위해서만 시간을 허비하고 있지 못하게 했다.

이 같은 실제적 필요를 반영하기 위한 시대정신의 하나로서 당시에 급격히 발전을 하고 있던 과학적 사고도 무시할 수 없다. Locke, Hume, Berkeley 등에 의해 대표되는 경험론적 사고는 심리학에 초기 연합이론(associationism)의 발전에 촉매 역할을 했으며, 이것이 H. Taine으로 하여금 정신활동은 그 개인만이 알 수 있는 주관적인 것이 아니라 외적 증거나 신호에 의해 알 수 있는 객관적인 것이라는 생각을 낳게 했으며, 이 같은 정신능력에 관한 저서 『지능론(On Intelligence)』[1]을 출판했다. Taine의 저서는 프랑스의 임상심리학적 발전에 커다란 공헌을 하였으며, 이어 Pinel, Esquirol, Itard, Seguin 그리고 Richet 및 Charcot을 탄생시키는 촉매작용을 했다. 특히 Charcot이 최면술을 통해 이상인과 정상인의 심리상태를 비교연구하려던 시각은 프랑스의 임상병리학에 획기적인 방향 전환을 시킨 셈이다. 이 당시 독일에서는 Wundt에 의해 대표되는 실험심리학이 직접적 응용에는 아무런 관심 없이 인간의 감각현상에 관한 사실과 법칙을 발견하기 위해 각종 측정 방법을 개발하고 있었다. 독일의 Wundt가 순수한 과학적 목적을 위해 심리학, 인간의 감각기능의 측정에 관심을 기울인 반면, 프랑스 심리학자들은 임상적 목적이라는 사회심리적 요소를 띠고 있었다. 이러한 경향은 Ribot[2]에 와서 더욱 발전을 보고, 이것이 Binet로 하여금 실용적 목적을 위한

---

1) H. Taine, *On Intelligence* (Translation by T. D. Haye). New York: Henry Holt, 1879, 2 vols. (originally published in France 1870)

2) Th. Ribot, *Les Maladaies de la memoire*, 1881.

________, *Les Maladaies de la volonté*, 1883.

________, *Les Maladaies de la personnalité*, 1885.

정신능력검사를 개발하는 정신으로 이어진 셈이다.

이런 시기에 영국에서는 Darwin의 『인간과 동물의 정서 표현(Expression of the emotions in man and animals)[3)]』이 Herbert Spencer의 『심리학 원리』[4)]와 거의 동시에 출판되었으며, 이 두 저서가 공통으로 지적하고 있는 것은 인간이 강한 정서를 표출할 때 나타내는 안면 표정과 신체 자세는 모방의 결과가 아니라 인간이 종족 발생에서 얻은 유전적 결과라는 사실을 강조하고 있다. 이 같은 경향은 영국에서는 인간의 감각 및 정신능력을 진화론과 유전론적 관점에서 보는 시각을 형성시켰으며, 이것이 Galton의 지능에 관한 유전론적 연구[5)]를 자극한 셈이다. Galton은 또한 당시 생물통계학자인 K. Pearson과 협동으로 여러 가지 통계적 방법의 개발에 자극을 주었으며, 현재 지능측정이나 사회과학 방면에서 중요한 개념으로 사용하고 있는 상관계수를 처음으로 개발하였다.

이 같은 여러 가지 과학적 정신과 사회적 필요성이 정신능력을 측정하기 위한 도구 및 검사 개발에 촉진작용을 했다고 볼 수 있다.

지능에 관한 이론을 이해하기 위해서는 지능검사에 관한 이해가 필요하다. 이 장에서는 이같이 개발된 초기의 대표적 지능검사인 Binet 척도, Stanford-Binet 지능검사, Wechsler 지능검사, 그리고 몇 가지 집단 지능검사와 그에 관련된 문제를 논의함으로써 이후

---

3) C. Darwin, *Expression of the Emotions in Man and Animals*, 1872. 미국판은 New York: D. Appleton Company, 1873.

4) H. Spencer, *Principle of Psychology*, London: Williams and Norgate, 2nd ed. vol. II. 1872.

5) F. Galton, *Hereditary Genius*, London: Macmillan & Co., 1869.

F. Galton, *Inquiry into Human Faculty and Its Development*, London: E. P. Dutton and Co., 1883.

________, *Natural Inheritance*, London: The Macmillan & Co., 1889.

에서 다루는 지능이론 및 그 함의를 이해하는 기초를 제공할 것이다.

지능검사는 분류의 기준, 목적에 따라 여러 가지 방법으로 나눌 수 있다. 우선 측정 목적이 일반지능을 종합적 · 혼합적 · 합승식으로 측정하려는 경우와 특수한 정신능력을 독립적으로 측정하려는 경우에 따라 일반지능검사(general intelligence test)와 특수지능검사(specific intelligence test)로 분류한다. 현재 사용하고 있는 대부분의 검사는 일반지능검사이며, 그 속에는 여러 가지 정신능력을 측정하는 문항이 함께 합승식으로 혼합되어 있다. 그러나 주의할 것은 일반지능검사라는 것이 Spearman의 g를 측정하는 검사와 동일하지 않다는 것이다. 그중에는 Spearman의 g만을 측정하도록 구성되어 있는 검사도 있으나 그것은 일반지능검사 범주의 일부분에 불과하다. 이에 반해 특수지능검사는 추리력 검사, 기억력 검사, 주의력 검사처럼 각 정신능력을 독립적으로 측정하도록 구성되어 있는 검사를 지칭하며, 이것이 후에 적성검사로 발전된다.

둘째는 언어검사(verbal test)와 비언어검사(non-verbal test)로 나뉜다. 검사의 문항이 주로 언어에 의존하고 있어서 피험자가 주어진 언어 자극을 통해 문제를 이해하고 언어를 사용해서 문항에 대답하게 되어 있는 경우에 언어검사라고 하며, 이 같은 형식의 검사를 통칭해서 α검사라고 부르기도 한다. 비언어검사는 문항 구성이 언어 자극을 최대한으로 극소화시킨 검사를 지칭하며, 대개 취학 전 아동, 문맹자, 언어 장애자, 노인, 외국인을 대상으로 지능을 측정하기 위해 개발된 검사다. 대개는 도형, 그림, 기호, 실제의 작업을 통해 지능을 측정하며, 이 같은 검사를 총칭해서 β검사라고 부르기도 한다.

셋째는 동작검사(performance test)와 필답검사(paper-and-pencil test)로 구분한다. 피험자로 하여금 구체적 재료를 가지고 어떤 작업, 동작을 요구하는 검사를 동작검사라고 하며, 나무토막, 그림, 나사나 연모, 종이, 간단한 기구 등을 가지고 실제 작업을 하게 하고 그 결과에 의해 지능 수준이나 질을 판단하려고 하는 방법이다. 이에 반해 필답검사는 종이 위에 모든 검사문항이 제시되어 있고 그것을 읽고, 생각해서, 쓰는 것 이외에 작업을 요구하지 않는 검사를 지칭한다. 동작검사는 대개 개인 검사일 가능성이 크고, 필답검사는 집단검사인 경우가 대부분이다.

넷째, 검사를 실시할 때 한 번에 피험자 한 사람을 대상으로 검사를 실시하도록 되어 있는 경우를 개인지능검사(individual intelligence test)라고 하며, 한 번에 여러 사람에게 동시에 실시할 수 있도록 구성되어 있는 경우를 집단지능검사(group intelligence test)라고 한다. 개인지능검사는 그 타당성, 실시의 정확성, 임상적인 해석 가능성 등이 장점인 반면, 실시가 복잡하여 완벽한 검사 실시를 위해서는 고도의 훈련 및 기술이 요구되며, 또한 검사 시간도 오래 걸린다는 단점이 있다. 이에 반해 집단지능검사는 실시하기가 쉽고 한 번에 여러 사람의 지능을 측정할 수 있기 때문에 그 효율성이 장점인 반면, 검사 장면에서 발생할 수 있는 여러 가지 오차요인을 통제하기 곤란하기 때문에 검사의 신뢰성이 떨어진다는 단점이 있다.

Binet 지능검사

이미 논의한 바 있듯이 Binet의 지능검사는 교육적 필요에서 출발하고 있다. 1904년 프랑스의 문교부 장관은 학교에서 계속적인 교육적 지체를 보이는 아동을 가려내어 그들에게 특별한 교육을 시킬 필요성을 절감하고, 이 같은 정신지체아, 학습부진아를 변별하여 측정할 수 있는 방법을 Binet로 하여금 개발하도록 의뢰하였다. Binet는 당시 동료인 Simon과 함께 1905년에 처음으로 아동의 지능을 측정할 수 있는 Binet-Simon 척도를 제작했으며[6] 이것이 공식적인 지능검사의 효시라고 할 수 있다. 1905년도에 제작된 Binet-Simon 척도의 중요한 특징은, 첫째 그들은 어떤 다양한 형태의 정신능력을 정확하게 측정하려고 하지 않고 여러 가지 다양한 과제를 주었을 때 나타내는 아동의 정신발달의 일반적 수준을 알려고 했다는 점이다. 이것은 그 이전의 Wundt의 실험심리학이나 임상심리학적 관점과는 전혀 다르다. 둘째, 될 수 있는 대로 검사 실시를 간편하게 함으로써 아동을 검사할 때의 피로 때문에 오는 영향을 제거하려고 했다. 셋째, 이전의 정신능력 측정과는 다르게 지능의 성질을 보다 합리적이며, 분명하고, 거시적으로 측정할 수 있는 문항을 선택하려고 했다. 그들은 당시 지적 행동에 포함된다고 생각된 감각적 · 운동적 · 지각적 능력을 측정하는 것을 별로 쓸모없다고 보고 건전한 판단을 하는 능력(the ability to make sound judgments)을 지능의 본질적 요인이라 보았다. 이 같은 생각은 이미 1905년의 논문에서 "잘 판단하고, 잘 이해하며, 잘 추리하는 것이 지능의 본질이다."라고 정의하고 있는 데서 엿볼 수 있다. 넷째, 문항의 내용에 따라 기억을 측정하는 문항은 따로, 산수 문항은 따로 묶지 않고, 문항을 난이도의 순서로 묶었다. 여기에 처음으로 검사문항에는 쉽고 어

---

6) A. Binet & Th. Simon, *The Development on Intelligence in Children. The Binet-Simon Scale*, New York: Arno Press, 1973. 이 저서 속에 Binet가 L'Année Psychologie에 발표한 1905, 1908년의 논문이 수록되어 있다.

려운 것이 존재하며, 이것이 지능 판단에 기초가 된다는 일차원적(uni-dimentional) 척도의 개념이 도입되는 계기가 된다.

1905년도판의 지능검사는 30개 문항으로 구성되어 있으며, 앞에서 언급했듯이 난이도 수준에 따라 배열했다. 그중 몇 개 문항만 예시해 보자.

① 불을 붙인 성냥에 따라서 손과 눈을 함께 움직이기
⑥ 간단한 명령에 따르고, 몸짓을 흉내내기
(이 문항들은 백치(idot)와 저능아(imbecile)를 구별하는 가장 쉬운 문항들이다.)
⑨ 그림에 있는 물건의 이름 대기
⑮ 15개 단어로 된 문장을 한 번 듣고 반복하기
(이 문항은 저능아의 상한계를 결정하는 문항이다.)
⑳ 두 개의 비슷한 물건의 공통성을 말하기
㉕ 쉬운 문장에서 빠진 단어를 찾아 넣기
㉚ 추상적 단어 사이를 구별하기

Binet 지능검사의 가장 대표적인 형태는 1908년에 개정된 것이라고 말할 수 있다. 1908년의 가장 큰 특징은 문항을 난이도 순서로 배열하지 않고 해당 연령의 아동이 대부분 푸는 연령 단계에 따라 배열하였다는 점이다. 이것이 곧 Binet 지능검사에서 처음으로 도입하는 정신연령(mental age)의 개념이며,[7] 이제는 아동의 지능을

7) 정신연령의 개념을 Binet가 사용했다는 것은 잘못이며, 그는 정신 수준(mental level)이라는 개념을 사용했다고 하는 주장도 있다. T. H. Wolf, *Alfred Binet*, Chicago: University of Chicago Press, 1973.

난이도 순서로 배열한 문항을 몇 개 풀었느냐에 의해서가 아니라 정신연령 표준에 의거해서 지능을 판단하는 기초를 제공하게 되었다. 둘째 큰 특징은 1905년 판에 포함시켰던 백치를 구분한다고 생각했던 문항 등을 제외시켰다는 점이다. 이것은 Binet가 비정상적인 아동을 진단한다는 좁은 개념을 탈피하고 정상 아동의 지능을 측정하는 방향으로 관심을 이행시켰음을 뜻한다.

Binet가 사망하기 직전인 1911년 판이 개정되어 출판되었는데, 이것은 1908년과 비교하면 원칙에서는 달라진 것이 없고 보다 자세하다는 것이 특징이다.

다음에 1908년 판의 문항을 기준으로 1911년에 개정한 것을 첨가하여 연령별로 제시한다.

[3세 문항]

• 눈, 코, 입을 가리키기
• 문장을 따라 반복하기(비가 온다. 나는 배가 고프다. 우리는 산책 간다 등)
• 숫자 따라 외기(3−7, 6−4, 5−8−2−7−4 등)
• 그림을 제시하고 거기에서 본 것을 말하기
• 가족의 성(姓) 말하기

[4세 문항]

• 어린이의 성별 구별하기
• 친숙한 물건의 이름대기(칼, 열쇠 등)
• 세 개의 숫자 따라 외기
• 두 개의 선을 비교하기(어느 것이 길지요?)

[5세 문항]

- 무게를 비교하기(무게가 다른 두 개의 상자 비교)
- 정사각형을 따라 그리기
- 나무토막 쌓기
- 네 개의 동전 셈하기

[6세 문항]

- 아침과 저녁 구별하기
- 용도를 말하기
- 다이아몬드 형을 본따라 그리기
- 13페니를 셈하기
- 두 개의 그림을 미적으로 비교하기

[7세 문항]

- 오른손 보여 줘요, 왼쪽 귀가 어느 것이지요?
- 그림을 묘사하기
- 세 가지 명령을 따르기
- 세 개의 단일 동전과 세 개의 이중 동전을 셈하기
- 네 가지 색깔의 이름대기

[8세 문항]

- 두 개의 물체를 기억해 내어 비교하기(나비와 파리의 같은 점과 다른 점)
- 0에서 20까지 셈하기
- 그림에서 빠진 것 지적하기
- 날짜 대기
- 다섯 개 숫자 외기

[9세 문항]

- 20개 동전에서 거스름돈 셈하기
- 용도에서 보다 나은 것 지적하기
- 화폐 9개의 값을 대기
- 달(月) 대기
- 쉬운 문제 풀기(기차를 놓쳤을 때 우리는 어떻게 해야 하지요?)

[10세 문항]

- 무게가 다른 5개 물건을 순서대로 놓기
- 카드를 보이고 거기에 있는 도형 기억해 내기
- 불합리한 진술을 비판하기(두 사람이 싸우고 있을 때, 왜 거기 누런 개가 근처에 있지요?)
- 어려운 질문 이해하기(중요한 문제를 결정하기 전에 무엇을 해야 합니까?)
- 세 개의 단어를 주고 문장 만들기(다리, 행운, 강줄기)

[11세 문항]

- 문장 중 불합리한 점 비판하기
- 세 개의 단어로 문장 만들기
- 3분 안에 될 수 있는 대로 많은 단어 말하기(60개 단어 기준)
- 추상적 단어의 정의(자비, 정의, 선)
- 무질서하게 섞여 있는 단어를 질서 있게 정리하기

  (답안지/고쳐/드렸다/에게/선생님/달라고/부탁/나는 →

  나는 선생님에게 내 답안지를 고쳐 달라고 부탁드렸다.)

[12세 문항]

- 선의 암시에 대한 거부
- 세 개의 단어를 가지고 한 문장으로 만들기
- 3분 안에 60개 단어 이상 말하기
- 세 개의 추상적 단어를 정의하기
- 무질서한 문장을 이해하기

[13세 문항]

- 종이 접어 잘랐을 때의 모양 말하기
- 삼각형의 변환 상상

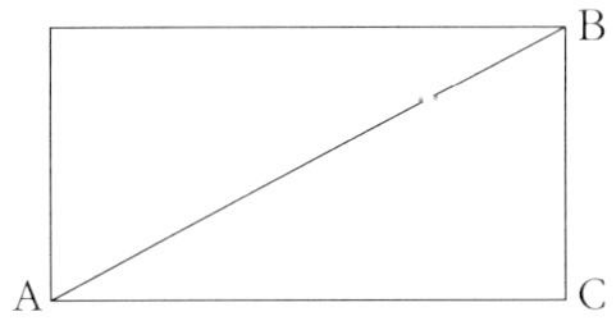

(위와 같은 그림을 보여 주고 AC(손으로 가리킴)를 AB에 오도록 거꾸로 붙이면 어떤 모양이 되겠는가?)

- 차이 묻기(즐거움과 행복은 무엇이 다른가? 진화와 혁명은 무엇이 다른가?)

[15세 문항]

- 7개 숫자 따라 외기
- 3개 단어의 같은 음 발견하기
- 26개 음절로 된 문장을 따라 외기
- 그림을 보여 주고 본 것을 이야기하기
- 여러 가지 사실이 담긴 문제 풀기(어떤 사람이 수풀 속을 걷고 있다가 갑자기 멈추어 서더니, 가장 가까운 파출소로 달려가서 나무에 달린 ____을 보았다고 보고했다. 무엇인가?)

[성인 문항]

- 접은 종이를 잘랐을 때의 모양 만들기
- 삼각형의 변환 상상하기
- 대통령에 관한 질문(왕과 대통령은 무엇이 다른가?)
- 추상적 단어 구별하기(사건과 출현은 무엇이 다른가, 혁명과 진화는 무엇이 다른가)
- 문장을 읽어 주고 그에 대한 질문

정신연령을 결정하는 방법은 피험자 아동이 5개 문항 중 4개까지 다 맞히는 단계를 기저연령(basal age)으로 하고, 그 이상 연령단계에서 맞은 문항 한 개에 0.2세씩 가산해 주어서 그의 정신연령으로 계산했다.

Binet의 지능에 관한 개념과 그의 지능검사의 제작 방법, 정신연령의 추정 방법 등은 곧 여러 나라에 보급되었으며, 지능검사의 발전에 모태 역할을 하였다.

Stanford-Binet 지능검사

최초의 지능검사인 Binet-Simon 검사를 처음으로 대폭 수정을 해서 미국 문화권에 맞게 개정하여 표준화한 것이 Stanford-Binet 지능검사다. 이것은 1916년 Stanford 대학교의 L. M. Terman 교수가 Binet검사를 개정해서 표준화한 것이며, 1/3 이상의 새로운 문항을 첨가하고 그냥 남겨 둔 것도 수정하고 재배열해서 그 변별적 가치를 높였다.

주목할 것은 1916년판에서 처음으로 지능지수(Intelligence Quotient: IQ)의 개념을 실제 사용했다는 것이다. 이것은 지능검사의 보편성, 실용성, 이론적 연구에 획기적 무기를 제공하였으며, 이로 인해 임상적 연구, 조사연구, 인간 능력의 연구에 큰 공적을 남겼다.

이 검사는 10년 동안의 연구 끝에 1937년에 개정되었는데, 이것은 1916년판보다 더 심한 변혁을 가져왔다. 그러나 근본적인 점에서는 크게 달라지지 않았다. 1937년판의 특징을 들면 다음과 같다.[8)]

첫째, L형과 M형의 동형검사를 도입했다는 점이다. 각 문항은 1916년판의 문항에 비해 129문항으로 늘어났다. 둘째, 측정하는 능력의 범위, 측정집단의 연령 범위가 대단히 커졌다는 점이다. 아래로는 2세부터, 위로는 성인 상 I, II, III에 이르기까지 넓은 범위를 측정할 수 있게 했다. 셋째, 검사의 실시 방법 및 채점 방법이 대폭 개량되었다. 1916년판에서는 실시 방법 및 채점 방법이 비교적 신축성이 있어서 객관성을 유지하기 어려웠으나 1916년판에서는 이와 같은 점을 대폭 개정했다. 넷째, 나이 어린 피험자에게는 될 수 있는 대로 언어검사를 적게 하고 동작검사 형식의 문항을 많이 넣었으며, 정상 성인을 위해서는 언어로 된 문장을 많이 넣었다. 1937년판의 표준화에 동원된 피험자는 $1^1/_2$~$5^1/_2$세까지는 6개월마다 200명, 15~18세까지는 1년 단위마다 100명, 전체 3,184명을 대상으로 했다. L형과 M형의 129개 문항은 12개년에 나누어 배열되어 있는데 $1^1/_2$~$5^1/_2$세까지는 6개월을 단위로, 또 6~14세까지는 1년을 단위로 하였다. $1^1/_2$~$5^1/_2$세를 6개월 단위로 한 것은 이 시기가 신체적으로나 정신적으로 발달 속도가 빠르기 때문이다. 14세 위에는 성인

8) L. M. Terman & M. M. Merrill, *Measuring Intelligence*, Boston: Houghton Mifflin, 1937.

평균(average adult) 단계인데, 이것은 정신연령 15세에 해당되는 것이며, 그 위에 더 높이 지능이 올라가는 피험자를 위해 성인 상(superior adult I, II, III) 단계를 두었다. 각 연령 단계에는 6개의 문항이 포함되어 있고, 다만 성인 평균에서만 8개 문항으로 되어 있다. 몇 개를 예시해 본다.

[L형]

2세 문형(각 문항은 1개월에 해당하고 *표가 있는 문항만 하면 각각 $1^1/_2$개월로 계산한다.)

*① 조그만 나무토막 세 개를 판자에 뚫려 있는 같은 구멍에 집어 넣게 한다.

② 이름을 대면 그 인형을 지적한다.

*③ 명칭을 대면 종이 인형의 그 신체 부분을 지적하게 한다.

④ 나무토막으로 탑을 쌓게 한다(검사자가 한 번 해 보이고 그 모양대로).

*⑤ 여러 개 그림에서 흔히 보는 물건의 이름을 대게 한다.

*⑥ 마음대로 두 개의 단어로 된 문장을 말하도록 한다.

[여분의 검사] 조그만 인형을 만지게 하는 간단한 명령에 복종하게 한다.

성인 상 III 문형(각 문항은 각각 6개월에 해당하며 *표가 있는 것을 하면 9개월로 계산한다.)

*① 30개 단어를 구두로 정의하게 한다.

② 여행의 방향과 거리에 관련된 문제를 큰 소리로 읽게 하고서 종이나 연필을 사용하지 않고 대답하게 한다.

*③ 반대어를 유추하게 한다(소나무는 상록수고 포플라는 ……

이다).

④ 검사자가 종이를 몇 겹으로 접어 잘라 낸 것을 잘 보고, 그 잘라 낸 부분을 펴면 어떤 모양이 되겠는지를 말한다.

*⑤ 간단한 기하급수 문제를 검사자가 큰 소리로 읽어 주면 조용히 듣고 있다가 연필이나 종이를 사용하지 않고 대답하게 한다.

⑥ 시험자가 9개 단위의 숫자를 말하면 그것을 그대로 따라 읽게 한다.

5-9-6-1-3-8-2-7-4

[M형]

3세 문항(각 문항은 1개월에 해당하고 *표만 하면 $1^1/_2$개월로 계산한다.)

*① 검사자가 나무토막을 가지고 다리 비슷한 것을 만들어 보인 후, 그대로 만들게 한다.

*② 17개의 그림에서 흔히 보는 물건의 이름을 말하게 한다.

③ 그림을 보이고 난 후 사용하는 데 필요한 물건을 지적하게 한다(요리할 때 쓰는 것은).

④ 검사자가 수직선을 한 번 그려 보이고서 그대로 그리게 한다.

*⑤ 물건을 제시하면서 그 이름을 말하게 한다.

⑥ 3개 단위의 숫자를 검사자가 읽으면 그것을 그대로 외게 한다(7-4-9).

[여분의 검사] 세 개의 나무토막을 같은 구멍에 넣도록 한다.

모든 개인검사가 그렇긴 하지만 이 검사는 실시와 채점 방법이 복잡하다. 특히 실시할 때 지시는 구두로 하게 되어 있기 때문에 구두 지시에서 오는 오차를 최대한 통제해야 한다. 특히 검사자와 피검사자와의 라포 형성은 검사 실시의 성패를 결정하는 요체라 할 수 있다.

실시할 때는 피험자의 연령보다 낮은 단계의 문제부터 시작한다. 만약 5세 문항을 주었는데, 그중 한 문항이라도 못하면 바로 그 아래 단계로 내려간다. 이렇게 해서 모든 문항을 다 풀 수 있는 연령 단계에서 시작하는데, 이 단계를 기저연령(basal age)이라고 한다. 이것은 Binet 척도에서의 기저연령의 결정 방법과 다른 것을 알 수 있다. 차츰 위로 올라가면서 몇 문항씩 못 풀게 되다가 마지막에 한 문항도 풀지 못하는 단계가 있다. 이 단계를 최대연령(maximal age)이라고 하며, 정신연령의 계산은 기저연령에서 최대연령에 이르는 사이에 푼 문항으로 계산한다. 그러나 각 연령 단계에 따라 문항의 월 배점이 다르기 때문에 이에 따라 계산해야 한다.

월 배점은 $1^1/_2$~$5^1/_2$세까지는 각 문항이 1개월에 해당하고, 6~14세까지는 각 문항이 2개월에 해당하며, 성인 평균은 각 문항이 2개월, 성인 상I은 4개월, 성인 상 II는 5개월, 성인 상 III은 6개월에 해당된다. 실제 계산의 예를 〈표 3-1〉에 들었다.

이와 같이 계산되어 나온 정신연령(Mental Age: MA)은 그 피험자의 생활연령(Chronological Age: CA)의 비율에 의해 지능지수로 표시된다. 그 계산 방법은 다음과 같다.

$$IQ = \frac{MA}{CA} \times 100 \qquad (3.1)$$

이와 같이 IQ로 바꾸면 연령 단계마다 다소의 오차가 있긴 하지만 평균 100, 표준편차 16이 된다. 그러나 이 같은 변산이 그리 엄밀

〈표 3-1〉 Stanford–Binet 지능검사의 정신연령 계산

연령 단계	푼 문항의 수	문항 월 배점	월 배점의 합계
IV	6(기저연령)		4년
IV-6	5	1	5
V	3	1	3
VI	3	2	6
VII	2	2	4
VIII	1	2	2
IX	0(최대연령)		
			4년 20개월

MA = 5–8 (68개월)　　CA = 6–4 (76개월)　　$IQ = \left(\frac{68}{76}\right)100 = 89$

하지는 않다. 이 같은 IQ로 바꾸면 자기의 생활연령(CA)과 똑같은 정신연령(MA)을 가진 사람은 IQ=100이 되고, CA > MA이면 IQ는 100 이하가 되며, CA < MA이면 IQ는 100 이상이 된다.

IQ 계산에서는 그 가정이 지능은 항상적인 발달을 한다는 것이다. 그러나 실제에서는 연령과 함께 지능이 항상적으로 발달하지는 않는다. 그래서 Stanford–Binet 지능검사에서는 이 같은 비합리성을 해결하기 위하여 13세까지는 그대로 계산하고 13~16세까지는 〈교정 CA〉를 사용하고, 16세 이상은 모두 CA 15세로 계산하도록 했다.

이같이 계산된 IQ를 전국을 대표하는 모집단을 기초로 분류해 보면 〈표 3-2〉와 같은 분포를 이룬다.

Stanford–Binet 지능검사의 문제점은 대개 다음의 세 가지로 요약할 수 있다. 첫째, 각 연령에 따라 배열된 문항이 다르기 때문에 엄밀한 의미에서는 각 연령집단의 점수를 직접적으로 서로 비교할 수 없으며, 여기에서 나온 IQ도 비교할 수 없다는 점이다. 검사점수

〈표 3-2〉 L형, M형의 IQ에 의한 표준집단 분포와 분류

IQ	피험자 수의 백분율	분 류
160~169	0.03	최우수(very superior)
150~159	0.2	
140~149	1.1	
130~139	3.1	우수(superior)
120~129	8.2	
110~119	18.1	평균 상(high average)
100~109	23.5	평균(normal)
90~99	23.0	
80~89	11.5	평균 하(low average)
70~79	5.6	정신결함 경계(borderline)
60~69	2.0	정신결함(mentally defective)
50~59	0.4	
40~49	0.2	
30~39	0.03	

의 비교 근거는 그것이 같은 특성의 모집단을 측정하고 있다는 가정이 성립되었을 때만 직접 비교할 수 있다. 이러한 사실을 뒷받침하는 것으로 L. V. Jones가 연령 단계별로 문항을 요인분석한 결과를 들 수 있다. 그는 7, 8, 9, 11, 13세의 각 문항을 따로 요인분석하였더니 [그림 3-1]과 같은 요인이 나왔다고 한다.[9] 이것으로 보아 각 연령의 요인구조, 즉 측정 내용은 전혀 다르다는 결론을 내릴 수 있다.

둘째, 지능지수와 관련된 문제가 있다. 먼저 연령척도(age scale)에 의한 지능지수의 표시 방법은 그 가정이 각 연령에 따라 정신발달의 속도가 비례한다는 데 있다. 그런데 실제에서는 정신발달의 속도

9) L. A. Jones, "A factor analysis of the Stanford-Binet at four age levels", *Psychometrika*, 1949, *14*, 299-331.

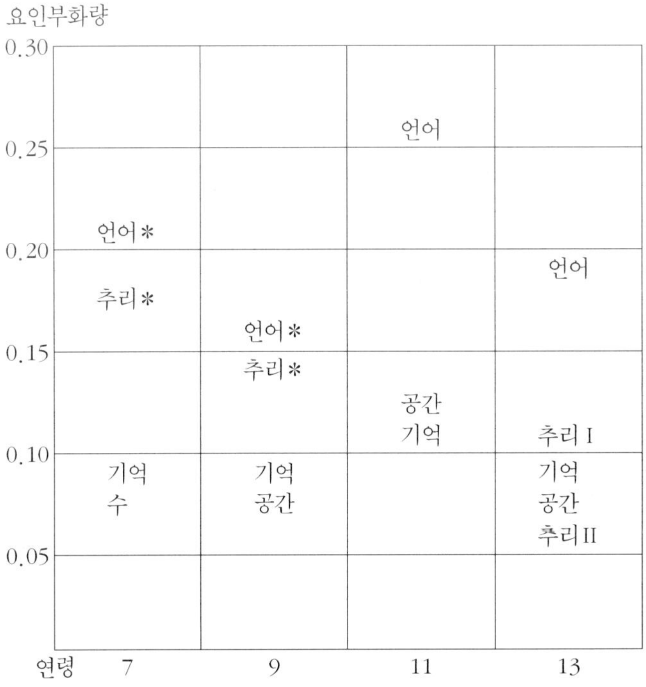

(*표는 11세, 13세의 언어주리요인과는 분항 내용이 다름)

[그림 3-1] 연령 단계에 따른 요인과 크기(Jones, 1949)

가 일정치 않아 생활연령 13세 이후는 교정연령을 사용하는 궁색한 방법을 사용하고 있다는 점이다. 또한 각 연령단계의 IQ의 변산이 다르다는 것은 각 연령 단계에서 나온 IQ를 같은 조건 아래 비교하기에 치명적인 결함이 있다. (이것은 1960년도의 개정판에서 편차 IQ로 바꾸었다.)

셋째, 이 검사는 지나치게 언어요인이 강조되고 있고 그 이외의 지능요인이 너무 작은 비중을 차지하고 있다는 점이다. 물론 지능의 요인 중에는 언어요인이 가장 중요한 비중을 차지하긴 하지만 언어적 장애가 있는 피험자에게는 부당한 측정도구가 될 위험이 있다.

지능지수의 개념

앞에서 논의했듯이 Stanford-Binet 지능검사의 가장 큰 특징 중 하나는 지능지수인 IQ를 처음 도입하였다는 점이다. 현재 우리가 이용하고 있는 지능검사는 어떤 검사든지 얻은 점수를 IQ로 변환하도록 마련되어 있다. 그러나 IQ라고 했을 때, 거기에는 두 가지 형태의 IQ가 있다. 하나는 Terman이 1916년판에서 사용한 IQ=(MA/CA) 100으로 표시되는 비율지능지수(ratio IQ)이며, 또 하나는 편차지능지수(deviation IQ)다.

비율 IQ는 아동의 정신발달의 속도가 그의 잠재능력을 나타낸다는 생각에서 도입된 개념이다. 생활연령이 4세된 아동이 정신연령 5세이면 그는 보통보다 25% 정도 빠른 속도로 발달하고 있고, 이 같은 속도가 성인에까지 계속되리라는 것을 나타낸다. 이것은 어떤 아동에게 계속해서 그의 정신연령을 그려 가면 측정의 오차범위 내에서 직선을 보이리라는 것을 의미한다. 그러나 실제 대개의 경우 15세경이면 정신연령의 발달은 그 이상 별로 발달하지 않고 40세 이후에는 계속 고원곡선을 보인다. 따라서 15세에 '정신연령 40세'에 도달했다고 하는 모순을 가져온다. 이 같은 모순을 제거하기 위해 Terman은 1937년의 Stanford-Binet 지능검사에서는 교정 CA를 사용하도록 수정을 가하고 있는데, 이것 역시 이론적 근거 없는 주관적 판단일 뿐이다. 현재 우리가 지능에 대해 잘못 알고 있는 것 중의 하나가 이 같은 비율 IQ를 현재 사용하고 있는 IQ의 개념으로 받아들이고 있다는 점이다.

이 같은 모순을 극복하기 위해 도입된 것이 편차 IQ다. 편차 IQ는 검사를 각 연령집단에 실시해서, 각 연령집단을 모집단으로 한 정상분포에서 평균이 100, 표준편차가 15 혹은 16이 되는 표준점수로 환산한 척도다. 지능검사를 각 연령집단에 실시해서 얻은 원점수 자체에는 아무런 의미가 없다. 그 연령집단의 원점수에서 각 개인의 점수가 차지하는 상대적 위치가 어디냐에 더 의미가 있다. 그러므로 이 상대적 위치를 어떤 연령집단에서든지 똑같이 해석할 수 있는 척도로 바꾸어 주는 것이 표준점수(standard score)이며, 편차 IQ는 평균 100, 표준편차 16(혹은 15)으로 환척한 표준점수다. 이 같은 환척 과정을 도시한 것이 [그림 3-2]다.

원점수를 표준점수로 환척하는 방법은 여러 가지 방법이 있을 수 있고, 가장 많이 쓰이는 것이 평균 50, 표준편차 10으로 된 T 척도다. 그런데도 지능검사에서 평균 100, 표준편차 16으로 하는 표준

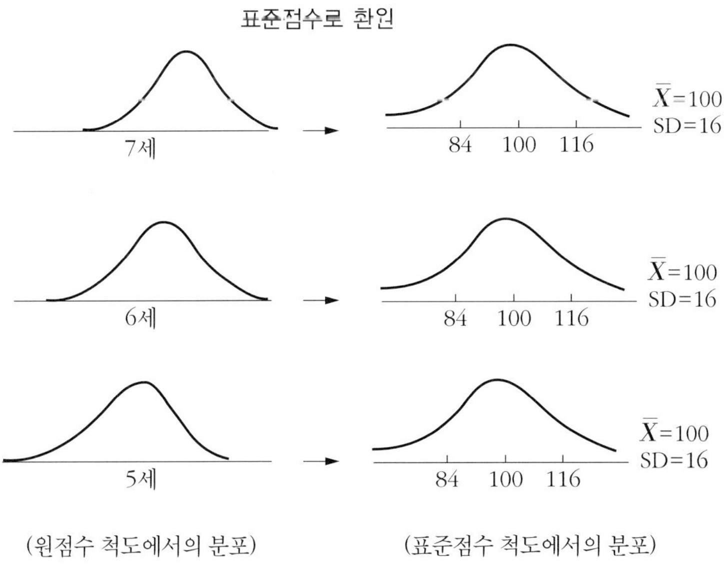

[그림 3-2] 원점수 분포에서 편차 IQ로의 환척

척도로 환척하고 있는 것은 Stanford-Binet 지능검사에서 비율 IQ를 만들었을 때 그 분포가 평균 100, 표준편차 16이었기 때문에 그 기준에 일치시키려는 관습에 지나지 않는다. 현재 사용하고 있는 모든 지능검사에서 사용하고 있는 IQ는 편차 IQ임에 주의해야 한다.

편차 IQ는 지능검사에서 얻은 원점수를 표준척도로 환척한 것이기 때문에, 어떤 표준척도로 바꾸었는가에 따라 달리 나타날 수 있다. 예컨대, 평균 100, 표준편차 15로 환척한 지능검사 A와 평균 100, 표준편차 16으로 환척한 지능검사 B의 두 가지 지능검사가 있다고 가정하자. A, B 지능검사의 분포를 도시하면 [그림 3-3]과 같이 된다.

A 지능검사는 IQ분포의 변산이 B 지능검사에 비해 좁다. 따라서 어떤 개인이 A 지능검사에서 얻은 IQ와 B 검사에서 얻은 IQ는 달리 나타난다. 즉, 지능이 IQ > 100 이상인 경우에는 A검사에서보다 B검사에서 더 과대하게 나타나고, IQ < 100 이하인 경우에는 A검

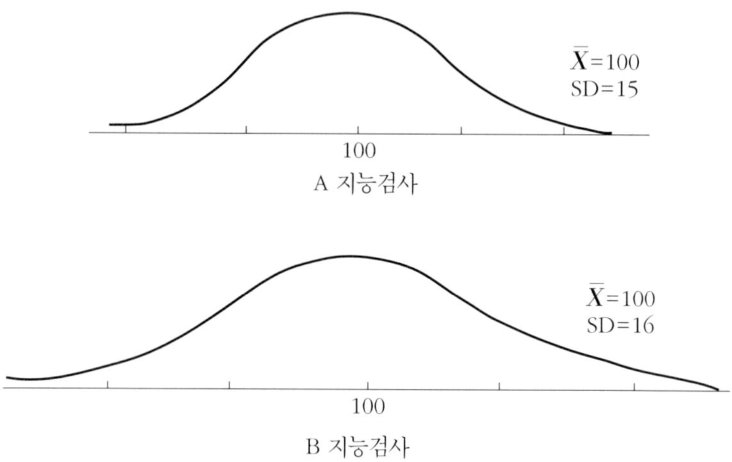

[그림 3-3] 표준편차가 다른 표준척도로 환척한 두 검사의 IQ분포 비교

사에서 보다 B검사에서 더 과소하게 나타난다. 이 같은 과대화, 과소화 경향은 평균 100에서 멀리 이탈할수록 더욱더 커질 것이라고 짐작할 수 있다. 따라서 지능검사에서 얻은 IQ를 해석할 때, 그것이 어떤 표준척도의 IQ인지에 기초해서 해석해야 된다는 데 주의할 필요가 있다.

Wechsler 지능검사

현재 사용되고 있는 Wechsler 지능검사는 세 가지 종류가 있다. 첫째는 4~6 1/2세 사이의 취학 전 아동을 대상으로 한 WPPSI Wechsler Preschool-Primary Scale of Intelligence,[10)] 둘째 7~16세 사이의 아동을 대상으로 한 WISC Wechsler Intelligence Scale for Children,[11)] 셋째 WAIS Wechsler Adult Intelligence Scale[12)]의 세 가지다. 검사제작의 순서로 보면 WAIS, WISC, WPPSI의 순서로 개발되었다. 따라서 WAIS 검사에 Wechsler 지능검사의 특징이 가장 잘 나타나 있다.

WAIS 혹은 Wechsler 성인지능검사는 뉴욕시가 경영하는 Bellevue 병원에서 D. Wechsler가 제작한 개인지능검사다. 이 검사의 제작 목적은 사회적으로 버림받은 정신박약자, 정신병자, 문맹

10) D. Wechsler, *Manual for the Wechsler Preschool and Primary Scale of Intelligence*, New York: Psychological Corporation, 1967.

11) D. Wechsler, *Wechsler Intelligence Scale for Children: Manual*, New York: Psychological Corporation, 1949.

12) D. Wechsler, *Wechsler Adult Intelligence Scale: Manual*, New York: Psychological Corporation, 1955.

자들의 지능을 측정한다는 것이며, Stanford-Binet 지능검사가 주로 연소자의 지능 측정을 목적으로 한 데 반하여 이것은 주로 성인의 지능 측정을 목적으로 하고 있다. 1939년에 제작된 Wechsler-Bellevue 검사 I은 제2차 세계대전 중에 군대정신병원에서 긴요하게 이용되었으며, 제2차 세계대전 이후에도 각 정신병원에서 임상적 목적으로 많이 활용되었다. 1946년에 제II형이 나왔으나 별로 사용되고 있지 않으며 가장 대표적인 것이 1955년에 16세 이상의 피험자를 대상으로 제작된 WAIS 검사다. 현재에는 1981년 개정판이[13] 나왔으나 내용상으로 크게 변한 것은 없다. 여기에서는 제작 초기의 WAIS를 이해하기 위해 1955년판을 중심으로 논의한다.

이 검사가 Stanford-Binet 지능검사와 근본적으로 다른 점은 그것이 연령척도가 아니라 점수척도라는 것, 검사를 동질적인 여러 개의 하위검사로 묶었다는 것, 하위검사를 언어검사(verbal scale)와 동작검사(performance scale)로 나누어 그에 따라 지능지수의 산출 및 진단을 따로 하도록 했다는 점이다.

WAIS는 11개의 하위검사로 구성되어 있다. 그중에서 6개는 언어검사, 5개는 동작검사다. 이와 같이 나눈 것은 지능에는 상징부호나 추상적 · 개념적 사고만이 아니라 구체적인 사물을 이용하는 문제 및 장면, 작업을 다루는 능력이 포함되어 있다는 가정에 기초를 두고 있다. 언어검사는 지시 및 응답을 구두로 하게 되어 있고, 동작검사는 지시는 구두이지만 대답은 작업의 속도, 정확성에 의존하게 되어 있다. 11개 하위검사의 개략은 다음과 같다.

---

13) D. Wechsler, *Manual for the Wechsler Adult Intelligence Scale Revised*, New York: Psychological Corporation, 1981.

[언어검사]

① 일반지식(General Information): 문항 25개로 구성되어 있는데, 이것은 그 문화권 속에 있는 성인이면, 누구나 알 수 있는 문제를 넓은 범위에 걸쳐 다루고 있다.
(예: 1년은 몇 주일이냐?)

② 일반이해(General Comprehension): 10개의 문항으로 구성되어 있는데, 실제적 판단과 일반상식을 묻는 검사다.
(예: 왜 우리는 세금을 내야 하는가?)

③ 수리력(Arithmetical Reasoning): 10개의 문항이 들어 있으며, 초등학교 정도의 산수문제다. 채점은 속도와 정확성에 있다.
(예: 오렌지 한 개에 4원이면 36원으로는 몇 개 살 수 있느냐?)

④ 수암기(Memory Span for Digits): 3단위에서 9단위까지의 수계열을 구두로 읽어 주면 그것을 그대로 혹은 역순으로 따라 외도록 한다.
(예: 3−5−7)

⑤ 유사성(Similarities): 12개 문항으로 구성되어 있으며 짝지어진 두 개의 낱말이 어떤 점에서 유사한지를 찾아내는 문제다.
(예: 오렌지−바나나의 같은 점은?

⑥ 어휘(Vocabulary): 42개의 단어로 구성되었으며, 이것을 구두로 제시하면 그 뜻을 말하도록 되어 있다.
(예: fabric, conceal, tirade가 무슨 뜻인가?

[동작검사][14)]

⑦ 그림 완성(Picture Completion): 15개의 카드에 그림이 그려져 있는데, 어딘가 빠져 있는 곳을 찾아내도록 된 작업이다.

14) 동작검사의 보기는 [그림 3−4]를 참고하라.

⑧ 그림 배열(Picture Arrangement): 몇 개의 그림이 한 개의 세트를 구성하는 6개의 그림 세트가 있다. 이것을 이야기가 꾸며지도록 순서대로 배열하고 이야기를 하게 한다.

⑨ 물건 맞추기(Object Assembly): 사람 얼굴, 코끼리, 손, 인형의 네 가지 그림을 여러 조각으로 나누어 놓았는데, 이것을 맞추어 그림이 되게 하는 작업이다.

⑩ 나무토막 조립(Block Design): 똑같은 16개의 정육면체 나무토막(두 면은 백, 두 면은 적, 두 면은 백적이 대각선으로 나누어져 있음)을 가지고 조립 모형을 보고 그것대로 조립시키는 검사다.

⑪ 숫자-부호(Digit-Symbol): 이 검사는 일정한 숫자에 일정한 부호가 주어져 있는데, 이것을 기본으로 숫자 아래에 될 수 있는 대로 빨리 부호를 기입하는 검사다.

그림배열

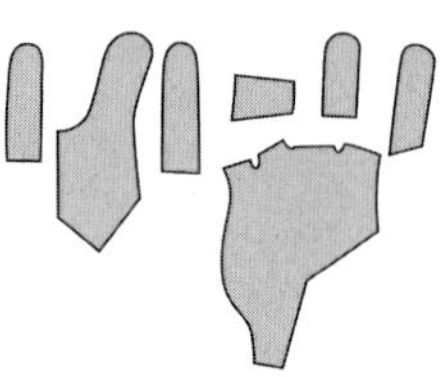

물건 맞추기

그림완성

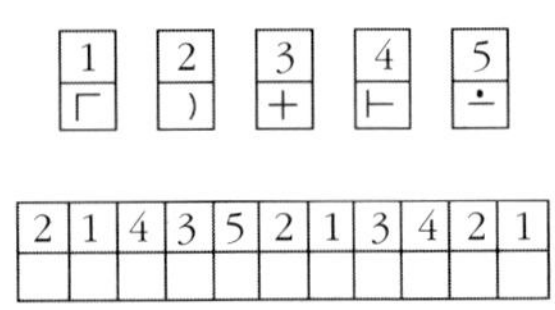

숫자-부호

[그림 3-4] WAIS 검사의 동작검사 보기

이 검사의 실시는 Stanford-Binet 지능검사보다는 쉬운 편이나 역시 상당한 훈련과 숙련을 쌓아야 한다. 표준화에 동원된 집단은 주로 뉴욕주에 있는 1,751명이며, 연령은 7~70세에 걸쳐 있으나 17세 이상이 1,081명이다. 피험자는 전부 백인이며, 남자가 많은 비율을 차지하고 있다.

채점의 기준은 각 하위검사마다 다르다. 정답, 답의 질, 시간 등이 주된 기준이다. 이렇게 채점된 하위검사의 점수는 평균 10, 표준편차 3이 되는 표준점수로 바꾼다. 이렇게 점수를 변환하는 것은 각 하위검사의 원점수를 비교할 수 있도록 하기 위해서다. 언어검사 6개의 표준점수를 모두 합하면 언어점수(Verbal Score)가 되어 '언어척도 지능지수(Verbal Scale IQ)'가 되고, 동작검사 5개의 표준점수를 모두 합하면 동작점수(Performance Score)가 되어 '동작척도 지능지수(Performance Scale IQ)'가 된다. 이 두 점수를 합하면 총점(Full Score)이 되어 '총점 지능지수(Full Scale IQ)'가 계산되어 나오도록 되어 있다. 결국 세 가지 종류의 지능지수가 나온다. WAIS에서 사용한 편차 지능지수는 평균이 100, 표준편차 15가 되도록 하였다.

Wechsler는 Stanford-Binet 지능검사에서 Terman이 가정한 '성인기에는 정신능력이 고정된다.'는 생각을 신랄하게 비판하고 성인 초기에는 상승해서 후기에는 하강한다는 것을 실증했다.[15] 그는 이에 따라 성인의 지능을 이 같은 상승, 하강을 고려해서 계산하도록 했다. 예컨대, 원점수 129가 16세에서는 IQ 115가 되지만 20세에서는 IQ 111, 40세에서는 114, 60세에서는 121이 되도록 했다.

15) L. J. Cronbach, *Essentials of Psychological Testing*, 2nd ed. New York: Harper & Row, 1961, p. 196.

이 같은 하강은 [그림 3-5][16)]에서 보듯이 언어검사에서는 30세까지에는 상승하다가 그 이후에 천천히 하강하며, 동작검사에서는 22세까지 상승했다가 그 이후에 급격히 하강하고 있다. 여기에 나타나 있지는 않으나 총점으로 보면 7세부터 급격히 상승해서 20세를 정점으로 하여 그 이후는 서서히 하강곡선을 긋는다.

WAIS는 전체적으로 보면 Stanford-Binet 지능검사가 측정하고 있는 내용을 측정하고 있다고 볼 수 있다. 그 상관은 .82로서 상당히 높은 공인타당도를 보인다.

WAIS의 언어검사와 동작검사는 측정하고 있는 내용이 다르다. 그러므로 이 차이에서 여러 가지 임상적 진단 효과를 얻을 수 있다

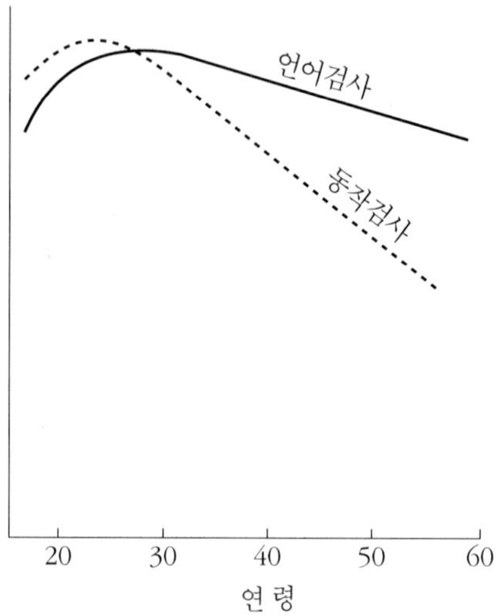

[그림 3-5] WAIS의 생활연령과 정신연령과의 변화 관계

16) 이 곡선은 지능 성장과 하강의 전형적인 모습은 아니다. Bayley의 종단적 연구에 의하면 50세까지 지능이 성장한다고 한다.

고 하였다. 우선 Stanford-Binet 지능검사와의 상관을 보면 언어검사가 .74, 동작검사가 .64로 나와 있다. 또 이 두 검사의 상관을 내어 보면 여러 단계에서 .77~.81로 나온다(반분신뢰도는 .93 이상). 이것으로 미루어 두 검사가 비슷하기는 하지만 무엇인가 다른 내용을 측정하고 있다는 것을 시사받을 수 있다. 일반적으로 언어검사보다 동작검사의 지능이 높으면 그것은 언어적 장애가 있는 것으로 해석할 수 있다. 또 동작검사는 문화적 배경이 다른 피험자의 지능을 짐작하는 데 도움이 될 수도 있다.

WAIS는 10~60세까지의 피험자를 대상으로 하기는 했으나 기본적으로 성인의 지능을 측정하는 데 목적이 있었다. 그래서 7~16세 사이의 아동을 대상으로 따로 제작한 검사가 1949년에 제작된 WISC이며, 현재 사용하고 있는 것은 1974년에 개정된 검사다.[17)]

WISC는 12개 하위검사로 되어 있는데, 그중 2개는 시간의 여유가 있으면 실시하도록 되어 있다. WISC를 언어검사와 동작검사로 나누어 보면 다음과 같다.

[언어검사]	[동작검사]
① 일반이해	⑦ 그림완성
② 일반지식	⑧ 그림배열
③ 산수	⑨ 나무토막 조립
④ 유사성	⑩ 물건맞추기
⑤ 어휘	⑪ 부호(Coding)
⑥ 수암기-여분의 검사	⑫ 미로(Mazes)-여분의 검사

17) D. Wechsler, *Manual for the Wechsler Intelligence Scale for Children-Revised*, New York: Psychological Corporation, 1974.

WISC의 채점 방법은 WAIS와 같다. 총점, 언어, 동작점수의 평균은 100, 표준편차 15가 되도록 했다. 이에 따라 총점 IQ, 언어 IQ, 동작 IQ가 따로 나온다.

표준화에 동원된 집단은 5~15세의 피험자 2,200명이다. 각 연령마다 남자 100명, 여자 100을 표본한 비율이다. 〈표 3-3〉은 지능지수에 따라 분류한 것이다.[18)]

WPPSI는 4~$6^{1}/_{2}$세 사이의 취학 전 아동을 대상으로 한 지능검사이며, 제작 원칙, 검사의 구성, IQ의 계산 방법 등은 모두 WISC와 마찬가지다. WPPSI에 포함된 하위검사의 내용은 다음과 같다.

[언어검사]
① 일반지식
② 일반이해
③ 산수

[동작검사]
⑦ 나무토막 조립
⑧ 그림완성
⑨ 동물의 집

〈표 3-3〉 아동용 Wechsler 지능검사의 IQ분포와 분류

분 류	IQ	피험자 수의 백분율
최 우 수	130 이상	2.2
우　수	120~129	6.7
평 균 상	110~119	16.1
평　균	90~109	50.0
평 균 하	80~89	16.1
경　계	70~79	6.7
정신박약	69 이하	2.2

18) D. Wechsler, D. *Wechsler Intelligence Scale for Children: Manual*, New York: Psychological Corporation, 1949, p. 16.

④ 유사성
⑤ 어휘
⑥ 문장(여분의 검사)
⑩ 미로
⑪ 기하적 도형

집단지능검사

개인지능검사의 발달이 주로 개인의 정신능력, 정신결함 등을 보다 정밀하게 진단하려는 임상적 목적에서 출발했던 반면에 집단지능검사는 그 주된 목적이 일시에 많은 피험자의 정신능력을 변별하기 위한 경제성, 실용성 때문에 발달되었다. 그러므로 그 목적이 다양한 만큼 그 종류도 다양하고 체제도 간편한 것이 특징이다. 그리고 검사 실시에서도 별다른 깊은 훈련 없이 가능하다.

집단지능검사의 출발은 제1차 세계대전 중에 미국심리학회가 주동이 되어 제작했던 '군대 알파검사(Army α)'와 '군대 베타검사(Army β)'가 효시가 된다. 이러한 집단검사는 곧 많은 피험자를 상대로 해야 하는 산업기관에서의 인사 배치를 위해, 학교의 선발, 진학, 지도를 위해 널리 보급되었다.

검사의 내용은 대개 Stanford-Binet 검사, Wechsler 검사에서 다루어진 측정 내용이 대부분이며, 중요한 측정요인은 언어, 수, 추리의 능력을 보는 요인으로 구성되고 있다. 집단지능검사는 대개 여러 종류의 문항이 합승처럼 함께 섞여 있는 경우가 대부분이었으나, 1940년 이후 요인분석의 영향을 받아 동질적인 문항으로 된 하위검사별로 따로 제작하는 것이 최근의 경향이다.

집단지능검사는 피험자가 검사의 성질과 목적을 이해하고, 자기의 능력을 최대한으로 발휘한다는 가정에 기초를 두고 있다. 이와 같은 조건이 만족되지 않으면 개인의 점수란 타당성을 위협받는다. 개인지능검사에서는 검사자가 피험자의 여러 가지 조건을 관찰할 수 있기 때문에, 나온 점수의 타당성을 식별할 수 있으나 집단지능검사에서는 균일화된 절차 아래서 실시하기 때문에 이 같은 관찰은 불가능하다.

대개의 집단지능검사는 시간 제한을 요구하는 속도검사(speed test 혹은 time-limit test)다. 능력검사에서 속도를 제한하는 것이 좋으냐 하는 것은 아직 논쟁의 여지가 있는 문제로 남아 있다. 즉, 속도에 의해 검사 결과에 미치는 영향은 각 개인에 따라 균일하지 않기 때문에 나온 점수에 타당성이 줄어들 가능성이 있다는 것이다. 그러나 속도검사인 이상 집단지능검사에서는 시간 제한을 엄격히 균일화시키지 않으면 결과의 비교란 아무런 의미가 없다.

개인지능검사가 한 번에 한 사람씩 개인적으로 실시하는 검사임은 이미 말하였다. 특히 이것은 피검사자가 연령이 어릴 때 필요하다. 그렇기 때문에 개인검사는 검사자에게 고도의 훈련, 숙련을 요구한다. 개인검사에서는 근본적으로 검사자 자신이 표준화 검사 절차의 일부분이기 때문에 정해진 절차에 따라 검사자의 검사 태도, 방법, 수속이 표준화되어 있지 않으면 안 된다. 그러므로 검사자는 피검사자가 '가장 좋은 점수'를 받도록 할 것이 아니라 다른 검사자가 실시해도 같은 결과가 나오도록 최선을 다해야 한다. 검사자가 피검사자를 격려한다든가 친밀하게 대해 준다는 것은 '인간적'일지는 모르나 검사의 '과학성'은 상실되는 셈이며, 이런 절차에 따라 나온 결과는 신뢰성이 없다.

개인검사는 대부분이 문제가 정답, 오답으로 똑 끊어지는 경우는

적으며, 여러 가지 가능한 답이 있어 그 답의 정확성이나 질에 따라 채점의 비중이 다르게 되어 있는 것이 보통이다. 이러한 채점 절차나 기준에 따라 객관적으로 채점해야 하며, 그 가운데 채점자의 주관이 개재되면 나온 결과는 믿을 수 없게 된다.

집단지능검사는 '필요는 발명의 어머니'라는 법칙에 따라 발전된 것으로, 짧은 시간에 많은 사람의 지능을 측정하기 위해 제작된 것이다. 대부분의 집단검사는 이미 각 피험자가 충분히 알 수 있도록 '설명적'이기 때문에 검사자에게 그렇게 고도의 전문적 지식이나 숙련을 요구하지 않는다. 검사자는 다만 피험자가 자기의 최선을 다할 수 있도록 보조하는 역할만 하면 된다.

개인검사는 특히 나이 어린 피험자에게 실시할 때 필요하다. 사실 나이 어린 피험자에게 실시하기에 적당한 집단검사는 아직 제작된 것이 없다. 그들은 글을 전혀 읽을 줄 모르거나 아니면 읽기능력이 신통치 않은 연령층이기 때문에 설명적이며 스스로 하게 되어 있는 집단검사 형식은 바람직하지 못하다. 그들은 정신이 정돈되지 않고, 동기유발 상태가 적절치 못하기 때문에 숙련된 검사자의 개인적 검사 절차에 의해야만 바람직하고 타당한 결과를 얻을 수 있다.

이에 반해 집단지능검사는 '정상적인 성인 및 아동집단'에게 실시하도록 구성되어 있다. 이들은 동기유발도 바람직하고 검사 지시에 쉽게 따를 수 있기 때문에 집단검사는 개인검사와 마찬가지로 좋은 예언자가 될 수 있다. 오히려 개인과 개인이 얼굴을 맞대는 개인검사에서는 자의식의 발로 때문에 바람직하지 못한 결과를 가져올 위험도 있다.

집단지능검사를 임상적 목적으로 사용하기에는 난점이 개재한다. 앞에서도 말했듯이 '정상적'인 성인이나 아동에게는 적당하지만 정신적 · 정서적 결함을 가진 피험자의 임상적 자료를 얻기 위해서는 집단지능검사보다는 개인지능검사가 바람직하다. 임상전문가들은 검사 결과보다는 오히려 '왜 지능이 낮게 나오느냐'는 원인을 찾기 위해 수검 과정을 중요시하고, 거기에서 어떤 징후나 진단의 자료를 찾기 때문이다.

집단지능검사의 종류는 무수해서 일일이 언급하기도 어려울 정도다. 여기에서는 미국의 Kuhlman-Anderson 지능검사[19)]와 AGCT검사[20)] 그리고 한국에서 제작된 지능검사 중, 일반 지능검사 형식을 채택한 간편지능검사[21)]와 지능을 요인별로 측정하도록 제작된 지능종합검사[22)]를 예시했다. 이들을 통해 집단지능검사의 체제, 내용, 형식을 이해하기 바란다.

미국의 집단지능검사에서 대표적인 것 중의 하나가 Kuhlman-Anderson 지능검사다. 대개의 집단지능검사는 한 개의 소책자로 되어 있는 것이 보통인데, 이 검사는 9개의 검사 시리즈로 구성되어 있어서 각 피험자는 자기 능력에 적당한 시리즈를 택해 검사받도록 된 것이 특징이다. 예컨대, 책자 K(유치원)는 1~10까지의 소검사로, A(1학년)는 4~13의 소검사로, B(2학년)는 8~17의 소책자로 그렇게 해서 H(9~12학년)까지의 39개 소검사로 구성되어 있다. 보기를 들면 [그림 3-6]과 같다.

이 검사는 비교적 Binet의 원칙을 많이 따르고 있는 셈이어서 언

19) F. Kuhlman & R. G. Anderson, *Kuhlman-Anderson Intelligence Test*, Baltimore: Personnel Press, 1952.

20) Science Research Associates, *Army General Classification Test*, Chicago: Science Research Associates, 1946.

21) 정범모, **간편지능검사**, 서울: 코리안테스팅센터, 1965.

22) 황정규, 김순택, **지능종합검사**, 서울: 대한사립중고등학교장회, 1979.

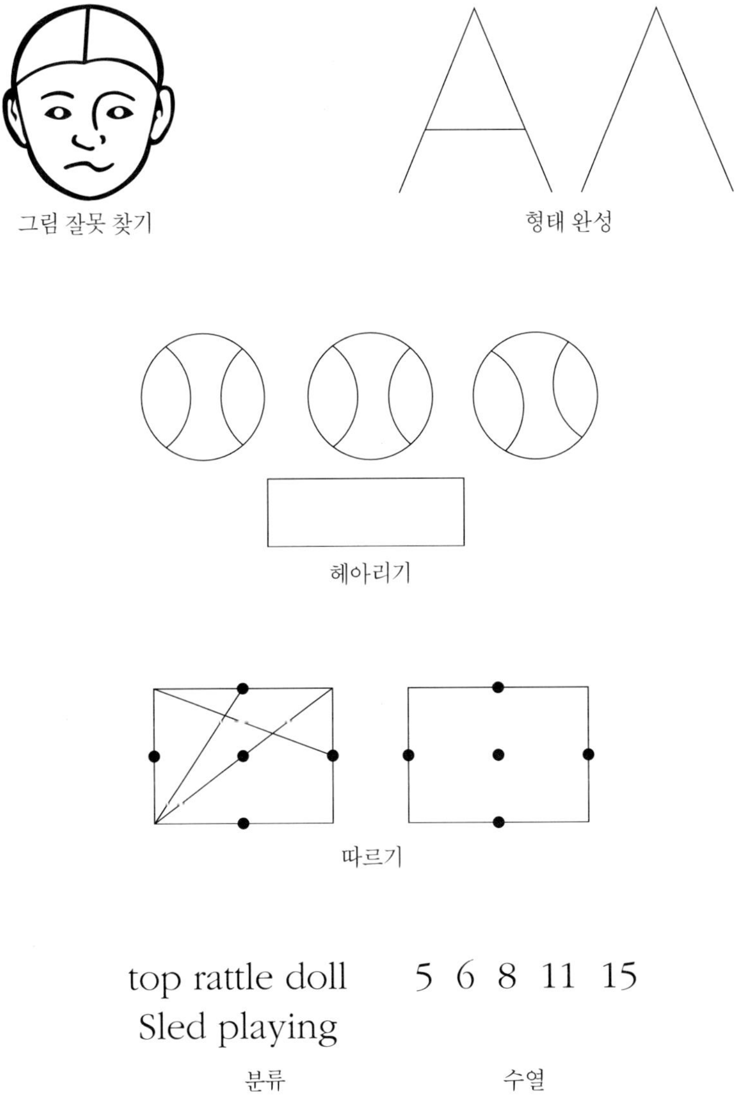

[그림 3-6] Kuhlman-Anderson 지능검사

어능력을 중시하고 있는 편이다. 측정하는 내용은 거의 Stanford-Binet 지능검사와 같아서 상관이 완전할 정도다.

군대 α와 β검사가 제1차 세계대전 중 전쟁 수행의 목적을 위해 제작된 검사인 것과 같이 군대일반분류검사(Army General Classification Test: AGCT)는 제2차 세계대전 중에 군인의 선발과 배치를 위해 제작된 지능검사다. AGCT는 1945년 종전과 함께 개정판이 나오자 초기판은 일반용으로 사용하도록 하였다.

이 검사는 어휘(vocabulary), 수리력(arithmetic reasoning), 나무토막세기(block counting)의 문항이 같은 수만큼 들어 있다. 한 검사 속에 언어, 수리, 공간 능력의 문항을 같은 비율로 섞었다는 것은 요인분석의 영향을 많이 받았음을 시사한다.

규준은 백분위점수와 AGCT 표준점수의 두 가지가 마련되어 있는데, AGCT표준점수는 평균 100, 표준편차 20이 되도록 한 표준점수다. 이러한 표준점수는 현재 별로 사용하지 않으나 역사적 사실로서 의의 있는 표준점수다.

정범모의 간편지능검사는 지능의 기본 요인으로 간주되는 언어요인, 수요인, 추리요인, 지각요인, 공간지각요인을 종합적으로 측정하기 위해 19종류의 문항 75개로 구성되어 있다. 검사는 A, B, C 동형검사로 구성되어 있고, 규준은 IQ 규준과 지능 백분위 규준의 두 가지가 제시되어 있다. 예를 [그림 3-7]에 제시하였다. 이 검사의 특징은 지능의 각 요인을 측정하도록 구성되어 있지 않고 19가지 종류의 문항이 섞여 있어서, 단시간에 간편하게 지능을 짐작하도록 되어 있다는 것이다.

1. 〈고맙다〉와 비슷한 말은?
   ① 밉다　② 감사하다　③ 바쁘다　④ 무섭다　⑤ 간다

2. 암탉-수탉의 관계는 암소-?의 관계와 같다.
   ① 염소　② 황소　③ 송아지　④ 망아지　⑤ 강아지

3. 아래 숫자 줄의 다음에 올 수는?

1	2	3	4	5	6

   ① 3　② 5　③ 4　④ 2　⑤ 7

4. 아래 왼편 네 그림의 다음에 올 그림은 어느 것이냐?

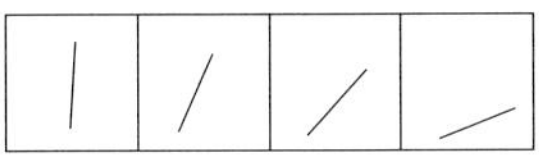

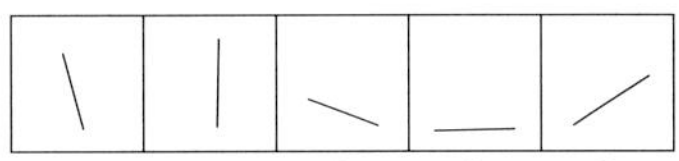

① ② ③ ④ ⑤

5. 다음의 처음 두 글이 사실이라면 셋째 글은?
   ① 맞는다　② 틀린다　③ 맞을 수도 있고 틀릴 수도 있다.
   - 모든 사람은 언젠가는 죽는다.
   - 나는 사람이다.
   - 나는 언젠가는 죽는다.

6. 다음 낱말 중에서 네 개는 비슷하고 하나가 다르다. 어느 것이냐?
   ① 아버지　② 어머니　③ 집　④ 오빠　⑤ 언니

7. 다음의 말로써 가장 좋은 글을 만들었을 때 앞에서 둘째에 오는 말은 어느 것이냐?

한다	전기	반짝	반짝	불이

   ① 한다　② 반짝　③ 반짝　④ 불이　⑤ 전기

8. 같은 나무토막을 몇 개 쌓아 놓은 것이냐?

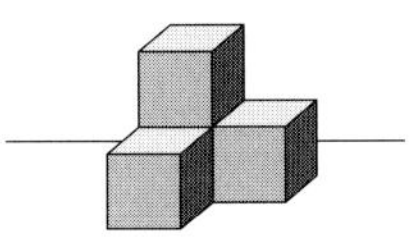

   ① 3　② 2　③ 5　④ 6　⑤ 4

[그림 3-7] 간편지능검사의 문항보기(정범모, 1965)

황정규와 김순택이 제작한 '지능종합검사'는 중학교 및 고등학교 학생 연령층을 대상으로 지능을 측정하도록 구성되어 있으며, 지능을 Thurstone의 PMA 이론에 따라 가장 기본이 되는 추리요인, 언어요인, 공간요인, 수리력 요인의 4가지를 따로따로 측정하여 종합하도록 되어 있다. 각 요인별로 문항을 예시한 것이 [그림 3-8]이다.

검사는 각 하위검사별로 실시하고 채점하도록 되어 있으며, 이것을 기초로 전국의 지역별, 성별의 편차 IQ와 지능 백분위를 산출하

[추리력 검사]

언어추리

1. 비행기: ☐ = 자동차: ☐

① { 하늘 / 바다 }　② { 공기 / 흙 }　③ { 하늘 / 땅 }　④ { 씨 / 땅 }　⑤ { 물 / 기름 }

수열추리

2. 1 3 5 7 ························ ① 8 ② 9 ③ 10 ④ 11 ⑤ 12

도형추리

3

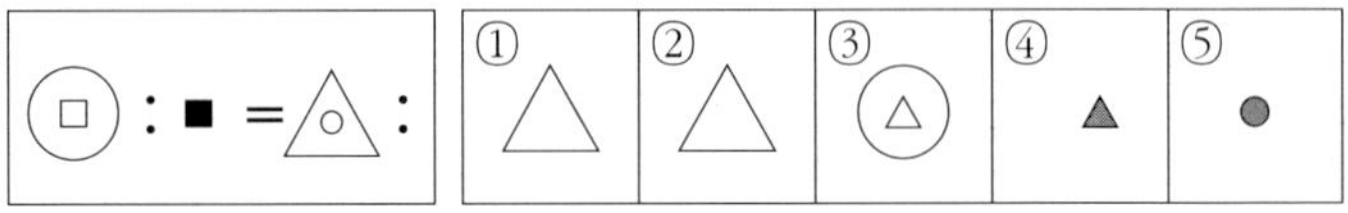

[언어검사]

단어의미:

발전 ① 성공 ② 발견 ③ 발명 ④ 발달 ⑤ 전진

단어묶기:

① 소 ② 말 ③ 돼지 ④ 토끼 ⑤ 꿩

[공간검사]

방향회전:

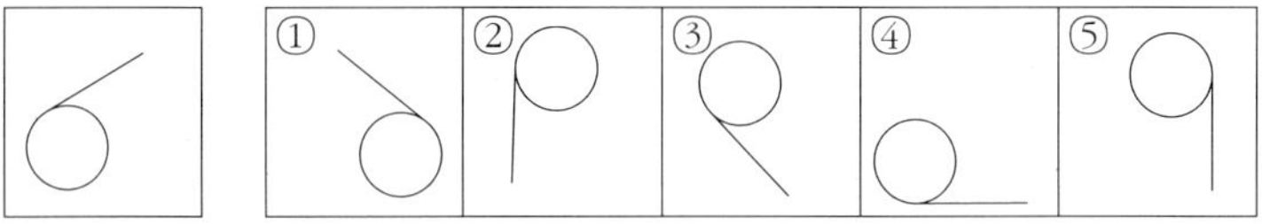

나무토막 셈하기:

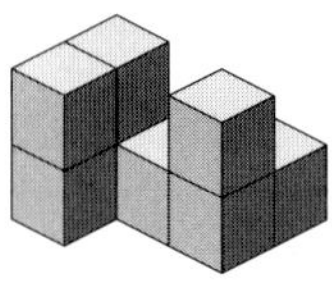

①	②	③	④	⑤
6	7	8	9	10

[수리력검사]

35+25−30=

① 5　② 10　③ 20　④ 30　⑤ 35

0.1×10=

① 0.01　② 0.1　③ 1.0　④ 1.1　⑤ 10

[그림 3-8] 지능종합검사의 하위검사 문항 보기(황정규, 김순택, 1979)

도록 되어 있다.

여기에 제시한 몇 가지 집단지능검사는 그것이 대표적인 것이기 때문이 아니라, 여러 가지 형태의 다른 검사 형식에 대한 이해를 위해 제시하고 있음에 유념하기 바란다.

탈문화 지능검사

지능검사의 각 문항은 경험, 교육, 문화의 내용이 결정화되어 투영되어 있는 경우가 대부분이다. 따라서 이 같은 경험과 문화에 접근할 수 있는 기회가 많은 집단과 그렇지 않은 집단 사이에는 지능 측정에 현격한 차이를 가져올 가능성이 있다. 예컨대, 검사 문항 속에 '전철'에 관한 문항이 있다고 했을 때, 그것은 전철을 경험할 수 있는 도시지역의 피험자에게는 유리하지만 그런 경험이 없는 지방이나 농촌 피험자에게는 불리하다. 이것은 도시와 농촌, 종족 간 교육 수준의 차이 등에 따라 달라질 수 있다. 이같이 검사 문항 속에 스며 있는 문화의 내용을 제거한 검사를 제작하려는 노력에 의해 제안된 것이 탈문화검사(culture-free test)라고 하며, 문화의 내용이 담긴 검사를 문화구속검사(culture-bound test)라고 한다.

탈문화검사는 대개 그 검사 문항을 그림, 도형, 공간 재료 등을 사용하여 제작하며, 이미 WAIS의 검사에서 나무토막 조립검사나 모양맞추기검사는 이 같은 탈문화검사에 해당한다고 볼 수 있다. 여기에서는 그 이외에 흔히 탈문화검사의 대표적인 형태로 지칭되고 있는 Witkin의 '숨겨진 그림찾기검사(embedded figures test)'[23)]와 Raven의 '행렬검사(matrices test)'[24)]를 예시하였다.

Witkin의 '숨겨진 그림찾기검사'([그림 3-9] 참조)는 왼쪽에 주어진 그림 모양을 오른 쪽 그림에서 찾아내는 것이며, Raven의 '행렬검사'([그림 3-10] 참조)는 윗그림의 □ 속에 들어갈 부분을 아래에 제시한 6개 중에서 고르는 것이며, 아랫그림은 □ 속에 들어갈 모형을 생각해 그려 넣는 검사다.

Witkin이 검사는 WAIS의 어휘검사, 일반이해검사와는 상관이 거의 영이며, 나무토막조립, 모양맞추기, 미로, 그림완성검사들과

---

23) H. A. Witkin et al., *Psychological Differentiation*. New York: Wiley, 1962.

24) J. C. Raven, *Raven's Progressive Matrices Test*, England 1938.

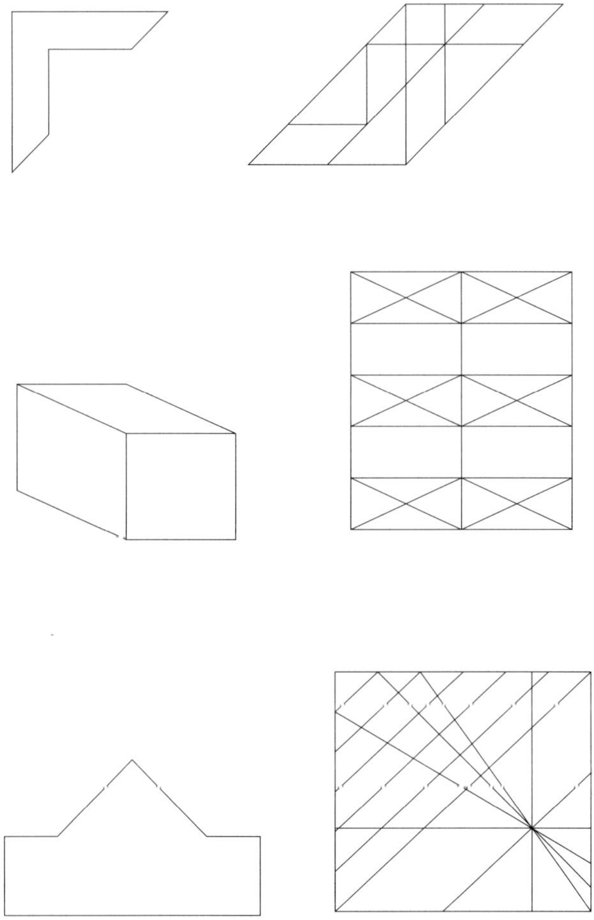

[그림 3-9] Witkin의 숨겨진 그림찾기검사

는 상관이 높다.

탈문화검사에서 주목해야 할 것은 탈문화(culture-free)와 문화편파(culture-biased)의 개념의 차이다. 탈문화는 문화의 내용을 완전히 제거하려는 검사이며, 문화편파란 종족, 지역, 성별, 사회계층, 교육 수준, 문화적 배경 등에 따라 어느 한 문화집단에게 유리하고,

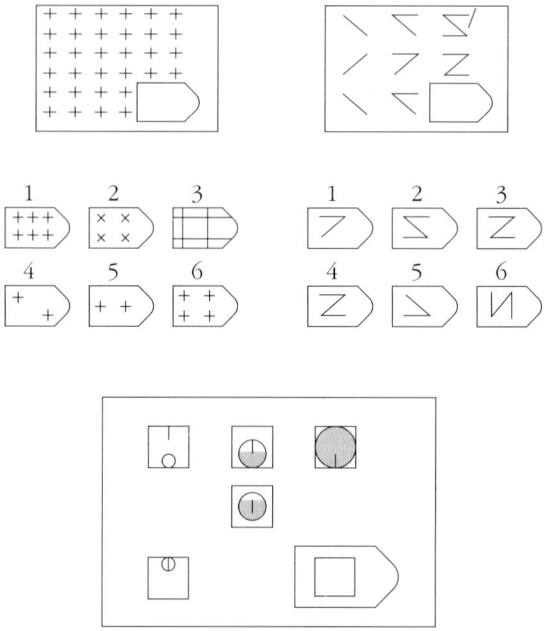

[그림 3-10] Raven의 행렬검사

다른 문화집단에게는 불리하도록 만들어진 검사를 말한다. 흔히 이 두 개념을 혼동하는 데서 논쟁이 발생할 가능성이 있다.

또 하나의 문제는 지능검사의 문항을 탈문화검사로 하였을 때, 실제 그것이 완전히 탈문화된 검사인가 하는 의문을 제기할 수 있다. 실제 '숨겨진 그림찾기'에서나 '행렬검사'에서 보면 전체 지능이 높은 아동이나 성인이 이 검사에서도 지능이 높게 나오는 것이 일관된 결과다. 이것은 곧 이 같은 검사가 완전한 탈문화검사가 아님을 시사한다. 만약 완벽하게 문화를 제거한 검사 문항을 제작한다면, 그것은 어떤 의미를 갖는 것인가? 이것은 마치 완전히 영양분을 빼어버린 음식물, 완전히 속도가 없는 자동차, 단맛을 완전히 제거한 설탕처럼 그 검사가 아무런 의미가 없는 것이 되어 버린다. 지능이라는 개념 자체가 이미 그 속에 문화적 내용이 담겨진 의미이기 때문에, 문화를 완벽하게 빼어 버린 지능검사란 실제 존재할 수도 없고 또 존재한다면 무의미하다는 것, 지능은 문화를 반영하기 마련이라는 관점에서 보는 이론에서의 해석이다.

전 망

사회과학 분야에서 지능에 관한 이론이나 그 개념만큼 많은 관심과 연구가 이루어진 분야도 드물다. 그리고 대체적으로 지능에 관한 이론적 추구는 지금까지 다른 개념에 비해 성공적으로 발전되어 왔다고 판단할 수 있다. 지능에 관한 유럽학계의 시각과 미국학계의 시각이 다르고, 또 같은 경험론의 관점에 서 있기는 하지만 미국과 영국 학자들이 보는 개념이나 이론이 다른 것을 짐작할 수 있다. 그러나 최근에 이 같은 지능의 이론을 접목시키려는 노력이 새로이 성숙하고 있음을 볼 수 있다.

1921년 미국 심리학회에서 개최한 지능에 관한 심포지엄에서 발표한 지능의 개념은 실로 다양하기 이를 데 없다. 그러나 그것은 대체로 적응적 성질을 강조하는 개념, 학습하는 능력으로 보는 개념, 추상성과 구체성을 관련, 변형 적용시키는 능력, 포괄적인 합승식 정의 등으로 묶어 볼 수 있다. 이같이 지능의 정의가 지능을 측정하기 시작한 초기에서부터 다양했다는 사실은 지능의 구인이 일의적이 아니라 다양하며, 단차원이 아니라 복합차원이라는 것을 시사한다.

또한 지능은 어떤 시각에서 관조하느냐에 따라 전혀 다른 맥락 속에서 이해되고 해석될 가능성이 있다. 지능은 고정적 · 유전적인 것이며, 이것에 의해 인간을 위계화시킬 수 있으며, 이것이 곧 인간의 성공, 사회계층, 신분을 결정하는 척도라고 보는 관점에서 보는 업적주의적, 귀족주의적 시각이 있을 수 있다. 다른 한편에서는 지능이란 다만 인간이 지닌 지적 능력의 개략적인 측정치일 뿐 각 개인에게 고정적 지능이란 존재하지 않고 환경에 의해 개발, 발달하는 것이며, 지능은 여러 개의 얼굴을 지니고 있어서 그 프로필을 이해하는 것이 중요하고 지능이 사회적 성공이나 사회계층에 관련된 것은 사회제도 자체가 그러한 업적주의에 의해 보상받고 강화되도록 되어 있기 때문이라는 시각이 존재한다. 이 같은 시각의 차이에 따라 지능을 관조하는 눈동자도 전혀 달라질 것을 예상할 수 있다.

이같이 다양하게 발달해 오던 지능의 개념이 이제는 이론적으로 심리측정의 전통을 이어받은 요인이론과 실험심리학 전통을 이어받은 인지과정으로 각각 발전되어 온 것이 최근에 이 두 이론이 따로 분리될 성질의 것이 아니라 하나로 수렴, 접목시킬 수 있는 가능성을 시사하고 있다. 이 같은 접목의 가능성과 필요성은 이미 L. J. Cronbach가 1957년의 미국 심리학회장 취임 강연에서 이 두 주류가 서로 상대방 이론이나 연구에서 빌려 오는 것으로는 충분하지 않고 이것이 통합되는 형태로 발전되어야 한다고 한 데서 잘 지적되고 있다.

지능에 관한 여러 가지 논의를 위해 지능의 측정도구 및 측정 방법에 관한 이해는 필수적이다. 때로는 이 같은 실제에 무지한 것이 쓸모없는 오해와 논생을 유발할 수도 있다. 이 장에서는 그러한 측정도구의 대표적인 예시를 Binet 지능척도, Stanford-Binet 지능검사, Wechsler 지능검사를 통해 이해하는 기초로 제공하였다. 지능에 관한 개념과 이론이 달라짐에 따라 이 같은 측정도구도 서서히 그 발상을 달리할 것이 예상되며, 거기서 추정하는 수치도 달라질 것을 예상할 수 있다. 이 같은 새로운 시도들은 이제부터 지능 연구에서 도전해 나가야 할 시너지라고 해도 좋을 것이다.

제2부

지능의 구조

이 부는 지능이란 무엇인가 하는 질문을 심리측정(psychometric) 관점에서 접근한 이론 및 연구에 관해 탐구할 것이다. 지능을 측정하고 연구하기 시작한 동기가 인간의 정신능력에 나타나는 개인차와 인간변산(human variation)을 밝히려는 대주제를 떠나서 생각할 수 없으며, 그들이 관심을 가진 것은 이 같은 개인 간의 차, 개인 내의 차이를 나타내는 지능의 구조가 무엇이냐는 데 초점이 있었다. 인간의 정신능력 밑에 잠재되어 있는 우리 눈에 보이지 않는 구인(construct)이 무엇이며, 그것을 어떻게 탐색해 내느냐는 과제는 거의 반세기 이상 심리학자들이 계속 질문을 던지며 탐구하려고 한 과제 중의 하나다. 그들이 가정한 것은 정신능력이란 누구에게나 존재하는 어떤 특성(traits)으로 보았고, 그들의 목적은 이 특성들의 구조를 밝히려는 것이었다. 이 점에서 지능의 구조를 밝히려는 경향을 특성론(trait theory)이라 부를 수도 있다. 또한 그들이 관심을 가졌던 바는 이 같은 정신능력의 특성이 각 개인 간에 혹은 각 개인 내에 어떤 차이가 존재하며, 그러한 차이가 왜 나타나느냐는 것을 탐색하고, 기술하며, 해석하려고 했다는 뜻에서 이를 개인차 심리학 혹은 차이심리학(differential psychology)이라고 부를 수도 있다.

그러나 이 같은 연구 경향에 집어등 역할을 한 것은 요인분석(factor analysis)이론 및 방법의 개발과 더불어 그 절정에 이른다. 요인분석의 기초 개념은 능력과 능력 사이에 존재하는 상관관계에서 출발하여, 능력 사이에 존재하는 잠재적 구인이 무엇인가를 밝히려는 이론 및 방법이다. 그런 뜻에서 이 같은 이론을 상관연구(correlational study)라고 부를 수도 있다. 요인분석이론의 전개는 Spearman과 Thurstone이란 두 천재가 한 사람은 영국에서 한 사람은 미국에서 각각의 이론과 방법을 전개해 왔고, 그것은 아직도 발전 과정에 있다고 말할 수 있다. 이 장에서는 이 두 사람의 지능에 관한 요인이론을 중심으로 논의하고, 이어 최근에 서서히 그 가치를 인정받기 시작하는 요인의 위계모형에 초점을 맞추어 논의하려고 한다.

제 4 장

요인분석이론

개인차와 요인

지능 및 지능검사의 발전은 각 개인이 지니고 있는 정신능력 사이의 개인차(individual differences)를 밝히려는 노력에서 비롯되었다. 어떤 인간의 특성이건 개인 사이에는 차이, 변산이 존재하기 마련이다. 이 같은 개인차 현상은 비록 정신능력에만 한정되어 있지 않고 인성 특성, 신체 특성, 생리적 특성, 사회 행동 등에도 개인차는 존재하기 마련이다. 이같이 무수한 개인차, 무한에 가까운 개인차가 놓고 볼 때, 한편으로는 그 풍부함에 환호를 보낼 수도 있지만, 이 같은 무한에 가까운 개인차를 가지고 인간의 심리현상을 이해하기에는 또한 혼돈의 수렁 속에서 헤맬 가능성도 배제할 수 없다.

실제 여러 가지 인간 특성에 관한 개념 사이에는 서로 비슷하여 그 사이에 어떤 중첩된 부분이 있음을 발견할 수 있다. 예컨대, 기뻠, 즐거움, 유쾌함, 행복 등이 갖는 개념들을 의미론적 관점에서 분석하면 이들 사이에는 분명한 차이가 있기는 하지만, 또한 그것들 사이에는 심리적 유사성(psychological similarity)이 존재함도 부인할 수 없다. 그렇다면 이 같은 여러 가지 개념들을 보다 공통된 몇 개의 변인(variables) 혹은 차원(dimensions)으로 축소시켜 정리해 보는 것이 보다 합리적이고 해석의 효율성을 위해서도 도움이 된다. 이 같은 사고는 과학이 신념하는 바 이 우주에 무한하게 흩어져 있는 많은 현상을 몇 개의 요인이나 차원으로 나타낼 수 있고, 설명할 수 있다는 신념과 이렇게 몇 개의 차원으로 축소하여 이해하는 것이 보다 과학의 절약법칙(law of parsimony)에 부합되기 때문이다. 만약 수십 개의 개념을 단지 한 개의 요인이나 차원으로 나타낼 수 있고, 그것으로 법칙을 형성하고 설명할 수 있다면 과학자는 전자의 혼돈보다는 후자의 질서를 택한다. 이것이 과학자가 기대하는 환원론(reductionism)의 이상이다.

그런데 이같이 많은 현상을 몇 개의 요인이나 차원으로 단순화시키려는 노력에는 두 가지 접근이 가능하다. 첫째는 심리학자가 여러 개념이나 그 개념이 나타내는 현상에서 어떤 추상화를 시도하여 변인을 형성하는 방법으로, 이것을 개념화 접근(conceptualization approach)이라고 부를 수 있다. 예컨대, 걱정, 죄책감, 실망, 불안감 등의 현상을 보고 심리학자가 이들 개념을 정서적 불안정(emotional instability)이라는 심리현상 밑에 잠재해 있는 변인이라고 개념화할 수 있다. 이것을 흔히 우리는 개념화, 이론화라고 하며, 과학적 사고에 필수적으로 요구되는 추상 개념 도출의 과정으로 본다. 이에 반해 수학적 분석에 의해 여러 가지 개념 밑에 잠재된 보다 추상적 변인이나 차원을 끌어낼 수도 있다. 이 방법이 곧 요인분석접근(factor analysis approach)이다. 전자의 방법이 인간의 분석적, 논리적 그리고 종합적 사고과정의 합리성에 기초를 둔 방법이라면, 후자는 경험적, 객관적, 수학적인 경험론적 바탕에 기초를 둔 접근이라고 말할 수 있다. 요인분석 접근에서 보았을 때 전자의 방법은 심리학자의 추상화 과정은 어디까지나 개인의 상상력에 제한을 받고 있고 실제적 관찰을 고려하지 아니한 안락의자 속에 파묻혀 생각하는 사변논리에 불과하다는 주장을 한다. 그러나 인간의 특성을 연구하는 방법에는 이 두 가지 접근이 서로 나선형으로 보완되지 않고는 진리의 실체에 접근할 수 없다고 볼 수 있다.

요인분석의 논리

요인분석 밑에 깔려 있는 기본 논리는 여러 가지 개념, 혹은 그것을 측정하는 검사 사이에 복잡하게 얽혀 있는 상호관계 밑에 놓여 있는 잠재구인(latent construct) 혹은 요인(factors)이 무엇인가를 찾아내려는 것이다.[1)]

우선, 각 검사(혹은 개념) 사이의 상호 관계를 나타내는 관계의 기

1) 여기에서 요인분석에 관한 이론적, 수학적 설명을 자세히 제시하지는 않는다. 요인분석에 관해 보다 깊은 이해를 위해서는 다음의 저서들을 참고하라.

- J. P. Guilford, *Psychometric Methods*, 2nd ed. New York: McGraw-Hill, 1954.
- B. Fruchter, *An Introduction to Factor Analysis*, Princeton, N. J.: Van Nostrand, 1954.
- L. L. Thurstone, *Multiple Factor Analysis*, Chicago: University of Chicago Press, 1947.
- H. H. Harman, *Modern Factor Analysis*, Chicago: University of Chicago Press, 1967.

본 개념은 상관계수(correlation coefficient)에서 출발한다. 만약 검사 A와 검사 B 사이에 상관계수가 존재한다는 것은 A와 B 사이에 어떤 관계가 존재한다는 뜻이며, 서로 공통되는 어떤 특성을 함께 측정하고 있다는 뜻이 된다. 예컨대, A검사와 B검사 사이에 상관계수 r_{AB}=.8이 나왔다면 A검사와 B검사(혹은 A개념과 B개념) 사이에 공통된 변량이 약 64%(r_{AB}^2=.64) 정도 있다는 말이며, 이같이 공통으로 존재하는 부분을 요인분석이론에서는 공통요인(common factor)이라고 한다.

앞의 경우에는 A, B 두 개의 검사에 한정해서 논의했지만, 한 개의 검사가 어떤 다른 한 개의 검사하고만 상관을 갖는 것은 아니다. 여러 개(K>2)의 검사 사이에 서로 상관계수가 존재할 수 있다. 이같이 K>2이상의 여러 개 검사 사이의 상관계수를 우리는 상호 상관(inter-correlation)이라고 부른다. 예컨대, [그림 4-1]은 가상적인 세 개 검사의 상호 상관을 나타내고 있다.

[그림 4-1] ①의 경우에는 A, B 두 개의 검사 간 서로 공통요인을

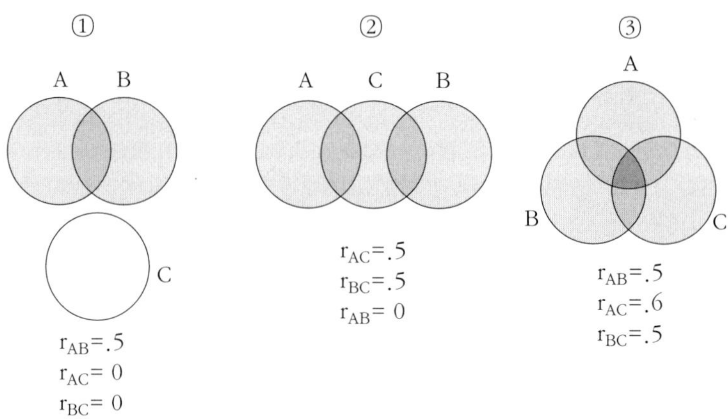

[그림 4-1] 가상적인 세 검사의 공통요인의 구조

나타내고 있고, C는 A, B와 아무런 상관이 없는 경우다. ②의 경우는 A · C, B · C 사이에는 각각 공통요인이 존재하지만, A와 B 사이에는 아무런 공통요인이 존재하지 않는 경우다. ③의 경우는 A · B, A · C, B · C 사이에 각각 공통요인이 존재하면서 또한 A · B · C가 함께 측정하는 공통요인의 부분도 존재하는 경우다. 어떤 형태의 공통요인이건 그것은 두 개 이상의 검사(개념) 사이에 존재하는 잠재구인이며, 외형으로는 관찰할 수 없지만 실제 두 검사의 변량을 결정하는 잠재된 변인, 구인, 차원이라고 말할 수 있다. 요인분석은 이 같은 공통요인을 독특한 수학적 모형에 의해 찾아내려는 데 있다.

요인분석을 보다 수학적 모형을 빌려 표현해 보자. 요인분석은 어떤 심리적 변인(x)에 나타나는 개인차는 세 가지 영향에 의해 결정된다고 가정한다. 첫째, 여러 개 검사 사이에 함께 공통으로 존재하는 공통요인의 변량(common factor variance), 둘째 다른 검사에는 나타나지 않고 특정한 그 검사에만 나타나는 특수요인(specific factor), 마지막으로 어떤 종류의 측정에서건 끼어들어 오는 오차변량(error variance)의 세 가지 영향에 의해 결정된다. 공통요인의 변량은 h^2 〔공통성(communality)이라고 부른다〕, 특수요인은 s^2, 오차변량을 e^2으로 기호화하면 변인(혹은 검사) x에 나타나는 개인차의 변량을 공식 (4.1)과 같이 나타낼 수 있다.

$$\sigma_x^2 = h^2 + s^2 + e^2 \tag{4.1}$$

σ_x^2 : 검사 (혹은 검사) x의 전체 변량

h^2 : 공통요인의 변량

s^2 : 특수요인의 변량

e^2 : 오차변량

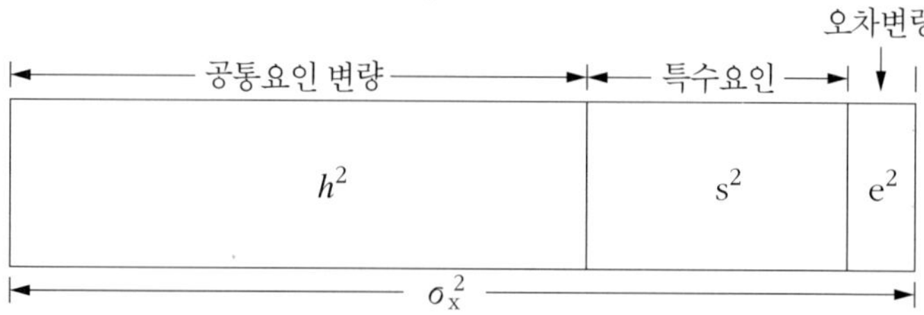

[그림 4-2] 변인 x의 변량의 공통요인, 특수요인, 오차변량으로의 분해

이것을 다시 도시해 보면 [그림 4-2]와 같이 나타낼 수 있다.

요인분석에서는 s^2+e^2를 합하여, 그 검사가 갖는 고유한 부분의 변량이기 때문에 고유성(uniqueness)이라고 하며, u^2로 표시하기도 한다.

요인분석에서 우리가 가장 관심을 갖는 것은 공통요인의 변량인 h^2에 있다. 여기에서 수학적 표현으로는 한 개의 변량 항으로 표시했지만 이 같은 공통요인의 변량은 여러 개의 공통요인으로 분해될 수 있다. 예컨대, 축구선수의 능력을 생각하면 우수한 축구선수와 열등한 축구선수의 능력을 결정하는 변인에는 달리기 속도, 순발력, 기민성, 눈의 조정능력, 몸의 회전속도, 정지능력, 과감성, 공차기의 거리 등 여러 가지 능력이 요구될 수 있다. 이 같은 여러 가지 능력을 측정하는 검사를 만들어 검사를 실시하고 그 결과에 기초해서 요인분석을 해 보면 공격성(aggressiveness)이라는 공통요인도 존재하지만 주의력(attentiveness)이라는 요인이 존재할 수도 있다. 이 같은 경우 공통요인의 변량 h^2는 공격성과 주의력의 두 가지로 해석할 수 있다. 이와 같이 공식 (4.1)에 있는 h^2은 여러 개의 공통요인을 갖는 요인방정식(factor equation)으로 전개할 수 있다. 즉,

$$Z_{xi} = b_{x1}F_{1i} + b_{x2}F_{2i} + b_{x3}F_{3i} + \cdots + b_{xk}F_{ki} \quad (4.2)$$

Z_{xi} : 개인 i의 변인 x에 대한 점수의 표준점수

$b_{xk}F_{ki}$: 개인 i의 변인 $F_k(k=1, \cdots k)$에 대한 가중치

요인방정식 (4.2)는 개인 i가 변인 x에서 보인 점수를 표준점수 Z로 나타낸 Z_{xi}는 여러 개 변인의 집합(F_1, F_2, F_3, …, F_k)에 의해 결정된다는 것을 나타낸다. 이 같은 각 요인은 Z_{xi}를 결정하는 데 똑같은 중요성을 갖고 기여하는 것이 아니기 때문에 각 요인 F_1, F_2, F_3, …, F_k에 가중치 weights b_1, b_2, b_3, …, b_k가 첨가되어 있다. 만약 비중이 똑같다면 $b_1=b_2=b_3= \cdots =b_k=1$로 표시할 수 있는 것을 쉽게 이해할 수 있다. 공식 (4.2)를 기본 요인방정식이라고 부르기도 하고 유형방정식(pattern equation)이라고도 부르며, 혹은 세분화 방정식(specification equation)이라고 부르기도 한다. 요인방정식에서 알 수 있는 것은 공통요인의 변량 h^2은 여러 개의 공통요인의 집합으로 구성되어 있다는 것이며, 이것을 다시 [그림 4-2]에 관련시켜 도시하면 [그림 4-3]과 같이 된다.

요인분석은 이 F_1, F_2, F_3, …, F_k의 요인들이 갖는 가중치인 b_1, b_2, b_3, …, b_k를 수학적 방법에 의해 찾아내려는 데 있다. [그림 4-3]

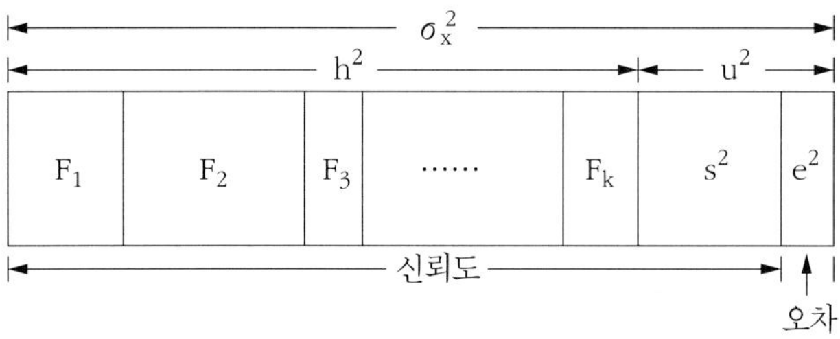

[그림 4-3] 공통요인을 분해한 요인방정식과 특수요인, 오차변량

에서 $F_1, F_2, \cdots, F_k$가 차지하는 면적 비율이 각각 다른 것은 이 가중치가 각각 다름을 시사한다.

요인분석 방법을 실제 적용하는 경우 가장 먼저 요구되는 것은 여러 가지 심리적 변인에 관한 여러 개인의 점수다. 개인의 수를 N, 변인의 수를 n이라고 하면 n×N의 점수행렬(score matrix)을 얻을 수 있다. 이 점수들을 모두 각 요인별로 표준점수로 변환하면 표준점수로 된 Z행렬은 얻는다([그림 4-4] 참조). 이 행렬식에서 우리는 각 변인 사이의 상관계수를 계산할 수 있고, 결과적으로 변인의 수에 해당하는 n×n의 상관행렬(correlation matrix)을 얻을 수 있다. 이것을 〈표 4-1〉 오른쪽 항에서 보는 바처럼 R이라고 표시하자(〈표 4-1〉의 좌측항의 설명은 뒤에 계속된다).

요인분석은 이렇게 얻은 상관행렬을 기초로, 상관행렬을 형성하고 있는 각 변인(혹은 검사) 사이에 존재하는 잠재적 구인, 혹은 공통 변인을 찾아내려는 것이며, 이것이 곧 〈표 4-1〉의 왼쪽 항에 있는 요인행렬 P다. P행렬은 흔히 요인유형행렬(factor pattern matrix)이

〈표 4-1〉 요인행렬, 요인행렬의 전치행렬, 상관행렬 사이의 수학적 관계

	요인						검사							검사					
		A	B		1	2	3	4	5	6		1	2	3	4	5	6		
	1	.9	.0	A	.9	.8	.0	.3	.0	.7	=	(.81)	.72	.00	.27	.00	.63	1	
	2	.8	.2	B	.0	.2	.8	.8	.6	.0		.72	(.68)	.16	.40	.12	.56	2	
검	3	.0	.8									.00	.16	(.64)	.64	.48	.00	3	검
사	4	.3	.8									.27	.40	.64	(.73)	.48	.21	4	사
	5	.0	.6									.00	.12	.48	.48	(.36)	.00	5	
	6	.7	.0									.63	.56	.00	.21	.00	(.49)	6	
	P (요인행렬)			×	P′ (요인행렬의 전치행렬)						=	R (상관행렬)							

라 부르며, n×k 행렬 모양을 띤다. n은 변인(검사)의 수, k는 요인의 수다. 여기에서는 k의 수가 A, B 두 개의 요인으로 구성되어 있다. P행렬의 각 세포 속에 표시된 수치는 각 검사에 따라 다르다. 이것이 앞 공식 (4.2)에서 말한 바와 같이 각 검사의 전체 변량이 각 요인에 대해 갖는 가중치가 다르다는 것을 말해 준다. 요인분석이론에서는 이 같은 가중치를 요인부하량(factor loadings)이라고 지칭한다. 〈표 4-1〉에서 보면 요인 A는 변인 1, 2, 6에 높은 부하량을 보이고 있고, 요인 B는 변인 3, 4, 5에 높은 부하량을 보인다. 이 같은 요인부하량의 포치에 따라 우리는 각 요인에 어떤 심리적 의미를 부여함으로써 그들 변인 밑에 공통적으로 잠재하고 있는 요인의 성질이 무엇인지를 파악할 수 있다. 그러나 요인에 대한 심리적 해석을 하고 거기에 의미를 부여하는 것은 수학적 과제가 아니라 심리적 해석 및 의미 부여를 요구하는 해석적 과제임을 명심할 필요가 있다.

〈표 4-1〉은 요인행렬 P×전치요인행렬 P′=상관행렬 R이 된다는 것을 나타내고 있다. 이것은 바꾸어 보면 상관행렬에서 요인행렬 P를 수학적으로 도출할 수 있고, 도출된 요인행렬에서 행렬대수의 승법인 P×P′에 의해 상관행렬 R이 형성된다는 것을 알 수 있다. 즉, 상관행렬의 각 세포는 다음의 방정식에 의해 구할 수 있다.

$$r_{lm}=a_l a_m+b_l b_m+c_l c_m+\cdots+q_l q_m \tag{4.3}$$

a_l은 검사 l이 요인 A에 대해 갖는 부하량, a_m은 검사 m이 요인 A에 대해 갖는 부하량이며, b_l와 b_m은 검사 l, m이 요인 B에 대해 갖는 각각의 부하량이다. 이같이 검사 l, m에 대한 요인부하량을 행렬식의 승법에 의해 더해 보면 검사 l과 m사이의 상관계수 r_{lm}을 얻

는다. 예컨대, 〈표 4-1〉에서 검사 1과 검사 2와의 상관계수 r_{12} 및 검사 1과 검사 3의 상관계수 r_{13}는

$$r_{12}=(.9\times.8)+(.0\times.2)=.72$$

$$r_{13}=(.9\times.0)+(.0\times.8)=.0$$

상관행렬 R에 있는 모든 상관계수는 공식 (4.3)을 계속해 가면 얻을 수 있다. 곱하는 방식은 행→열(row-by-column)으로 곱하는 행렬대수의 승법법칙을 지켜야 한다. 이때 요인부하량이 크면 클수록 상관계수도 커진다는 사실에 주목하기 바란다. 이것은 상관계수의 값이 클수록 공통요인의 변량도 크다는 사실을 의미한다. 즉, 두 검사 사이의 상관계수가 크면 클수록 그 사이에는 공통요인의 변량이 많으리라는 것을 시사한다.

상관행렬에서 공통요인을 추출하면 한 개인의 특정 검사에 대한 점수의 공통요인 부분을 그 검사의 요인부하량과 그 개인의 요인점수(factor score)로 나타낼 수 있다. 이 관계는 이미 공식 (4.2)에 표시했고, 그것을 도시한 것이 [그림 4-4]와 같다. [그림 4-4]는 검사

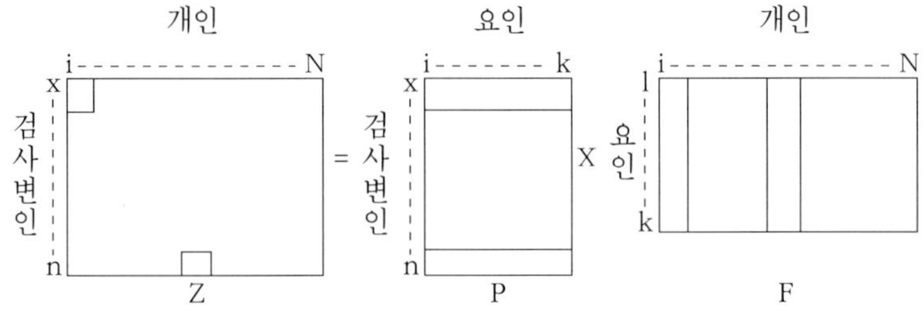

[그림 4-4] 검사점수(점수행렬 Z), 요인부하량(요인유형행렬 P), 요인점수(요인점수행렬 F) 사이의 관계

점수(점수행렬 Z), 요인부하량(요인유형행렬 P), 요인점수(요인점수행렬 F) 사이의 관계를 나타내고 있다. 즉, 개인 i의 검사 x에 대한 점수는 그 검사의 대응하는 각 요인에 대한 부하량과 그 개인의 k개 요인에 대한 요인점수 사이의 행렬승법에 의해 얻을 수 있는 것을 알 수 있다. 요인점수행렬(factor score matrix) F는 곧 Z/P에 의해 얻을 수 있음을 알 수 있다. 그러나 행렬방정식에서는 이같이 간단히 얻을 수 있는 것이 아니라 P의 역행렬(inverse matrix)을 Z에 곱해서 얻는 특수한 방법을 쓴다는 것이 다르다. 그러나 기본적 사고는 마찬가지다.

지금까지 요인분석이 갖는 가장 기본적인 이론을 제시했다. 개인 N이 n개의 검사에서 얻은 점수를 우리는 상관행렬로 변환시킬 수 있고, 그 상관행렬에서 k개의 요인을 갖는 요인행렬 P를 구할 수 있으며, 이것이 곧 n개의 검사 밑에 놓여 있는 공통요인을 나타낸다는 것과 P를 얻으면 그것으로 각 개인의 각 검사에 대한 점수를 P×F로 재구성할 수 있다는 논리를 알았다.

회전과 단순구조

앞에서 보았듯이 상관행렬에서 요인행렬을 얻으면 그것으로 요인분석이 끝나는 것이 아니라, 이어 회전(rotation)과 변환 (transformation)이라는 중요한 두 가지 개념이 도입된다. 요인행렬 P는 요인분석이라는 수학적 방법에 의해 얻을 수 있지만 그것 자체만 가지고는 해결하기가 어려운 것이 거의 대부분이다. 보다 해결을 쉽게 하도록, 혹은 보다 심리적 의미를 갖도록 하기 위해서 P에 변환행렬(transformation matrix)을 곱해서 새로운 요인행렬을 얻어야 한다. 이렇게 얻은 행렬을 회전 후 '요인행렬(rotated factor matrix)'이라고 하며, 처음에 얻은 행렬을 '원요인행렬(initial factor matrix)'이라고 한다.

실제 어떻게 변환행렬을 곱해 주느냐를 수학적 및 통계학적 맥락 속에서 설명하기에는 이 책의 수준을 넘는 일이며, 이것을 쉽게 이해하기 위해 기하학적 방법으로 시각화하는 방법이 보다 적절하다고 본다.

요인분석의 기하학적 모형을 이해하기 위해 우선 벡터(vector)의 개념을 도입하는 것이 중요하다. 상관계수부터 벡터의 개념으로 표시해 보자. 원점수를 표준점수 z로 바꾸면 어떤 한 변인의 공통요인의 변량은 그 변인이 특수요인과 오차요인이 없다는 조건(고유성이 영일 때) 아래에서는 1.0이 된다. 이 경우 벡터는 단위 길이를 가지며, 두 검사 사이의 상관계수는 [그림 4-5]와 같이 나타낼 수 있다.

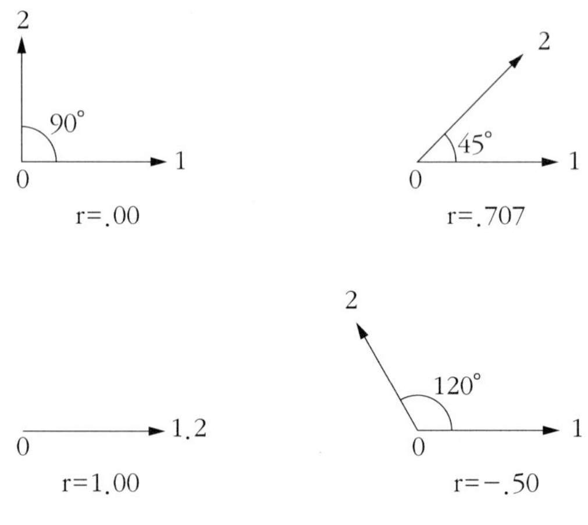

$$r_{12}=V_1V_2\cos\phi_{12}$$

[그림 4-5] 여러 가지 크기의 상관계수의 벡터 표시

그러나 만약 고유성이 존재한다면 벡터는 단위 길이보다 짧은 길이를 갖게 될 것이다.

두 변인(혹은 두 검사) l과 m 사이의 상관계수를 기하학적으로 표시하면,

$$r_{lm} = V_l V_m \cos \phi_{lm} \tag{4.4}$$

로 나타낼 수 있다. V_l은 검사 l의 벡터의 길이, V_m은 검사 m의 벡터의 길이, ϕ는 검사 l과 검사 m이 이루는 각도를 지시한다. 만약 각 검사의 벡터가 단위 길이가 1이라고 가정하면 상관계수는 두 검사가 이루는 cos의 값에 의해 결정될 것임을 쉽게 알 수 있다. $r=0$은 두 검사의 벡터가 직각인 90°를 이루는 경우며, $r=1.0$은 두 검사의 벡터가 일치하는 경우(즉, 중첩되어 각도가 0°인 경우)다. 이 같은 기하학적 도식에서 알 수 있는 것은 주어진 각도에서 두 벡터의 공

〈표 4-2〉 10개 변인의 상호상관행렬

변 인	1	2	3	4	5	6	7	8	9	10
1	1.00	.96	.60	.48	.64	.80	.36	.48	.00	.70
2	.96	1.00	.80	.36	.48	.60	.48	.64	.00	.70
3	.60	.80	1.00	.00	.00	.00	.60	.80	.00	.50
4	.48	.36	.00	1.00	.96	.60	.64	.48	.80	.86
5	.64	.48	.00	.96	1.00	.80	.48	.36	.60	.82
6	.80	.60	.00	.60	.80	1.00	.00	.00	.00	.50
7	.36	.48	.60	.64	.48	.00	1.00	.96	.90	.86
8	.48	.64	.80	.48	.36	.00	.96	1.00	.60	.82
9	.00	.00	.00	.80	.60	.00	.80	.60	1.00	.70
10	.70	.70	.50	.86	.82	.50	.86	.82	.70	1.00

통성이 크고, 벡터의 길이가 길수록 두 벡터 사이의 상관계수도 커짐을 짐작할 수 있다. 기하학적으로 보면 두 검사 사이의 상관이 높다는 것은 두 검사벡터가 서로 가까워서 그 사이의 cos의 각도가 0°에 가까운 경우며, 두 검사 사이의 상관이 낮거나 0에 가깝다는 것은 두 검사 벡터가 서로 직각을 이루어서 cos의 값이 커지는 경우다.

[그림 4-6]에 10개 변인을 측정한 검사의 상호상관행렬에서 3개의 요인을 추출하고, 그것을 3차원에서 표시하고, 또 2차원에 표시한 예시다.[2] 이 경우에는 요인이 3개뿐이기 때문에 3차원 공간에 표시할 수 있지만 요인이 3개 이상이 되면 초공간(hyperlance)이 되어 도시할 수는 없고, 상상적인 공간이 된다. 이 그림에서 보듯이 요인분석을 통해 요인을 찾는다는 것은 10개의 변인 사이에 형성되어 있는 벡터 중간에 서로 직교를 이루는 차원을 임의로 집어넣음으로써, 각 벡터가 이 차원에 드리우는 값(요인부하량)을 찾는다는 뜻과 마찬가지다. 이때 각 차원이 서로 직교(orthogonal)가 되게 한다는 것은 각 차원이 서로 독립되게 함으로써 각 요인인 차원 I, II, III 사이에 아무런 상관이 없게 한다는 의미를 갖는다. 차원 사이에, 즉 요인 사이에 아무런 상관이 없이 직교가 되게 함으로써 각 차원을 독립적으로 해석할 수 있는 가능성을 부여한다. 또한 각 검사의 요인부하량은 각 검사벡터에서 각 차원의 축에 직각으로 내렸을 때 그 차원에서의 값이라는 것도 쉽게 이해할 수 있다.

그러나 이렇게 얻은 각 차원은 임의적인 축(arbitrary axis)에 불과하다. 이 축을 어디에 어떻게 투영할 것인가 하는 방법은 무수히 많을 수 있다. 그러므로 처음 얻은 요인분석에서의 차원(요인)은 수학

2) B. Fruchter, *Introduction to Factor Analysis*, Princeton: Van Nostrand, 1954, p. 36.

상관계수의 도형적 표시

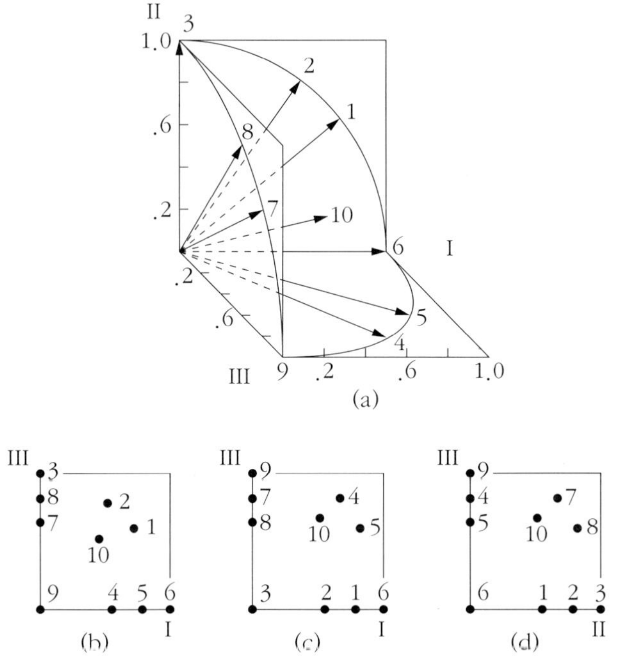

요인부하량

변인	요 인			h^2
	I	II	III	
1	.8	.6	.0	1.0
2	.6	.8	.0	1.0
3	.0	1.0	.0	1.0
4	.6	.0	.8	1.0
5	.8	.0	.6	1.0
6	1.0	.0	.0	1.0
7	.0	.6	.8	1.0
8	.0	.8	.6	1.0
9	.0	.0	1.0	1.0
10	.5	.5	.7	1.0

[그림 4-6] 10개 변인의 상호상관과 상호상관의 3차원에서의 도시(a)와 2차원에서의 도시(b, c, d) 및 요인부하량(Fruchter, 1954, p. 36)

적으로는 정확하지만 '심리적인 해석', '심리적 의미(psychological sense)'라는 관점에서 보면 의미가 없는 것이 대부분이다. 그러기 때문에 처음에 얻은 차원을 심리적 의미가 있도록 축을 회전시켜 줄 필요가 생긴다. 이 의미를 [그림 4-7]에서 살펴보자.

원요인행렬에서는 4개의 변인이 모두 요인 I, II에 높은 부하량을 보이고 있어서 그 의미를 파악하기도 어렵거니와 해석하기도 쉽지 않다. 원요인 I, II에 대한 각 검사의 부하량을 [그림 4-7]의 가운데 도시했다. 원요인의 축 I, II를 화살표 방향으로 50° 회전시키고 회전한 새 축인 I_1, II_1에 대해 각 검사의 요인부하량을 계산하면 [그림 4-7]의 아래 표인 회전 후 요인행렬이 생긴다. 이것을 보면 훨씬 단순화된 것을 볼 수 있다. 즉, 요인 I_1에는 검사 3, 검사 4만이 높은 부하량을 보이고, 요인 II_1에는 검사 1, 검사 2만이 높은 부하량을 보인다. 이때 축을 회전하더라도 공통요인에 의해 설명되는 요인인 공통성 h^2은 변하지 않고 있다는 것과, 요인 I_1과 요인 II_1는 서로 직교를 이루어, 독립적이라는 것을 주목해야 한다. 이렇게 축을 회전한 후에 얻은 요인유형행렬을 보면 훨씬 단순하며 해석하기도 쉽다.

이 경우에는 새로운 요인의 축을 90°인 직교가 되게 회전시켰다. 이 같은 축 회전을 직교회전(orthogonal rotation)이라고 한다. 그러나 새로운 요인의 축은 직교가 아닌 사교로 회전시킬 수도 있다. 이 같은 회전 방법을 사교회전(oblique rotation)이라고 부른다. 사교회전의 경우에는 새로이 형성된 축 사이의 각은 직교(90°)가 되지 않는다. 따라서 대응하는 축 사이에는 상관이 존재하기 마련이며, 그러기 때문에 직교회전의 경우보다는 해석상의 난점이 발생한다. 원요인행렬을 직교로 회전시키느냐 사교로 회전시키느냐에 따라 뒤에 논의하게 될 요인 간의 독립성(independence) 문제에 직면하게 된

원요인행열

변 인	요 인		h^2
	I	II	
1	.6	.4	.52
2	.6	.6	.72
3	.7	−.3	.58
4	.4	−.5	.41

회전의 도시

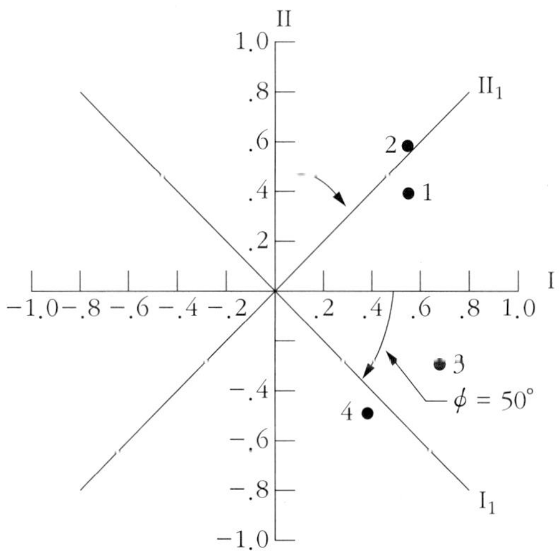

회전 후 요인행열

변 인	요 인		h^2
	I_1	II_1	
1	.08	.72	.52
2	−.07	.85	.73
3	.68	.34	.58
4	.64	−.02	.41

[그림 4-7] 원요인행렬과 회전 후 요인행렬의 도시(Fruchter, 1954, p. 38)

다. J. P. Guilford는 철저하게 직교회전만을 주장하며, Burt, Jensen, Cattell 등은 사교회전을 주장하는 입장에 있고, L. L. Thurstone은 원칙적으로는 직교회전을 주장하지만 사교회전의 이용 가능성을 배제하지 않는다는 입장이다. 이같이 요인행렬을 직교로 회전시키는가 사교로 회전시키는가, 그 가능성을 인정하는가 않는가에 따라 지능을 보는 요인이론에 차이가 발생하게 되는 중요한 분기점이 된다.

〈표 4-3〉에 있는 자료는 8개 신체적 변인에 대해 2개 요인을 추출한 다음 이것을 포치하고, 이어 사교회전축(T_1, T_2)을 제시하였으며, 이렇게 사교회전한 후의 요인부하량을 제시하고 있다. 새로이 형성된 사교축 T_1과 T_2 사이의 각은 θ_{12}=61°를 이루고 있어서 두 축 사이에는 상관이 있음을 나타내고 있다. 사교축으로 회전시키면서 새로이 형성되는 요인 축에 대해 각 변인의 요인부하가 어떤 요인에

〈표 4-3〉 8개 신체 특징에 대한 사교회전의 예시(Harman, 1967, p. 277)

원요인행렬				사교 회전요인행렬		
변 인	요인 F_1	요인 F_2	h_j^2	변 인	요 인 T_1	요 인 T_2
① 신장	.856	−.324	.838	1	.774	.052
② 팔넓이	.848	−.412	.889	2	.839	−.032
③ 앞팔 길이	.808	−.409	.821	3	.813	−.045
④ 아랫다리 길이	.831	−.342	.808	4	.773	.025
⑤ 체중	.750	.571	.889	5	−.005	.827
⑥ bitrochanteric diameter	.631	.492	.640	6	−.014	.706
⑦ 가슴둘레	.569	.510	.583	7	−.065	.697
⑧ 가슴넓이	.607	.351	.492	8	.084	.567
변 량	4,449	1,510	5,959			

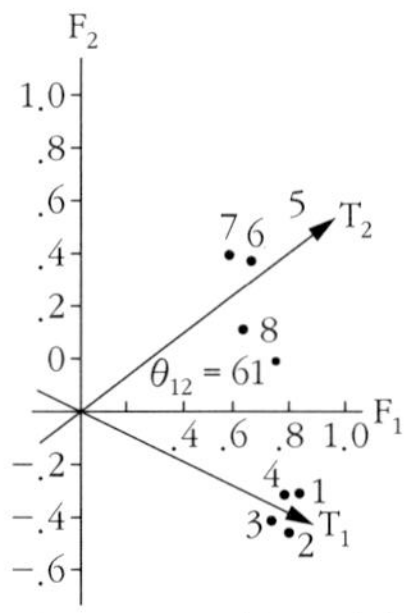

θ_{12} = arc cos .4858 = 61°

는 아주 높게, 다른 요인에는 아주 낮게(거의 0에 가깝게) 부하되기 때문에 요인행렬은 단순화된다. 그러나 요인 축 사이에 상관이 형성되어 있기 때문에, 서로 독립된 요인으로 해석할 수 없고, 언제나 요인 사이의 상관을 고려해야 한다는 문제가 개재한다.

축 회전에 관련하여 어떤 기준, 준거에 따라 회전할 것인가 하는 문제가 제기될 수 있다. 축을 새로이 회전할 수 있는 선택의 가능성은 무한에 가깝기 때문에 이 중 어느 한 가지를 선택해야 한다. 이때 선택의 기준, 준거가 어떤 것이어야 하는가에 대한 문제를 해결하기 위하여 초기의 요인분석가들이 여러 가지로 고심했다. 그중에서도 이 문제를 해결하기 위해 제안된 Thurstone의 단순구조(simple structure) 원칙이 대표적인 것이라고 말할 수 있다.[3] 수학적으로 보면 축(요인)을 투영하는 방법은 무한에 가깝다. 이같이 무수한 축 중에서 택해야 할 축은 쉽게 해석할 수 있고, 심리적 의미를 갖는 축이어야 한다. 그러기 위해서는 '주어진 요인에서 요인부하량이 높은 것은 극대화시키고 낮은 것은 극소화시킨다.'는 원칙을 채택하는 것이 단순구조의 원칙이다. 바꾸어 말하면 각 요인에 대한 요인부하량이 3~5개 검사는 아주 높게 나타나도록(극대화) 하고, 다른 검사들은 0에 가깝도록(극소화) 축을 회전하라는 원칙이다.

Thurstone[4]은 단순구조의 원칙에 대한 기준을 보다 구체적으로 다음과 같이 제시하고 있다.

① 회전 후의 요인행렬의 각 열은 최소한 한 개 이상의 0이 있어야 한다.

---

3) L. L. Thurstone, *Multiple Factor Analysis*, Chicago: University of Chicago Press, 1947.
4) Ibid, p. 335.

이것은 각 검사가 공통요인의 수 r보다는 덜 복잡해야 함을 뜻한다.

② 회전 후의 요인행렬의 각 행은 최소한 공통요인의 수 r개의 0이 있어야 한다.

③ 회전 후의 요인행렬의 대응하는 두 행 사이에는 한쪽에는 0이 되고 다른 한쪽에서는 0이 아닌 검사의 수가 많아야 한다.

④ 각 대응하는 행에서 0의 부하량을 보이는 짝이 많아야 한다.

⑤ 각 대응하는 행에 대해 유의한 높은 부하량을 보이는 짝은 적어야 한다.

이 같은 원칙은 현재의 요인분석 방법의 회전원칙에 그대로 적용되고 있다. 단순구조의 원칙에 따라 회전한다는 개념은 곧 요인분석에 고유한 요인 해법을 제공한다는 뜻도 된다. 즉, 어떤 사람이 요인분석을 하건 오직 한 가지 유일한 요인행렬만을 얻게 된다. 이것은 여러 사람이 같은 자료를 사용하여 반복 연구를 할 때 똑같은 결과를 얻을 수 있다는 과학에서의 반복가능성(replicability)을 제공해 준다는 뜻에서도 중요한 의미를 갖는다.

그러나 Thurstone이 제안한 단순구조의 원칙에 따른 축회전은 그 원칙이 지나치게 주관적이며, 인상적이고, 모호하며, 임의적이고, 또한 수학적으로 다루기 어려운 질적 규칙이기 때문에[5] 현재는 이를 보다 객관화시킨 quartimax 회전법 및 varimax 회전법을 사용하고 있다. 이 책이 요인분석에 관한 문제를 깊이 논의할 성질이 아니기 때문에 두 방법에 대한 자세한 논의는 피한다. quartimax

---

5) H. F. Kaiser, The varimax criterion for analytic rotation in factor analysis, *Psychometrika*, 1958, *23*, 187-200.

회전법은 원요인행렬의 열에 해당하는 각 변인(혹은 검사)의 요인 m 중 요인부하량이 적은 것은 더욱 극소화시키고, 요인부하량이 큰 것은 더욱 극대화시킴으로써 그 차이를 극대화하려는 방법이며, 수학적으로는 요인부하량의 사승을 극대화(maximization) 하기 때문에 Burt가 이름 붙여 quartimax라고 하였다.[6] 그러나 이 방법은 현재 별로 사용되고 있지 않고 varimax 회전이 가장 보편적으로 사용되고 있다. varimax 회전은 Kaiser에 의해 제안된 방법으로써 quartimax 회전이 요인행렬의 각 변인(행)을 단순화시키려는 것임에 반하여, varimax는 요인행렬의 각 요인(행)을 단순구조에 맞도록 단순화시키려는 차이가 있다. 이 원칙에 따라 요인을 단순화시키면 동시에 열(변인)도 Thurstone이 제안한 단순구조에 부합되어 간다는 논리다. 이와 같이 요인행렬의 요인(행)의 변량을 극대화하면 해석 가능성과 단순화가 극대화된다.

이상에서 요인분석에 관련한 논리와 그 방법의 주된 뼈대만을 제시하였다. 이 같은 요인분석이론이 처음 도입된 것은 정신능력에 관한 분석을 하기 위해서였지만 현재는 정신능력 이외의 성격, 정서, 동기, 사회적 변인, 경제현상, 행정, 정치 등 거의 모든 사회과학 분야에서 그 잠재적 구인을 확인하는 방법으로 이용되고 있다.

지능에 관한 심리측정이론은 요인분석과 밀접한 관계를 갖고 있다. 그런데 지능의 요인구조를 보는 관점에 따라 크게 보아 세 가지 이론이 있다.[7] 〈표 4-4〉에서 보는 바와 같이, 첫째 일반요인론(general factor theory)으로서 이 관점에서는 모든 검사가 공통으로

---

6) J. O. Neuhaus, & Ch. Wrigley, The quartimax method: An analytic approach to orthogonal simple structure. *British Journal of Statistical Psychology*, 1954, 7, 81-91.

7) 황정규, **지능 및 적성의 측정**, 서울: 교우사, 1961, p. 52.에서 약간의 수정을 가하였다.

〈표 4-4〉 지능에 관한 세 개의 요인론 비교

검 사	일반요인론		집단요인론					다요인론				
	일반 요인(g)	특수 요인(s)	일반 요인	집단 요인			특수 요인	집단 요인				특수 요인
1	+	+	+	+			+	+			+	+
2	+	+	+	+			+	+			+	+
3	+	+	+	+		+	+	+	+			+
4	+	+	+	+	+		+	+				+
5	+	+	+		+		+		+		+	+
6	+	+	+		+		+	+		+		+
7	+	+	+			+	+		+			+
8	+	+	+			+	+		+	+		+
9	+	+	+			+	+			+		+
10	+	+	+			+	+			+	+	+

+는 요인부하량이 높음을 표시하고 공백은 낮거나 영에 가까움을 표시한다.

가지고 있는 일반요인 g와 각 검사가 독특하게 측정하고 있는 특수요인(specific factor: s)으로 구성되어 있다고 보는 이론이며, 이 이론의 대표적인 주창자는 Spearman이다.[8] 일반요인론을 흔히 이요인론(two factor theory)이라고도 하는데, 그것은 각 검사가 측정하고 있는 요인을 일반요인 g와 특수요인 s의 두 개로 구성되어 있다고 분할하기 때문이다. Spearman은 상관행렬에서 상관계수가 서로 비례적이면 거기에는 한 개의 일반요인 g가 존재하며 상관계수의 사가차(tetrad difference)는 영이 된다는 것을 증명한 것은 유명한 이론이다.

둘째, 집단요인론(group factor theory)이다. 이 이론에서는

8) C. Spearman, General intelligence, objectively determined and measured, *American Journal of Psychology*, 1904, *15*, 201-293.

Spearman이 주장하는 *g*의 개념을 인정하면서 동시에 몇 개의 검사 사이에 공통으로 존재하는 집단요인(group factors)이 존재하며, 거기에다 각 검사만이 독특하게 측정하는 특수요인이 존재한다고 보는 관점이다. 이 이론의 주창자는 Holzinger[9)]로서, 그는 Spearman의 이론을 더욱 발전시켜 Spearman-Holzinger 방법이라는 집단요인론을 주장했다.

셋째, 다요인론(multiple factor theory)이다. 이 이론에서는 처음부터 일반요인 g의 존재를 부정한다. 인간의 정신능력에 관한 모든 검사에 공통된 g라는 것은 존재하지 않으며, 다만 몇 개의 검사 사이에 공통으로 존재하는 여러 개(K>2)의 집단요인과 각 검사가 독특하게 측정하는 특수요인으로 구성된다고 보는 관점이다. 이 이론은 Kelley[10)]에 의해 시작되었으며, 그 후 Thurstone[11)]이 다요인분석의 방법과 이론을 완성하면서 가장 보편적으로 받아들이는 이론으로 발전되었다.

이같이 인간능력 혹은 지능을 심리측정 관점에서 보고 요인론에 여러 가지 이론이 있는 것은 방법론의 차이에 있기보다는 인간능력에 관련된 요인을 보는 시각에 차이가 있기 때문이다. 앞에서 요인분석에 관한 개괄적 조감을 하면서 간략히 논의한 바처럼 요인을 추출하는 방법은 무한하고 그렇기 때문에 요인론은 무수하게 있을 가능성이 있다. 그러나 지금까지 발전되어 온 요인이론은 앞에 든 세

9) K. J. Holzinger & F. Swineford., A study in factor analysis: The stability of a bi-factor solution, *University of Chicago, Supplementary of Educational Monograph*, No. 48, 1939.

10) T. L. Kelley, *Crossroads in the Mind of Man*, Stanford, talif.: Stanford University Press, 1928.

11) L. L. Thurstone, Multiple factor analysis, *Psychological Review*, 1931, *38*, 406-427.

가지로 집약할 수 있으며, 그중에서도 일반요인론과 다요인론이 가장 널리 받아들이고 보편화되어 있는 셈이다. 계속되는 장에서는 이 두 이론에 관한 보다 깊은 탐구와 논의를 할 것이며, 뒤이어 위계모형(hierachical model)의 이론을 논의한다.

제 5 장

일반요인론

Spearman의 *g*

Spearman은 인간능력을 요인분석이라는 측정학적 관점에서 접근한 최초의 인물일 뿐 아니라 지능의 일반요인론(이요인론)을 제안한 것으로 더욱 알려져 있다. 그는 「객관적으로 결정되고 측정된 일반지능」[1]이란 논문에서 모든 인지능력이나 정신능력을 측정하는 검사에는 일반요인 g가 존재하며, 그 이외 설명되지 않는 잔여변량은 각 검사가 독특하게 측정하는 특수요인 s로 구성되어 있다고 주장하였다.

이 같은 일반요인론을 우선 시각적으로 이해하기 위해 도시한 것이 [그림 5-1]이다. 여기에서 볼 수 있듯이, *a*, *b*, *c*, *d*, *e*, *f*의 모든

1) C. Spearman, General intelligence, objectively determined and measured, *American Journal of Psychology*, 1904, *15*, 201-293.

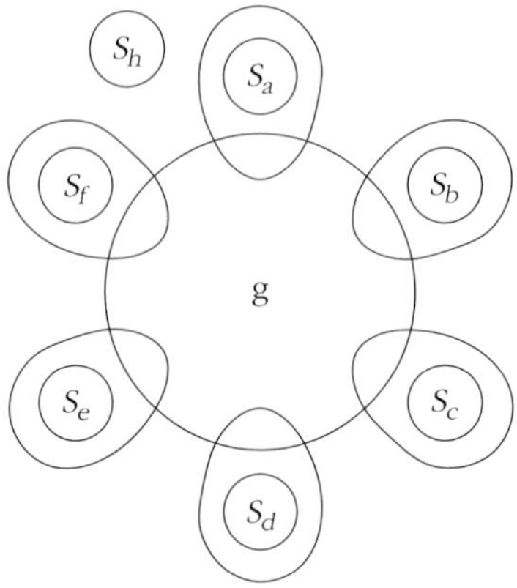

[그림 5-1] 일반요인론의 도시

검사는 g를 포함하고 있으며, 또한 각각의 검사가 독특하게 측정하고 있는 변량인 S_a, S_b, ⋯, S_f, S_h의 영역을 보이고 있다. 만약 그 검사가 인간의 정신능력 및 인간의 인지능력을 측정하고 있는 검사라는 조건에서는 어떤 검사이건 g라는 일반요인을 내포하고 있다고 본다. 만약 일반요인 g를 포함하고 있지 않다면 그 검사는 능력검사의 범주에 포함될 수 없는([그림 5-1]에서는 S_h와 같은) 검사라고 할 수 있다.

이 같은 관계를 공식 (5.1)의 개념을 빌려서 변량의 관계로 나타내어 보면 다음과 같이 표시할 수 있다.

$$\sigma_x^2 = g^2 + s^2 + e^2 \tag{5.1}$$

σ_x^2 : 검사 x의 전체 변량

g^2: 일반요인의 변량

s^2: 특수요인의 변량

e^2: 오차변량

검사 $x(x=1, \cdots, n)$는 모든 검사에 공통으로 존재하는 일반요인 g의 변량, 각 검사의 특수요인 s의 변량, 그리고 오차변량 e의 더하기 형태로 나타낼 수 있다.

능력검사에 대해 이 같은 일반요인론이 성립할 수 있는 요인분석적 근거는 어디에 있는 것인가? 앞에서 논의한 바와 같이 두 개의 검사 사이에 상관계수가 존재한다는 것은 두 검사의 벡터가 중첩되어 있다는 의미가 된다. 이같이 벡터로 표시된 검사 사이에 차원(요인) 혹은 축을 내리는 방법은 무한에 가깝다고 말했다. Spearman의 g 개념은 이 축을 [그림 5-2]에서 보는 바와 같이 가장 가운데를 뚫고 지나가도록 내리는 방법이다. 실제 검사 1은 어휘력검사, 검사 2는 언어추리검사, 검사 3은 신수계산김사, 김사 4는 수리추리검사라고 하면, 축을 이같이 한가운데를 뚫고 지나가도록 투영한다면 4개의 검사가 모두 축 1에 대해 높은 요인부하량을 보일 것을 짐작할 수 있다.

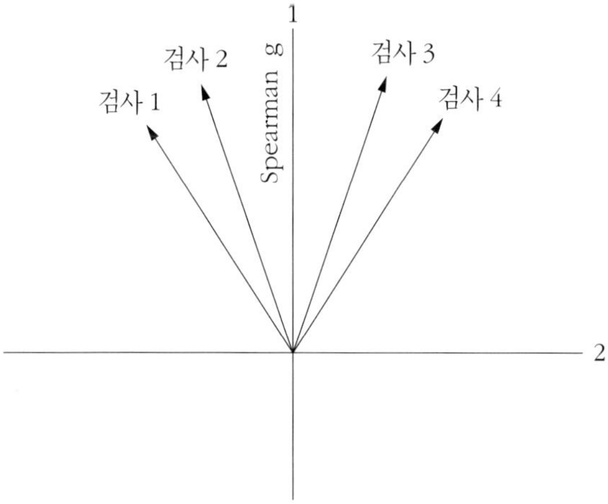

[그림 5-2] 4개의 검사 벡터 속에 표시한 Spearman의 *g*

1927년 Spearman이 『인간의 능력』[2]이라는 저서에서 일반요인 이론을 자세히 논의하면서 인간능력을 *g*와 *s*로 보는 자기의 이론을 군주이론(monarchic theory)이라고 지칭하고, 몇 개의 집단요인과 특수요인으로 구성되어 있다는 다요인론의 입장을 과두이론(oligarchic theory)이라고 지칭하였으며, 아무런 공통요인이 존재하지 않는다고 주장하는 것을 무정부이론(anarchic theory)이라고 지칭하고, 인간능력을 정확하게 이해하는 길은 군주이론을 받아들이는 것이라고 주장하고 있다.

사가차와 *g*

Spearman의 *g*의 개념은 검사의 상관계수 사이에 형성되는 사가차(4價差, tetrad difference)의 개념 및 방법과 밀접한 관련이 있다. 그가 처음 요인분석의 개념을 발전시킬 당시는 지금처럼 전자계산기나 컴퓨터가 있던 시기가 아니었다. 따라서 그는 여러 검사 사이의 상관계수를 기초로 사가차를 계산함으로써 요인분석의 길을 트기도 하였거니와 일반요인의 개념을 도입하는 중요한 단서를 얻었다.

사가차의 개념 및 g의 이론을 이해하기 위해서 간단한 예를 들어 보자. 어린 쥐에서부터 어른 쥐에 이르는 성장연령이 다른 여러 마리의 쥐에 대해 ① 다리 길이, ② 다리 굵기, ③ 꼬리 길이, ④ 꼬리 굵기를 측정했다고 가정하자. 이 4개의 측정치에 대해 서로 상관계수를 낸다면 쉽게 짐작할 수 있다시피 그 사이에는 높은 상관이 있

---

2) C. Spearman, *The Abilities of Man*, New York: Macmillan, 1927.

을 것이다. 왜냐하면 쥐가 성장함에 따라 앞의 4개의 신체 부분은 자연히 커질 것이기 때문이다. 그러나 우리가 알고 싶은 것은 이 4개 측정치 사이의 높은 상관이 한 개의 일반요인인 '성장'이라는 요인 때문인가 아니면 '다리 요인'과 '꼬리 요인'이 따로 존재할 것인가, 혹은 '길이 요인'과 '굵기 요인'이 따로따로 존재할 것인가를 확인하고 싶은 데 있다. 이를 검증하기 위해 Spearman은 사가차라는 방법을 도입했다.

사가차의 공식은 다음과 같다.

$$r_{13} \times r_{24} - r_{23} \times r_{14} \tag{5.2}$$

	(1)	(2)	(3)	(4)
다리 길이 (1)				
다리 굵기 (2)	r_{12}			
꼬리 길이 (3)	r_{13}	r_{23}		
꼬리 굵기 (4)	r_{14}	r_{24}	r_{34}	

사가차는 상관행렬에서 대응하는 상관계수는 어느 것을 가져오더라도 그 값이 0이 된다는 것이다. 즉,

$$\frac{r_{13}}{r_{23}} = \frac{r_{14}}{r_{24}}$$

$$r_{13} \times r_{24} = r_{23} \times r_{14}$$

$$r_{13} \times r_{24} - r_{23} \times r_{14} = 0$$

앞에서 예를 든 쥐의 측정치 사이의 상관행렬에서 보면 그 사가차는,

(다리 길이와 꼬리 길이)×(다리 굵기와 꼬리 굵기)−
(다리 굵기와 꼬리 길이)×(다리 길이와 꼬리 굵기) (5.3)

의 상관들의 차이가 된다.

Spearman은 사가차가 0이면 그것은 그들 측정치 사이에 단일한 일반요인이 존재한다는 증거이며, 사가차가 정(+), 부(−) 어느 방향이건 값을 가지면 거기에는 집단요인이 존재한다는 증거로 볼 수 있다고 주장했다. 이 의미를 앞의 쥐의 4개 측정치에 적용시켜 생각해 보자. 만약 쥐의 신체의 '길이'를 지배하는 요인과 '굵기'를 지배하는 요인이 따로 있다고 가정하면(집단요인이 있다는 가정) 공식 (5.3)의 앞 항은 뒤 항보다 그 값이 클 것이다. 왜냐하면 앞 항은 '길이'와 '길이'와의 상관, '굵기'와 '굵기'의 상관이기 때문에 두 상관이 모두 높게 나올 것이고, '길이'와 '굵기' 사이의 상관은 낮게 나올 것이 논리적 귀결이기 때문이다. 그러나 만약 단일한 일반요인인 성장이라는 요인이 4개 측정치를 전부 지배하는 잠재적 원인이라면 '길이'와 '굵기' 사이의 상관은 '굵기'와 '굵기' 사이의 상관 및 '길이'와 '길이' 사이의 상관(혹은 적어도 비슷한 상관)과 같은 값을 갖게 될 것이다. 이 두 경우를 가상적 자료로 나타내어 본 것이 [그림 5−3]이다.[3)]

[그림 5−3] (가)의 경우는 사가차가 0이 되어, 일반요인이 존재하는 경우며, (나)의 경우는 사가차가 정의 방향으로 나와 (.12) 길이 요인과 굵기 요인이 존재하는 경우를 나타낸다.

[그림 5−3]은 또한 요인분석의 발달사에서 중요한 문제를 제시하고 있다. 즉, 비록 사가차는 0이지만 상관계수는 같을 필요가 없다

3) 이 자료는 다음에서 빌려 온 것임
C. Spearman, *The Abilities of Man*. New York: Macmillan, 1927, p. 74.

(가)

	(1)	(2)	(3)	(4)
다리 길이 (1)	1.0			
다리 굵기 (2)	.80	1.0		
꼬리 길이 (3)	.60	.48	1.0	
꼬리 굵기 (4)	.30	.24	.18	1.0

사가차=.60×.24−.48×.30
=.144−.144
=0
(일반요인이 존재하는 경우)

(나)

	(1)	(2)	(3)	(4)
다리 길이 (1)	1.0			
다리 굵기 (2)	.80	1.0		
꼬리 길이 (3)	.40	.20	1.0	
꼬리 굵기 (4)	.20	.40	.50	1.0

사가차=.40×.40−.20×.20
=.16−.04
=.12
(길이와 굵기의 집단요인이 존재하는 경우)

[그림 5-3] 쥐의 4개 측정치에 관한 가상적 자료에 기초한 일반요인이 존재하는 경우와 집단요인이 존재하는 경우 사가차 예시

는 사실이다. 다리 길이와 다리 굵기 사이의 상관은 .80인데, 꼬리 길이와 꼬리 굵기의 상관은 .18이다. 이 같은 차이는 일반요인 g의 침윤도에 차이가 있음을 지시한다. 즉, 다리의 측정치가 꼬리의 측정치보다 g에 대한 침윤도가 크다는 것을 지시한다. 다리는 일반요인 g인 성장에 의한 영향을 크게 반영하고 있고, 꼬리는 성장이라는 g의 영향을 적게 받고, 특수요인 s의 영향을 더 많이 받는다는 것을 시사한다. 이것을 지능을 측정하는 정신능력검사에 적용시켜 보면 g의 침윤도가 가장 큰 검사가 일반요인의 가장 최선의 대리검사라고 말할 수 있고, 이에 비추어 다른 검사의 일반요인의 침윤도를 비교할 수 있게 된다.

앞에서 보듯이 여러 개 검사의 상관행렬에서 사가차를 하나하나 계산한다는 것은 어려운 일이기도 하거니와 실제 그 사가차가 꼭 0이 되는 일은 흔한 일이 아니다. 그래서 Spearman은 나온 여러 개의 사가차가 평균이 0이 되는 정상분포를 이루는가를 검증함으로써 g의

존재 유무를 검증하는 검증 방법을 채택하였다.

이 같은 이론과 방법에 따라 정신능력검사의 상관행렬에서 사가차를 계산해 보니 평균이 0을 중심으로 하는 정상분포가 됨을 발견하고 이 결과에서 정신능력에는 일반지능 *g*가 존재한다고 주장했다. 이것은 마치 물리학자가 물질의 분자를 찾아낸 것만큼이나 큰 혁명이었으며, 실제 Spearman은 심리학을 물리학과 같은 탄탄한 과학으로 발전시키려는 물리학 콤플렉스가 있기도 했다. 그는 자기가 발견한 g를 물리학의 분자와 같은 잠재된 구인을 발견한 것과 동일시하였으며, 심리학의 시각에 코페르니쿠스적 혁명을 가져왔다고 보았다.[4] 그의 *g* 개념은 당시의 과학이 이상적 방법으로 본 환원론(reductionism)의 극치를 이루었으며, 인간의 뇌 속에 들어 있는 정신기능이라는 추상적 실제의 구체화라고 보았다. Binet의 지능검사나 기타 다른 정신능력 검사에 대해서 사가차 방법에 의해 연구해 본 결과 *g*를 확인하고 더욱 *g*에 대한 확신을 갖게 되었다. 또한, 그는 지능검사를 잡탕처럼 여러 가지 종류의 능력검사를 혼합하여 제작하는 데 반대하고, *g*의 침윤도가 많은 것을 선택해서 지능검사를 제작하기를 주장하였다. 뿐만 아니라 지능검사에 의해 측정한다고 하는 지능(intelligence)과 *g*는 별개의 것이라고 주장하기도 했다. 그래서 그는 *g*를 일반지능이라고 하지 않고 *g*로 지칭하였으며, IQ와도 구별하려고 했다. 그러나 연구 결과 여러 가지 종류의 능력검사를 혼합한 잡탕 같은 검사가 그렇지 않은 검사보다 *g*가 높게 나오는 결과를 보고 후에는 인간의 능력을 측정하는 검사에는 모두 *g*와 *s*가 존재한다고 주장했다.

4) C. Spearman, *The Abilities of Man*, New York: Macmillan, 1927, p. 411.

정신능력을 측정하는 검사들 사이에는 정의 상관이 나타나는 것은 공통적으로 관찰할 수 있는 현상이다. 이 같은 현상에서 Spearman이 거기에는 일반지능 *g*가 존재하기 때문이라고 하는 해석은 논리적 비약이 많다. 즉, 능력검사들 사이에 정의 상관이 있다는 것이 반드시 일반지능이 존재하며, 모든 검사벡타가 *g*에 위계적으로 수렴된다고 하기는 어렵다. 상관이 존재하는 것이 그럴 가능성을 시사하지만 상관계수란 일반적 방향이 아니라 양방적이고, 인과적이 아니라 관련의 존재만을 지시하기 때문이다. 더욱이 연구 결과에 의하면 능력검사와 각종 인성 요인 사이에도 정의 상관을 보인다. 예컨대, 성취동기, 자아감정, 초자아 요인 등은 능력검사와 정의 상관을 보인다. 그리고 또한 교육 수준, 사회적 지위도 일관성 있게 정의 상관을 보인다. 이 같은 결과에서 거기에 단일한 영향 *g*가 작용하고 있다고 해석한다는 것은 지나친 일반화라고 말할 수 있다.

Hebb의 지능 A, B, C

지능에 관해 일반요인론의 관점에서 이론을 전개하고, 또 실제 지능측정이나 해석도 그러한 시각에서 시도하는 사람은 다양한 편이다. D. O. Hebb[5)]은 지능을 A, B로 구분하고, 뒤이어 P. E. Vernon[6)]이 이에 지능 C를 첨가한 일반요인론을 주장했다.

Hebb은 인간의 뇌에 관한 신경심리학적 시각에서 지능에는 확연

5) D. O. Hebb, *The Organization of Behavior: A Neuropsychological* Theory, New York: Wiley, 1949.

6) P. E. Vernon, *Intelligence and Cultural Environment*, London: Methuen, 1969.

히 구분되는 두 개의 지능 A, B가 존재한다고 했다. 지능 A는 한 개인의 지적 발달을 지배하는 유전인자에 의해 결정되는 부분을 말하며, 생물학적 용어로는 유전형(genotype)에 해당한다. 유전형 자체는 이론적 구인이며, 이것은 현미경을 통해 확인하거나 분리해 낼 수 있는 성질의 것은 아니다. 개인의 지능발달 및 개인간의 지능의 차를 나타내는 원인에는 유전적 기초가 있으며, 계량유전학(quantitative genetics)에서는 이 같은 변량을 어느 정도 추정해 내기도 한다. 예컨대, 유전적 영향의 성질과 정도, 포함된 유전인자의 수, 우성과 열성 인자의 비율, 지능에 미치는 유전인자의 반성 유전(sex linkage)[7] 등을 어느 정도 추정할 수 있다. 그러나 중요한 사실은 지능 A는 이론적 구인이며 그것을 직접적으로 관찰하거나 측정할 수는 없다는 것이다. 다만, 이것을 추정할 수 있을 뿐이다. 그러나 그렇다고 지능 A가 존재하지 않는 것은 아니다. Hebb은 인간의 여러 가지 실험을 통하여 정신작용을 지배하는 뇌신경이 존재하며, 그것은 유전인자에 의해 결정된다는 주장을 한다. 흔히 인간의 지능은 유전에 의해 결정된다거나 선천적이라거나 생득적이라고 할 때, 우리가 관념 속에서 추정하는 실제는 바로 이 지능 A에 해당된다고 말할 수 있다.

지능 A는 인간이 유전적으로 관련이 있는 사람들 사이의 다양한 지능지수 사이에 상관이 높게 나타나는 현상을 설명하기 위해 지능 이론에서는 중요한 개념이 된다. 예컨대, 쌍생아는 아무리 따로 길러도 그 사이에 상관이 높게 나타난다거나, 부모와 자녀 사이의 지능은 비록 생후 같이 살고 있지 않아도 높은 상관이 나타난다거나

---

7) 성염색체에 어떤 형질을 지배하는 유전자가 있어서 암수에 따라 인자조합이 달라지는데 이때 *X*(또는 *Z*) 염색체에 있는 유전자에 의한 유전을 지칭한다. 인간의 반성유전으로는 색맹, 혈우병이 대표적이다.

하는 현상은 마치 식물이나 동물의 유전법칙이 증명하는 이론과 별로 다를 바 없다. 그러므로 Hebb은 비록 '직접적인 관찰이 불가능' 하기는 하지만 유전인자에 의해 지배되는 지능 A의 존재를 지능이론 속의 한 개의 실체(reality)로 받아들여야 할 것을 주장하고 있다.

지능 B는 한 개인의 지능의 표현형(phenotype)을 지칭한다. 이것은 한 개인이 임신 이후 유전과 환경이 상호작용하여 그 개인의 일생 중 어느 시점에 나타나는 결과로서의 지능을 말한다. 유전형은 변하지 않는 고정된 상수이지만 표현형은 상수가 아니라 신체 조직 및 환경에 의해 변형될 수 있는 것이다. 표현형인 지능 B는 직접 관찰할 수 있고 측정할 수 있는 것이다. 그래서 Hebb은 지능 B를 논의할 때, 그것을 지능검사에 의해 측정되어 나오는 것으로 설명하고 있다. 그러나 좀 더 정확히 말하면 지능 B는 어느 한정된 시간대에 걸쳐 많은 측정을 했을 때 나타나는 지능측정의 평균치, 즉 기대치라고 하는 것이 더 정확하다. 즉, 어느 연령 시간대에서, 여러 시점에 걸쳐, 여러 검사에 의해, 여러 상황에서 측정한 결과들의 평균이 지능 B라고 할 수 있다. 이 같은 의미에서 보면 '지능 B가 바로 한 개인의 일반지능'이라고 볼 수 있고, 이 같은 시각에서 Hebb의 지능이론은 일반지능론의 범주 속에 분류할 수 있는 근거를 발견할 수 있다.

지능 B는, 첫째 일생을 통해 정태적이거나 고정적인 것이 아니라 환경과의 상호작용에 의해 결정되는 변수라는 특징을 갖고 있고, 둘째 지능 B는 모든 문화집단에 똑같은 보편적인 능력이나 특성이 아니라 문화에 따라 다른 특성이다. 지능의 표현형으로서의 지능 B가 갖는 이 같은 특성은 곧 일반지능이 유전에 의해 결정될 가능성과 환경에 의해 지배될 가능성을 함께 지니고 있음을 시사한다.

지능 C는 Vernon이 이름 붙인 것으로서 주어진 어떤 시간에 실제 관찰, 측정한 지적 행동의 표본(sample)을 지칭한다. 따라서 지능 C는 지능 B의 어떤 표본이며 그렇기 때문에 부정확성은 더 높다고 말할 수 있다. 예컨대, 어느 특정 지능검사를 두 시점에서 측정하여 상관을 내면 상관계수가 높게 나오기는 하지만 완전하지는 않다. 또 다른 두 개의 지능검사에서 얻은 점수 사이의 상관도 높게는 나오지만 완전하지 않다. 이 같은 각각의 독립된 지능측정은 지능 C의 예다. 이같이 측정된 점수 사이의 상관은 완전하지는 않지만 대단히 높은 계수를 보인다. 높은 상관계수를 보인다는 것은 그 사이에 어떤 공통된 변량이 존재함을 시사하며, 이 공통된 변량 부분이 곧 지능 B라고 말할 수 있다. 이미 짐작할 수 있다시피 우리가 흔히 어떤 지능검사에서 얻은 점수 혹은 IQ가 얼마라고 말할 때, 우리는 지능 C를 논하고 있는 셈이다. 이 속에는 여러 가지 종류의 개인차의 변량이 내포되어 있다.

Hebb 및 Vernon이 제시한 지능 A, B, C 사이의 관계를 표시하면 [그림 5-4]와 같다. 지능 C는 지능 B에 존재하지 않는 어떤 변량을 측정하고 있다. 이 속에서는 그 검사만이 독특하게 측정하는 정신능력인 특수요인의 변량도 포함되지만, 기타의 각종 오차변량도

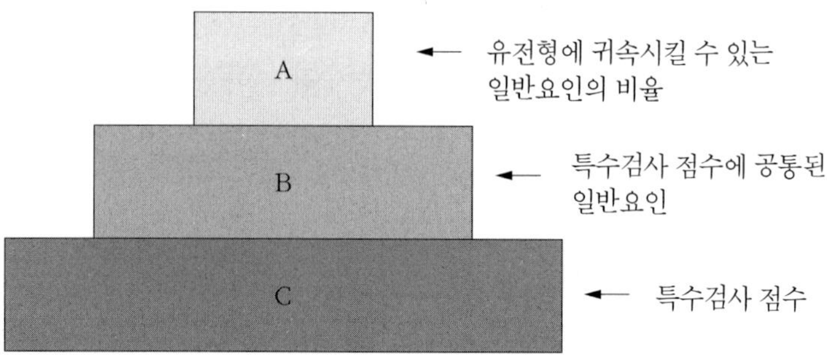

[그림 5-4] 지능 A, B, C 사이의 관계

내포되어 있다고 볼 수 있다. 지능 B는 여러 특정 검사 사이에 존재하는 일반요인을 지칭하며, 비교적 안정성이 있기는 하지만 그렇다고 고정적인 것이 아닌 환경과 문화의 영향을 받는 부분의 변량이라고 말할 수 있다. 지능 A는 유전인자에 의해 결정되는 유전형의 영향을 받는 일반요인의 변량이라고 말할 수 있고, 이것은 개인에게 고정적이라고 볼 수 있다. 따라서 Hebb의 이론은 Spearman의 일반지능을 다시 지능 A(유전형)와 지능 B(표현형)로 나누어 이론화한 것이 특색이다.

Cattell의 g_f와 g_c

만약 우리가 다양한 종류의 정신능력검사를 실시하여 요인을 추출하고 그것을 회전시킬 때 가능한 한 Thurstone이 제안한 단순구조의 준거에 가깝도록 사교회전을 시키고, 그렇게 해서 나타난 요인들 사이에 다시 제2차 요인(second-order factor)을 추출한다면 거기에는 한 개의 g가 나오거나 두 개의 *g*가 나올 수 있다. 이 같은 가정하에 R. B. Cattell은 Thurstone이 제작한 기본정신능력(Primary Mental Abilities)[8] 검사와 IPAT(Institute of Personality and Ability Test) 검사를 7학년, 8학년에게 실시하여 분석한 결과 두 개의 일반요인인 유동적 지능(fluid intelligence: g_f)과 결정적 지능(crystallized intelligence: g_c)을 얻을 수 있었다고 한다.[9] 그 결과를 〈표 5-1〉에

8) Thurstone의 기본정신능력에 관해서는 제16장에서 자세히 논의한다.

9) R. B. Cattell, Theory of fluid and crystallized intelligence: A critical experiment, *Journal of Educational Psychology*, 1963, *54*, 1-22.

〈표 5-1〉 제2차 요인행렬(일부분은 생략): Cattell(1963)

제1차 요인 변인	제2차 요인							
	g_f	g_c	F_3	F_4	F_5	F_6	?	?
Thurstone의 기본정신능력								
언어(verbal)	.15	.46	−.17	−.03	.04	.07	−.05	−.12
공간(spatial)	.32	.14	−.02	−.03	−.03	.05	−.27	.04
추리(reasoning)	.08	.50	.08	.02	−.02	.02	.38	−.14
수(number)	.05	.59	−.04	.05	−.07	−.05	−.10	.03
언어 유창(fluency)	.07	.09	−.52	−.18	.12	.26	.13	−.07
IPAT 탈문화 검사								
계열(series)	.35	.43	.05	−.12	.06	.10	.24	.04
분류(classification)	.63	−.02	−.05	−.05	.00	.14	.16	.06
행열(matrices)	.50	.10	−.23	.04	−.01	−.08	−.25	.42
위상(topology)	.51	.09	.16	.12	.03	−.03	−.14	−.00
IPAT 고교인성검사								
A(cyclothymia)	−.04	.52	.31	−.23	.05	.11	.20	.03
C 자아강도(ego strength)	.21	−.07	−.04	−.52	−.08	−.09	−.49	.12
D 흥분성(excitability)	−.04	−.44	−.44	−.09	.09	.04	.14	−.27
E 지배성(dominance)	−.15	−.01	−.05	−.00	.61	−.04	−.02	−.17
F surgency	−.05	.09	.39	−.07	.06	−.40	−.20	−.09
G 초자아 강도 (super ego strength)	−.14	.08	−.01	−.10	−.10	.43	.41	.05
H parmia	.21	−.04	.55	−.17	.00	.13	.03	−.03
I premsia	−.09	−.29	−.05	.26	−.54	−.05	.43	−.01
J coasthenia	−.10	−.04	.01	.39	−.12	.45	.01	.16
Q 수줍음 timidity	.16	−.01	.01	.73	.09	−.04	.10	.17
Q_2 자신감(self-sufficient)	−.06	.05	−.37	−.05	−.43	−.04	−.04	.05
Q_3 자아감정 통제력 (self-sentiment control)	.05	−.02	.06	.00	.32	.35	.56	.11
Q_4 높은 에너지 긴장 (high ergic tension)	−.04	.37	.03	.45	−.00	−.37	−.14	.05

제시했다.

우선 유동적 지능 g_f와 결정적 지능 g_c의 차이를 논의하기 전에 이 두 요인에 높은 부하량을 보이는 지능검사 종류를 예시하는 것이 그 개념을 이해하는 데 도움이 될 것이다. g_f에 높은 부하량을 보이는 검사는 정보의 내용을 별로 요구하지 않고 대신에 비교적 단순한 관계 사이에 존재하는 보다 복잡한 관계를 파악하는 능력을 요구하는 검사들이다. 예컨대, 수열, 문자 계열, 도형 분류, 도형 유추, 공간지각, 폐쇄검사(closure tests), 숨겨진 그림찾기검사(embedded figures tests), 나무토막 쌓기, 행렬검사(matrices) 등이다. 이와는 대조적으로 g_c에 높은 부하량을 보이는 검사들은 정보의 내용을 요구하며 피험자가 이미 획득하고 있는 지식이나 기능에 많이 의존하는 검사들로서, 일반지식검사, 단어검사, 산수검사, 기계지식검사, 도구이름검사, 언어추리검사, 논리적 추리검사 등이다.

이 같은 검사들을 보면 전자는 비교적 언어가 적고, 후자는 주로 언어에 의존하고 있다. 그러나 g_f와 g_c를 측정하는 검사의 차이가 언어에 있는 것은 아니며 같은 언어를 자료로 사용해도 전혀 다른 능력을 측정한다. 다음 문항을 비교해 보자.

[g_f가 높은 문항]

풀 : 가축의 관계는 밥 : ______의 관계와 같다.

㉠ 사람　㉡ 버터　㉢ 물　㉣ 뼈

[g_c가 높은 문항]

학생 : 선생의 관계는 아리스토텔레스 : __________의 관계와 같다.

㉠ 소크라테스　㉡ 플라톤　㉢ 철학자　㉣ 호머

첫째 문항은 순전히 어떤 관계를 표출해 내어야 하는 성질의 문항인 대신 둘째 문항은 지식적 내용을 획득하고 있어야 대답할 수 있는 문항이다.

g_f와 g_c의 개념적 차이를 몇 가지 살펴보면 두 가지 종류의 일반지능에 관한 구별이 보다 더 확연해진다.

첫째, 연령 발달에 따른 차이를 지적할 수 있다.[10] g_f는 마치 신체적 성장곡선과 비슷한 발달 경향을 보인다. g_f의 성장은 비교적 초기에 급속히 발달하여 10대 후반이나 20대 초반에 그 발달의 절정에 이르고 그 이후는 서서히 감퇴하며, 55~60세 이후에는 그 감퇴속도가 급격해진다. 이 같은 성장곡선 형태는 신체적 발달, 폐활량의 곡선, 뇌중량의 발달곡선(뇌의 평균 중량은 10대 후반에서 약 3~4%씩 감퇴하기 시작하여 50대 중반까지 지속된다)과 거의 비슷하다. 이에 반해 g_c에 높은 부하량을 보이는 검사점수는 유아기에서 성인에 이르기까지 서서히 증가하고 60~70세까지도 비교적 감퇴율이 적다.

둘째, g_f는 보다 생리적·유전적으로 결정될 가능성이 높은 요인임에 반하여, g_c는 보다 환경, 경험에 의해 결정될 가능성이 크다. 따라서 g_f의 유전 결정 확률은 g_c보다 훨씬 높으며, g_f는 문화에 덜 영향을 받는 검사인 행렬검사 및 분류검사 등에서 높게 나타나는 반면 g_c는 문화에 영향을 많이 받는 검사인 어휘력, 산수검사 등에서 높게 나타난다. 또한 g_f는 역량검사(power test)의 성질을 띤 검사에

10) R. B. Cattell, *Abilities: Their Structure, Growth, and Action*, Boston: Houghton Mitflin, 1971. 제7장.

J. L. Horn, Intelligence: why it grows why it declines. *Transaction*, 1967, *4*, 23-31.

J. L. Horn, & R. B. Cattell, Age differences in fluid and crystallized intelligence. *Acta Psychologica*, 1967, *26*, 107-129.

서 높게 나타나고, g_c는 속도검사(speed test)의 성질을 띤 검사에서 높게 나타난다. 속도를 강조하는 현상 자체가 문화적 요인의 하나이기 때문이다.

셋째, 지능검사를 IQ로 표시했을 경우 g_f를 측정하는 검사들은 g_c를 측정하는 검사의 표준편차보다 약 50% 정도가 크다. 이것은 곧 g_c에 비해 g_f의 개인차가 크다는 말이다. g_c에 대한 표준편차는 12~16점인데 반해 g_f에 대한 표준편차는 24~25점이다. 만약 어떤 10세 아동의 점수가 g_c의 모집단 분포에서 1 표준편차 위에 놓여 있다면 그의 점수는 11세 6개월에 해당된다. 그러나 같은 아동이 g_f의 모집단 분포에서 마찬가지로 1 표준편차 위에 놓여 있다면 그의 지능은 12세 3개월에 해당된다. 연구 결과에 의하면 g_c와 g_f 사이에는 상관이 존재한다(요인상관이 +.47). 이 같은 조건에서 보면 두 요인은 서로 독립된 차원이 아니라는 것을 시사하며, 이 같은 조건에서는 모든 사람의 g_c를 통제(같게) 하더라도 g_f에는 여전히 개인차가 존재할 가능성을 시사한다.

넷째, 일반적인 뇌의 훼손이 있을 경우 g_f나 g_c에 모두 영향을 미치지만 더욱 영향을 받는 것은 g_f다. 국부적인 뇌의 훼손을 입었을 경우에는 뇌의 훼손에 비해 g_f의 능력은 대폭적으로 감소되며, g_c는 다만 실어증(verbal aphasia)을 통해서만 영향을 받는다. 따라서 이 같은 실어증이 없는 한 전통적인 지능검사에서의 IQ는 영향을 받지 않을 가능성이 크다.

g_f와 g_c의 개념적 구별은 대체로 앞의 4가지로 요약된다. g_f가 높은 사람은 정보나 지식을 보다 빨리, 보다 완전하게, 보다 넓게 획득할 경향이 있기 때문이 g_f와 g_c 사이의 구별은 요인분석에 의해서만 변별하기는 어렵다. 또한 앞의 여러 가지 특징에 비추어 보면 비슷

한 문화적 · 교육적 기회를 가진 아동이나 청년기에 g_f와 g_c를 구별하기 어렵다. 따라서 같은 문화 배경, 교육, 경험 등을 가진 집단에서는 g_f와 g_c 사이에 상관이 높게 나오기 마련이다. 그러나 Cattell은 우리가 보다 지능을 정확히 측정하기 위해서는 g_c에 부하량을 많이 나타내는 전통적인 지능검사보다 g_f에 부하량을 많이 보이는 탈문화검사(culture-free tests)를 함께 실시해야 하며, 특히 성인이나 문화가 다른 집단의 경우에는 더욱 이 같은 필요성이 강조된다고 주장한다.

제 6 장

다요인론

지능의 여러 개 얼굴

지능에 관한 다요인론의 관점은 지능이 단일한 일반요인 g로 구성되어 있다는 것 자체를 부정하고, 지능은 여러 개의 집단요인으로 구성되어 있다고 본다. 일반요인 이론이 단일한 g를 가정함으로써 지능에는 얼굴이 한 개뿐이라는 주장을 하는 데 반해 다요인론은 지능에 여러 얼굴이 있다고 본다. 그래서 g 이론을 지능의 군주이론이라고 하고 다요인론을 과두이론이라고 부르기도 한다.

다요인론은 모든 정신능력검사에 공통적으로 존재하는 g와 같은 일반요인인 군주는 존재하지 않으며, 몇 개의 검사들 사이에 공통으로 존재하는 여러 개의 집단요인인 영주들이 존재할 뿐이라고 보며, 이 집단요인을 확인하고, 측정하고, 해석하려는 것이 그들의 목적이다. 이 같은 다요인론을 도시한 것이 [그림 6-1]이다.

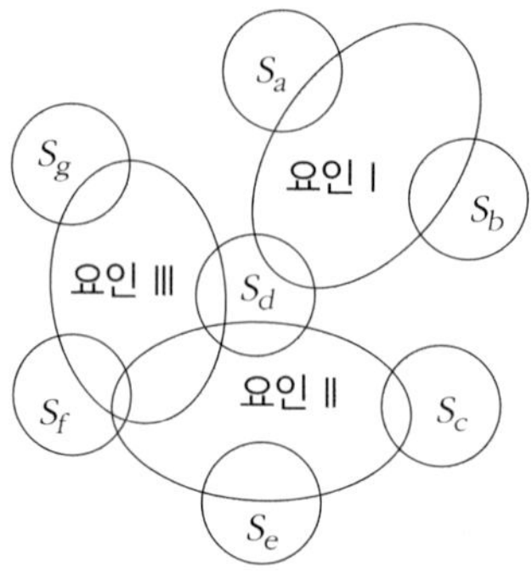

[그림 6-1] 다요인론의 도시

요인 I은 검사 a, b, d에 공통된 집단요인이며, 요인 II는 검사 c, d, e, f에 공통으로 존재하는 집단요인이며, 요인 III은 검사 d, f, g에 존재하는 집단요인이다. 이 예에서는 2차원에 요인공간(factor space)을 도시하였으나, 이것을 확장해서 3차원에 있다고 가상했을 때, 거기에는 여러 개의 우주공간 속의 은하계 같은 엉긴 덩어리를 연상할 수 있으며, 이것을 4차원, 5차원 등의 초공간으로 확장하는 경우 거기에는 무한한 수의 집단요인의 포치가 가능하다는 것을 상상하기는 별로 어려운 일이 아니다.

이 같은 다요인론을 공식 (2.1)에 제시한 검사의 개인차의 변량모형으로 제시해 보면 공식 (6.1)과 같다(기호 표시를 약간 변경하여 모두 변량 형태로 제시하였다).[1)]

1) 기호 표시에서 일반요인 g와 집단요인(group factor) g 표시 사이에 혼돈이 생길 가능성이 있기 때문에 기호를 바꾸었다. 그러나 본질적으로는 같은 것이며, 공식 (6.1)의 형태가 보다 일반적인 표현 방법이다.

$$\sigma_x^2 = \sigma_{c1}^2 + \sigma_{c2}^2 + \cdots + \sigma_{ck}^2 + \sigma_s^2 + \sigma_e^2 \quad (6.1)$$

σ_x^2 : 검사 x의 전체 변량

$\sigma_{c1}^2 + \cdots + \sigma_{ck}^2$: 1~k개의 집단요인의 변량

σ_s^2 : 특수요인의 변량

σ_e^2 : 오차변량

이 공식에서 보듯이 이제는 모든 검사에 공통으로 존재하는 g와 같은 단일한 요인은 존재하지 않으며, 다만 1~k에 이르는 여러 개의 집단요인과 특수요인, 오차요인으로 조합되어 있다. 이 같은 모형에 따라 한 개의 검사 전체 변량을 다요인 변량으로 도시해 보면 [그림 6-2]와 같이 표시할 수 있다.

[그림 6-2]에서는 집단요인을 1~k까지 모두 표시했으나, 특정한 어떤 검사에 따라서는 집단요인이 몇 개뿐일 수도 있다. 중요한 사실은 다요인모형에서는 모든 검사에 존재한다고 하는 g가 없어진 대신 1~k의 집단요인만이 존재한다는 사실이며, 이것들의 변량이 합하여 공통성(communality) h^2를 형성한다는 것이다. 왜 이 같은 현상이 발생하는가? 같은 검사들 사이에서 얻은 상관행렬에서 일반

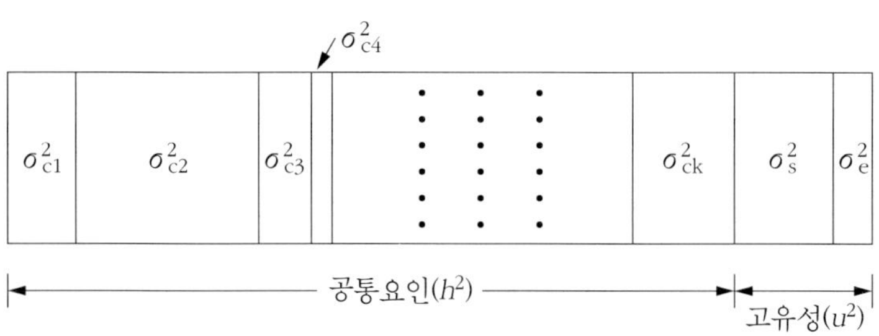

[그림 6-2] 다요인론의 변량으로서의 도시

요인론의 모형이 추출될 수도 있고, 다요인론의 모형이 추출될 수도 있다. 이것은 '원칙적'으로는 인간의 능력을 보는 이론적 관점의 차이에서 출발하지만 동시에 중요한 사실은 같은 현상에 대해 어떤 방법을 시도하는가에도 달려 있다. 예컨대, [그림 5-2]에 제시한 4개의 검사 벡터에 대해 일반요인론에서는 4개의 검사 가운데를 투영하는 축(차원)을 내림으로써 g를 얻었다([그림 5-2]를 다시 살펴보라). 똑 같은 검사 벡터에 대해 [그림 6-3]과 같이 투영하는 두 개의 축을 내린다면 g는 사라지는 대신, 두 개의 집단요인을 얻게 된다. 만약 검사 1, 검사 2가 모두 언어에 관련된 검사들이면 축2를 언어요인이라 부를 수 있으며, 검사 3, 검사 4가 모두 수나 계산, 수리능력에 관련된 검사라면 축1을 수요인이라고 부를 수 있다. 이렇게 보면 여기에서 g는 사라지는 대신 두 개의 집단요인이 나타나게 된다. 앞에서 언급할 때 '원칙적'이라는 말을 하면서 그것을 강조한 것은 다요인론과 일반요인론의 차이는 원칙적으로는 인간능력의 구조를 보는

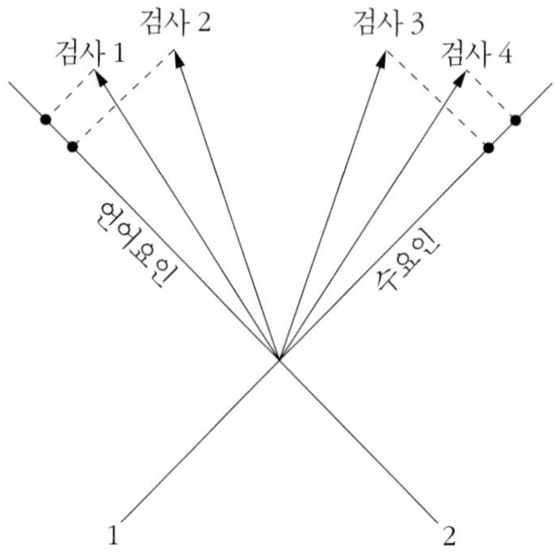

[그림 6-3] 4개 검사 벡터에 투영한 두 개의 집단요인

관점의 차이에 있지만, 그에 못지않게 그것을 분석하는 방법의 문제도 큰 비중을 차지한다는 것을 전달하려는 뜻이 포함되어 있다.

Thurstone의 기본정신능력 PMA

한 개의 얼굴을 가진 지능에서 여러 개의 얼굴을 가진 지능으로, 단일한 일반지능에서 여러 개의 집단요인을 탐색하는 다요인으로, 단변인(univariate) 구조에서 다변인(multivariate) 구조로 전환시키는 데 결정적인 역할을 한 것은 Thurstone의 다요인분석의 이론과 방법의 개발 및 그것을 적용하여 확인한 기본정신능력(Primary Mental Abilities: PMA)의 연구에서 비롯된다고 지적할 수 있다.

> 심리학의 오랜 문제 중의 하나는 인간능력에 나타나는 개인차를 기술하고 설명하는 것이다. 인간능력에 나타나는 이 같은 변산을 어떻게 이해할 수 있을까? 수 세기 동안 철학자들은 인성의 유형과 인간능력의 목록을 임의적으로 자유롭게 분류해 왔고 거의 철학자의 수만큼 그런 분류 방법도 제시되어 왔다. 요인분석의 목적은 객관적인 실험적 방법에 의해 인간의 기본능력을 추출함으로써 여러 가지 정신능력의 과업에 얼마나 많은 기본능력이 존재하는지, 또한 어떤 특정한 객관적 검사가 이 같은 기본 능력을 나타내는지를 확인하려는 것이다.[2]

2) L. L. Thurstone, *Primary Mental Abilities*, The University of Chicago Press, 1938, p. 1.

〈표 6-1〉 직교회전 후 요인행렬(Thurstone, 1938)

검사	S	P	N	V	M	W	I	R	D	? 10	? 11	? 12	? 13
4	.002	.169	−.130	.552	.208	−.007	.306	.330	.148	.081	−.126	.340	−.124
5	.023	.283	−.061	.506	.253	.082	.201	.351	.099	.100	−.089	.502	−.146
6	.411	.537	.109	.301	.181	.119	.306	.269	.260	.058	−.098	.133	−.035
7	.115	.573	.083	.456	.011	.128	.015	.231	.171	.125	.087	.183	.055
8	.393	.196	.080	.054	.052	.058	.405	−.096	.398	.118	.269	.130	.122
9	−.016	.142	.003	.450	.160	.072	.070	−.047	−.011	.480	−.334	.087	.069
10	.073	.194	.048	.635	.225	.327	.029	.308	.051	.316	−.025	.105	.069
11	.136	.422	−.119	.333	.165	.291	.001	.481	.048	.428	−.029	.124	−.159
12	.063	.219	.058	.102	.101	.512	.030	.216	.255	.232	.122	.183	−.092
13	.124	.030	.037	.366	.039	.388	.023	−.028	.312	.436	.093	.110	−.059
14	.301	.461	.224	.395	.321	.279	.005	.112	.066	−.015	.041	−.028	.204
15	.042	−.002	.092	.182	.127	.534	.110	.101	.204	.378	−.011	.003	−.070
16	−.087	.332	.041	.495	.117	.365	.007	.190	.308	.209	−.023	.133	−.051
17	.413	.208	.218	.014	.129	.131	.020	.361	.015	.371	.354	.017	.106
18	.626	.211	.199	−.065	.031	.145	.099	.291	.272	.158	.247	−.009	−.036
19	.448	.067	.120	.083	.034	−.001	.020	.335	.191	−.006	.281	.530	.103
20	.636	−.002	.261	−.018	−.035	.014	−.110	.216	.179	.061	.434	.178	−.192
21	.415	.214	.034	−.057	.190	.156	.129	.329	.095	.501	.281	.397	.121
22	.633	.018	.162	.052	.316	.024	.067	.150	.307	.004	.281	.174	−.027
23	.551	.002	.157	.053	.282	−.059	.041	.180	.241	.294	.086	.195	−.066
24	.336	.020	.074	−.028	.145	−.067	.181	.275	.340	.241	.270	.527	.098
25	.069	.188	−.095	−.028	.044	.020	.167	.414	.403	.402	.286	.142	.111
26	.324	.603	.005	−.017	.125	−.057	−.049	.147	.291	.131	−.175	.074	−.187
27	.584	.011	.332	.052	−.073	−.018	.222	.083	.088	.260	.094	.011	.082
28	.270	.359	.179	−.045	.217	.027	.368	.173	.103	.341	.248	.098	.107
29	.223	−.024	.125	.030	.276	.077	.477	.295	.071	.209	.278	.167	.031
30	.109	.205	.625	.228	.194	.025	.035	.200	.211	.230	.448	.100	−.047
31	−.063	.029	.755	.144	.049	.040	−.016	−.039	.218	.099	.126	.024	−.033

검 사	S	P	N	V	M	W	I	R	D	? 10	? 11	? 12	? 13
32	−.010	−.072	.670	.323	.001	.298	−.035	.075	.060	.005	.014	.203	.149
33	−.021	.009	.812	−.016	.068	.284	.071	.140	−.026	.137	.020	.049	−.095
34	.060	−.016	.619	.094	−.020	.179	.299	.352	.196	.010	−.026	−.019	−.190
35	−.027	.008	.392	.132	.166	.073	.479	.180	.275	.189	.134	.150	−.149
36	.140	.053	.020	.314	.101	−.060	−.055	.393	−.065	−.070	.377	−.047	.129
37	.059	.087	.348	.296	.258	.003	.503	.091	.287	.078	.181	.095	.205
38	.012	.061	.432	−.021	.128	.136	.358	.534	.017	−.007	−.034	.103	−.025
39	.077	.009	.383	.173	.281	.027	.331	.583	.080	.234	.262	−.030	.050
40	−.046	−.053	−.035	.420	.182	.166	.202	.356	.525	.011	.212	.292	.111
41	.215	.417	.122	.597	.056	.013	.138	.161	.159	.232	.313	.242	.052
42	.018	−.007	−.027	.424	.261	.159	.190	.358	.578	−.027	.035	.071	.075
43	.241	.380	.248	.304	.214	.009	.251	.232	.233	.083	.326	.344	−.170
44	.197	.435	−.029	.179	.007	.182	.392	.341	.254	.236	.217	.160	.204
45	.430	.048	.241	.324	.101	.004	.325	.192	.290	.224	.076	.215	−.203
46	−.009	.069	.024	.117	.529	.066	−.030	.096	.217	.242	−.043	−.006	−.128
47	−.092	.036	−.009	.350	.487	.206	.033	−.014	.250	.321	−.046	.270	−.086
48	−.040	.085	.243	.024	.664	.032	.300	.060	.107	−.014	.076	.007	−.262
49	.040	.126	−.080	.035	.381	.339	.035	.102	.182	.110	.067	.355	.109
50	−.012	.162	−.142	.015	.420	.280	.069	.058	−.004	.036	.296	.330	−.072
51	.085	.545	.208	−.020	.288	.135	−.090	.147	−.097	.004	−.037	−.096	.176
52	.050	.169	.110	.357	.320	.214	.187	.255	.016	.019	−.323	.385	.172
53	.455	−.059	.289	.019	.235	.196	.009	−.020	−.019	.046	.467	.005	−.116
54	.336	−.036	.055	.252	.051	.281	.319	−.053	−.039	.090	−.163	.268	.037
55	.412	.266	.191	.453	−.026	.375	.285	−.027	.149	−.077	.066	.268	.035
56	.032	.036	.065	.386	.081	.508	.082	.410	.138	.083	−.195	.002	.113
57	.135	−.023	.074	.498	.069	.530	.257	.272	.218	.060	.063	.074	.015
58	.013	.178	−.018	.395	−.080	.158	−.084	.457	−.079	.292	−.391	.545	−.115
59	−.052	.360	.295	.056	.121	−.004	−.014	.136	.192	−.017	−.344	.005	.135
60	−.034	.412	−.121	.385	.120	.413	.220	.545	.163	.168	.096	.184	−.274

이 같은 목적 아래 그는 지금까지 인간능력, 특히 일반지능을 측정한다고 추정하는 여러 가지 검사를 다양하게 수집, 분류하여 57개의 검사로 구성하고, 이것을 240명의 자원 피험자에게 실시하여, 그의 다요인분석 방법에 의해 요인분석한 결과 9개의 심리적으로 의미 있는 집단요인과 심리적 의미가 불분명한 집단요인 4개를 추출할 수 있었다(〈표 6-1〉의 직교회전 후의 요인행렬 참조).

이 연구에 기초해서 그는 다시 다른 연령집단에게 각 요인을 잘 측정할 수 있다고 추정되는 검사 21개를 정선하여 검사를 실시하고 요인분석을 한 결과 7개의 집단요인이 존재함을 확인하고[3] 이것을 인간능력 밑에 깔려 있는 잠재적 원인인 기본정신능력 PMA이라고 지칭했다. 이때 최종적으로 얻은 회전 요인행렬을 〈표 6-2〉에 제시했다. 1939년의 연구에서는 순수한 추리력(*R*)과 귀납적 추리(*I*), 연역적 추리(*D*)가 따로 존재하지 않을까 하여 그런 시각에서 회전시켜 보았으나, 1941년의 연구에서 이 같은 분류는 주관적 분류 혹은 사변적 분류, 철학적 분류일 뿐 실제 객관적인 요인으로서는 추리요인(reasoning factor)뿐이라는 결론에 도달하고 있다.

첫째, 지각속도요인(perceptual speed factor: *P*)이다. 이 요인은 혼란을 야기하는 지각환경 속에서 어떤 지각 형태를 빨리 확인하는 능력이며 〈표 6-2〉에서 보이듯이 '같은 숫자 찾기검사', '얼굴검사', '거울보기검사' 등이 이 요인에 높은 부하량을 보이고 있다. 이 중 '얼굴검사'의 예를 [그림 6-4]에 제시했다.

---

3) L. L. Thurstone & T. G. Thurstone, *Factorial Studies of Intelligence*, Chicago: The University of Chicago Press, 1941.

〈표 6-2〉 Thurstone의 기본정신능력의 요인행렬
(Thurstone & Thurstone, 1941, p. 91)

검 사	I (*P*)	II (*N*)	III (*W*)	IV (*V*)	V (*S*)	VI (*M*)	VII (*R*)	잔 여
1. 같은 숫자 찾기 (Identical numbers)	**.42**	**.40**	.05	−.02	−.07	−.06	−.06	.08
2. 얼굴(Faces)	**.45**	.17	−.06	.04	.20	.05	.02	−.12
3. 거울보기(Mirror reading)	**.36**	.09	.19	−.02	.05	−.01	.09	.12
4. 이름외기(First names)	−.02	.09	.02	.00	−.05	**.53**	.10	.02
5. 그림 모양 외기 (Figure recognition)	.20	−.10	.02	−.02	.10	**.31**	.07	−.17
6. 단어−숫자 외기 (Word-number)	.02	.13	−.03	.00	.01	**.58**	−.04	.04
7. 문장(Sentences)	.00	.01	−.03	**.66**	−.08	−.05	.13	.07
8. 단어(Vocabulary)	−.01	.02	.05	**.66**	−.04	.02	.02	.05
9. 단어 완성(Completion)	−.01	.00	−.01	**.67**	.15	.00	−.01	−.11
10. 첫글자(First letters)	.12	−.03	**.63**	.03	−.02	.00	−.00	−.08
11. 네글자(Four-letter words)	−.02	−.05	**.61**	−.01	.08	.01	.04	−.05
12. 끝글자(Suffixes)	.04	.03	**.45**	.18	−.03	.03	−.08	.10
13. 기(Flags)	−.04	.05	.03	−.01	**.68**	.00	.01	−.07
14. 도형(Figures)	.02	−.06	.01	−.02	**.76**	−.02	−.02	.07
15. 카드도형(Cards)	.07	−.03	−.03	.03	**.72**	.02	−.03	.13
16. 더하기(Addition)	.01	**.64**	−.02	.01	.05	.01	−.02	−.03
17. 곱하기(Multiplication)	.01	**.67**	.01	−.03	−.05	.02	.02	.01
18. 셋 큰 숫자(Three-higher)	−.05	**.38**	−.01	.06	.20	−.05	.16	−.12
19. 문자 계열(Letter series)	−.03	.03	.03	.02	.00	.02	**.53**	.02
20. 가계도식(Pedigrees)	.02	−.05	−.03	.22	−.03	.05	**.44**	−.02
21. 글자 묶기(Letter grouping)	.06	.06	.13	−.04	.01	−.06	**.42**	.06

다음에 세 개의 얼굴 그림이 나란히 있다. 이 중 두 개는 똑같고 한 개는 다르다. 다른 것에 V표를 해 놓았다.

왜 다른가를 자세히 보라. 입 부분이 다른 것을 알 수 있다.

아래에 또 다른 세 개의 얼굴 그림이 있다. 다른 것에 V표해 보시오.

오른 쪽 그림에 V표를 해야 한다.

다음에 이와 같은 얼굴 그림이 60개 있다. 이 중 다른 한 개를 골라 V표를 하시오.

[그림 6-4] Thurstone의 얼굴검사

둘째, 수요인(numerical factor: *N*)은 더하기, 곱하기, 셋 중 큰 숫자 찾기 등과 같은 기초적인 산수능력을 측정하는 요인이다. 이들 중 큰 숫자(three-higher) 검사를 예시하면 [그림 6-5]와 같다.

셋째, 단어유창성(word fluency: *W*) 요인으로 이것은 P로 시작하는 단어를 될 수 있는 대로 많이 들어 보라든가(첫글자 검사), B로 시

다음에 줄친 숫자는 나란히 있는 바로 앞 숫자보다 3이 더 많다.

5 7 10 12 14 11 3 5 8 12

다음에 있는 숫자들 중 위와 같이 앞 숫자보다 3이 더 많은 수 밑에 까맣게 칠하시오.

3 7 10 14 11 9 12 13 16 8 2 1 5 9 11

14 8 11 7 10 12 5 6 12

[그림 6-5] Thurstone의 셋 큰 숫자 검사

작하는 단어 중 4개 글자로 된 것(네 글자 검사), 끝이 tion으로 끝나는 단어(끝글자 검사) 등을 될 수 있는 대로 많이 들어 보라는 것과 같은 검사들에 높은 부하량을 보이는 요인이며, 언어를 얼마나 많이 제한된 시간 안에 유창하게 예시할 수 있는가 하는 능력을 지시한다.

넷째, 언어요인(verbal comprehension factor: *V*)으로 단어의 이해력을 측정하는 요인이다. 이 요인에는 문장완성, 단어(동의어), 단어완성검사 등이 높은 부하량을 보인다. 이 중 단어완성검사를 [그림 6-6]에 예시하였다.

다섯째, 공간요인(spatial visualization factor: *S*)이다. 이 요인은 공간 속에서 어떤 물체를 전환시켰을 때의 상상능력, 시각화 능력을 측정하는 것으로, 기검사, 도형검사, 카드도형검사 등이 높은 부하량을 보이고 있다. 이 속에는 방향 전환, 2차원에서 3차원으로의 전환 및 그 역 등의 시각화, 전환능력이 포함된다. [그림 6-7]에 카드도형 검사를 예시하였다.

여섯째, 기억요인(memory factor: *M*)이다. 이 요인은 비교적 단순한 정보나 짝지어진 것의 한쪽을 기억하게 하는 검사들로 구성된 것

다음에 있는 괄호 속의 수만큼의 글자로 된 단어로서 그 뜻을 나타내는 단어의 첫글자를 찾아라.

A(4) is a contest of speed……

B= F= M= P= R▬

이 답은 Race이다. 그러므로 R에 ▬ 칠했다.

다음에 있는 것도 이와 같은 방법에 따라 첫글자 밑(=)에 까맣게 칠하라.

A(9) is a place or building for athletic exercise……

C= D= G= H= T=

A(5) is an organized company of singers in church service……

B= C= D= F= G=

The thin cutting part of an instrument, as of a knife or sword, is called its (5)……

A= B= E= H= W=

[그림 6-6] Thurstone의 단어완성검사

다음 그림에서 제일 첫 번째 그림과 방향을 돌려 보았을 때 같게 되는 것을 뒤에서 찾아 그 밑에 줄을 처라. 몇 개여도 상관없다.

[그림 6-7] Thurstone의 카드도형검사

으로 단순한 기억력을 측정한다. 예컨대, 미국인의 이름과 성을 함께 주고, 이름만 외게 한다든가, 단어-숫자를 짝지어 놓은 목록을 주고 숫자만 제시하고 거기에 관련된 단어를 외게 하는 것 등이다.

일곱째, 추리요인(reasoning factor: *R*)이다. 이것은 주어진 자료에서 일반법칙이나 원칙을 찾아내어 그것을 결론을 내리는 데 적용하는 능력을 측정하는 요인이다. 문자계열검사는 abxcdxefxghx⋯⋯ 다음에 올 문자를 추리하는 것이며, 문자묶기는 XVRM, ABCD, MNOP, EFGH 중 묶여 있는 원칙이 다른 한 개(XVRM)를 찾아내는 것이다. 이같이 어떤 논리적 관계의 추리를 하는 능력을 측정하는 것이 추리요인이다.

Thurstone의 PMA 연구는 지능연구에 있어서 이론적 측면에서 또 방법론적 측면에서 여러 가지 획기적 전환을 가져오는 계기가 되었다.

첫째, Thurstone의 이론이 제안되기 전까지 기의 지능에 관한 사고를 지배해 왔던 것은 지능이란 한 개, 단일한 것, 일반요인뿐이라는 사고에서 많은 얼굴, 여러 개의 얼굴을 가진 실체라는 사고로 전환시켰다는 점이다. Thurstone은 과거에 집단지능검사나 개인지능검사가 여러 가지 종류의 능력검사 문항을 혼합하여 잡탕처럼 섞어 놓았기 때문에 일반지능 g가 존재하는 것 같아 보인다. 그러나 그것을 동질적인 문항으로 묶어서 요인분석을 하면, 그것이 능력검사인 한, 거기에는 여러 개의 집단요인만이 존재할 뿐 단일한 일반지능 g는 존재하지 않는다는 것을 이론적으로, 또 실증적으로 증명함으로써 g를 부인하였다는 사실이다.[4] 그가 확인한 PMA는 더 이상 쪼

4) L. Thurstone, "Theories of intelligence", *The Scientific Monthly*, 1946, February, 101-112.

갤 수 없는 인간의 능력을 대표하는 기본 요인이라고 주장했다. 이 같은 관점은 지능의 구성 요소를 다변인 모형 속에서 이해하려는 새로운 시각을 열어 주었으며, 인간의 지능을 변별적 능력(differential abilities)으로 보는 계기를 마련해 주었다.

둘째, 지능구조의 불변성(invariance)을 증명하였다는 점이다. 그가 확인한 PMA의 집단요인은 어떤 피험자, 어떤 연령의 집단에서 실시하여도 '비교적' 불변하게 나타난다는 것이다. 그것은 곧 인간의 지적 능력은 PMA의 7개 요인으로 구성되어 있어서, 문화적 · 생물적 · 경험적 조건에 관계없이 그것이 불변한 것이라는 확신을 갖게 해 주었다. Spearman의 g는 그 속에 포함되는 검사의 종류나 수가 달라짐에 따라 달라진다.

> 그와 같은 요인은 정적 상관을 갖는 검사에서는 언제나 발견할 수 있고 검사 전체에서 요구하는 능력의 평균에 불과하다. 따라서 검사 배터리에 따라 그것은 변하기 때문에 우연 이상의 어떤 기본적 · 심리적 의의를 갖지 못한다. ……우리는 무선적으로 수집한 검사의 평균에 불과한 일반요인에 흥미를 가질 수 없다.[5)]

라고 주장한다. 만약 인간의 정신능력이라는 것이 실재 존재하는 실체라면 그것은 '비교적' 불변하는 것이어야 한다. 그는 g의 가변성과 PMA의 불변성을 1947년의 저서 『다요인분석』[6)]에서 [그림 6-8]

J. B. Carroll, "The measurement of intelligence", in R. J. Sternberg (Ed.), *Handbook of Human Intelligence*, Cambridge: Cambridge University Press, 1982, pp. 29-120.

5) L. Thurstone, "Current issues in factor analysis", *Psychological Bulletin*, 1940, *37*, 189-236.

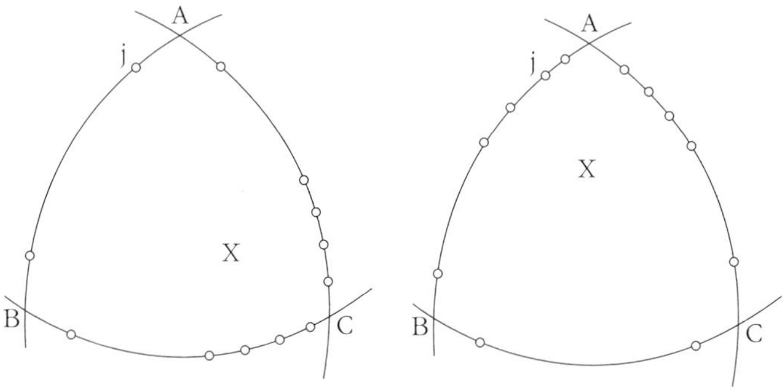

[그림 6-8] 포함된 검사 배터리에 의해 *g*가 변하는 모양

과 같이 도시하였다. 여기에서 X로 표시된 것이 g이며, A, B, C는 PMA의 집단요인이다. A, B, C 요인은 포함되는 검사에 관계없이 언제나 불변하나, X의 위치는 C요인에 부하량이 많은 검사를 포함시켰을 경우(왼쪽 그림)에는 그쪽으로 옮겨 가고, A요인에 부하량이 많은 검사를 많이 포함시켰을 경우에는(오른쪽 그림) 그쪽으로 옮겨 간다. 이것은 *g*가 포함된 전체 검사 능력의 평균과 PMA가 각각 독립된 차원의 인간능력을 나타내기 때문이다. 독립성이라는 말은 각 요인 사이에 서로 직교가 되어 수학적으로 관계가 없다는 의미이며, 그러기 때문에 어떤 검사가 더 포함되건, 빠지건 불변하게 존재한다는 뜻이다. Spearman의 *g*는 일반요인이 존재한다는 선험적 신념이 객관적 · 수학적 실증보다 앞섰기 때문이며, 이론적으로나 수학적으로 PMA가 보다 합리적이라고 주장한다.

셋째, Thurstone의 PMA는 인간능력의 변별적 차이가 있을 가능성에 새로운 문을 열어 주었다. 지적 영역에 관한 한 인간은 어떤 요

6) L. L. Thurstone, *Multiple Factor Analysis*, Chicago: University of Chicago Press, 1947.

인에는 강점이 있으면서 다른 요인에는 약점이 있을 수 있다. 어떤 사람은 *V*요인은 높으면서 *S*요인은 낮을 수 있고, 어떤 사람은 *S*요인은 대단히 높으면서 *R*요인은 낮을 수 있다. 이같이 각 개인마다 PMA 요인에서 변별적 차이가 있다는 사실의 확인은 곧 인간이란 지능에서 전체적으로 높고 낮다는 생각에서 각 개인이 지닌 적성(aptitudes) 혹은 실행능력(competence)에서 차이가 있다는 사고로 전환시켜 주는 계기를 만들었다. Spearman의 *g*의 경우에는 g가 높거나 낮다는 판단밖에 있을 수 없고, 또 *g*가 대부분 유전에 의해 결정된다면 *g*를 조기에 발견하여 위계를 결정하는 것이 중요한 사회적 과제요 철학이며 이데올로기가 된다. 11+시험을 일찍이 쳐야 하는 이유도, 그래서 빨리 인간이 가야 할 길을 결정해야 하는 이유도, 그리고 *g*에 의한 사회적 위계를 결정해야 하는 이유도 이 같은 이론에서 보면 합리적 결정이다. *g*의 이론은 능력에 관한 결정론적 관점을 제시하였을 뿐 아니라 그것이 곧 사회적 위계, 사회계급의 위계, 능력 있는 자와 없는 자의 위계를 결정하는 사회계층에 관한 결정론적 입장을 지지하게 된다.

이에 반해 Thurstone의 PMA는 각 개인마다 능력의 프로필이 다르고, 적성의 강약이 다르기 때문에 각 사람에게는 그와 같은 적성의 프로필에 따른 적재적소에서 그 가치를 발휘할 수 있다는 생각이 지배적이다. 교육, 직업, 사회적 역할 중에서 누가 누구보다 뛰어난 사람은 없고, 각자 그 특성에 맞는 적재밖에 없다는 생각이다. 이것은 곧 PMA가 지능에 관한 우리의 사고를 평등주의적 시각으로 전환시키는 데 크게 기여하였다고 말할 수 있다.[7)]

---

7) S. J. Gould, *The Mismeasure of Man*, New York: W. W. Norton & Co., 1981, pp. 302-306.

넷째, Thurstone의 PMA 이론은 앞에서 논의한 본질적 문제 이외에 요인분석의 방법론 발전에 큰 자극을 주었다. 이 중 Thurstone의 이론에서 언제나 문제되었던 것의 하나가 공통요인의 공간에서 얼마나 많은 요인을 수락해야 하며, 어떻게 공통성(communality: h^2)을 측정하는가 하는 방법을 들 수 있다. 이 같은 문제에 대해 Guttman의 공통성 하한계 추정 방법[8]과 이미지 요인분석(image factor analysis)[9]은 공통성 추정에 크게 기여하였으며, 몇 개의 요인을 추출할 것인가 하는 문제에 대해서는 Jöreskog와 Lawley의 검증 방법[10]이 중요한 발전을 이루었다. 두 번째 문제는 다요인분석 이론에서 가장 핵심을 이루는 단순구조(simple structure)의 개념과 그것의 발전이다. 실제 PMA이론이 성립할 수 있는 가장 주된 서사시는 Thurstone이 새로 도입한 단순구조의 개념에 있다. 그는 처음 추출된 요인행렬을 단순구조의 원칙을 만족시키도록 도표에 의해 임의적 · 주관적으로 회전시키려 했다. 이때만 해도 고도의 전자계산기가 없었고, 단순구조의 원칙 자체에 문제가 많았기 때문이다. 이 같은 문제를 해결하기 위해 현재까지 적어도 6가지 정도의 분석적 방법이 개발되었고, 그중 Kaiser가 개발한 varimax 회전[11]은 가장 보편적으로 사용되고 있는 직교회전 방법이다. 그러나 이 같은 분석적

8) L. Guttman, "Multiple linear prediction and the resolution in components", *psychometrika*, 1940, 5, 75-99.

9) L. Guttman, "Image theory of the structure of quantitative variates", *Psychometrika*, 1953, *18*, 277-296.

10) K. G. Jöreskog & D. N. Lawley, "New methods in maximum likelihood factor analysis", *British Journal of Mathematical and Statistical Psychology*, 1968, *21*, 85-96.

11) H. F. Kaiser, "The varimax criterion of analytic rotation in factor analysis", *Psychometrika*, 1958, *2*, 187-200.

방법들도 여전히 Thurstone의 단순구조를 얼마나 객관적이며 수학적 관점에서 접근시킬 것인가에 초점을 두고 있다는 점에서 그의 단순구조를 위대한 서사시라고 불러도 좋을 것이다.

세 번째 문제는 요인모형(factor model)의 발전이다. 각 요인분석에서 요구하는 목적을 가장 잘 능률적으로 표현해 주는 요인모형이 무엇이며, 그 방법이 무엇이어야 하는가에 대한 문제는 Thrustone도 늘 고심했던 문제 중의 하나였다. 이에 대한 대표적인 연구는 Schmid와 Leiman이 발전시킨 위계요인방법(hierarchical factor solution)[12], McDonald의 비선형 요인분석모형(nonlinear factor analysis model)[13] 및 Tucker의 삼차요인모형(three-mode factor model)[14] 등을 들 수 있다. 이 같은 모형들의 개발을 통해 이제는 연구자의 이론에 적절한 어떤 형태의 요인분석도 가능하다. 그러나 중요한 것은 이 같은 요인모형이 모두 Thurstone이 개발한 다요인 분석의 모형에서 그 실마리를 얻어 그것을 확장하거나, 변형하거나, 개선하였다는 점이다.

---

12) J. Schmid & J. M. Leiman, "The development of hierarchical solutions", *Psychometrika*, 1957, *23*, 53-61.

13) R. P. McDonald, "A general approach to nonlinear factor analysis", *Psychometrika*, 1962, *27*, 397-415.

14) L. R. Tucker, "Implications of factor analysis of three-way matrices for measurement of change", in C. W. Harris (Ed.), *Problems in Measuring Change*, Madison: University of Wisconsin Press, 1963.

Guilford의 지능구조 모형(SI 모형)

J. P. Guilford는 다요인론의 관점에서 Thurstone의 PMA를 확대, 증식시킨 지능구조모형(structure-of-intellect model: SI)을 발전시킨 것으로 유명하다. 그는 「지능의 세 가지 얼굴」[15]이란 논문에서 인간의 지능에는 세 개의 필수적 차원이 존재한다고 보았다. 즉, 정신능력의 요인에 포함되는 내용(contents)의 차원, 그 요인에서 요구하는 정신작용(operations)의 차원, 그리고 이 같은 정신작용이 그러한 내용에 작용해서 나타나는 결과(products)의 형태가 어떤 것인가 하는 차원의 세 가지가 정신능력에는 필수적으로 요구되는 차원이라고 보고, 내용, 작용, 결과를 조합하면 거기에는 특정한 요인이 발생한다고 가정하였다.

우선 그는 내용을 도형적(figural), 상징적(symbolic), 언어적(semantic), 행동적(behavioral)인 것으로 개념화하고, 정신작용을 인지(cognition), 기억(memory), 수렴적 사고(convergent thinking), 발산적 사고(divergent thinking), 평가(evaluation)의 다섯 가지로 개념화했으며, 결과를 단위(unit), 유목(class), 관계(relation), 체계(system), 변환(transformation), 함축(implication)의 여섯 개로 개념화하였다. 이것을 3차원의 공간에 나타낸 것이 [그림 6-9]다.

이 SI모형에 따르면 4×5×6=120개의 요인이 존재하게 된다. Thrustone의 PMA는 7개의 기본 정신요인을 주장하는 데 비해 Guilford의 SI모형은 120개의 요인을 주장하고 있다. 그와 그의 동

15) J. P. Guilford, "Three faces of intellect", *American Psychologist*, 1959, *14*, 469-479.

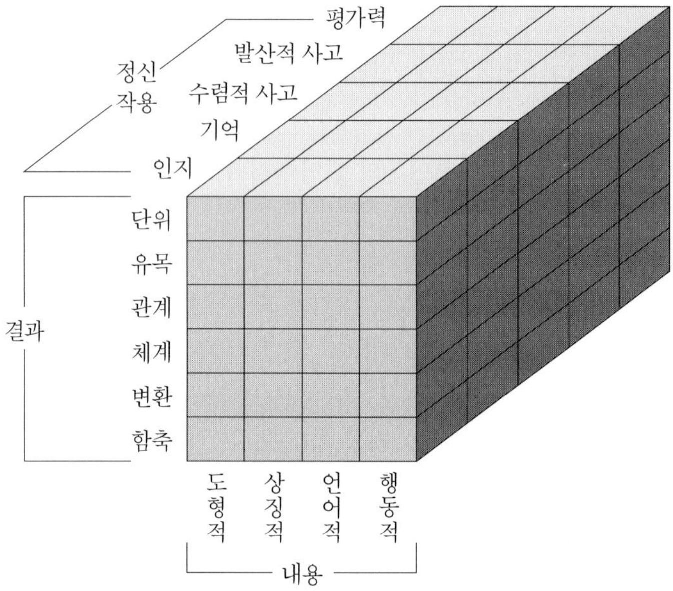

[그림 6-9] 3차원에 표시한 Guilford의 지능구조의 모형

료들은 이 120개의 요인을 확인하고 측정하는 검사를 제작하려고 시도하고 있으며, 현재까지 98개의 요인을 확인했다고 보고하고 있다.[16)]

Guilford의 SI모형에 관해 자세히 논의하기에 앞서 3개 차원 각각에 대한 이해를 정확히 할 필요가 있다.[17)]

첫째, 내용 차원이다. 도형이란 검사에서 주어지고 내용이 그림으로 제시되는 것이며, 상징이란 기호, 숫자, 상징기호, 때로는 추상적

16) J. P. Guilford & R. Hoepner, *The Analysis of Intelligence*, New York: McGraw-Hill, 1971.

17) J. P. Guilford, *The Nature of Human Intelligence*, New York: McGraw-Hill, 1967를 참고하라.

도형 등도 포함된다. 언어는 언어로 된 내용(단어, 문장 등)이며, 행동이란 본질적으로 비언어적인 것으로 자기 자신 및 타인의 관심, 지각, 생각, 희망, 감정, 기분, 의도, 행위 등을 인식하는 내용으로 흔히 사회적 지능(social intelligence)이라고 지칭할 수 있는 내용이다.

둘째, 정신작용의 차원에 포함된 개념이다. 인지는 정보나 지식의 발견과 인식을 말하며, 기억은 정보나 지식의 직접적인 상기능력을 지칭한다. 수렴적 사고는 PMA의 추리력과 같은 것으로 정보를 가지고 올바른 논리적 사고를 하는 정신능력이며, 발산적 사고는 PMA의 유창성과 같이 정보나 지식을 토대로 적절한 새로운 반응을 하는 것으로 창의력과 같은 개념이며, 평가는 옳다-그르다, 맞다-틀린다는 차원에 비추어 정보나 지식을 판단하는 능력을 지칭한다.

셋째, 결과의 차원이다. 앞의 각 내용에 특정한 정신작용이 조작해서 나타나는 결과의 형태가 무엇이냐는 것이다. 단위는 단일한 반응인 경우, 유목은 정보나 지식을 어떤 공통된 특징에 따라 집합으로 묶어내는 것이며, 그림 분류, 글자 분류 등이 이에 해당된다. 관계는 둘 이상의 정보나 지식 사이의 상호 관련을 인지하는 것으로, 유추검사(analogy test), 'A는 B보다 X만큼 많다.'든가 하는 관계, 수열이나 어열, 도형 계열에서 보는 경향성을 보는 것 등이 포함된다. 체계는 여러 가지 정보의 조직된 혹은 구조화된 집합체이며, 상호 관련된 부분의 복합체라고 정의할 수 있고, [그림 6-9]에 제시된 SI모형도 도형적 체계의 한 예로 들 수 있다. 변환은 한 결과를 다른 결과로 바꾸는 것으로 언어적 단위를 도형적 단위로 바꾸거나 도형적 체계를 상징적 체계로 바꾸는 것을 지시한다. 함축은 주어진 자료를 초월해서 결과를 기대, 예견, 예언하는 것이며, 어떤 그림을 주고, 그 그림에서 다음에 일어날 사건을 예견하는 만화예언검사 등이 이에 해당된다.

Guilford의 SI모형은 정신능력에 나타나는 개인차를 분류하기 위해 PMA가 다룬 정신작용의 요인 이외에 내용과 결과를 함께 포함시킨 경험적 · 논리적 모형을 제시하고 있다. Guilford의 모형에서 정신작용에 해당되는 차원은 Thurstone의 PMA와 거의 비슷한 것이나 다요인이론의 관점에서 PMA를 확장, 증식하려고 한 점은 경험적인 관점이 강하다. 그러나 모형을 제시하면서 아직 밝혀지지 않은 부분도 함께 포함시켜 체계를 세우려고 했던 것은 논리적 관점이 같이 고려되어 있다고 볼 수 있다. 처음 이 모형을 제안할 때는 모형 중 50개밖에 밝혀진 것이 없었다.

Guilford의 SI모형을 보면 지나치게 요인이 많고, 어떤 것은 임의적인 것도 보이며, 체계적 모형이라기보다 세련된 분류처럼 보이기도 한다. 그러나 자세히 살펴보면 단순한 분류를 초월하여 인간의 인지작용을 분류-설명의 이원조직 속에서 체계화하려고 한 노력을 볼 수 있다. 더욱 흥미로운 것은 그의 모형은 다음 장에서 논의할 정보처리모형(information-processing model)으로도 볼 수 있다. 즉, 전통적인 심리학의 패러다임에서 보면 S-O-R의 모형이라고 말할 수 있다. 즉, SI모형의 내용 차원은 정보의 투입(자극 S)이며, 작용은 S와 R을 매개하는 것으로 유기체(O)가 투입된 내용에 작용시키는 전략의 양태라고 볼 수 있고, 결과는 요구하는 해결에 대한 정보의 산출이나 배출이라고 볼 수 있다. 이 같은 점에서 보면 정보의 처리과정 행위에는 반드시 내용, 작용, 산출의 세 가지를 포함한다고 볼 수 있다. 이같이 인간의 지능을 보다 정보처리의 3단계 과정 속에서 볼 수 있도록 우리의 사고를 확장한 것은 SI모형의 특징으로 지적해도 좋을 것이다.[18)]

Guilford의 SI모형의 또 하나의 특징은 이 모형이 학습, 문제해결력, 창의력과 같은 문제를 새롭게 볼 수 있는 틀을 제공하였다는 점이다. SI모형의 내용과 산출의 유목들이 정신작용을 거쳐 처리하는 여러 가지 다른 종류의 정보분류학적 체계를 제공한다는 아이디어는 결정적인 중요성을 지니고 있다. 무엇을 학습하느냐는 것은 자극과 반응의 연결이 아니라 정보의 산출이라고 보았다. 문제해결력도 그는 [그림 6-10]에 제시한 바와 같이 정보의 흐름으로 보았다.[19] 그림의 왼쪽에서 정보를 받아들이면 이 투입에 대해 인지→기억→평가→산출의 송환(feedback) 현상으로 연결되는 일련의 정신작용이 이루어진다. 정보가 처음 들어오면 그것을 받아 평가하고, 그 문제에 적절하다고 평가된 추가정보가 기억저장고에서 탐색되며, 다음에 그 문제를 인지 혹은 형성하고, 해답을 산출해 낸다. 이 해답은 다시 평가, 기억 탐색, 인지의 정신작용을 통해 새로운 변형이 가해진다. 여기에서 보듯이 같은 모형에 송환이라는 정보처리 원리가 큰 작용을 하며, 적절한 해결에 도달할 때까지 계속 평가하는 정신작용이 관여하게 됨을 볼 수 있다. Guilford는 창의력에도 이 같은 정보이론을 적용하고 있으며, 창의력의 정신작용은 발산적 사고와 변환으로 보아 이 같은 이론을 적용하고 있다. 이렇게 보면 SI모형이 단순한 정신능력의 개인차를 기술하기 위한 분류학이 아니라 보다 복잡한 인지활동을 설명하기 위한 이론적 모형임을 짐작하게 한다.

Guilford의 SI모형의 또 하나의 특징은 지능의 요인추출 과정에

18) J. P. Guilford, "Intelligence: 1965 model", *American Psychologist*, 1966, *21*, 20-26. A. R. Buss & W. Poley, *Individual Differences: Traits and Factors*, New York: Gardner Press, 1976, pp. 43-50.

19) J. P. Guilford, "Intelligence: 1965 model", *American Psychologist*, 1966, *21*, 20-26.

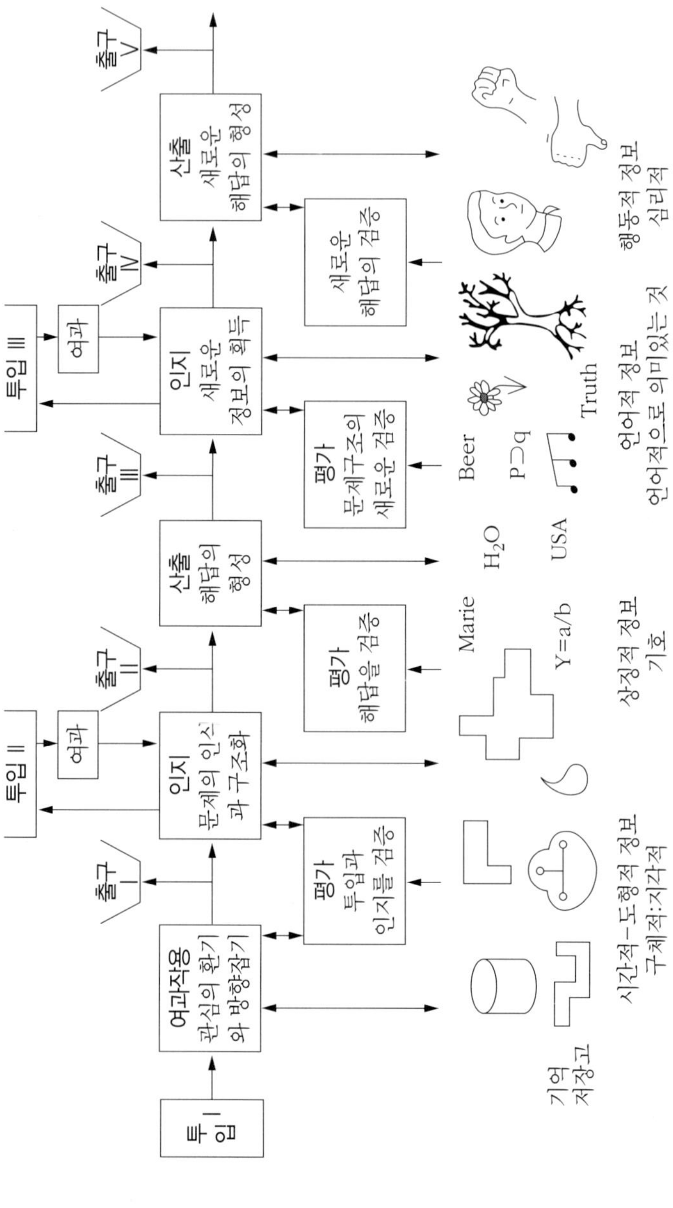

[그림 6-10] 문제해결의 일반적 경우에 나타나는 정신작용과 정보의 흐름을 나타내는 모형(Guilfrod, 1966)

서 모든 요인이 독립적이라고 보고 있으며, 따라서 단순구조를 얻기 위해 직교회전만이 의의 있는 것으로 간주하고, 사교회전에 대한 가능성을 전적으로 배제하고 있다는 점이다. 그는 인간의 정신능력에 관한 한 사교회전에 의한 단순구조는 아무런 의미가 없고, 각 요인 사이의 상관을 없애고 독립성을 유지하기 위해서는 직교회전만이 적용되어야 한다고 주장한다. 다른 지능이론에서는 사교회전의 적용 가능성에 대해 어느 정도 허용되는 관점임에 반해 Guilford는 이를 전적으로 배제하고 있다는 것이 특징이다.

Guilford의 SI모형이 이 같은 특징이 있는 반면에 몇 가지 관점에서 심각한 비판의 대상이 되기도 한다. 첫째는 Thurstone의 PMA에서 7개로 확인된 인간 정신능력을 갑자기 120개로 증폭했는데, 이 같은 수준의 증폭이 순전히 방법론적인 기교에 의한 것이냐 아니면 이것이 인간의 정신능력의 실체나 복잡성을 그대로 반영하고 있는 것이냐는 문제다. SI모형의 아름다운 완벽성을 위해서는 4×5×6의 120개 요인이 그럴 듯하지만, 실제 인간능력에 이렇게 다양한 요인이 존재할 것인지, 더욱이 그 요인 사이는 독립되어 있어서 직교적이라는 그의 가정을 뒷받침할 만한 아무런 필연성을 발견할 수 없다는 점이다.[20)]

또한 측면에서는 Guilford의 SI모형은 주관적인 판단의 기초 위에서 이들 요인을 받아들이려고 자기의 자료를 거기에 맞추려고 했다는 방법론적 비판도 심각하다.[21)] 추출한 요인을 회전할 때 누가

---

20) R. B. Carroll, "Stalking the wayward factor: Review of J. P. Guilford & Ralph Hoepfner", *The Analysis of Intelligence, Contemporary Psychology*, 1972, *17*, 321-324.

21) J. L. Horn, "On subjectivity in factor analysis", *Educational and Psychological Measurement*, 1967, *27*, 811-820.

회전하건 이미 충분한 수학적 조건에 따라 같은 해법에 도달하도록 되어 있는 varimax 절차와 같은 분석적 · 객관적 방법에 의해서가 아니라 그가 가정한 지능구조모형에 맞게 회전을 주관적으로 하는 주관적 절차, Procrutes 절차에 따르고 있어서 이에 대한 객관성이 의심된다고 하는 비판이다. 사실 요인의 축 회전 방법의 수는 무한에 가깝다. 그렇기 때문에 연구자가 자기의 이론이나 가설에 맞게 회전시킬 수 있는 가능성과 합리성은 언제나 개방되어 있는 셈이다. Guilford가 그의 지능구조모형에 따라, 그것이 확인되도록 축회전을 시도한다면, 비록 그것이 주관적이라고 하더라도 방법론적으로는 아무런 결점이 없다. 그러나 한 개의 이론이 연구자의 주관적 판단에 따라 좌우된다면 과학의 객관적 실체에 대한 합의에는 이를 수 없는 일이다. 요인분석도 이제는 분석적 · 객관적 기준에 따라 회전할 수 있는 방법이 개방되어 있기 때문에 SI 모형에서 논의되는 요인의 존재 여부도 분석적인 기준에 따라 제시되어야 할 필요성은 절실하다고 하겠다.

제 7 장

위계모형

접목의 시도

지능에 관한 위계모형(hierarchical model)은 인간의 정신능력을 측정하는 요인이 각각 독립되어 있는 것이 아니라 보다 일반화된 능력에서부터 특수능력에 이르는 사이의 요인 사이에 상하 위계, 질서를 이루고 있다고 보는 사고다. 지능검사 사이에 서로 정적 상관이 높게 나타나고 있는 것은 일반적으로 관찰할 수 있는 현상이다. 이것은 곧 지능을 추정한다는 정신능력 사이에 모종의 상호관계가 존재하며, 이 같은 상호관계를 위계라는 시각에서 보려는 것이 이 관점의 주된 목적이다. 정신능력을 측정하는 검사들에서 산출한 상호상관행렬에서 능력의 위계구조를 추출할 수 있는 기계적 방법은 존재하지 않지만 요인분석의 방법과 능력에 관한 본질적인 문제에 대한 논리적 추리를 서로 조합하면 이 같은 위계를 구성할 가능성은 시사받을 수 있다.

이 같은 위계모형은 심리측정 이론에서 보면 가장 발전 가능성이 엿보이는 이론이며, 이 같은 이론이 발전하게 된 데는 몇 가지 배경을 찾아볼 수 있다.

첫째, 요인이론의 극단적인 두 개의 이론을 접합시키려는 노력을 들 수 있다. 이미 앞에서 보았듯이 요인이론에서는 *g*라는 한 개의 일반요인만을 인정하는 Spearman의 이론과 일반요인을 부정하고 몇 개의 집단요인만이 존재할 뿐이라는 Thurstone의 다요인론 및 Guilford의 SI모형이 서로의 입장을 고수하면서 발전되어 왔다. 공교롭게도 일반요인론 *g*는 주로 영국의 심리학자들에 의하여, 다요인론은 미국의 심리학자들에 의하여 제안되고 발전되면서 그 사이의 가교는 거의 불가능해 보였다. 그러나 Spearman도 그의 후기 논문에서 *g*와 *s*가 아닌 그 중간에 속하는 요인군이 존재함을 시인하면서도 그것은 인간의 정신능력을 이해하는 데는 별로 적절치 않은 요인으로 설명했다.[1] 마찬가지로 Thurstone도 그의 PMA 7개 요인이 인간의 정신능력에 나타나는 개인차를 설명할 수 있는 기본적 집단요인이라고 주장하면서도, 요인행렬을 직교가 아닌 사교로 회전시키면 궁극적으로 한 개의 요인을 추출할 수 있다는 것을 시인한다. 그러면서도 이 한 개의 요인(그것이 *g*건 무엇이건 간에)은 실제 인간의 정신능력에 나타나는 개인차를 이해하는 데 별 도움이 되지 않기 때문에, 그는 인간능력을 변별적 차이에 의해 이해할 수 있는 PMA가 이론적으로 보다 합리적이라고 주장한다.[2] 그러나 Spearman의

1) C. Spearman, *The Abilities of Man*, New York: Macmillan, 1927.

2) L. L. Thurstone, "Theories of intelligence", *Scientific Monthly*, 1946 February, 101-112.

군주론과 Thurstone의 과두론이 서로 상대방 이론의 존재를 인정하기 시작하였다는 사실은 이 두 이론 사이에 어떤 형태의 접목이 가능한 길을 열어 놓은 셈이다.

둘째, 여러 가지 경험적 증거가 두 이론 사이의 접합을 가능케 하였다. Spearman은 그의 연구에서 *g* 이외의 요인으로서 일반요인 수준에서 함께 작용하는 내구요인(perservation: *P*), 마음의 주저요인(oscillation: *O*), 의지요인(will: *W*) 등을 발견하고 있다. Thurstone은 이미 그의 PMA 연구에서 축을 사교회전하는 경우 거기에는 제2차 요인이 존재한다는 것을 지적했다. Pawlik은 14개의 PMA 연구를 리뷰한 결과를 기초로 PMA 요인 사이의 상관을 〈표 7-1〉과 같이 제시하고 있다.[3] 이 표에 의하면 요인 사이의 상관은 대부분 정의 상관을 보이고 있으며, 이것은 이 요인들을 다시 요인분석하면 고차원의 새로운 요인이 존재할 가능성을 시사한다. Bischop도 Thurstone이 제작한 PMA 검사와 일반요인 *g*와의 상관을 연구한 결과 〈표 7-2〉에 제시한 것처럼[4] 수요인검사는 .60, 단어유창성요인검사는 .68, 언어요인검사는 .67, 기억요인검사는 .47, 추리요인검사는 .84, 공간요인검사는 .33, 지각속도요인검사는 불확실을 나타내고 있다. 이같이 Spearman의 *g*이론에서나 Thurstone의 PMA 이론에서나 경험적 증거가 두 이론을 어떤 형태로든지 통합해야 할 필요성을 강력히 시사하게 되었다.

---

3) K. Pawlik, "Concepts in human cognition and aptitudes", in R. B. Cattell (Ed.), *Handbook of Multivariate Experimental Psychology*, Chicago: Rand McNally, 1966.

4) L. J. Bischop, *Intelligence: Statistical Concepts of Its Nature*, New York: Doubleday, 1954, p. 14.

〈표 7-1〉 12개 PMA 사이의 상관의 평균(Pawlick, 1966, p. 552)

	P	*S*	*Cs*	*Cf*	*M*	*V*	*N*	*W*	*IF*	*I*	*D*	*R*
지각속도(*P*: Perceptual speed)	–	+27	(+47)	(+12)	+14	+13	+14	+21	(+08)	+08		−02
공간관계(*S*: Spatial relations)		–	+05	+60	+14	+15	+20	+15	(−07)	+28	(+28)	+10
폐쇄속도(*Cs*: Speed of closure)			–	+13		(−06)	(−38)	−15		+08	(+05)	
폐쇄신축성(*Cf*: Flexibility of closure)				–		(−01)	(+26)	+24		+13	(+26)	
기억(*M*: Associative memory)					–	+15	+14	+23	−04	+12		+04
언어(*V*: Verbal comprehension)						–	+23	+23	+11	+26		+15
수(*N*: Numerical facility)							–	+28	(−01)	+13	(−07)	−04
언어유창성(*W*: Word fluency)								–	+13	+16	(−05)	+12
사고유창성(*IF*: Ideational fluency)									–	(+08)		
귀납추리(*I*: Induction)										–	(+50)	(+18)
연역추리(*D*: Deduction)											–	
추리(*R*: Reasoning)												–

〈표 7-2〉 Thurstone의 PMA 검사의 상호 상관과 g요인과의 상관계수
(Bischop, 1954, p. 14)

검 사	g	1	2	3	4	5
① 수	.60					
② 단어유창	.68	.46				
③ 언어	.67	.38	.51			
④ 기억	.47	.18	.39	.39		
⑤ 추리	.84	.54	.48	.54	.38	
⑥ 공간	.33	.25	.17	.16	.14	.38
⑦ 지각속도	…	…	…	…	…	…

셋째, 이 같은 요인론에서 자연히 대두되기 마련인 요인의 유전적-생물적 영향과 환경적-문화적 영향에 관한 상내적 문세를 동시에 고려해야 할 필요성이 대두된다. Spearman의 g이론은 그 자신이 그것을 의식했건 하지 않았건 유전적-생물적 영향(실제는 상당히 긍정적 입장의 지지자로 보이지만)을 강조하고 있다. 이에 반해 정신능력의 변별적 개인차에 관심을 둔 Thurstone의 PMA는 어느 쪽에 치우친 입장을 취하지는 않았지만, 다분히 능력에 따른 변별적 차이만이 아니라, 그것이 경험과 문화적 차이에 따라 다를 수 있다는 가능성을 시사하고 있다. 두 이론이 갖는 상반된 시각은 자칫하면 갈등을 초래할 가능성이 있다. 인간의 정신능력을 다루려면 이 두 가지의 영향을 함께 고려해야 할 필요가 있다. 그러나 함께 고려한다는 것이 두 영향을 서로 상쇄하거나 평균화시킴으로써 흐리멍텅하게 하려는 것이 아니라 능력의 유전적 영향에서 환경적-문화적 요인을 정확하게 변별함으로써 두 가지 역할이 갖는 각각의 특징과 상대적 중요성을 고려할 필요가 있다. 이 같은 관점에서 두 이론의 접목을

시도하려는 가능성이 발생하였으며, 어떤 의미에서 Cattell의 g_f와 g_c 이론이 이미 그 접목을 시도했다고 볼 수 있다.

넷째, 요인분석의 방법론이 제시하는 문제를 들 수 있다. 다요인분석에서 가장 중요한 서사시가 단순구조의 개념이다. 상관행렬에서 얻은 원요인행렬이 심리학적 의미를 갖게 하기 위하여 단순구조의 준거에 따라 회전을 하는 아이디어는 Thurstone의 독창성을 가장 잘 대표한다. 그런데 이 요인축의 회전에 직교회전과 사교회전을 제시한 것이 Thurstone의 PMA와 Spearman의 g를 접목할 수 있는 길을 터놓고 있다. 축을 직교회전하는 경우에는 요인과 요인 사이에 아무런 상관이 존재하지 않는다. 이미 수학적으로 90°의 각도를 유지하도록 직교회전시킨다는 것은 요인 사이의 독립성(independence), 비상관성(uncorrelated)을 가정한 것이기 때문이다. 그러나 단순구조의 준거에 맞게 사교회전을 하는 경우 거기에는 어차피 요인과 요인 사이에 상관이 존재함을 전제로 하고 있다([그림 7-1] 참조). 그렇기 때문에 사교회전에 의해 얻은 요인 사이에는 상관이 있기 마련이며, 이들 요인에서 다시 제2차 요인(second-order factor)을 추출하면 거기에 보다 일반적인 요인이 추출된다. 이것을 Spearman 이론에서는 g와 같은 것이라고 주장하는 데 반해 Thurstone은 여전히 '모든 집단요인을 촉진시키는 어떤 중심적인 힘의 요인'[5)]이라고 부르고 g를 수락하지 않으려고 한다. Spearman의 입장에서는 이 제2차 일반요인이 g이며, 이 g는 단순히 존재하는 것으로 그쳐서는 안 되고 정신능력을 전부 지배해야 한다(군주론). 그러나 Thurstone

5) L. L. Thurstone, "Theories of intelligence", *Scientific Monthly*, 1946, February, 101-102.

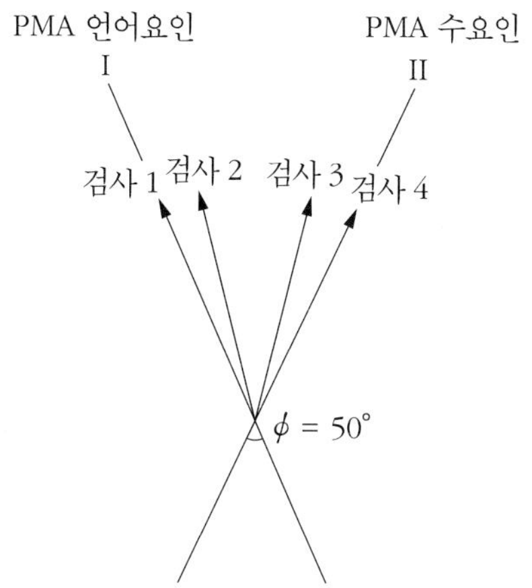

[그림 7-1] 4개 검사의 벡터에 사교로 투영한 Thurstone의 2개 요인

의 입장에서는 제2차 요인을 받아들이지만 PMA가 가장 중요하고 결정적인 요인이며, 제2차 요인은 중요성에서 부차적이라고 본다. 이같이 사교회전을 통해 확인된 제2차 요인 g에 대한 Spearman과 Thrustone의 시각이 조화되기 어려운 상반된 해석을 하고 있기는 하지만 제2차 요인의 존재 자체를 서로 인정했다는 사실은 위계이론을 탄생시킬 수 있는 방법론의 문을 열어 준 셈이다.

Vernon과 Burt의 위계모형

이미 언급한 바와 같이 Cattell의 g_f, g_c의 이론이나 Hebb의 지능 A, B, C 이론도 어느 점에서는 위계모형에 유사하다고 볼 수 있다. 그러나 정신능력을 본격적으로 위계모형의 시각에서 제안하고 있는 것은 P. E. Vernon 및 C. Burt라고 말할 수 있다.

Vernon은 일반지능 *g*를 제거하면 거기에는 두 개의 대집단 요인(major group factors)이 존재함을 확인하고 이것을 v : ed 요인과 k : m요인이라 명명했다. v : ed란 언어적-수리적-교육적 요인(verbal-numerical-educational factor)이며, k : m은 실제적-기계적-공간적 요인(practical-mechanical-spatial factor)이다. 이것이 곧 PMA의 각 요인에 해당하며, 그 밑에 특수요인이 존재한다고 보았다. [그림 7-2]에 Vernon의 위계이론모형을 제시하였다.[6] 그는 이 같은 시각에 따라 실제 영국 군인에게 실시하여 얻은 요인분석의 결과를 〈표 7-3〉에 제시했다. 이 결과에서 보듯이 공통성의 전체 변량 중 *g*가 차지하는 변량이 52.5%로 가장 크며, 모든 검사(실제 이 검사들은 PMA 검사에서 빌려 온 것이다)는 *g*에 높게 부하되어 있다. 그 이외 주로 공간검사, 기계검사에 k : m 요인이 높은 부하량을 보

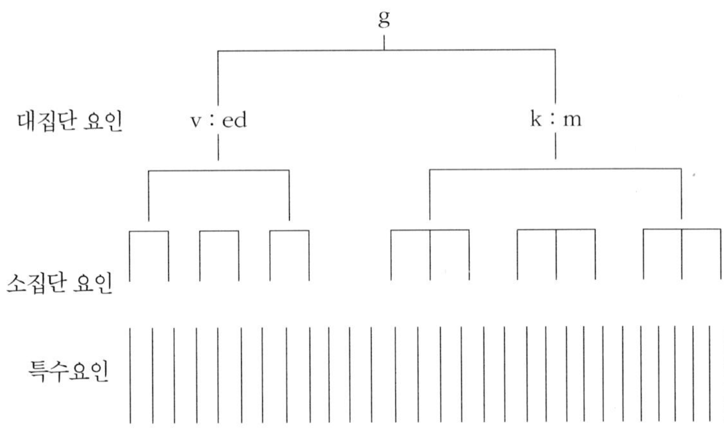

[그림 7-2] Vernon의 정신능력에 관한 위계모형(Vernon, 1950, p. 22)

6) P. E. Vernon, *The Structure of Human Abilities*, London: Methuen, 1950.

〈표 7-3〉 영국군인(n=1,000)을 대상으로 한 집단지능검사의 요인분석 (Vernon, 1950, p. 23)

	요인부하량					h^2
	I *g*	II *kim*	III *ed*	IV *v*	V *n*	
행렬검사	.79	.17				.65
도미노검사(추리력검사)	.87					.75
비언어 집단검사	.78	.13				.62
네모맞추기검사	.59	.44				.54
기계맞추기검사	.24	.89				.85
Bennett 기계적성검사	.66	.31				.54
언어검사	.79		.29	.45		.90
받아적기검사	.62		.54	.48	.90	
철자법검사	.68		.41	.43		.82
지시 따르기검사	.87		.23	.09		.82
산수검사 I	.72		.49		.39	.91
산수검사 II	.80		.38		.16	.82
산수검사 III	.77		.36		.32	.82
변 량(%)	52.5	.87	8.4		6.9	76.5

이며, 언어에 관한 검사와 산수검사에 *ed* 요인, 그리고 언어검사만에 *v* 요인, 산수검사만에 *n* 요인이 높게 부하되어 있음을 볼 수 있다. 이것들이 바로 Vernon이 지칭하는 대집단 요인이다. 이것을 더 분할해 내려가면, 즉 바꾸어 말해서 *g* 및 대집단 요인들을 제거하면 거기에는 PMA와 같은 소집단 요인이 존재한다는 것이다.

Vernon의 위계이론의 관점에서 Eysenck는 Thurstone이 사용한 60개 인지검사를 가지고 *g*와 8개의 대집단 요인을 추출하였고[7)]

7) H. J. Eysenck, "Primary mental abilities", *British Journal of Educational Psychology*, 1939, *9*, 260-265.

Wechsler의 아동용 지능검사 WISC를 실시하여 요인분석한 결과도 *g*요인, *v*요인, *p*요인, *m*요인을 보이고 있으며,[8] 또한 Hakistan과 Cattell이 19개의 PMA 검사를 가지고 요인분석한 결과도 *g*와 4개의 대집단 요인을 보이고 있다.[9]

또 하나의 대표적인 위계모형은 Burt에 의해 제시된 것이다. Burt는 5단계 수준의 위계모형을 제시하고 있는데 제일 상위 수준은 인간정신 수준(human mind level)이며, 둘째 수준은 관계 수준(relations level)이며, 셋째 수준이 연합 수준(associations level)이며, 넷째 수준이 지각 수준(perception level), 그리고 다섯째 수준이 감각수준(sensation level)으로 구성된다([그림 7-3] 참조).[10]

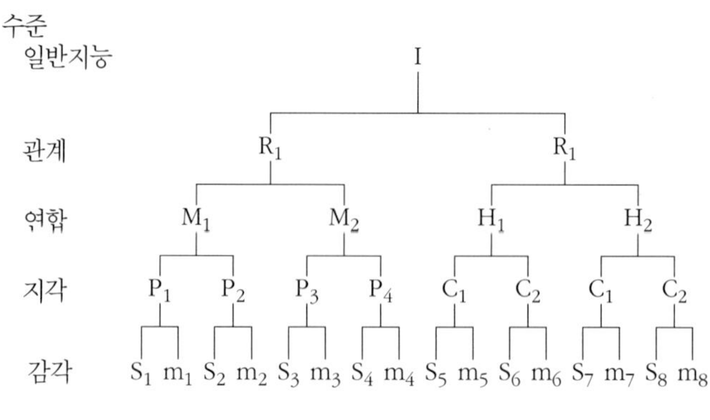

[그림 7-3] Burt의 정신능력에 관한 위계모형

8) A. R. Jensen, *Bias in Mental Testing*, New York: Free Press, 1980, p. 218.

9) A. R. Hakistan & R. B. Cattell, "The checking of primary mental abilities structures of a broader basis of performances," *British Journal of Educational Psychology*, 1974, *44*, 140-154.

10) C. Burt, "Alternative methods of factor analysis and their relations to Pearson's method of 'principal axes.'" *British Journal of Psychology Statistical Section*, 1949, *2*, 98-121.

Burt의 위계모형의 사고 뒤에는 Sherrington의 뇌 및 신경조직에 관한 해부학적 · 생리적 연구가 큰 영향을 주고 있다. Sherrington에 의하면 마음이란 위계로 조직되어 있고, 체계 내에는 또 다른 체계가 있으며, 이것은 정보의 복잡성에 따라 다르다고 보고 있다. Burt의 위계모형을 보면 인지능력의 복잡성에 따라 기능적으로 조직하고 있음을 엿볼 수 있다. 가장 낮은 수준에서는 감각적(*s*), 운동적(*m*) 과정이 있고, 그 바로 위에는 약간 수준 높은 지각(*P*)과 운동 조정(*C*)이 그것들을 포섭하고 있으며, 그 위에는 기억(*M*)과 습관 형성(*H*)을 포함하는 보다 복잡한 연합과정이 그 아래 과정을 포섭하고 있고, 그 위에는 다시 관계(*R*)가 있고, 위계의 첨단에는 일반지능(*I*)이 있는 형태다. Burt는 이 같은 위계모형을 경험적 연구에 기초하여 제안하기보다는 논리적 추리를 통해서 제안하고 있다는 것이 특징이다. Burt 자신도 이 모형에 기초한 실증적 연구를 요인분석을 통해 제시하지 못하고 있다. 또한 Burt의 위계모형 뒤에는 Spearman의 *g*이론이 강력히 작용하고 있다. 그는 *g*를 정신작용이 존재하는 과제에서는 어디에서나 요구되는 능력이며, 모든 능력은 이것에 수렴되고 이것에서부터 에너지를 공급받는다고 보았다. 일반지능 *g* 없는 정신능력검사는 존재할 수 없다는 관점을 취한다.

Jensen의 2수준 지능이론

Jensen은 1969년의 논문[11]의 결론 부분에서 지능이론에 관한 그

11) A. R. Jensen, "How much can we boost IQ and scholastic achievement", *Harvard Educational Review*, 1969, *39*, 1-123.

분야의 여러 가지 이론들이 적합하지 않다고 보고 그 나름의 2수준 정신능력이론(two-level theory of mental abilities)을 제안하였다. 이 이론은 개념상으로는 Spearman의 *g*이론의 한 가지 예로 볼 수 있으나, 정신능력의 수준을 위계적 관계로 보고 있다는 점에서 위계이론에 포함시킬 수 있다.

그는 정신능력을 수준 I(level I), 수준 II(level II)로 분류하고 이것은 서로 양극을 이루는 한 축으로 보았다.[12] 수준 I 능력은 고도의 정밀성을 가지고 들어오는 정보, 자극 등을 받아들이고, 등록하고, 저장하며 후에 그것을 인지, 재생하는 능력을 말한다. 이 능력에는 산출을 만들어 내기 위해 투입된 재료에 정신적 정교화, 변형, 조작 등을 요구하지 않는 능력이다. 일종의 녹음기와 같은 역할을 하는 정신능력이다. 이 능력의 가장 대표적인 검사가 숫자 외기(digit span)의 기억력 검사다. 투입된 것을 고도의 정밀성을 가지고 받아들이고 재생하는 것이 요구하는 것의 전부다. 계열학습(serial learning)이나 쌍연결학습(pair-associate learning)의 경우에도 그 재료가 무의미한 것이어서 더 이상의 정신적 변환이나 조작, 정교화를 요구하지 않을 경우에는 이 범주에 들 수 있다.

수준 II 능력은 반응을 하기 전에 자극을 변환, 조작한다는 것이 특징이며, 기본적인 자극 일반화를 초월해서 또 한 번의 일반화를 가능하게 하는 정신적 기제를 포함하는 능력이다. 의미 일반화나 개념학습 등은 바로 수준 II 능력에 의존하는 학습이다. 과거 경험에 의해, 들어온 자극에 부호를 주고(encoding), 부호를 해독하며(decoding), 새로운 학습을 과거의 학습에 관련시키고, 개념 및 법칙에 의해 전

12) A. R. Jensen, "Hierarchical theories of mental abilities", in W. B. Dockrell (Ed.), *On Intelligence*, London: Methuen & Co, 1970, pp. 119-190.

이를 하는 것은 모두 수준 II 능력의 예다. Spearman이 *g*를 '관계와 상관의 추출(eduction of relations and correlates)'이라고 개념 규정을 했는데, 이것이 바로 수준 II의 개념에 해당하며 Raven의 점진적 행렬(progressive matrices)검사, Cattell의 탈문화검사 등을 수준 II의 능력에 가장 의존하는 검사라고 본다. 이 관계를 [그림 7-4]에 제시하였다.

그런데 수준 II 능력은 수준 I 능력에 기능적으로 의존하고 있어서, 수준 II에서 우수한 능력을 나타내기 위해서는 수준 I에서 능력이 우수해야 한다. 그러나 수준 I은 수준 II에 대해 그러한 관계가 성립하지 않는다. 이것은 곧 수준 I의 능력은 수준 II의 능력에 필요조

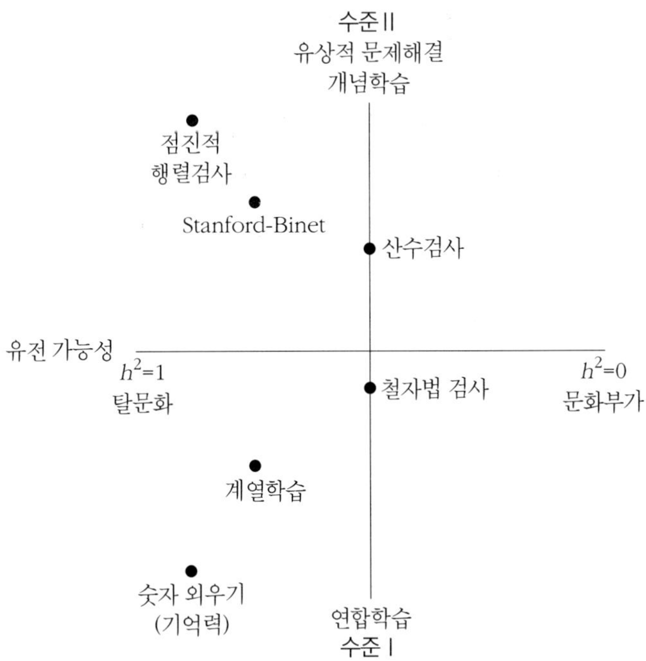

[그림 7-4] Jensen의 2수준 지능모형

건이기는 하지만 충분조건이 아니라는 관계로 서로 유기적 함수관계가 있다. 이것을 Jensen은 '수준 II의 수준 I에 대한 위계적 의존성(hierarchical dependence)'이라고 지칭한다. 수준 II를 나타내는 개념학습능력은 수준 I의 기억력, 단순한 정보저장능력이 우선 있어야 된다. 그러나 그것이 충분하고 우수하다고 해서 수준 II이 개념학습에서 우수할 수 없다는 것이다. 그런데 수준 I이나 수준 II를 나타내는 검사 중에는 [그림 7-4]에서 보듯이 유전 가능성이 큰 것도 적은 것도 있어서 그에 따라 어떤 능력은 유전에 크게 의존하고, 어떤 것은 유전과 전혀 관계없는 경험, 학습, 문화에 의해 습득된 능력일 수도 있다.

Jensen은 사회계층과 유전 가능성 사이의 상호관계를 설명하기 위해 처음으로 수준별 능력 개념을 도입했다. 이 문제는 제5부(지능, 학습, 사회, 이데올로기)에서 깊이 다룰 것이며, 그의 수준별 능력 이론은 능력의 개념과 학습의 개념을 관련짓는 중요한 이론으로써 시사를 준다. 그러나 아직도 그의 이론은 가설적인 형성 단계에 있을 뿐 경험적인 실증 증거에 대한 뚜렷한 뒷받침이 없다는 데 문제점이 있다.

전 망

거의 20세기 전반기를 통해 심리측정에 기초를 둔 요인분석이론과 방법은 지능의 신비를 열어 줄 수 있는 열쇠로 생각되었고, 마치 집어등에 모여드는 어족처럼 대부분의 연구자는 요인분석을 통해 무엇을 찾아보려고 하였다. 요인분석에 의한 인간능력을 보는 요인관에 커다란 차이가 있음에도 불구하고, 또 요인분석은 가설을 형성하는 논리적 기초로서 사용할 수 있다는 생각과 오직 가설을 확인 · 검증하는 방법에 지나지 않는다는 차이에도 불구하고 정신능력의 구조를 밝히는 데 결정적 공헌을 한 것은 인정해야 할 것이다.

지능의 요인분석이론은 20세기 전반기의 시대정신을 반영하여 발전되어 온 셈이다. 요인분석가 사이에 능력이 어떻게 구성되어 있느냐는 문제에 대한 견해는 일치하지 않지만(Spearman 대 Thurstone이 가장 대표적 경우), 요인분석이 포착하기 어려운 인간의 정신능력 구조를 밝힐 수 있는 획기적인 방법이라는 데는 일치하고 있다.

요인분석은 또한 인간의 복잡한 정신능력(complex mental abilities)을 밝히는 데 공헌을 했다. 요인분석이론을 발전시킬 당시 성행했던 행동주의(behaviorism)와 형태심리학(gestalt psychology)이 별로 인간의 지능에 관해 시사하는 바가 없을 때 요인분석이 이에 대한 새로운 시각을 열어 준 셈이다. 행동주의 방법론은 동물행동이나 단순한 인간행동을 설명하기에는 적합하나, 무엇이 그러한 행동을 나타내는가에 대한 중개요인을 고려하지 않거나 가치 없는 것으로 도외시할 때, 그리고 형태심리학이 통찰과 같은 복잡한 인간행동을 다루면서도 이론적으로 현학적이며 방법론적으로 양적 정교성이 결여된 상태에 있을 때 요인분석은 인간의 복잡한 정신능력을 객관적, 엄밀성과 S-O-R의 패러다임 속에서 접근할 수 있는 길을 열어 놓았다.

또한 요인분석은 전통적인 실험심리학이 방해요인으로 생각하고 가능하면 그들의 연구 패러다임 속에서 제거하려고 애썼던 개인차를 방해요인이 아니라 중요한 설명요인, 이론변인이 된다는 것을 시사하였다는 점에서 높이 평가되어야 한다. 그들은 요인과 요인 사이의 상관에서 나타나는 개인차뿐 아니라, 사람과 사람 사이(Q 기법), 상황과 상황 사이(P 기법), 시간과 시간 사이(S 기법)에 나타나는 개인차를 밝히려는 노력을 함으로써 정신능력의 개인차 연구를 체계적이고 종합적으로 접근할 수 있는 길을 제시하였다.

정신능력에 관한 요인분석의 영향은 교육, 산업, 직업, 임상, 연구 등 실제적 분야의 이용에 크게 이바지하였다. 정신능력의 구조를 요인에 의해 밝힘으로써 교육적 처치, 직업 선택과 훈련, 임상적 증거의 단서를 찾는 데 기여한 공로는 어느 분야의 이론보다 크다고 말할 수 있다.

정신능력에 관한 요인분석의 이와 같은 획기적 발전과 기여에도 불구하고 20세기 후반에 들어오면서, 그것이 인간의 지능 밑에 잠재해 있는 어떤 요인을 발견하는 적절한 방법이 아니라는 한계점을 인식하기 시작하였다. 이 같은 제한을 두 가지 통계적 제한점과 두 가지 심리학적 제한으로 묶어 요약해 보자.

첫째, 요인분석이라는 방법론 그 자체가 연구자로 하여금 수학적 이론을 형성하도록 강요하고, 그것이 다시 심리적 이론을 형성하도록 해 버린다는 점이다. 처음에는 인간이 만든 기계, 인간이 조작하던 기계가 결국에는 인간을 다시 지배하고, 그 사고마저 지배하게 된다는 논리와 유사하다. 우리가 지능이건 무엇이건 인간의 심리현상을 연구할 때 거기에는 심리적 이론과 수학적 이론이 존재할 수 있다. 심리적 이론은 인간의 마음이 어떻게 작용하느냐를 기술하며, 수학적 이론은 경험적으로 얻은 자료가 이 심리적 이론에 적합하냐를 본다. 우리가 인간의 심리현상을 연구할 때는 심리적 이론이 먼저 형성되고 거기에 따라 수학적 이론이 얻은 자료의 진위 및 적합성을 검증하기 위해 동원되어야 한다. 그런데 요인분석에서는 경험적 자료에 기초하여 수학적 이론(요인이론)을 형성하며, 이 수학적 이론을 심리적 이론에 적합한지를 따지는 반대 방향의 논리를 전개하고 있다. 이것은 곧 요인분석이 심리적 이론이 없는 이론을 전개하는 방법론에 불과하다는 문제점을 야기시킨다.

둘째, 축 회전의 불확실성의 딜레마다. Guilford도 지적하였지만* 요인분석의 대서사시라고 할 수 있는 것이 축 회전의 문제이면서 동시에 그것은 요인분석의 가장 심각한 약점이라고도 말할 수 있다. 요인 공간은 독특하다. 그러나 축 회전은 무한한 방향으로 투영할 수 있다. 능력검사 사이에서 얻는 회전 전의 요인 포치(布置)는 g와 양극요인(bipolar factor)과 특수요인이 나오는 구조를 보인다. 그러나 여기에 단순구조의 준거에 따라 축 회전을 하면 다요인 형태의 포치가 되어 g는 사라지고 몇 개의 집단요인만이 나타나며, 이것은 또 직교회전시켰을 때와 사교회전을 시켰을 때, 그 양상은 달리 나타난다. 이 같은 경우 어느 것이 능력구조의 진리이며 실체인가에 대한 회의가 생긴다. Guilford는 오히려 각자의 심리적 이론에 따라 억지로라도 거기에 맞게 회전시키는 주관적 방법을 택하기를 권장하며, 이것을 그는 Procrustean 방법이라고 불렀다.

셋째, 요인분석은 지능 행동을 구성하는 과정을 발견하고 설명하지 못한다는 점이다. 인간지능의 본질에 관한 연구의 궁극적 목적은 지적 행동의 과정을 이해하는 데 있다. 요인분석은 개인 간의 차이를 연구함으로써 이 차이 밑에 깔려 있는 과정을 연구하는 데 원래의 목적이 있었다. 그러나 불행하게도 요인분석의 접근 방법은 개인차를 밝히는 요인을 발견하였을 뿐, 그 이론이 지능이라는 정신작용의 과정에 관한 현상을 밝히는 데는 실패했다는 점이다. 요인분석의 기초 단위는 검사의 문항 간(inter item) 구조를 분석하고 있는 데 반해, 과정을 밝히기 위해서는 문항 내

* J. P. Guilford, Rotation problem in factor analysis, *Psychological Bulletin*, 1974, *81*, 498-501.

(intra item)의 구조를 분석할 것을 요구한다. 요인분석은 인간의 사고나 행동의 결과만을 다룰 뿐 이 결과가 각 인간 속에서 어떻게 발생하는가 하는 문제를 밝히는 데는 아무런 신호를 주고 있지 못하다.

넷째, 지능이나 능력은 개인 내(within individual)에 존재하는 것이다. 그런데 요인분석의 관심은 언제나 개인 간의 차이에만 관심이 있다는 점이다. 요인분석의 방법 자체가 개인 간의 변인과 차이에 기초를 두고 있기 때문에 본질적으로 개인 내에 존재하는 요소를 파악한다는 것 자체가 불가능하다. 언어능력에서 개인 간에 차이가 있다는 것을 밝힐 수 있지만, 개인 A의 언어능력이 개인 내에서 작용하는 양상과 개인 B 내에서 작용하는 양상은 다르다고 볼 수 있다. 이 같은 개인 내에서 정신의 요소들이 작용하는 과정을 요인분석에서는 밝힐 수 없다는 것이 치명적인 결함의 하나다.**

** R. J. Sternberg, Intelligence, *Information Processing and Analogical Reasoning*, New York: John wiley & Sons, 1977, pp. 32-34.

제3부

지능의 인지 과정

제1부에서 우리는 Cronbach가 과학적 심리학은 두 가지 주류가 상반된 길을 걷고 있다는 경고를 경청한 바 있다.* 한쪽에서는 인간이 접하는 검사 과제에 대한 과정에는 아무런 관심 없이 검사 점수에 나타나는 개인차의 측정에만 관심을 갖는 심리측정 이론과 또 한쪽에서는 개인차에는 아무런 관심 없이 인지의 과정 일반을 연구하는 데 초점을 두는 실험심리학 이론이 평행선을 걷거나 서로를 도외시하면서 발전되어 왔다. Cronbach가 이 같은 지적을 하던 시기에는 심리측정 이론이 다양하고 복잡한 측정 이론의 발전에 힘입어 한참 꽃을 피우고 있던 시기였다.

그러나 1960년대에서 1970년대에 이르는 사이에 상황은 극적인 변화를 가져왔다. 인지심리학은 그 시각을 인간을 정보처리자(information processor)로 보면서 번성하기 시작했다. 이에 비해 심리측정 이론은 비교적 정태적 상태에 머물게 되었다. 이것은 인지이론의 발전에 따른 영향도 있지만 지능검사에 대한 일반 사회의 태도가 과거 수락하고 호의적인 태도에서 비난으로 바뀌게 된 사회적 환경도 크게 작용했다고 보인다. 심리측정에 의해 밝혀진 개인차나 그것을 측정하는 요인에 의해 대표되는 지능검사가 실제 인간이 어떻게 해서 그 같은 점수를 나타내는지에 관한 과정을 밝혀 주지 못한다는 것, 그럼으로써 그것을 발달시키거나 개발하려는 교육적 노력에 아무런 방향이나 시사를 제시하지 못한다는 것,

* L. J. Cronbach, "The two disciplines of scientific psychology", *American Psychologist*, 1957, *12*, 671-684.

다만 나타난 검사 점수라는 고정된 수치나 지수가 인간을 구별하는 데만 기여한다는 데 대한 혐오감 등이 그 배경 원인으로 작용하고 있다.

이 장에서는 이와는 달리 인간이 정신능력이 작용하는 경우, 인간 내면에서 어떠한 일이 일어나며, 이 같은 내면에서 일어나는 과정에서는 어떤 형태의, 혹은 어떤 성질의 개인차가 존재하는가 하는 문제를 탐구하는 지능의 인지 과정에 관한 이론과 실제 연구 결과를 제시한다.

여기에서는, 첫째 인지상관 접근(cognitive correlates approach), 둘째 인지요소 접근(cognitive components approach), 셋째 인지발달 이론(cognitive development)에서 보는 지능의 개념으로 나누어 논의한다. 지적해 두고 싶은 것은 전자의 두 접근은 1970년대를 기점으로 왕성하게 발전한 분야이기 때문에 아직도 발전단계에 있는 상태라는 점과 그렇기 때문에 아직 이론의 체계나 경험적 연구가 완벽하지 못하다는 점을 미리 이해하기 바란다. 둘째, 흔히 우리 주위에서 인지이론(cognitive theory)이라고 하면 세 번째로 제시한 Piaget의 인지발달 이론과 동일시하는 경향이 있는데, 인지이론의 영역은 그보다 훨씬 역사도 오래고 범위가 넓으며 Piaget류의 인지발달 이론은 인지이론의 한 부분집합에 불과함을 인식해야 한다.

제 8 장

정보처리과정과 인간기억

정보처리과정

인지상관접근은 심리측정검사에서 사용하는 적성(aptitude) 혹은 요인에서 높고 낮은 것에 따라 변별적으로 나타난다고 상정되는 정보처리능력(information processing ability)을 상세히 탐구하려는 방법이다. 적성 혹은 지능검사를 기초로 몇 개의 집단으로 나누고 그것을 실험적 조사를 통해 정의한 인지과정의 특징을 나타내는 실험과제와 비교하려는 입장이다. 이에 반해 인지요소 접근은 과제 분석적이며 정신능력을 측정하기 위해 심리측정검사에서 일반적으로 사용하는 과제에 관한 정보처리 요소를 직접적으로 확인하려는 점이 다르다. 적성이나 지능을 측정하는 표준화검사의 성취에 관한 인지과정 그 자체가 이론적 · 경험적 분석의 대상이 되며, 목적은 과제수행(task performance)의 모형을 개발하여 그 모형을 개인차 분석에 적용하려는 것이다.

이 두 접근 방법은 모두 인간의 인지이론과 깊이 관련되어 있고 또한 심리측정 도구에 의해 측정되는 개인차에 영향을 미치는 정신활동을 이해하려는 점에서는 같은 범주에 속한다. 그러나 인지상관접근은 '언어능력이 높다는 것이 무엇을 의미하는가?'라는 질문을 던지고 인지연구에서 사용하는 실험과제와 패러다임을 심리측정검사 점수와 연결시킨다. 따라서 심리측정검사 점수의 확인과 분류가 선행되고 이러한 차이를 인지이론으로 설명하려는 입장이다. 이에 비해 인지요소접근은 '지능검사가 무엇을 검사하는가?'라는 질문을 던지고 이 검사를 포함하는 구체적인 과제에서 요구하는 정보처리과정을 합리적 및 경험적으로 분석하려고 한다. 따라서 여기에서는 심리측정검사에 관한 정보처리이론 및 모형이 우선하고, 그다음에 이 모형을 적용하였을 때 나타나는 개인차 현상을 탐구하려는 입장이다.

만약 현재 사용하고 있는 지능검사(대개의 경우 여러 개의 하위검사의 복합점수로 구성되어 있다)에서 개인차를 밝히는 것과 인지과정을 분석한 결과가 같다면 어떻게 되는가? 이것은 일종의 자명론에 불과하다고 볼 수 있고 인지과정의 분석이 지능검사가 측정하는 것 이외에 아무것도 더 보태는 것이 없다는 결론이 가능하다. 그러나 심리측정검사가 요구하는 능력과 인지과정에서 요구하는 능력이 전혀 다르거나 혹은 상당히 다른 것이 밝혀진다면 우리는 인간의 지능에 관한 새로운 처녀지를 개척하는 셈이 된다.

여기에서는 이 같은 인지과정 이론의 발전에 기초를 제공한 정보처리과정의 간략한 배경을 논의함으로써 제9장과 제10장에서 논의할 인지상관 및 인지요소 접근을 이해하는 데 도움을 제공하려고 한다.

첫째, 실험심리학의 전통에서는 그동안 인간의 행동을 자극

(stimulus: *S*)과 반응(response: *R*)의 연결관계로만 보던 시각이 지배적이었다. 자극이 외부에서 주어진 자극이든 개체가 발생시킨 자극이든 자극 *S*가 주어지면 거기에는 반응이 일어난다는 *S*−*R*의 패러다임에 의해 모든 인간 행동을 설명하려고 하였다. 이 같은 전통은 실험심리학이 주로 동물을 실험 대상으로 하였던 원인도 크게 작용하지만, 비록 인간을 대상으로 하는 경우에도 실험 절차의 단순성을 유지하고 *S*−*R* 사이의 일반법칙을 발견하기 위해서는 그 이외의 어떠한 다른 변인도 이 패러다임 속에 포함시키는 것을 거부했다(행동주의 이론이 대표적 예라고 지적해도 좋을 것이다). 그러나 Woodworth가 지나치게 단순화된 *S*−*R* 패러다임 대신 *S*−*O*−*R*이라는 패러다임을 실험연구의 맥락 속에 포함시키기를 주장하면서[1] 유기체(organism: *O*) 변인에 대한 관심이 서서히 중요한 관심의 대상으로 부각하기 시작했다. 이것은 곧 실험심리학의 전통적 패러다임의 *S*−*R* 모형이 서서히 *S*−*O*−*R* 모형으로 바뀌는 계기를 촉진한 셈이다. 행동주의 심리학에서 *S*−*R*의 관계로 보고 그 사이에는 아무것도 존재하지 않고 연결하는 것은 다만 텅빈 기계(empty machine)에 지나지 않는다는 생각에 대해 이미 Hunter[2]는 고등동물 및 어린이를 대상으로 실험한 결과 상징적 과정(symbolic processes)이라는 중추과정이 존재함을 확인했고, Hull[3]도 순수자극행위(pure stimulus act)와 다양한 종류의 중개변인이 있다는 것을 그의 학습이론의 패러다임 속에 포함

---

1) H. A. Woodworth, "The ability to learn", *Psychological Review*, 1946, *53*, 147-158.

2) W. S. Hunter, "The delayed reaction in animals and children", *Behavioral Monographs*, 1912, *2*, 1-85.

W. S. Hunter, "The symbolic processes", *Psychological Review*, 1924, *31*, 478-497.

3) C. Hull, "Knowledge and purpose as habit mechanism", *Psychological Review*, 1930, *37*, 511-525.

시키고 있으며, Dollard과 Miller[4]는 이 같은 중개변인을 더욱 발전시킨 학습이론을 제안했다. 이 같은 이론을 기초로 Osgood는 *S*-*R* 이론과 인지이론을 접근시키려는 그 나름의 중개과정(mediational process) 이론을 제안했다. 그러나 Osgood[5]는 중개를 필요로 하지 않고 반응을 나타내는 자극(*S*)과 중개를 거쳐 반응하게 하는 자극(signs)이 있다는 것을 구별함으로써 완전한 인지이론의 수락에는 이르지 못하고 있다.

이에 반해 Tolman[6]과 같은 형태심리학자는 신호-형태-기대(sign-gestalt-expectation)라는 중추과정이 있어서 인간의 사고나 지적 활동은 그것을 통해 이루어진다고 주장한다. 그러나 *S*-*R*이론이건 형태심리학에서 주장하는 중추과정이건 아직도 그들에게서는 신경조직 속에서 무엇이 일어나고 있는가에 대한 명확한 의식이 없거나 때로는 단순히 *S*와 *R*을 연결하는 배전판(switchboard) 역할을 한다는 데만 동의하고 있을 뿐이다.

둘째, 최근의 인지이론의 발전에 미친 가장 직접적인 영향은 인간의 사고작용 및 지적 능력을 정보처리과정(information-processing)으로 보고 인간의 뇌 속에 이 같은 작용을 하는 실체(entity)가 존재한다고 보는 이론의 발전에 크게 영향을 받았다.[7] Newell, Shaw 및

---

4) J. Dollard & N. E. Miller, *Personality and Psychotherapy: An analysis in Terms of Learning, Thinking and Culture*, New York: McGraw-Hill, 1950.

5) C. E. Osgood, *Method and Theory in Experimental Psychology*, New York: Oxford University Press, 1953.

6) E. C. Tolman, *Purposive Behavior in Animals and Men*, New York: Appleton-Century-Crofts, 1932.

7) J. McV. Hunt, *Intelligence and Experience*, New York: The Ronald Press Co., 1961. 특히 3장 및 4장을 참조.

Simon은 문제해결에 요구되는 형식적 개념을 전자계산기인 컴퓨터의 작용에 비유해서 발전시켰다.[8)] 그들은 인간이 문제해결을 위한 정보처리를 하는 데는 기억과 전략이 요구되며 통찰이라는 현상도 통찰을 하는 데 요구되는 표상이 기억 속에 없으면 통찰이 일어날 수 없다고 보았다. 더욱이 Harlow의 유명한 원숭이를 대상으로 한 학습태세(learning set) 혹은 '학습하는 방법의 학습(learning to learn)'에 관한 실험연구를 통해[9)] 이 같은 능력은 주어진 문제에서 계속 반복하는 경험을 통해 습득되며, 그 능력이 반영하는 정신과정의 부분이 뇌 어딘가에 존재한다는 대담한 가설을 주장했다.

Hebb는 지각 및 문제해결을 설명하는 데 도움이 되는 중추과정의 개념을 신경생리학에 관한 과학적 연구를 통해 제공함으로써 정보이론이 행동적 지식 수준에 머물고 있는 것을 종합하는 데 획기적인 돌파구를 마련해 주었다.[10)] 그는 환자 대뇌의 약 20%를 위로 들어 올려 제거해도 그의 지능검사 점수는 저하되지 않는 데 반해 유아기의 대뇌에 어떤 손상이 오면 상당한 정신적 지체와 정신박약이 나타나며, 특히 언어능력의 점수가 동작검사 점수보다 훨씬 더 떨어진다는 것을 발견하고 지적 기능의 발달에 필요한 뇌 조직은 그 유지에 필수적이 아니라는 생각을 갖게 되었다. 이 같은 사실은 대뇌피질(외층)의 기초적인 감각적 · 운동적 영역의 조직과는 다른 결합

8) A. Newell, J. C. Shaw & H. A. Simon, Report on a general problem solving program, *The RAND Cooperation Paper*, 1958, J-1584, February: A. Newell & H. A. Simon, "The simulation of human thought", The RAND Cooperation Paper, P-1734, 1959, June.

9) H. F. Harlow, "The formation of learning sets", *Psychological Review*, 1949, *56*, 51-65.

10) D. O. Hebb, *The Organization of Behavior*, New York: Wiley, 1949.

뇌조직(associative brain tissue)의 양은 지능의 획득 능력을 제한한다는 것을 시사한다. 더욱이 고등동물은 파충류와 같은 하등동물에 비해 외부 자극에 대해 덜 통제를 받고 보다 복잡한 관계를 학습할 수 있다. 이에 따라 그는 연결 대뇌 기능에 관련된 피질의 영역(*A*)과 감각(투입: 자극)이나, 운동(배출: 반응)에 직접 관련된 피질의 영역(*S*) 사이의 비인 A/S비를 제안했다. 또한 그는 받아들이는 자극과 비교적 독립된 자율중추과정(autonomous central processes)이라는 것이 존재함을 추정하고 인간의 지각, 주의, 지각학습, 사고 등은 모두 이 자율중추과정에 의해 나타나는 것으로 보았다. 보다 복잡한 정신작용은 A/S비가 높은(A가 S에 비해 큰) 고등동물이 학습할 수 있으며, 단순한 정신작용은 하등동물이나 고등동물이 비슷하게 학습하며, 복잡한 정신작용은 단순한 정신작용보다 서서히 학습된다. 그래서 그는 초기학습(primary learning)과 후기학습(later learning)을 구별했는데, 이것이 곧 제5장에서 논의한 지능 A와 지능 B 개념에 대응한다.

그는 이 초기학습을 통해 연결 영역에 자리 잡게 된다고 보는 자율중추과정의 신경생리학적 기초가 무엇인가에 대한 문제를 탐구했다. 연구 결과에 의해 이를 설명할 수 있는 결정적 개념이 세포집합(cell assembly)이라고 보았다. 어떤 사물을 여러 각도에서, 그리고 거리가 다른 곳에서 볼 때도 그 형태나 크기를 항상적인 것으로 지각하는 것은 이 세포집합이 고정되어 있기 때문이다. 이와 같이 세포집합은 일종의 영상(image)과 같은 것이며, 표상과정(representative process)이라고 보았다. Hebb는 세포집합 사이에 관계를 형성하는 것이 연결의 메커니즘이라고 보았다.

이 같은 뇌의 중추과정에 관한 Hebb의 연구는 곧 문제해결을 하는 인간의 뇌신경의 과정과 컴퓨터의 과정 사이에 유사성이 있음을 시사하게 되었다. 대표적인 예가 Newell, Shaw 및 Simon[11]의 연구이며, 그들은 다음과 같이 지적하고 있다.

> 우리들 이론이 의지하고 있는 중추신경계통의 모습은 대부분의 연결주의자들이 생각하고 있는 것보다 훨씬 복잡하고 '적극적'인 체계다. 그들이 사용하는 흔적(trace), 고착(fixation), 흥분(excitation), 금지(inhibition) 등은 비교적 수동적인 전기-화학적 체계이며, 자극에 의해 움직이고, 행위에 의해 변화되며, 결국 뒤에 주어지는 자극이 거기에 더해지면 수정되어 버린다.
>
> 이에 비해, 우리는 큰 저장능력을 가진 정보처리체계(information-processing system)를 가정한다. 이것은 무엇보다 자극에 의해 환기시킬 수 있는 복잡한 전략(혹은 프로그램)을 갖고 있다. 그 자극이 어떤 전략을 써야 할 것인지를 결정한다. 이 전략의 내용은 이미 그 체계의 과거 경험에 의해 결정된다. 비교적 단순한 자극에 대해 복잡하고 선택적인 방법으로 반응하는 체계의 능력은 이 프로그램의 저장고가 있기 때문이며, 이것이 자극에 대해 '적극적' 반응을 하게 한다. 우리가 이미 설명한 학습 태세 혹은 통찰의 현상도, 그리고 반응체계의 위계구조도 모두 중추과정의 이 같은 '적극적' 구조의 결과라고 말할 수 있다(p. 163).

이후 Pribram[12]은 뇌기능 이론에 관한 연구 결과를 리뷰한 후 복

---

11) A. Newell, J. C. Shaw & H. A. Simon, "Report on a general problem solving program", *The RAND Cooperation Paper*, 1958, J-1584, February.

12) K. H. Pribram, "A review of theory in physiological psychology", *Annual Review of Psychology*, 1960, *11*, 1-40.

잡한 문제를 푸는 컴퓨터에서 요구하는 여러 가지 요소가, 뇌의 구조를 해부해 보면 그 속에 실제 그러한 과정이 존재함을 시사하고 있다. 이 같은 시사는 Miller, Galanter 및 Pribram[13)]으로 하여금 TOTE〔검증－작동－검증－배출(Test－Operate－Test－Exit)〕라는 정보이론의 기초 모형을 제안하게 하였으며, 이것은 그 이후의 보다 치밀하고 확대된 정보이론의 모형을 제안하게 하는 데 촉매 역할을 했다.

그러나 한 가지 지적하고 지나가야 할 것은 인간의 복잡한 지적과정인 문제해결이나 보다 단순한 지각적 경험이 뇌의 자율중추과정에 존재한다고 해서 그것이 생득적이거나 기질적(organic)인 성질의 것이 아니라, 정보이론에서 시사하는 바와 같이 그러한 경험이 결핍되면 그러한 능력은 감소하며, 경험을 풍요하게 하면 그 같은 능력이 증진된다는 사실이다. 더욱이 이 같은 경험을 성장 초기에 박탈하거나 풍요하게 제공한 것이 후기학습에 결정적 영향을 미친다. 이것은 곧 인지과정의 발달, 특히 복잡한 인지과정의 발달이 초기 경험의 결핍과 풍요에 크게 영향을 받는다는 사실을 명백히 설명하고 있다.

인간기억모형

이 같은 정보이론과 함께 인간의 인지과정 이해에 중요한 영향을 미친 것이 인간기억(human memory)에 관한 연구다.

인간의 기억이란 인간의 정신 내면에서 작용하는 인지과정 중에

13) G. A. Miller, E. H. Galanter, & K. H. Pribram, *Plan and the Structure of Behavior*, New York: Holt, Rinehart and Winston, 1960.

가장 핵심적이며 중추적인 것이다. Ebbinghaus[14)]가 일찍이 인간의 기억에 관한 실험연구를 시도한 이후, 그것은 거의 실험심리학의 장난감처럼 그 이상의 발전을 보지 못했다. 그러나 인간의 지능이란 곧 인간이 정보를 처리하는 과정과 다를 바 없고, 인간이란 그러한 정보를 처리하는 적극적인 능력이 있다는 생각은 다시금 인간기억에 관한 연구에 새로운 활력을 불어넣기 시작했다. 여기에서는 인간기억에 관한 연구 전체를 요약하는 입장을 취하기보다 제시된 모형 중 가장 대표적인 Atkinson과 Shiffrin의 인간기억모형[15)]을 제시함으로써 인간의 인지과정을 이해하는 기초로 삼으려고 한다.

Atkinson과 Shiffrin은 인간기억모형을 두 가지 체계로 구분한다. 첫째, 기억구조(memory structure)로서 이것은 물리적 체계이며 상황에 따라 변하거나 변형되지 않는 체계이고, 둘째는 통제과정(control processes)으로서 사람에 따라 선택하거나 구성하거나 사용하는 것으로 과제의 성질과 특징에 따라 급격히 변하는 성질의 체계다. 컴퓨터에 비유한다면 컴퓨터 속에 들어 있는 기억 내용이 기억구조에 속한다면 프로그램하는 사람이 자유로이 프로그램을 설계하여 투입함으로써 마음대로 할 수 있는 부분이 통제과정에 해당한다. 구조적 측면이 기본적인 기억저장(memory storage)에 해당한다면 통제과정은 기호화하는 절차(coding procedure), 리허설 작동(rehearsal operation), 탐색전략(search strategies)에 해당한다.

---

14) H. Ebbinghaus, *Memory* (Translated by H. A. Ruger & C. E. Bussenius.). New York: Teachers College, Columbia University, 1913. 원본은 1885년판임.

15) R. C. Atkinson & R. M. Shiffrin, "Human memory: A proposed system and its control processes", in K. W. Spence & J. T. Spence (Eds.), *The Psychology and Motivation*, Vol. 2. New York: Academic Press, 1968, pp. 89-195.

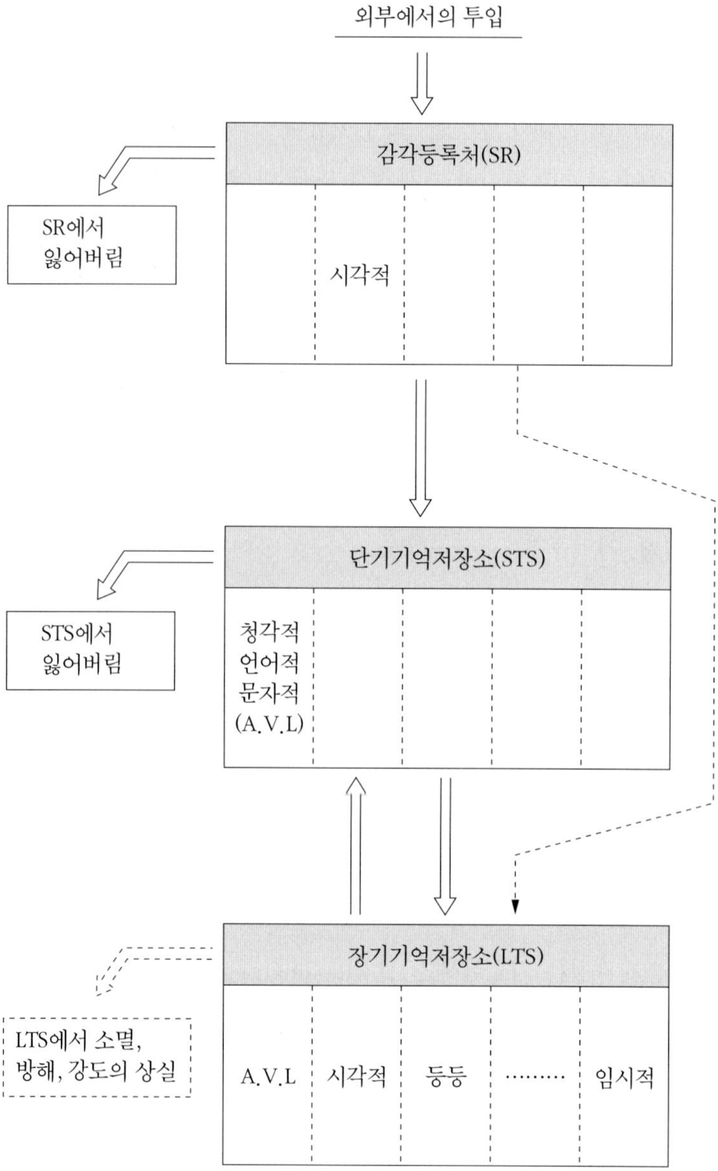

[그림 8-1] Atkinson과 Shiffrin의 인간기억의 조직(Atkinson & Shiffrin, 1968)

또 하나의 분류는 기억을 세 가지 구조적 요소(structural components)로 나눈다. 즉, 감각등록처(sensory register: SR, 이후 SR로 표시함), 단기저장소(short-term store: STS, 이후 STS로 표시함), 장기저장소(long-term store: LTS, 이후 LTS로 표시함)의 세 가지 요소다. 들어오는 모든 감각적 정보는 감각등록처 SR를 거쳐 들어오고, 대단히 짧은 순간 동안 거기서 머물렀다가 소멸하거나 잃어버리게 된다. 단기저장소 STS는 개인의 실행기억(working memory)으로서 감각등록처에서 선택되어 들어온 정보나 장기저장소 LTS에서 들어온 정보를 받아들이는 곳이다. 단기저장소에 있는 정보는 30초 이내에 완전히 소멸하거나 잃어버리게 되지만 리허설(rehearsal)이라는 통제과정에 의해 어느 정도 거기에 더 머물게 할 수 있다. 장기기억소(LTS)는 단기저장소에서 넘어 온 정보를 상당히 오랜 기간 동안 저장할 수 있는 곳이다.

우선 인간기억의 구조적 특징을 살펴보자. 기억구조는 [그림 8-1]에서 보는 바와 같이 감각등록처(SR), 단기저장소(STS), 장기저장소(LTS)의 세 가지 부분으로 나뉜다.

어떤 종류의 정보이건 그것이 인간의 기억에 들어오기 위해서는 이 감각등록처(SR)을 거쳐 들어온다. 시각적, 청각적, 촉각적, 후각적, 미각적 정보는 일단 감각등록처에 등록되어야 한다. 이 등록처에 머무는 시간은 극히 짧다. 예컨대, 시각적 영상은 몇 1/100000초 사이에 소멸한다고 보고 있다. 정말 순간에 불과하다.[16] 이같이 시

16) G. Sperling, "The information available in brief visual presentation", *Psychology Monographs*, 1960, 74(whole No. 498)

W. K. Estes & H. A. Taylor, "A detection method and probabilistic models for assessing information processing from brief visual displays", *Proceedings of the National Academy of Sciences of the U.S.* 1964, *52*, No. 2, 446-454.

각적 자극은 사진을 찍는 것처럼 순간적 찰나의 흔적을 남기며, 이것은 몇 1/100000초 사이에 소멸되어 뒤이어 들어오는 다른 자극에 대체되어 버린다. 아직까지 이 같은 소멸(decay)이 어떻게 일어나는지, 또 들어온 시각적 영상이 함께 소멸하는지 낱개로 소멸하는지, 확률적인지, 전무(all-or-none)의 형태로 소멸하는지, 점진적으로 소멸하는지에 대한 확인은 불분명하다. 흥미로운 사실은 자극이 시각적 영상으로 들어와도 STS로 갈 때는 청각적-언어적-문자적(auditory-verbal-lingustic: 이후 a-v-l로 표시함)으로 전환된다는 사실이다. 시각적 영상이 SR에 오래 있지 못하는 것도 아마 이 같은 변형과정과 시각적 영상이 리허설(reheasal)[17]을 못하기 때문이라고 추측할 뿐이다.

단기기억소(STS)에서의 정보는 감각등록처에서보다 오래 머물기는 하지만 여기에서도 그렇게 오래 존재하지 못한다. 또한 단기기억소에 들어오는 정보의 성격은 감각등록처에 등록한 감각양태(sensory modalities) 그대로 이행되어 오는 것이 아니라 SR에서 언급한 것처럼 모두 청각적-언어적-문자적(a-v-l) 정보로 기호화(encoding)되어 들어가게 된다. 정보가 단기저장소에 머무는 시간이 얼마나 되느냐는 것은 일률적으로 말하기는 힘들다. 왜냐하면 개인마다 이 단기기억소에 정보를 오래 머물게 하기 위해서 여러 가지 통제과정을 사용하기 때문이다. 그러나 지금까지 연구된 바를 종합하면 a-v-l 형태로 제시된 정보는 약 15~30초 사이에 자연 소멸되거나 잃게 된다고 한다.[18] 다른 감각양태로 들어온 정보의 저장

---

17) 리허설이란 어떤 정보를 계속 유지하기 위해 연습, 반복, 되풀이하는 과정을 말한다.

18) L. R. Peterson, "Short-term memory", *Scientific American*, 1966, *215*, 90-95.

L. R. Peterson & M. Pererson, Short-term retention of individual verbal items,

시간에 대한 연구는 아직 분명치 않다.

장기저장소(LTS)에 일단 들어온 정보는 소멸하거나 잃어버리지 않고 비교적 영구히 저장된다. 지금까지 LTS에 관한 연구는 주로 a−v−l 양태의 정보에 관련된 것에서 추측한 결론이지만, 다른 형태의 정보도 그러하리라는 가설에는 대부분이 동의하고 있다. LTS에 있는 정보는 STS로 이행되기도 하는데, 그것은 정보처리자가 필요에 따라 적절한 통제과정을 통해 발생시키는 과정이다. 또한 감각등록처에서 직접 LTS로 정보가 이행할 수도 있을 가능성이 있다. 그러나 이 가능성은 인정되지만 아직도 인간 기억에 관한 연구는 이러한 일이 일어날 수 있는지에 관한 명확한 대답을 제시해 줄 수 있을 정도로 이론이나 실험적 증거는 완벽하지 않다.

STS와 LTS를 구분하는 이론에 대해 반대하는 주장도 없지는 않지만[19] Milner의 연구[20]에 의하면 히포캄파 장애(hippocampa lesions)를 받은 환자의 경우 새로운 정보를 단기기억에 저장하는 능력은 있는데, 그것을 장기기억으로 저장시키지 못하며, 또한 장기기억에 있는 기존의 정보 자체는 아무런 변동 없이 재생되는 것으로 보아 STS와 LTS로 나눌 수 있는 근거를 찾을 수 있다.

앞에서 SR, STS, LTS의 구조적 관계를 간략히 살펴보았는데, 이제 인간기억에서 가장 흥미로운 부분인 STS의 메커니즘이 어떤지에

Journal of Experimental Psychology, 1959, *58*, 193-198.

19) A. W. Melton, "Implications of short-term memory for a general theory of memory", *Journal of Verbal Learning and Verbal Behavior*, 1963, *2*, 1-21.
L. Postman, "Short-term memory and incidental learning", in A. W. Melton (Ed.), *Categories of Human Learning*, New York: Academic Press, 1964, pp. 145-201.

20) B. Milner, "The memory defect in bilateral hippocampal lesions", *Psychiatric Research Reports*, 1959, *11*, 43-58.

관해 몇 가지 자세히 논의해 보자.

Peterson과 Peterson은 삼중음자(trigram)[21]를 언어로 제시한 다음 숫자를 하나, 둘, 셋, ……식으로 헤아리게 하고 3, 6, 9, 12, 15, 18초 뒤에 그 삼중음자를 뒤로 상기하게 했더니 3초에서는 완벽하고 15~18초에는 거의 확률이 0(실제 측정치는 .08)으로 떨어지는 것을 발견했다.[22] 숫자를 외게 하는 것은 금지현상을 주기보다 리허설을 못하게 하려는 것이 목적이다. 이 같은 Peterson과 Peterson의 연구 결과 및 Milner의 연구 결과를 종합해 볼 때 STS에 들어온 정보는 리허설을 못하는 경우 15~30초 이내에 소멸된다고 결론을 내릴 수 있다. 다른 감각양태, 예컨대 시각적(visual), 청각적(acoustic), 촉각적 감각을 통해 들어오는 자극도 대개 30초 이내에 소멸되며, 이것들은 STS에 a-v-l 양태로 전환된다는 것이 지금까지의 연구 결과다. 따라서 어떤 정보가 STS에 a-v-l 형태로 머물 수 있는 시간은 30초 이내라고 볼 수 있다.

STS에서 LTS로 전이하는 정보의 양이나 형태는 통제과정의 기능 여하에 달려 있다. 그러나 전이 그 자체는 기본 체제에서 불변하는 특징이며 정보가 STS에 있는 동안 언제나 전이는 일어난다.

LTS는 STS에서 전이되어 온 정보를 비교적 영구히 저장하는 곳이며, 여기에서는 감각양태에 따른 정보가 모두 존재한다. 이것은 아마 a-v-l 양태로 들어와 있는 정보를 LTS에서 재생할 때는 다시 원 양태로 기호 풀이(decoding)를 하기 때문이라고 보고 있다. LTS에 있는 정보가 재생되지 않는 이유로 가장 많이 지적되는 것이 소멸

---

21) 삼중음자란 schim처럼 세 개의 자음이 합해서 한 가지 발음이 나는 문자의 집합

22) L. R. Peterson & M. Peterson, "Short-term retention of individual verbal items", *Journal of Experimental Psychology*, 1959, *58*, 193-198.

(decay) 혹은 방해(interference) 현상이라고 보고 있고, 이에 대한 연구는 학습심리에서 오랫동안의 과제였다. 이 방해현상은 피험자의 통제과정이 가해지지 아니한 구조적 특징이다. 그러나 개인의 통제기능이 여기에 가해지면 방해현상의 양상은 달라진다. 즉, 피험자가 적극적인 탐색과정(search process)을 작용시키면 구조적인 방해현상의 효과는 확률적으로 낮아지기 마련이다.

인간기억의 둘째 특징은 통제과정에 있다는 것은 이미 지적했다. 통제과정은 기억의 영구적 · 고정적 특징이 아니라 피험자의 통제에 의해 변하는 현상이다. 그렇기 때문에 피험자의 과거 경험, 실험 과제, 지시 방법 등에 따라 다르게 나타나기 때문에 어떤 틀에 박힌 분류나 개념화는 불가능하다.

STS의 통제과정 중에서 가중 중요한 요인이 리허설 혹은 반복연습이다. STS에 있는 어떤 정보를 계속 반복하면 그것이 STS에 머무는 시간을 연장해 그 정보의 소멸을 지연시키고 결국에는 LTS로 넘어 가는 확률이나 다른 부호화과정을 통해 LTS에 전이될 확률을 크게 한다. 그러나 STS에 있는 모든 정보가 리허설을 통해 LTS로 전이되어 간다는 것은 아니며, 각 개인이 STS에 있는 정보 중에 선택을 해서 리허설을 한다는 뜻이다. 또한 리허설을 하면서 부호화한다는 것은 이미 LTS에 있는 정보를 STS에 끌어넣어 그것과 함께 부호화함으로써 LTS로 전이할 확률을 크게 한다는 것이다. 리허설을 할 때는 들어온 정보의 순서에 따라 반복된다. [그림 8-2]에 기억체제 속의 리허설 완충장치(rehearsal buffer)를 제시하였다. STS에 들어온 정보는 리허설 완충장치에 차례로 슬럿트 기계처럼 차례로 내려가는데 어떤 정보가 리허설을 통해 계속 STS에 오래 남아 있을수록 LTS에 전이될 확률이 커진다.

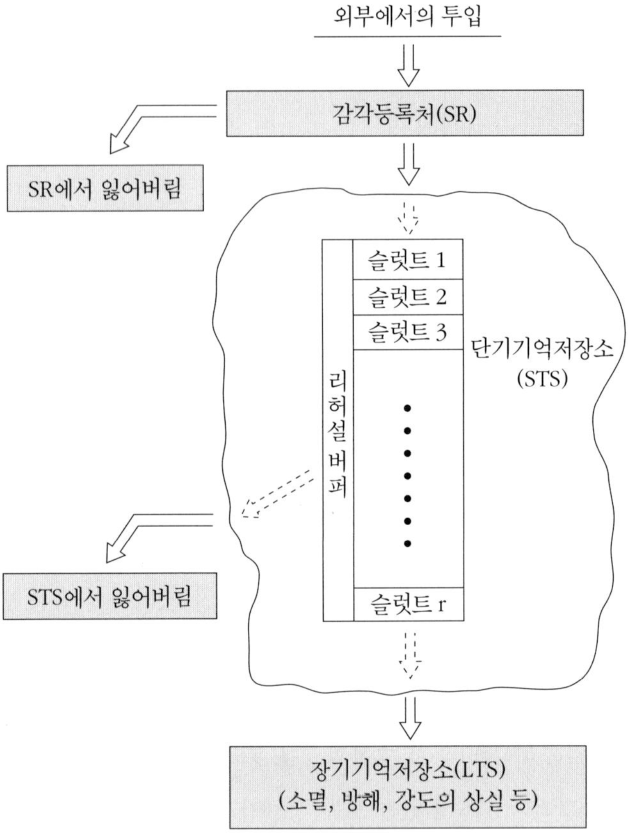

[그림 8-2] 리허설 버퍼와 기억체제와의 관계

그런데 이 완충장치의 크기가 크면 클수록 그만큼 정보를 STS에 오래 유지할 수 있는 용량도 커진다. 이에 대해 Miller는 한 개인이 정보를 STS에 저장할 수 있는 최대 용량은 '신비의 수(magical number) 7±2'라고 지적한 것은 유명한 이론이다. 즉, 한 개인이 STS에 한 순간에 저장할 수 있는 최대 정보량은 비트(bits)로 계산해서 5~9개라는 점이다. 이 같은 최대 용량은 또한 적어도 개인마다 결정적 · 고정적인 것이라는 것도 연구 결과가 시사하고 있다.[23] 또한 이 같은 완충장치가 언제나 똑같이 작용하는 것이 아니라 개인에 따라, 정보의 종류나 양태에 따라 변동한다는 것도 흥미 있는 일이다. 이 완충장치가 개인에 따라 변동이 많은 통제과정임을 시사한다.

또한 STS에 있는 정보가 LTS에 쉽게 넘어가는 확률을 높이는 통제과정의 하나가 부호화과정(coding processes)이다. STS에 있는 정보를 단순히 리허설한다고 해서 LTS에 쉽게 전이되지는 않으며 소멸되거나 방해현상을 받기 쉽다. 여기에 개인이 노력을 들여 저장하고 있는 정보를 LTS에 있는 정보의 탐색과정을 통해 STS에 오는 정보에 선택적 변형이나 첨가를 시키는 경우(이것이 부호화과정이다) LTS에 전이될 가능성이 커진다.

이보다 더 중요한 변인은 조직과정(organizing process)이다. 만약 개인이 리허설에만 의존하고 있으면 STS에 있는 정보는 비교적 약한 상태에 놓이게 되고 결과적으로 소멸, 방해현상의 대상이 된다. 이에 비해 개인이 그의 주의를 조직과정에 집중하면 저장된 정보의 상노는 증가한다.[24] 만약 개인의 STM 능력이 고정적이고 또 어떤 정보를 덩어리(chunk)로 묶었을 때 그것이 정보의 한 개 단위 역할을 한다면, STS에서 기억을 촉진하기 위한 가장 효과적인 방법은 정보를 몇 개의 덩어리로 묶어 조직하는 일이다. 이것은 Mandler[25]

---

23) G. A. Miller, "The magical number seven, plus or minus two: Some limits on our capacity for processing information", *Psychological Review*, 1956, *63*, 81-97.
J. K. Whang, *The Interaction of Short-Term Memory and Instructional Variables on Verbal Ability*, Doctoral Dissertation, University of Chicago, 1971.

24) W. A. Bousfield, "The occurrence of clustering in the recall of randomly arranged associates", *Journal of General Psychology*, 1953, *49*, 229-240.
E. Tulving, "The effect of alphabetical subjective organization on memorizing unrelated words", *Canadian Journal of Psychology*, 1962, *16*, 185-191.

및 Earhard[26]의 연구가 증명하고 있다.

LTS의 통제과정은 탐색과정(search process)과 인출과정(retrieval process)으로 요약할 수 있다. 탐색과정은 LTS에 있는 많은 정보 중에서 특정 정보를 찾아내는 과정이며, 인출과정은 그것을 밖으로 배출하는 과정이다. 이 두 과정은 서로 밀접히 관련되어 있다. 탐색이 효과적이기 위해서는 개인 나름으로 정보의 부호화가 정밀하고 체계적으로 이루어져 있어야 한다. 마치 도서관에 소장되어 있는 수많은 책이 어떤 부호화의 체계에 따라 잘 정리되어 있을 때 찾기 쉬운 것이나 마찬가지인 이론이다. 대개의 경우 인출이 원상태대로 잘 되지 않는 것(즉, 기억이 잘 되지 않는 것)은 이 같은 정보의 부호화과정에 결함이 있거나 탐색과정에 결함이 있기 때문이다. 이 같은 탐색과정을 통해 밖으로 배출하는 인출현상도 개인의 특징, 과제의 특징, 인출의 방법, 방해작용의 성질 등에 따라 그 차이가 달리 나타난다. 지금까지의 연구 결과로는 LTS의 통제과정에 관한 단정적인 결론을 내리기에는 이르다고 볼 수 있다.

이상에서 논의한 정보처리과정과 인간기억에 관한 과정은 이제부터 논의할 지능의 인지과정을 이해하기 위해 필요한 가장 기본적인 부분이다. 정보처리이론이나 인간기억에 관한 이론이나 연구는 현재 이보다 훨씬 복잡하고 세분화되어 있어서 이 같은 지능에 관한 모노그래프 속에서 전부를 자세히 다룰 수도 없는 일이나 이상에서 논의한 핵심적인 내용의 이해는 필수적이다.

---

25) G. Mandler, "Organization and Memory", in K. W. Spence & J. T. Spence (Eds.), *The Psychology of Learning and Motivation*, New York: The Academic Press; 1967, Vol. 1.

26) M. Earhard, "Individual differences in subjective organization", *Psychonomic Sciences*, 1970, *18*, 220-221.

제 9 장

인지상관접근

인지상관접근의 특징

인지심리학에서는 인간의 정신능력이나 지능이란 한 개인이 세계에 관해 지니고 있는 지식이며 동시에 정보의 내용이 무엇이건 그에 관계없이 정보를 처리하는 기본적이고 일반적 기능을 지칭하는 것으로 받아들인다. 이 중 인지상관접근은 이 같은 기본적인 정보처리 기능을 탐구하여 이것이 전통적인 심리측정의 능력과 어떤 관계를 갖고 있느냐를 탐색하려는 입장이다. 이 입장에서 던지는 질문은 먼저 심리측정의 능력을 인정하고 그것을 변별하고 난 다음, 변별된 능력을 가진 사람들이 갖는 정보처리과정에 어떤 개인차가 존재하는지를 보려는 접근을 취한다. 이 접근의 가장 선구적인 역할을 한 Hunt, Lunneborg, Lewis의 논문 제목도 「언어능력이 높다는 것이 무엇을 의미하는가?」[1]라는 것이었다. 전통적인 심리측정에서 사용하는 언어능력에서 높은 점수를 받은 사람과 낮은 점수를 받은 사람을 구별하는 정보처리능력의 기본적 성질, 차이가 어디에 있는가 하는 질문을 하는 셈이다.

심리측정이 발전하던 초창기부터 심리측정 이론가들은 두 가지 분열된 시각을 가지고 있었다. 한편으로는 심리측정 도구의 제작, 측정, 예언, 측정도구의 수학적 · 통계적 기초 등에 관련된 측정의 정밀성에 관한 관심이었고, 또 한편으로는 그들이 제작하는 측정도구가 진짜 무엇을 측정하고 있느냐의 타당도, 그중에서도 구인타당도(construct validity)에 대한 관심이었다. 지능의 측정 이론에 선구적 역할을 한 Binet, Spearman, Thurstone, Guilford 등도 모두 언제나 진지하게 던지는 질문이 지능의 성질에 관한 것이었다. 그들은 지능에 관한 이론을 형성하는 것이 곧 인지에 관한 이론을 형성하는 것이라는 것을 인식하고 있었다. 그러기에 Spearman도 『지능의 성질과 인지의 원리』[2]라는 저서를, Thurstone도 『지능의 성질』[3]이라는 저서를, 그리고 Guilford도 『인간지능의 성질』[4]이라는 저서를 각각 발표하고 있다. 이러한 사실은 곧 최초의 인지심리학자는 심리측정 전문가였다는 것을 의미하며, 이 같은 인지상관접근에의 관심은 이미 시초부터 잉태되어 있었다고 말할 수 있다. 그럼에도 불구하고 그 이후 심리측정 이론과 인지심리학은 전혀 별개의 길을 걸어가게 되면서 인지심리학이나 학습 이론, 언어학습 등에서 심리측정

---

1) E. Hunt, C. Lunneborg, & J. Lewis, "What does it mean to be high verbal", *Cognitive Psychology*, 1975, 7, 194-227.

2) C. Spearman, *The Nature of Intelligence and the Principles of Cognition*, London: Macmillan Co., 1924.

3) L. L. Thurstone, *The Nature of Intelligence*, New York: Harcourt, Brace, 1924.

4) J. P. Guilford, *The Nature of Human Intelligence*, New York: McGraw Hill, 1967.

에 관한 연구에 전혀 관심을 두지 않게 되었다.

그러던 것이 인지심리학자 사이에 정신능력에 관한 새로운 관심이 발생하기 시작했다.[5] 인지심리학자들도 계획, 태세, 외현적 사고, 영상, 리허설, 자극부호화, 기억저장소 등과 같은 정신능력에 관련된 관심을 갖기 시작하고 그들의 실험심리 패러다임 속에서 이들 모수치를 정확히 예언해 내려고 하였다. 또한 인지심리학의 발전과 함께 인간의 정보처리과정에 관한 연구의 발전[6]은 인지과제의 수행은 뇌 중추신경에 존재한다고 보는 기억저장 및 감각통로에서 정보를 처리하는 어떤 통합된 프로그램의 작용이 존재한다는 관점으로 전환시키면서 더욱 지적 능력과 인지과정을 연결시키는 촉매 역할을 했다. 이 같은 촉매작용은 Hunt, Frost, Lunneborg의 1973년도 연구[7]가 중요한 기폭제 역할을 했다. Hunt와 Frost는 인지심리학자로서, Lunneborg는 심리측정학자로서 언어능력에 따른 인지과정의 차이를 밝히면서 심리측정과 인지심리가 서로 통합되어야 한다는 것을 강력히 주장하고 있다.

한편, 심리측정 이론을 다루는 분야에서도 지능의 요인에 관한 새로운 해석을 시도하려는 노력이 점차 일어나고 있다. Guttman[8]은

---

5) G. A. Miller, E. Galanter & K. H. Pribram, *Plans and Structure of Behavior*, New York: Holt, Rinehart & Winston, 1960.
U. Neisser, *Cognitive Psychology*, New York: Appleton-Century-Crofts, 1967.

6) E. Hunt, "What kind of computer is man?" *Cognitive Psychology*, 1971, *2*, 57-98.
A. Newell & H. A. Simon, *Human Problem Solving*, Englewood Cliffs, N. J.: Prentice-Hall, 1972.

7) E. Hunt, N. Frost, & C. Lunneborg, "Individual differences in cognition", in G. Bower (Ed.), *The Psychology of Learning and Motivation: Advances in Research and Theory*, Vol. 7. New York: Academic Press, 1973.

8) L. Guttman, "Integration of test design and analysis", in *Proceedings* of the 1969

세 개의 안면(facets)을 가진 지능모형을 제안하고 있으며, Cattell[9] 도 새로운 지적 모형을 제시하고 있다. Guttman의 모형은 지능의 안면을 ① 의사소통의 언어(언어적, 수적, 도형적), ② 피험자에게 과하는 과제의 유형(법칙 추리인가 혹은 법칙 응용인가?), ③ 학업성적의 세 가지로 개념화하려는 것이다. Cattell의 모형은 인지능력을 ① 행동(action), ② 내용(content), ③ 과정(process)의 세 가지 모수치에 따라 조직하고, 각각을 더 자세히 분류한다. 즉, 행동을 다시 ⓐ 투입의 개입, ⓑ 내적 과정의 개입, ⓒ 산출의 개입으로, 내용은 ⓐ 경험적-문화적, ⓑ 신경적-조직적인 것으로, 과정을 ⓐ 추출하는 관계의 복잡성, ⓑ 기억 저장, ⓒ 유지, ⓓ 회복, ⓔ 속도 등으로 개념화하고 있다. Guilford의 지능구조모형도 제6장에서 논의한 바처럼 정보처리과정에 관련하여 논의하고 있다.

이와 같이 한쪽에서는 인지심리학에서, 또 한쪽에서는 심리측정학에서 두 개의 접근을 통합함으로써 정신능력을 새로운 시각에서 볼 수 있는 가능성을 열어 주었고, 이것이 발전하면서 인지상관접근이 성장하기 시작하였다고 말할 수 있다. 인간의 마음이 여러 개의 분리된 저장함으로 구성되어 있다고 믿는 사람은 아무도 없으며, 또한 뇌 속에 집행과정(executive process)이 존재하는지 않는지는 아무도 모른다. 그럼에도 불구하고 인지심리의 모형 속에서는 정보라는 것이 존재하고 있어서 이것이 뇌에서 처리되며(부호화, 변형, 저장, 회복), 또한 한 뇌 요소에서 다른 요소로 옮아간다는 아이디어를

Invitational Conference on Testing Problems, Princeton, N. J.: Educational Testing Service, 1970.

9) R. B. Cattell, *Abilities: Their Structure, Growth and Action*, Boston: Houghton Mifflin, 1971.

받아들이고 있다. 뇌에 이 같은 집행과정이 존재한다는 가정은 상당 부분 직관적 사고의 결과이지만 이 같은 아이디어가 정신능력의 인지과정이 어떤 것인지를 이해하는 데 실마리를 풀어 주고 있다.

이 같은 아이디어를 구체화하고 정교화한 것이 Hunt가 「인간이란 어떤 종류의 컴퓨터인가?」[10]라는 논문에서 제안한 배분기억모형(distributive memory model)이라고 말할 수 있다. Hunt는 인간의 인지과정을 컴퓨터의 기능에 대응시키고 인간이 귀납적인 문제나 개념학습을 할 때 어떠한 정보처리과정을 거치는가를 분석하려고 시도했다. Hunt의 인지과정 전체 모형을 [그림 9-1]에 제시했다. 이 모형에 의하면 정보는 외부 환경에서 감각적 · 영상적 버퍼를 거쳐 단기기익으로 들어오며, 이것이 다시 중기기억(intermediate-term memory)으로 들어가고 이어 장기기억으로 넘어 가게 되어 있다. [그림 9-1]의 상단에 있는 의식적 사고(conscious thought)가 바로 집행과정이며, Newell의 이론에서 보면 프로그램 혹은 생산 체제(production system)에 해당되며 인지과정에서는 가장 흥미롭고 동시에 가장 중요한 부분이 된다. 예컨대, Hunt는 이 모형에서 귀납적 개념 형성을 하기 위한 정보처리과정을 [그림 9-2]와 같이 더 자세히 변형하면서 '의식적 기억 처리자(conscious memory porcessor)'가 '현재의 가설', 중기기억에서 끌어 온 '여러 가지 특성에서의 추측', 장기기억에서 끌어 온 개념학습 체제 프로그램을 이용한다고 본다. 그러므로 Hunt의 배분기억모형은 인지의 유형에 따라 모형이 변환되기 마련이다.

인지상관 연구는 이 같은 인지과정의 분석을 전통적인 정신능력

10) E. Hunt, "What kind of computer is man?", *Cognitive Psychology*, 1971, *2*, 57-98.

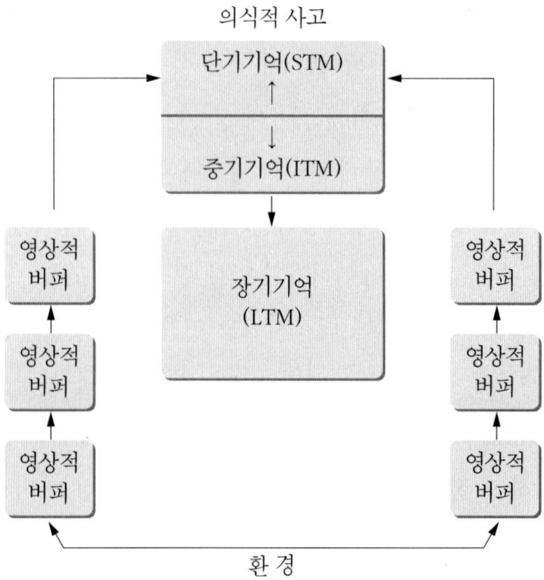

[그림 9-1] 인간의 인지과정의 전체 모형(Hunt, 1971)

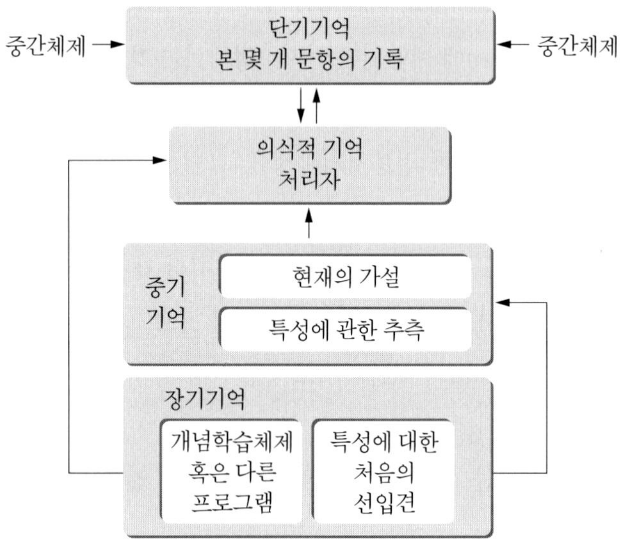

[그림 9-2] 귀납적 개념 형성에 작용한다고 보는 인간의 인지과정의 모형(Hunt, 1971)

검사와 관련시킴으로써 이 둘 사이에 개재하는 모수치 사이의 관계와 개인차를 밝히려고 한다. 이 같은 접근 방법에 의해 정신능력의 인지과정을 연구하기 시작한 것은 Hunt, Lunneborg, Lewis의 논문이 1975년에 발표된 것으로 미루어 짐작할 수 있다시피, 아직 발전 단계에 있기 때문에 어떤 확연한 결론을 내리기에는 이르다. 그러나 언어능력(verbal ability)과 공간능력(spatial ability)에 관한 연구들은 상당한 발전을 보고 있고, 장차의 연구 방향에 중요한 시사를 줄 가능성도 있다. 만약 심리측정검사에서 측정된 능력과 인지과정을 측정하는 모수치 사이에 어떤 상관관계가 발견된다면, 우리는 거기에서 전통적으로 생각해 왔던 지능 밑에 깔려 있는 인지과정이 무엇인지를 밝히는 중요한 난서를 붙삽을 수 있을 것이다. 이 같은 의미에서 이 접근을 인지상관이라고 부르는 이유가 있다.

언어능력

심리측정에서 측정하는 언어능력과 정보처리능력 사이의 상관관계를 연구한 대표적인 예는 앞에 제시한 Hunt, Lunneborg, Lewis의 연구다. 그들은 언어능력을 요인부하량을 고려하여, (.22)영어 사용+(.33)철자+(.29)독해력+(.33)어휘력−8.49=언어능력으로 공식화하고, 이것을 언어 지식의 직접적인 측정이라고 보았다. 이것은 내용에 관계하지 않는 정신처리능력의 간접적 측정이라고 추정했다. 이 언어능력에서 높은 점수를 받은 상위집단과 낮은 점수를 받은 하위집단으로 나누었을 때, 그들 집단 사이에 장기기억에 있는 정보에 접근하는 과제나 단기기억에 있는 정보를 조작하는 과제에서 상위집단이 훨씬 빠른 능력을 보여 주고 있음을 발견했다. 그들이 연구한 것 중에 흥미 있고 의의 있는 실험 두 가지만 들어 보자.[11)]

첫째 과제는 Posner의 문자−대비과제(letter−matching task)로서 이것은 문자를 대문자와 소문자를 함께 제시하는 과제인데(A, A), (A, a), (A, B), (A, b)의 네 가지 형태의 문자와 자체를 같게 혹은 다르게 된 것을 자극으로 제시하고 문자가 같은 경우(A, a)에 '같다'고 반응하는 시간(NI)과 자체가 같은 경우 '같다'고 반응하는 시간(PI) 사이의 차이, NI−PI의 차이가 주된 관심이다. 이 차이는 곧 NI를 반응할 때는 피험자가 각 시각 형태에 관련된 이름을 기억에서 회복시켜야 한다. 그렇기 때문에 NI−PI 차는 곧 기억에서 문자 부호의 이름에 접근하는 데 필요한 추가 시간을 측정한다고 해석할 수 있다. 그들의 연구에서는 언어능력 상위집단의 NI−IP 차는 64msec인데 반해 하위집단은 89msec로서 통계적으로 유의한 차이가 난다. 이것은 곧 언어능력이 높은 사람이 낮은 사람에 비해 기억에 있는 과학습 재료(문자 이름)에 비교적 빨리 접근하며, 이 빠른 기억력이 곧 언어능력 밑에 놓여 있는 기본적인 정보과정기능이라는 해석할 수 있다.

둘째 과제는 Clark와 Chase[12)]가 사용한 '문장−그림 검증(sen-

---

11) E. Hunt, E., Lunneborg, C. & Lewis, J., "What does it mean to be high verbal", *Cognitive Psychology*, 1975, 7, 194-227.

L. A. Cooper & D. Regan, "Attention, perception and intelligence", in R. J. Sternberg (Ed.), *Handbook of Human Intelligence*, Cambridge: Cambridge University Press, 1982, Chapt. 3.

J. W. Pellegrino & R. Glaser, Cognitive correlates and components in the analysis of individual differences, in R. J. Sternberg & D. K. Detterman (Eds.), *Human Intelligence*, Norword, N. J.: Ablex Publishing Co., 1979, Chapt. 3.

tence-picture verification)' 패러다임의 변형 과제다. 이 패러다임에서는 피험자에게 두 가지 요소가 들어 있는 네 가지 형태의 문장을 먼저 제시한다. 'star above plus', 'star no above plus', 'star below plus', 'star not below plus.' 그리고 각 문장을 제시한 후 그림을 제시하는 데 그림은 '*+'와 '+*'이다. 피험자는 주어진 문장이 그림을 올바르게 나다낸 것인지의 진위를 정확히 빨리 반응하는 것인데 그들은 여기에서 두 가지 반응시간을 측정했다. 하나는 주된 문장을 부호화(encoding) 하고 이해하는 데 필요로 한 부호화 시간과 문장이 그림을 옳게 나타내고 있는지의 진위를 검증하는 데 필요로 한 검증시간이다. 또한 문장을 제시할 때 전치사인 'below', 'above'에 'below', 'above'처럼 표식을 준 경우와 주지 아니한 경우도 함께 다루었다.

결과 언어능력 상위집단과 하위집단 사이에 표식을 주거나 안 주거나 하는 것은 별로 큰 차이가 없으나, 부정문이 있는 경우에 부정문과 언어능력 사이에 유의한 상호작용을 보이고 있다. 즉, 언어능력이 높은 집난은 부정이 없는 문장보나 부정이 있는 문장에 내한 부호화 시간이 약 55msec 더 길고 언어능력이 낮은 집단은 약 100msec가 더 길게 나왔다. 능력이 높은 집단은 부정문장과 그림을 비교하는 데 약 70msec의 추가시간이 소요되는 데 비해 언어능력이 낮은 집단은 약 120msec의 추가시간이 소요된다. 이 같은 사실은 언어능력이 높은 집단이 복잡한 문장을 그에 대응하는 내적표상(internal representation)으로 변환시키는 정보처리과정이 언어능력이 낮은 집단에 비해 우수하다는 사실을 시사한다고 해석할 수 있다. [그림

12) H. H. Clark & W. G. Chase, "On the process of comparing sentences against pictures", *Cognitive Psychology*, 1972, *3*, 472-517.

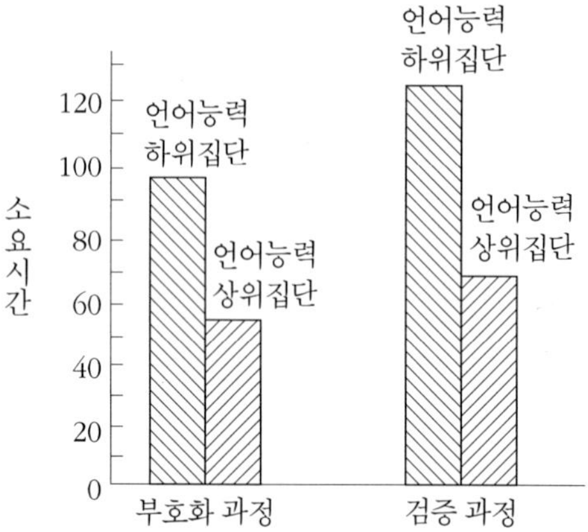

[그림 9-3] 언어능력 집단별로 나누어 본 부정문장에 대한 부호화 및 검증 과정에 소요된 시간

9-3]은 부정문장에 대한 부호화에 소요된 반응시간과 검증에 소요된 반응시간을 언어능력 집단별로 나타낸 것이다.

여기에서는 그들이 연구한 7개의 실험 중에서 가장 대표적이고 흥미로운 것 두 개만을 제시했다. 그들은 이 외에도 여러 가지 정보처리과정에 관련된 반응과 언어능력에 관련된 변인을 합한 38개 변인에 대한 상관관계도 계산하고, 이것을 기초로 요인분석과 varimax 회전 결과 5개의 의미 있는 요인이 추출되었다고 보고하고 있다.

이 같은 Hunt, Lunneborg, Lewis의 연구를 효시로 인지상관 연구는 급격한 발전을 가져왔다. Lunneborg[13)]는 여러 가지 심리측정 검사와 여러 가지 정보처리 과제를 피험자 집단에 실시하고 정보처리 과제에서 보이는 반응시간(reaction time)을 종속변인으로 하

---

13) C. E. Lunneborg, "Choice reaction time: What role in ability measurement?" *Applied Psychological Measurement*, 1977, *1*, 309-330.

여 상관을 내어 본 결과 능력측정과 선택반응시간(choice reaction time) 사이의 상관이 −.55∼−.28 사이에 분포되는 것을 발견하였다. Lunneborg의 1978년 연구[14]에서는 동작 IQ와 시각적 · 비언어적 정보처리 측정치 사이에 유의한 상관이 있으며, 어휘력과 언어 IQ는 정보처리의 언어 신축성(linguistic flexibility)과 읽기 시간(reading time)과 대단히 높은 상관을 나타낸다는 것을 보고하고 있다.

둘째로 제시하려는 연구는 Chiang과 Atkinson의 연구[15]와 Keating과 Bobbit의 연구[16]다. 이 두 연구의 특징은 여러 가지 인지과제의 정보처리 모수치 사이에 이론적 관계를 상정하고 그것을 경험적으로 증명해 보려고 했다는 점이다. 그들은 인지과제에 관련된 이론을 형성하고 거기에서 모종의 모수치를 상정한 다음 그것들 사이에, 그리고 그것들과 심리측정 점수 사이에 어떤 관계가 있는가를 보려고 했다는 점에서 Hunt, Lunneborg, Lewis(1975)의 연구와는 차이를 보인다.

Chiang과 Atkinson은 대학생에게서 SAT 검사를 실시하여 언어점수, 수리점수를 얻었다. 그리고 그들에게 기억−탐색과제(memory−search task)와 시각−탐색 과제(visual−search task)를 실시하고 각 개인의 과제에 대한 반응시간 함수에서 기울기(slope)와 절선(intercept)의 두 모수치를 계산했다. 이론적 가정은 반응시간 함수의 기

14) C. E. Lunneborg, "Some information-processing correlates of measures of intelligence", *Multivariate Behavioral Research*, 1978, *13*, 153-161.

15) A. Chiang & R. C. Atkinson, "Individual differences and inter-relationships among a select set of cognitive skills", *Memory and Cognition*, 1978, *4*, 661-672.

16) D. P. Keating & B. L. Bobbit, "Individual and developmental differences in cognitive-processing components of mental ability", *Child Development*, 1978, *49*, 155-167.

울기는 각 기억을 비교하는 데 요하는 시간의 측정치(즉, 기억 속에서 문항을 주사하는 속도)로 보았고, 반응시간 함수에서 얻은 절선은 기억 탐색에 포함되지 아니한 다른 모든 정보처리과정을 반영하는 것으로 보았다. 예컨대, 검사문항의 부호화, 같다-다르다를 결정하는 과정, 적절한 반응을 집행하는 과정 등이 모두 포함된다. 기억-탐색과제와 시각-탐색과제에 대해 각 개인에게서 추정한 기울기와 절선을 얻어 상관을 내어 보니 과제 간의 기울기와 기울기 사이, 그리고 절선과 절선 사이에는 각각 r=.968, r=.832의 높은 상관을 보이나 기울기와 절선 사이에는 전혀 관계가 없는 것으로 나타났다. 이것은 빠른 탐색 속도를 가진 사람은 그 과제가 언어이건 시각이건 높게 나타난다는 뜻이다. 또한 기울기와 절선이 아무 상관이 없다는 것은 그들 모수치가 대표하는 인지과정이 전혀 별개의 것일 가능성을 시사한다. 그러나 불행하게도 이들 모수치와 SAT 언어점수, 수리점수와의 사이에는 통계적으로 유의한 상관이 나타나지 않았는데, 아마 이것은 피험자가 대학생이어서 SAT 점수 분포의 변산이 좁은 데 원인이 있어 보인다. 보다 언어능력의 변산이 넓은 피험자를 대상으로 하는 경우 상관이 나타날 가능성을 충분히 엿볼 수 있다.

Keating과 Bobbit(1978)의 연구는 Raven의 점진적 행렬(progressive matrices)검사에서 얻은 점수를 심리측정치로 삼았는데, 기실 이것은 언어능력이라고 하기보다 문제해결능력이라고 보는 것이 타당하다. 피험자는 3, 7, 11학년이었으며 정보처리과정에 관한 과제는 Hunt, Lunneborg, Lewis의 실험에서 사용한 Posner의 문자-대비과제, 기억탐색과제, 단순반응시간, 선택반응시간들이었다.[17)]

17) 각 과제의 자세한 내용은 원논문을 참고하라.

결과를 변량분석한 결과 연령, 능력에 따른 차이는 유의하게 나타나서 연령이 높아짐에 따라, 또 능력이 높음에 따라 모든 과제에서 점수가 높다. 더욱이 흥미로운 것은 상호작용 효과가 뚜렷한 것으로 NI-PI 차는 연령이 어린 집단보다 연령이 높은 집단에서 더 작게 나타나고, 능력이 낮은 집단보다 능력이 높은 집단에서 더 작게 나타난다([그림 9-4] 참조).

Keating과 Bobbit는 여러 가지 정보처리과정 밑에 잠재해 있는 이론적 구인을 가정했다. 이를 위해, 그들은 기본적 모형을 ⓐ 부호화(encoding), ⓑ 작동(operation), ⓒ 이원적 결정(binary decision), ⓓ 반응집행(response execution)의 4단계를 정보처리과정으로 보고 각 단계에 해당하는 모수치를 추정했다. 그들이 가정한 이론은

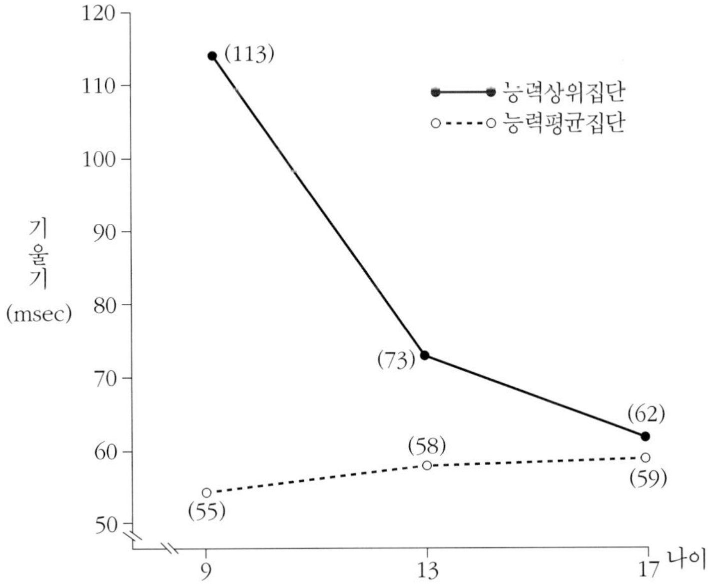

[그림 9-4] 연령에 따른 두 능력집단의 기억 반응시간 기울기의 평균비교
(Keating & Bobbit, 1978)

과제가 다르더라도 각 단계에서 추정된 모수치 사이에는 높은 상관을 보일 것이고(같은 정보처리과정이기 때문에), 비록 같은 과제 내에서도 각 단계의 모수치 사이에는 상관이 낮을 것이라고 보았다. 결과는 정확히 이것을 뒷받침해 주었으며, 공통 단계 사이의 모수치는 상관의 평균이 .66인데 비해 공통 단계가 아닌 모수치 사이의 상관 평균은 .30이었다(〈표 9-1〉 참조). 그들은 정보처리과정의 모수치 중 결정능률(선택반응시간-단순반응시간), NI-PI 차, 기억-탐색 능률(기억-주사함수의 기울기)의 세 가지 모수치를 가지고 심리측정검사 점수에 대해 회귀분석을 해 본 결과 연령 변인의 영향을

〈표 9-1〉 정보처리 모수치의 상호상관(Keating & Bobbit, 1978)

		전체 집단	남자 집단	여자 집단
동일단계	INT, PS(3)a	.65**	.71**	.56**
	CRT, PS(3)	.78**	.85**	.71**
	NS-PS 기울기(1)	.19	−.16	.50*
	CRT 절선(3)	.81**	.83**	.78**
상이한단계	C-STR, N-PS(0)	.35*	.46*	.22
	C-SRT, 기울기(0)	.26*	−.07	.61**
	SRT, NS-PS(0)	.26*	.27	.25
	CRT, NS-PS(0)	.37*	.47*	.26
	NS-PS, 절선(0)	.29*	.26	.35*
	PS 기울기(0)	.29*	.36*	.27
	SRT 기울기(0)	.19	.32*	.08
	CRT 기울기(0)	.28*	.04	.52*

기호 설명: CRT=선택반응시간; C-SRT=선택반응시간−단순반응시간
NS=이름−조건분류시간; PS=물리적−조건분류시간
SRT=단순반응시간
(a): [( )속의 숫자는 공통된 단계를 지시함]

*P < .05 **P < .01

제거하였을 때도 여전히 15%(통계적으로 유의한 변량)를 설명한다. 그중에서도 NI-PI차 변인이 가장 효과적인 변인임을 밝혀 주고 있고, 이것은 연령이 높아질수록 17%, 25%, 32%가 점차 높은 예언 능률을 보인다.

공간능력

공간능력(spatial ability)이란 공간 속에 존재하는 내적 표상(internal representation)을 기호화하거나 만들어 내거나 기억하거나 이것을 다른 사물이니 공간 위치에 관계시키는 능력을 뜻한다. 심리측정 이론에서는 이미 Thurstone의 PMA 연구를 통해 정신능력의 중요한 요인으로 밝혀지고 있다. 그러나 최근의 Lohman[18]과 McGee[19]의 심리측정검사의 공간능력을 연구한 바에 의하면 공간능력 속에는 최소한 두 가지 독립된 공간요인이 있는 것이 밝혀지고 있다. 이 중 하나는 시각적 물체의 표상을 정신적으로 조작하는 능력이며 공간시각요인(spatial visualization factor)라고 할 수 있다. [그림 9-5]에서 보는 바와 같이 어떤 물체가 특정한 공간 전환을 했을 때 그 물체를 상상하는 능력을 대표적 검사로 지적할 수 있다. 다른 한 가지는 공간방향요인(spatial orientation factor)으로서 자기 자신의 상상적

18) D. F. Lohman, "*Spatial Abilities: A Review and Reanalysis of the Correlational Literature*" (Technical Report No. 8, Aptitude Research Project), Stanford, Calif: Stanford University, School of Education, October 1979.

19) M. G. McGee, "Human spatial abilities: psychometric studies and environmental, genetic, hormonal and neurological influences", *Psychological Bulletin*, 1979, *86*, 889-918.

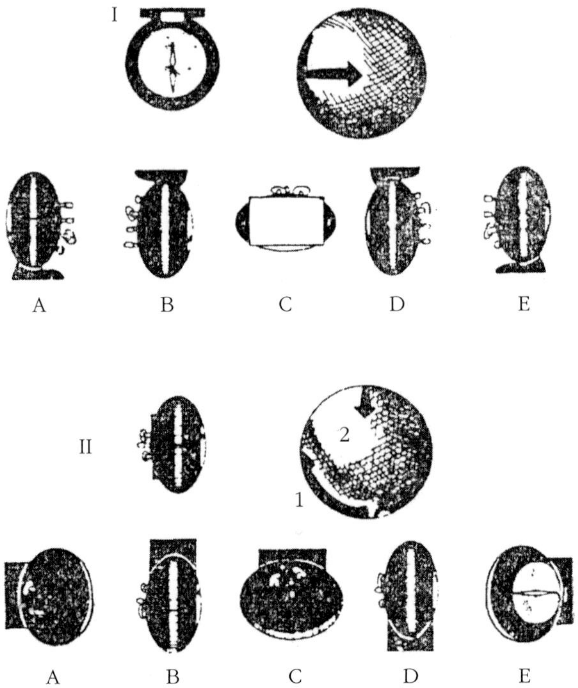

[그림 9-5] Guilford-Zimmerman 적성검사의 공간시각검사

가장 왼쪽에 있는 시계를 다음에 있는 구에 표시된 바와 같이 화살표(들)의 방향으로 회전하면 어느 모양의 그림이 되는가를 판단하는 검사다. (I)의 정답은 A, (II)는 C다.

방향에 따라 공간관계를 결정하는 능력으로 [그림 9-6]에 있는 것처럼 자기가 보트 위에 있으면서 방향이 바뀌었을 때의 공간관계를 파악하는 능력이다. 보다 복잡한 검사는 비행기 위에서 방향 전환을 했을 때 보이는 지형의 모양을 파악하는 것으로 들 수 있다.

정보처리과정에서 공간능력은 두 가지 이유에서 우리의 주목을 끈다. 첫째는 이들 검사의 정보처리과정이 흔히 말하는 지각과정과 대단히 공통성이 많다는 점이며, 둘째는 공간능력은 특별히 어떤 언어적 지시를 필요로 하지 않기 때문에 정보처리의 인지과정을 이해

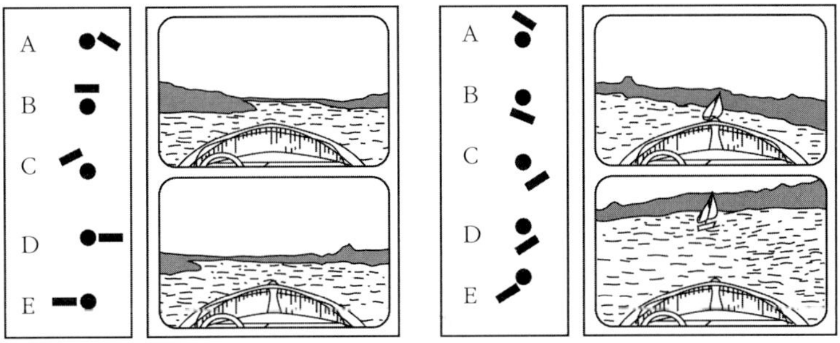

[그림 9-6] Guilford-Zimmerman 적성검사의 공간방향검사

보트의 위치가 윗 그림에서 아랫 그림으로 바뀌었을 때(배경을 보아서), 각 답지의 기호가 어느 것이 옳게 표시되어 있는가를 지적하는 문항이다. ●표는 윗 그림의 보트의 뱃머리를 지시하는 표시며, ▬표는 아랫 그림의 보트의 위치를 표시한다. 정답은 각각 D, B이다.

하는 데 대단히 유리하다는 점이다. 즉, 지식의 영향을 극소화할 수 있다는 점이다.

공간능력을 인지과정 관점에서 처음 접근하기 시작한 것은 Shepard와 Metzier가 3차원 물체의 그림 두 개를 짝지어 제시하고 그것이 같은 것이나 혹은 거울에 비친 영상 형태나를 지적하게 하는 실험에서 비롯했다.[20] 제시 방법은 방향, 위치 등에서 서로 다르게 했다. 여기서 밝혀진 가장 의미 있는 결과는 '같다-다르다'라는 구별을 하는 데 소요되는 시간은 짝지어진 두 그림의 방향이 얼마나 차이가 나느냐는 것과 비례한다는 사실이었다. 그들은 이 같은 결과에서 피험자는 두 물체 중 하나를 다른 물체와 같아지게 방향 전환을 상상적으로 시키는 내적 표상을 작용시키고 그런 다음에 비교해서 '같다-다르다'라는 결정을 하는 것으로 해석했다. 이때 반응시

20) R. N. Shepard & J. Metzler, "Mental rotation of three-dimensional objects", *Science*, 1971, *171*, 701-3.

간 함수의 기울기는 이 정신적 조작을 하는 데 걸리는 속도의 추정치가 될 수 있으며, 절선은 짝지어진 두 물체를 부호화하고, 정신적 전환 다음에 비교하고, '같다' '틀린다'는 것을 선택하고 집행하는 데 소요되는 시간의 추정치가 될 수 있다.

정신적 변환 과제(mental transformation tasks) 밑에 놓여 있는 인지과정의 모형은 공간능력검사에서 시각문제를 풀 때 포함되는 정신적 조작능력의 특징과 같다고 볼 수 있다. 그러면 정신적 변환 과제에 나타나는 개인차에 대한 정보처리과정을 설명하는 연구 중에 그것이 심리측정검사의 공간능력과 관계있다는 증거가 있는가? 실제 연구에서 보면 정신적 전환 과제의 속도나 부호화, 비교, 반응 등에서 상당한 개인차가 나타나고 있다는 것이 밝혀지고 있고, 특히 성별차[21], 연령차[22] 등이 분명히 나타난다. 정신적 변환과제에서 여자보다는 남자가, 연령이 많을수록 속도가 빠르다는 것이 나타나고 있다. 심리측정검사의 공간능력에서는 남자가 여자보다 훨씬 공간능력이 높은 것으로 나타나고 있는데, 인지과정의 연구에서는 반응시간의 절선에서는 성별차가 없으나 기울기에서 남자가 여자보다 훨씬 변환능력이 빠르다는 것을 시사하고 있다. 또한 남자집단보다 여자집단의 기울기의 변수가 훨씬 크다는 것도 흥미로운 발견이다.[23]

심리측정의 공간능력과 정보처리과정에서 추정한 모수치 사이에

---

21) J. Metzler & R. N. Shepard, "Transformational studies of the internal representation of three-dimensional objects", in R. L. Solo (Ed.). Theories in Cognitive Psychology: *The Loyola Symposium*, New York: Wiley, 1974.

22) R. Kail, J. Pellegrino, & P. Carter, "Developmental changes in mental rotation", *Journal of Experimental Clinical Psychology*, 1980, *29*, 107-116.

23) R. Kail, P. Carter, & J. Pellegrino, J. "The locus of sex differences in spatial ability", *Perception and Psychophysics*, 1979, *26*, 182-186.

어떤 관계가 존재하는가 하는 연구는 Egan[24)]의 몇 가지 연구를 대표적으로 들 수 있다. Egan의 연구 접근은 공간시각 및 공간방향능력검사의 문항을 정보과정 및 잠재시간의 개념으로 모형화하고 심리검사의 공간능력에 나타난 점수와 정보처리모형에서 추정한 모수치 사이의 관계를 탐색해 보려는 관점이다. 그가 대상으로 한 피험자는 공군장교 후보생과 해군 전투장교 후보생이었다. 그들에게 실시한 심리측정검사는 [그림 9-5]에 있는 것과 같은 검사와 비행기에서 본 지도와 그에 관련된 비행기 위치를 주어 정답을 선택하게 하는 검사이며, 측정치는 정확성이었다. 정보처리과정을 보기 위한 검사는 한 개의 지도와 한 개의 비행기를 짝지어 주거나, 한 개의 시계와 방향 전환을 한 다른 시계를 짝지어 주는 것이며, 이 두 검사 중에서 가능한 한 빨리, 정확하게 지적하게 하는 것이며, 모수치는 반응잠재시간이었다.

Egan의 1976, 1978년의 연구 결과에 의하면 심리검사 간의 정확성 사이의 상관이나 정보처리과정 과제의 정확성과 잠재시간 사이에는 높은 정적 상관을 보이고 있다. 그러나 심리검사의 정확성과 반응시간 사이에는 상관이 대단히 낮거나 부의 상관이 나왔는데, 그

---

24) D. E. Egan, *Accuracy and latency scores as measures of spatial information processing* (Research Report No. 1224). Pensacola, Fla: Naval Aerospace Medical Research Laboratories, February, 1976.

________, *Characterizations of Spatial Ability: Different Mental Processes Reflect in Accuracy and Latency Scores* (Research Report No. 1250), Pensacola, Fla: Naval Aerospace Medical Research Laboratories, August, 1978.

________, *An Analysis of Spatial Orientation Test Performance*, Paper presented to the American Educational Research Association, San Francisco, April, 1979.

________, "Testing based on understanding: Implications from studies of spatial ability", *Intelligence*, 1979, *3*, 1-15.

들은 이것을 반응시간 측정의 신뢰도가 낮은 것 때문으로 해석하고 있다. 그러나 Egan은 1979년의 연구에서 모형을 바꾸고 정보처리 과정의 모수치로 반응시간 함수의 기울기와 절선을 이용해서 연구한 결과, 기울기는 심리측정검사의 공간능력과 정의 상관을, 절선은 부의 상관을 보이고 있다. 이 결과는 공간능력검사를 높이는 데 기여하는 정보처리기능은 부호화와 반응과정의 능률이라는 사실을 알 수 있다. 개인의 반응시간 함수의 기울기와 공간능력 검사점수 사이의 상관은 낮으나 절선과 공간능력 검사의 정확성과는 상관이 −.30(통계적으로 유의함)을 보이고 있다. 이것은 곧 공간능력 밑에 놓여 있는 기본적인 정보처리 기능은 정신적 변환의 속도에 있는 것이 아니라 부호화와 비교과정의 능률에 있음을 시사한다.

Lansman의 연구[25)]에서는 공간요인 점수와 정신변환과제의 반응시간함수에서 추정한 기울기 사이에 −.50의 상관을 보고하고 있다. 즉, 빨리 변환하는 사람이 늦게 변환하는 사람보다 공간능력이 높다는 것이다. 또한 그는 절선 추정치와 공간능력 사이의 상관도 −.25로 유의하게 나온 것을 보고하고 있다. Egan의 연구와 Lansman의 연구 사이에 차이가 있기는 하지만 우리는 인간이 공간관계의 정보를 처리하는 인지과정을 공간능력에서 나타나는 정확성 사이에 어떤 형태의 관련이 있을 것을 가정하기에는 어렵지 않다. 아직도 연구에서 사용하는 모형의 차이, 추정하는 모수치의 차이, 측정의 오차 등에 문제점이 상존한다는 것을 고려하면 이 같은 가정은 새로운 연구의 미개척 분야를 시사하는 좋은 계기로 생각할 수 있다.

---

25) M. Lansman, "Ability factors and the speed of information processing", *Paper presented at the NATO Conference on Intelligence and Learning*, York University, York, England, 1979.

〈표 9-2〉 심리측정검사와 인지과정 모수치의 요인분석 (Carroll, 1981)(직교회전)

	요인부하량			h^2
	A	B	C	
요인 A: 선택반응시간의 기울기 bits				
결정시간의 기울기	.84	−.03	−.08	.71
결정시간의 SD	.65	.22	−.15	.50
결정시간의 SD의 평균	.54	.04	.30	.39
Raven의 행렬검사	.49	.43	.14	.45
신경성	.08	−.01	.01	.01
요인 B: 일반지능				
개념획득검사	.05	.86	.03	.75
단기기억검사	.02	.50	−.10	.26
외향성	.06	.30	−.01	.09
허위척도	−.03	.23	−.17	.08
요인 C: 손운동속도				
운동시간의 평균 SD	.02	−.02	.75	.57
결정시간의 속도	−.22	−.24	.65	.52
운동시간의 평균	.13	.18	.48	.28
계열학습	−.02	.06	−.17	.03

Carroll은 심리측정검사에서 얻은 점수와 인지상관 접근에서 측정하는 모수치 사이에 어떤 관계가 존재하는지를 확인하기 위하여 Jensen이 사용한 자료를 기초로 요인분석한 결과 〈표 9-2〉에 제시한 바처럼 세 개의 독립적인 요인을 발견하고 있다.[26] 그는 이것을 기초로 심리측정에서 얻는 측정치와 인지과정을 기초로 얻은 모수치는 서로 독립적인 다른 차원을 측정한다고 해석하고 있으며, 또한

26) J. B. Carroll, "Ability and task difficulty in cognitive psychology", *Educational Researcher*, 1981, *10*, 11-21.

인지과정에서 얻은 모수치도 반응시간을 기초로 한 속도 모수치와 오류율을 기초로 한 정확성 요인이 별개의 독립요인이라는 것을 시사하고 있는 것은, 인지상관의 장차의 연구 방향을 시사하는 중요한 결과로 볼 수 있다.

제 10 장

인지요소접근

인지요소접근의 특징

인지요소접근은 정신능력을 측정하기 위해 전통적으로 사용해 오고 있는 심리측정검사에 대해 요소분석을 기초로 정보처리의 인지과정을 직접적으로 확인하려는 방법이다. 요소분석의 목적은 관련된 정보처리 과제 밑에 놓여 있는 요소 정신작용을 확인하고 이 요소작용의 구조를 발견하고 그들 사이의 관계나 고차적인 정신능력과의 관계를 확인하려는 것이다. 심리측정 이론에서 보면 구인 타당화 과정이라고 볼 수 있고, 정보처리 관점에서 보면 기본적인 정보과정의 확인과 조직을 발견하려는 과정과 같다고 볼 수 있다.

따라서 인지요소접근 분석의 기본 단위는 요소(component)에 있다. 요소란 사물이나 상징의 내적 표상에 작용하는 기본 정보과정이다.[1] 요소는 감각을 통해 들어온 투입 정보를 개념적 표상(conceptual representation)으로 번역하기도 하며, 한 가지 개념적 표상을 다른 개념적 표상으로 변화하기도 하며, 개념적 표상을 운동적 산출(motor output)로 바꾸기도 한다. 이렇게 보면 요소분석은 개인차의 정태적 상태를 나타내는 구인이라기보다 정보과정 분석의 단위와 더 유사하다. 그러나 요소분석에서는 모든 단위가 이같이 기초적 단위로 구성되는 것은 아니고 필요에 따라 복잡한 요소도 사용한다. 어떻건 요소분석은 이론적으로 중요하다고 보는 행동측면만을 선택해서 인지과정을 설명하려는 것이다.

요소분석은 두 가지 부분으로 구성된다. 첫째, 과제수행에 포함된 요소의 확인, 둘째 이러한 요소를 조합하는 규칙(combination rule)의 구체화다.[2] 요소분석의 이론은 과제에 요구하는 요소로서 무엇을 포함시키는가에 따라 달라진다. 예컨대, 이론 I은 a, b, c 세 요소를, 이론 II는 a, b를, 이론 III은 a, b, c, d를 포함시키는 데 따라 달라진다. 또 세 이론이 이 같은 요소에 대한 조합규칙이 다름에 따라 달라진다. 예컨대, 이론 I은 순전히 가산적 조합규칙을 사용하여

$$\text{반응시간}(RT) = a + b + c$$

라고 할 수 있다. 이 규칙에 따르면 RT는 각 요소에 소비한 시간의 산술적 합이 된다. 이에 반해 이론 II는 부분적으로 가산적 조합규칙을 사용하여

---

1) A. Newell & H. Simon, *Human Problem Solving*, Englewood Cliffs, N. J.: Prentice-Hall, 1972.

2) R. J. Sternberg, *Intelligence, Information Processing and Analogical Reasoning*, Hillsdale, N. J.: Lawrence Erlbaum Associates, 1977, p. 66.

$$RT = a + \mathrm{Min}(b,\ c)$$

라고 할 수 있다. 이 경우에는 요소 a는 언제나 나타나며, b, c 중 시간이 적게 걸리는 것에 따라 결정된다. 또한 이론 III은 비가산적 조합규칙을 사용하여,

$$RT = \mathrm{Max}(a,\ b,\ c)$$

라고 할 수 있다. 이 경우에는 a, b, c 세 요소 중 가장 시간이 최대로 소요되는 것이 주된 역할을 하게 된다.

요소이론은 고려의 대상이 되는 정보처리 행동을 완전히 설명할 수 없다. 그렇기 때문에 한 개 이상의 요소모형(componential model)을 제안할 필요가 있으며, 그 모형은 ① 요소를 집행하는 순서(order of component execution)와 ② 요소집행의 양식(mode of component execution)을 명시해야 한다. 요소집행의 순서는 요소들이 어떻게 계열화되는가를 명시하는 것이며, 요소집행의 양식은 계열적이냐 평행적이냐, 전체적이냐 특수적이냐 하는 과정을 말한다.

요소분석에서의 개인차는 다섯 가지로 요약할 수 있다(〈표 10-1〉 참조). 이론 수준에서의 개인차는 과제수행에 포함된 요소나 혹은 조합규칙에서의 차이로 나타난다. 만약 개인차가 이 두 가지 원천 중 어느 하나에서 나타난다면 한 개의 이론으로는 피험자의 행동을 설명하기에 부적절해진다. 모형 수준에서의 개인차는 요소집행의 순서 혹은 요소집행의 양식에서 발생한다. 마찬가지로 개인차가 이 두 원천 중 어느 하나에서 나타난다면 모형 자체가 피험자의 행동을 설명하기에는 부적절하다. 요소 수준에서의 개인차는 요소의 시간

〈표 10-1〉 요소분석의 개인차 원천(Sternberg 1977, p. 69)

수준	원천	설명	예시
이 론	요소	어떤 피험자는 다른 피험자에 비해 보다 많은 요소, 보다 적은 요소, 전혀 다른 요소를 사용한다.	피험자 1은 요소 a, b, c를 사용하여 문제를 풀고, 피험자 2는 c, d, e를 사용하여 문제를 푼다.
	요소의 조합규칙	어떤 피험자는 한 가지 규칙에 따라 요소를 조합하는데, 다른 피험자는 다른 규칙에 따라 조합한다.	피험자 1은 $a+b+c$, 피험자 2는 $a \cdot b \cdot c$의 조합규칙을 사용하여 조합한다.
모 형	요소처리 과정의 순서	어떤 피험자는 한 계열 속에 요소를 순서로 세우는 데, 다른 피험자는 다른 계열을 사용한다.	피험자 1은 요소를 a, b, c 순서로 처리하고, 피험자 2는 c, b, a 순서로 처리한다.
	요소처리 과정의 양식	어떤 피험자는 한 가지 양식에 의해 처리하는 데, 다른 피험자는 다른 양식에 의해 처리한다.	피험자 1은 요소 a를 계열적 양식에 의해 처리하는데, 피험자 2는 요소 a를 평행적 양식으로 처리한다.
요 소	요소시간 혹은 역량	피험자에 따라 특정한 요소를 보다 빨리 그리고 보다 강력하게 처리한다.	피험자 1은 피험자 2보다 요소 a를 보다 빨리 처리한다.

혹은 난이성에서 발생한다. 즉, 같은 요소를 어떤 피험자는 다른 피험자보다 빨리 수행할 수 있다. 개인차가 요소 수준에서만 나타난다면 한 개의 이론, 한 개의 모형으로 모든 피험자에게 적용할 수 있다. 이 같은 개인차의 다섯 가지 원천은 세 가지 수준 사이에 위계를 이루고 있어서 상위 수준의 개인차는 하위 수준의 개인차 해석에 영향을 미친다. 요소접근은 이 같은 각 개인차에 관련된 여러 가지 모수치를 추정함으로써 정보처리 과제에 포함된 인지과정의 특징이 무엇이며, 왜 그것이 그 과제에서의 수행을 성공, 실패로 이끄는지

를 밝힐 수 있는 시사를 탐색하려는 것이 특징이다.

인지요소이론의 조감

인지요소이론의 발전에 주도적 역할을 한 것은 R. J. Sternberg다.[3] 여기에서는 그가 제시하는 이론을 보다 자세히 살펴봄으로써 인지요소접근의 핵심을 이해하고, 더불어 이것이 지능이론과 어떤 관계가 있는가를 밝히려고 한다.

먼저 인지요소의 특징을 살펴보자. 각 요소는 지속시간(duration), 난이성(difficulty, 이것은 오류확률이다), 집행확률(probability of execution)의 세 가지 중요한 특징을 갖고 있다. 이론, 모형을 달리 상징함에 따라 각각의 특징에 대해 여러 가지 종류의 모수치를 추정할 수 있다.[4] 이 세 가지 특징은 원칙적으로 독립되어 있다고 볼 수 있다. 예컨대, 어떤 인지요소는 집행에 시간이 오래 걸리지만 그 해결에서 오류가 거의 없을 수 있으며, 반대로 어떤 인지요소는 집행시간은 짧지만 오류의 확률이 클 수도 있다. 예로 '변호사 : 고객'의 관계는 '의사 : ⓐ 환자, ⓑ 약'의 관계를 묻는 유추추리(analogical reasoning)에서 보면 해결을 찾기 위한 집행시간의 지속시간은 길지만 해답의 오류는 적다는 것이 밝혀지고 있다.

---

3) R. J. Sternberg, "Sketch of a componential subtheory of human intelligence", *The Behavioral and Brain Sciences*, 1980, *3*, 573-614.
R. J. Sternberg, *Intelligence, Information Processing and Analogical Reasoning*, Hilsdale, N. J.: Lawrence Erlbaum Associates, 1977.

4) R. J. Sternberg, "Isolating the components of intelligence", *Intelligence*, 1978, *2*, 117-128.

요소에는 여러 가지 종류가 있다. 이것을 Sternberg는 첫째 기능(function)에 의해 분류하고, 둘째 일반성 수준(level of generality)에 따라 구별해서 분류하고 있다. 기능에 따라 다음 다섯 가지 요소로 구별한다.

① 메타요소(metacomponents)
② 수행요소(performance components)
③ 획득요소(acquisition components)
④ 유지요소(retention components)
⑤ 전이요소(transfer components)

메타요소는 문제해결을 할 때 집행계획을 하고 의사결정을 하기 위해 사용되는 최고의 통제과정을 지칭한다. 일반적으로 지적 작용을 요하는 과제에서는 여섯 가지의 메타요소가 포함되어 있는데, 첫째는 '해결해야 할 문제가 무엇인가를 결정하는 요소'다. 어린이와 함께 연구한 사람이면 누구나 갖는 경험이지만 그들에게 무엇을 묻고 그것에 따라 무엇을 해야 할 것인지를 이해시키는 데 상당한 곤란을 겪는 일이 있다. 이것이 바로 이 요소에 해당된다. 해결할 문제가 어려운 것이 아니라 해결할 문제가 무엇인지를 파악하는 것이 어려운 것이다. Resnick과 Glaser도 지능이란 직접적이고 완전한 지시가 없는 경우에 학습하는 능력이라고 주장한다.[5] 연구에 의하면 학습과제의 신기성(novelty) 및 비친근성(unfamiliarity)이 심리측정

5) L. B. Resnick & R. Glaser, "Problem solving and intelligence", in L. B. Resnick (Ed.), *The Nature of Intelligence*, Hillsdale, N. J.: Lawrence Erlbaum, 1976.

의 지능과 높은 상관을 보이고 있다.

메타요소의 둘째는 '하위차원에 속하는 요소(lower-order components)를 선택하는 일'이다. 메타요소는 요소 중에서도 가장 고차원의 것이며, 주어진 과제를 해결하기 위해 그 아래의 하위차원에 속하는 수행, 획득, 유지, 전이 요소들을 선택해야 한다. 부적절한 선택은 부정확하고 비능률적인 과제수행을 가져오게 된다. Sternberg와 Rifkin의 경우[6]에서 2, 4, 6학년 어린이와 성인을 대상으로 간단한 유추문제(analogy problem)를 푸는 능력을 검사한 결과, 4학년, 6학년, 성인집단은 유추문제의 반쪽(변호사 : 고객 :: 의사 : ?) 사이의 관계에서 보다 높은 차원의 관계를 형성하는 수행요소를 사용하는 데 반해 2학년 아동집단은 이 같은 '관계 사이의 관계(relations between relations)'라는 차원 높은 관계를 식별하는 능력을 갖고 있지 않다는 사실을 시사하고 있다. 이러한 능력을 곧 하위차원 요소를 관련시켜 지도화(mapping) 하는 능력이 없거나 희박함을 의미한다. 대부분 논리적 연결을 시키는 추리문제에서 실패하는 이유는 이 같은 연결을 부호화시키는 것이 부정확한 데 연유한다는 것이 연구결과다.[7]

메타요소의 셋째는 '정보를 처리하기 위한 하나 이상의 표상(representation) 혹은 조직(organization)을 선택하는 일'이다. 주어진 인지요소는 여러 가지 다른 가능한 표상 혹은 조직을 어느 하나에서

6) R. J. Sternberg & B. Rifkin, "The development of analogical reasoning processes", *Journal of Experimental Child Psychology*, 1979, *27*, 195-232.

7) R. J. Sternberg, "Intelligence research at the interface between differential and cognitive psychology: prospects and proposals", in R. J. Sternberg & D. K. Detterman(Eds.), *Human Intelligence: Perspectives on Its Theory and Measurement*, Norwood, N. J.: Ablex, 1979.

만 작용할 수 있다. 따라서 어떤 표상 혹은 조직을 선택하느냐는 것이 그 요소가 작용할 가능성을 촉진시킬 수도 방해할 수도 있다. 앞에서 든 Sternberg와 Rifkin(1979)의 연구에 의하면 2학년 아동은 연령이 높은 아동집단이나 성인과는 다르게 유추문제에 관한 정보를 조직하고 있음을 발견할 수 있으며, 이 같은 독특한 조직 방법은 그들의 실행기억력이나 지도화 능력이 연령이 높은 아동이나 성인에 비해 제한된 것을 보상하는 방법으로 문제를 해결하게 해 주고 있음을 발견하고 있다. 또한 Sternberg와 Weil의 연구[8)]에서 직선삼단논법 과제(linear-syllogisms task, 예컨대 복동이의 키는 철수보다 크다. 철수는 영호보다 크다. 누가 제일 키가 큰가?)를 푸는 문제에서 정보에 대한 여러 가지 표상(언어적 표상, 공간적 표상, 언어적+공간적 표상)의 효능도는 각 개인의 언어 및 공간 능력에 의존한다는 사실을 밝히고 있다. 기하학적 유추문제에서는 언어적 표상이 보다 효과적인가 하면, 동물-명칭 유추문제에서는 공간적 표상이 더 효과적일 수도 있다. 이같이 표상 형태의 효능성은 피험자 변인, 과제 변인 및 그 둘 사이의 상호작용 등에 의해 결정될 가능성이 크다.

메타요소의 넷째는 '하위차원 요소를 종합하는 전략(strategy)의 선택'이다. 요소를 단순히 나열하는 것만으로 과제를 수행하기에는 불충분하다. 과제수행을 촉진하도록 이 같은 하위요소를 계열화하고, 어떻게 이 같은 요소를 전부 사용할 것인가를 결정해야 하며, 어떤 요소는 계열화해서 순서대로 집행해야 하며, 또 어떤 요소는 평행적으로 동시에 집행해야 하는지를 결정해야 한다. 이것이 곧 전략의

8) R. J. Sternberg & E. M. Weil, "An aptitude-strategy interaction in linear syllogistic reasoning", *Journal of Educational Psychology*, 1980, *72*, 226-234.

선택이다. 예컨대, 유추과제(변호사 : 고객 :: 의사 : 환자)에서 포괄적으로 집행하는 요소(exhaustively executed components)[9)]의 경우에는 각 항목의 짝을 연결하는 모든 가능한 부호화된 특성 혹은 차원을 비교하게 되며, 자체-종결집행(self-termination execution)을 하는 경우에는 속성의 부분집합만을 비교하게 되어 어떤 요소만을 선택하고 어떤 것은 제외된다. 각 개인은 이 같은 비교를 어느 경우에 포괄적으로 할 것이며, 어느 경우에 자체-종결형식으로 할 것인지를 결정해야 한다. 지금까지의 연구로 보면 자체-종결요소 방식을 지나치게 사용하면 오류가 상당히 높아지며, 포괄적 요소양식을 지나치게 사용하면 문제해결 잠재시간(latency)이 증가하는 경향이 있다.

메타요소의 다섯째는 '속도-정확성(speed-accuracy)에 관한 의사결정'이다. 수행과제에 사용되는 과제나 요소는 모두 제한된 시간량이 할당되어 있다. 주어진 과제 및 과제요소에 할당된 시간제한을 크게 하면 수행 결과의 질이 감소할 것임은 명백하다. 따라서 각 개인은 어느 정도의 시간을 각 요소에 할당할 것이며, 어느 정도의 시간제한이 수행의 질에 영향을 줄 것인지를 결정해야 한다. 개인이 결정해야 할 일은 전체 결과의 질을 극대화하도록 여러 가지 과제의 요소에 시간 할당을 적절히 분배하는(평균 분배가 아닌) 일이다. Sternberg의 연구[10)]에 의하면 직선삼단논법 과제에서 해결잠재

9) 요소처리과정의 한 가지 방법으로 포괄적 집행(exhaustive execution)이라고 하며, 이에 대비되는 방법이 자체-종결 집행(self-termination execution)이라고 한다(〈표 10-1〉 참조). 보다 자세한 것은 다음 문헌을 참고하라.
R. J. Sternberg, "Componential investigations of human intelligence", in A. Lesgold, J. Pellegrino, S. Fokkema, & R. Glaser (Eds.), *Cognitive Psychology and Instruction*, New York: Plenum, 1978. pp. 277-298.

(solution latency) 시간을 7초에서 6초로 1초 줄였더니 오류율이 7배 (1%에서 7%)로 증가한다는 것을 증명하고 있다. 이 같은 결과는 시간의 배분이 정확성과 밀접한 관계가 있음을 시사한다.

메타요소의 여섯째는 '해결에 관련된 모니터(solution monitoring)'이다. 각 개인이 문제를 해결하기 위하여 진행하는 과정에 무엇은 이미 해결했으며, 현재 무엇을 하고 있고, 무엇이 더 해야 할 필요가 있는 것인지를 추적해야 한다. 이 세 가지 정보는 문제에 따라 다르다. 만약 문제가 기대한 바처럼 진행되지 않고 있다면 진행과정에 대한 재평가가 필요할 것이며, 때에 따라서는 목표를 바꾸어야 할 가능성도 고려해야 한다. 과거의 목표가 성취되지 않은 것을 알게 되면 현실적인 새로운 목표를 형성해야 할 필요도 있다. 문제를 해결할 때 현재 가능한 대책들이 하나도 만족한 해답을 주지 못한다는 것을 발견할 때가 많다. 이때는 가능한 최선의 방법을 다시 선택해서 시도해야 한다. 직선삼단논법 문제에서 보면 대부분의 피험자에게 최선의 전략이 무엇인지는 불분명하며 이 같은 전략 사용에 경험이 없는 피험자는 이 같은 문제를 해결해 보는 경험을 어느 정도 가져보기까지는 그 존재를 인식 못하는 결함이 있다.

지금까지 메타요소에 관한 6개 내용을 논의했다. 일반적으로 보아 메타요소는 일반적인 정보처리 패러다임의 수행과 분리해서 생각할 수 없다. 왜냐하면 고차원의 계획이나 의사결정의 잠재성(latencies)은 문항 유형에 관계없이 고정적이기 때문이다. 따라서 메타요소적 잠재성은 고정적인 반응요소 혹은 회귀 절선(regression intercept)과

10) R. J. Sternberg, "A proposed solution of curious conflicts in the literature on linear syllogisms", in R. Nickerson (Ed.), *Attention and Performance*, Ⅷ, Hillsdale, N. J.: Erlbaum, 1980.

혼합되어 있기 마련이다. 이 혼합이 반응상수와 지능검사 점수 사이에 상관을 나타내기는 하되 설명하기 어렵게 만든다.[11] 그러나 계획과 의사결정 시간을 조작하면 한두 개의 메타요소를 분리해 낼 수는 있다. 문항에 따라 요구하는 전략 계획의 양을 다르게 하는 패러다임을 사용하면 거기에서 표준 수행요소의 잠재성에서 메타요소 잠재성을 추출할 수 있다. 예컨대, $A : B$는 $C : X_i$(X_i는 여러 개의 선택지가 있다는 뜻)라는 유추문제는 $A : X_i$는 $Y_i : D$라는 유추문제보다 훨씬 적은 전략 계획을 요한다. 쉽게 이해할 수 있듯이 후자의 과제는 X_i, Y_i가 모두 선다형 선택을 포함하기 때문이다. 이 두 경우를 비교하면 메타요소 잠재성을 추정할 수 있는 가능성을 상정할 수 있다.

기능에 의한 분류의 둘째 요소는 수행요소(performance component)다. 수행요소는 과제수행을 하기 위한 여러 가지 전략을 집행할 때 사용하는 요소를 지칭한다. 이 요소에 대해 여러 가지 제안이 제시되고 있으나 주로 유추, 귀납적 추리, 문제해결의 과제수행에서 넓게 적용되는 요소만을 제시하면 ① 부호화(encoding), ② 추리(inference), ③ 지도화(mapping), ④ 적용(application), ⑤ 정당화(justification), ⑥ 반응(response)으로 나눌 수 있다.

부호화(encoding)는 주어진 문제의 각 항목을 개인이 부호화시키는 것으로 모든 문제해결 상황에서는 이 과정이 처음 부딪치는 과정이며 그런 다음 이것을 실행기억에 저장하고 장기기억소에서 그 문제에 관련된 정보를 찾아 인출해(retrieving) 낸다. 변호사 : 고객=의사 : ⓐ 환자, ⓑ 약이라는 유추문제를 예로 들어 보면 우리는 변호

11) J. W. Pellegrino & Glaser, R. "Component of inductive reasoning", in R. E. Snow, P-A Federico, & W. Montague, *Aptitude, Learning and Intruction: Cognition Process Analysis*, Vol. 1. Hillsdale, N. J.: Erlbaum, 1980. pp. 177-218.

사의 속성인 '전문가' '법과대학 졸업자' '변호사 회원' 등과 같은 정보를 장기기억소에서 인출해 내어 이것을 현재의 실행기억 속에 집어넣게 된다.

추리(inference)는 두 개 사물 사이의 관계에 관한 특성을 한 개 이상 찾아내는 것이며, 그것은 구체적인 것일 수도, 또 추상적인 것일 수도 있다. 앞의 예에서는 '변호사'와 '고객' 사이의 관계를 찾아 변호사는 고객에게 어떤 전문적 봉사를 하는 것이라는 관계를 추리한다.

지도화(mapping)는 앞 상황의 측면을 뒤 상황의 측면에 관계시키는 것이다. 앞의 유추문제에서 보면 유추의 전반부(변호사 : 고객)와 후반부(의사 : ⓐ 환자, ⓑ 약) 사이의 보다 고차원의 관계를 찾는 것에 해당된다. 그것은 전문가에 관계된 어떤 속성을 지시한다.

적용(application)은 앞에서 한 어떤 결정을 현재의 문제해결에 적용하는 것이다. 앞의 보기에서는 변호사 : 고객의 관계와 같은 관계를 의사와 '답지' 사이의 관계에서 찾아내는 과정에 해당된다.

정당화(justification)는 주어진 여러 개의 해결 가능성(보기에서는 답지) 중에서 보다 나은 것, 보다 최선의 것을 검증하는 과정이다. 보기에서는 두 개의 답지 중에서 '환자'가 보다 적절하거나 최선의 해결이라는 검증을 하게 되는 유추과정에 해당된다.

반응(response)은 개인이 문제해결을 밖으로 의사소통하는 과정에 해당된다.

이 같은 수행요소에 관련된 정신처리의 인지과정은 어떤 문제에 이 같은 모형을 적용하느냐에 따라 상당한 변형이 가능하다. 단순한 인지문제 해결인 경우와 유추문제인 경우, 또 연역적 추리문제인 경우 등에 따라 그 모형에 수정이 있을 수 있는 것은 자명하다. 앞에 제시한 여섯 가지 각 기능을 함께 고려하면 변량분석이나 회귀분석

을 통해 각 기능에 관련된 모수치를 추정할 수 있다.[12)]

셋째, 기능에 의한 분류 중 획득요소, 유지요소, 전이요소는 설명의 편의상 함께 다루는 것이 편리할 것 같다. 획득요소는 새로운 정보를 학습하는 데 포함된 기능을 말하며, 유지요소는 이전에 획득해 놓은 정보를 인출하는 데 포함된 기능을 지시하고, 전이요소는 유지하고 있는 정보를 한 상황에서 다른 상황에 일반화하는 데 포함된 기능을 지시한다. 현재까지의 연구 결과로는 이 같은 각 요소가 무엇인지를 정확히 구체화하기는 어려운 단계에 있다. 그러나 이 같은 정보처리과정에 관련된 몇 가지 변인들은 신문, 잡지 등과 같은 친숙한 자료에 숨겨져 있는 낯선 단어(unfamiliar words)에 관한 정보를 획득, 유지, 전이하는 것을 예로 몇 가지 시사를 제시할 수 있다. 첫째, 새롭고 친숙하지 않는 단어가 자주 나타날수록 그에 비례해서 그 단어의 정보를 획득, 유지, 전이할 가능성이 커진다. 둘째, 어떤 새롭고 친숙하지 않은 낯선 정보가 여러 가지 다양한 문맥 속에서 나타날 때, 그것을 획득, 유지, 전이할 확률이 더 커진다. 셋째, 새롭고 낯선 정보가 그것에 나타나는 문맥 속에서 말초적인 것이 아니라 보다 중요한 때 그 문맥은 낯선 정보(단어)의 의미를 획득, 유지, 전이하기 쉽다. 넷째, 표적하는 정보가 오래된 것이 아니라 최신성(recency)이 클수록, 획득, 유지, 전이할 가능성이 커진다. 다섯째, 낯선 새로운 정보가 전체 문맥의 의미를 이행하는 데 촉진적인 역할을 하는 단서를 많이 가지고 있을수록 그 정보의 전이 가능성은 커진다. 여섯째, 과거에 학습한 정보가 현재의 정보에 제시되면서 새로운 학습

12) R. J. Sternberg, *Intelligence, Information Processing and Analogical Reasoning: The Comopential Analysis of Human Abilities*, Hillsdale, N. J.: Erlbaum, 1977.

상황 자체에 포함되어 있지 아니한 문맥 속에 나타날 때, 획득, 유지, 전이가 커진다.

앞에서 우리는 요소를 기능에 의해 분류, 개념화해 보았다. 요소는 또한 일반성 수준(level of generality)에 따라 세 가지 수준으로 분류할 수 있다. 일반요소(general components)는 주어진 과제 모집단(task universe) 내에 있는 모든 과제를 수행하는 데 요구되는 수준을 말하며, 유목요소(class components)는 과제 모집단 내에서 최소한 두 개 이상의 적절한 부분집합이 과제를 수행하는 데 요구되는 수준의 요소를 지칭하며, 특수요소(specific components)는 과제 모집단 내에서 어떤 단일한 과제를 수행하는 데 요구하는 수준의 요소를 지칭한다. 지적 과제에 따라 요구하는 수준의 다양성은 다르기 마련이다. 앞에서 보기를 든 유추문제를 다시 보면 '부호화'는 이 경우 과제를 수행하는 데 없어서는 안 될 요소이며, 이 같은 종류의 과제를 해결하기 위해서는 모두 요구된다. 그러기 때문에 일반요소라고 말할 수 있다. 이에 비해 '지도화'는 귀납문제를 다루는 문제에는 요구되는 것이지만 모든 문제에 다 요구되는 요소는 아니다. 그렇기 때문에 유목요소라고 말할 수 있다. 일반적으로 특수 수준의 요소는 이 같은 유추추리와 같이 수준이 높은 문제에서는 포함되지 않는 요소이며, 아주 단순한 정보처리 문제에나 있는 성질의 것이다. 예컨대, 〈일주일은 며칠인가? ㉠ 5일 ㉡ 6일 ㉢ 7일 ㉣ 8일〉과 같은 과제수행에서 있을 수 있는 요소는 특수 수준의 요소에 해당된다.

요소의 종류 간의 상호관계를 살펴보자. 우선 요소의 종류 사이에 기능적으로 어떤 관계를 갖고 있는가를 [그림 10-1]에 도시했다. 그림 하단에 설명되어 있는 바처럼 요소 사이에는 혼합된 체제 속에서 서로 밀접히 관련되어 있음을 볼 수 있다. 직접 촉매(direct activa-

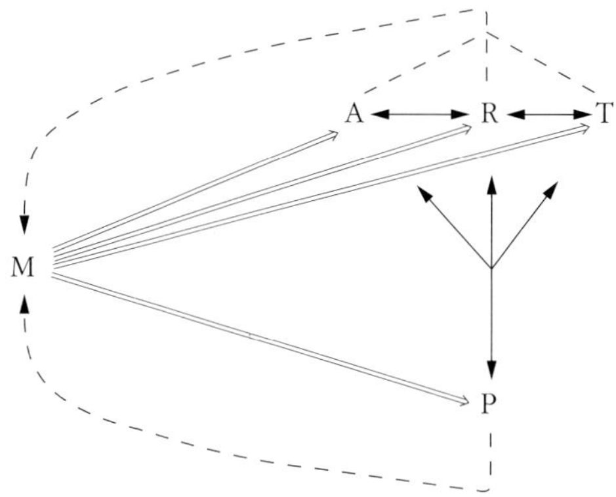

M=메타요소, A=획득요소, R=유지요소, T=전이요소, P=수행요소
⇒ 직접적 촉매, —► 간접적 촉매, - - -► 직접적 피드백

[그림 10-1] 기능에 따른 요소 간의 상호관계

tion), 간접 촉매(indirect activation), 직접 피드백(direct feedback), 간접 피드백(indirect feedback) 등의 다양한 관계로 서로 관련된다. 제안된 모형 속에서 보면 메타요소만이 직접촉매를 하며 다른 요소에게서 피드백을 받는다. 이같이 모든 통제과정은 메타요소에서 직접적으로 체제에 전달되며, 모든 정보는 체제에서 직접적으로 메타요소로 전달된다. 다른 요소들은 오직 서로 간접적으로 촉매되거나 간접적으로 서로 정보를 받아들인다. 어느 경우든 간에 이때 반드시 메타요소의 중개과정을 거쳐야만 한다. 예컨대, 정보의 획득은 정보의 유지나 그 정보의 전이에 영향을 미치기는 하지만 이 세 가지 요소들이 메타요소의 중개를 통해서만 미치지 '직접' 미치지는 않는다는 것이다. 즉, 획득요소에서 얻은 정보는 다른 요소에 그 정보를 전달할 때 반드시 메타요소의 여과를 거쳐야 된다.

메타요소는 주어진 시간에 어떤 제한된 정보량만을 처리할 수 있다. 어려운 과제나 새롭고 다른 종류의 과제에서는 때에 따라 메타요소에 피드백되는 정보량이 정보를 처리할 수 있는 용량을 초과할 수도 있다. 이런 경우에는 메타요소에 정보가 과부화되어 중요한 가치 있는 정보를 흘려버려 낭비할 수도 있다. 따라서 앞에서 제시한 체제에서 보면 메타요소의 전체 정보처리 용량이라는 변인이 체제의 중요한 제한점이 된다(마치 컴퓨터의 처리 용량과 비슷하다).

여러 가지 일반성의 수준(level of generality)에 따른 요소는 과제 수행에 어떻게 들어오느냐는 방법에 따라 서로 관련되어 있다.[13] [그림 10-2]에 이 같은 위계관계를 도시했다.

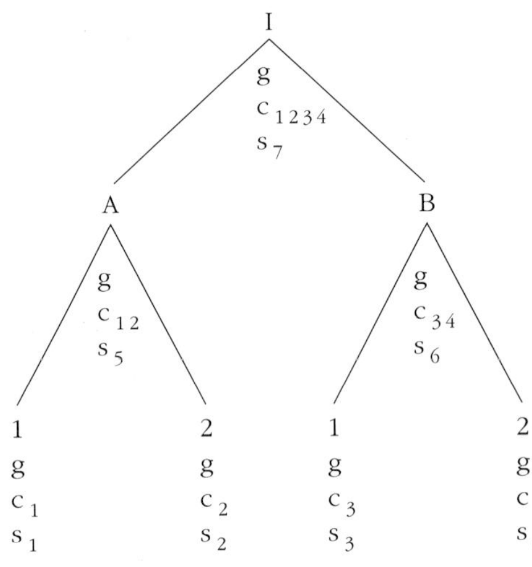

g=일반 수준, c=유목 수준, s=특수 수준

[그림 10-2] 일반성의 수준에 따른 요소 간의 상호관계

13) R. J. Sternberg, "The nature of mental abilities", *American Psychologist*, 1979, *34*, 214-230.

R. J. Sternberg, "Toward a unified componential theory of human intelligence: I. fluid ability", in M. Friedman, J. Das, & N. O' Conner, *Intelligence and Learning*, New York: Plenum, 1980.

각 과제는 일반 수준(g), 유목 수준(C), 특수 수준(S)을 그 요소의 각 위계마다 포함하고 있다. C_i, C_j는 유목요소의 각 집합을 지칭하며 C_{ij}는 C_i와 C_j의 앞쪽 유목요소를 함께 포함한 연쇄집합이다. 위계의 수준은 과제의 복잡성에 따라 달라진다. 보다 복잡한 과제는 위계의 고차원 수준에 머물며, 보다 단순한 과제는 하위차원의 수준에 머물게 된다. 가장 아랫 부분이 가장 단순한 과제를 지시하지만 여기에서 보듯이 일반 수준 g를 언제나 포함하고 있다. 이같이 일반 수준 g는 어떤 수준의 과제 수행에서건 요구되는 요소다. 예컨대, 과제 IA1은 '2, 4, 6, 8, ?'라는 수열문제라면 과제 IA2는 '소 잃고 외양간 고친다'라는 은유 과제, 과제 IB1은 'N는 P보다 크다, P는 L보다 크다, 어느 것이 가장 큰가?'라는 직선삼단논법이라고 할 수 있고, 과제 IB2는 '모든 C는 B이다, 어떤 B는 A이다, 어떤 C는 A라고 결론내릴 수 있는가?'라는 유목삼단논법(categorical syllogism)이라고 말할 수 있다. 과제 IA1, IA2, IB1, IB2는 각각 특수성이 있는 문제다. 그러면서 과제 IA1과 IA2는 동시에 수열과 은유 과제에 어떤 공통된 요소, 즉 유추(analogy)요소가 공통적으로 존재하며, 과제 IB1과 IB2는 각각 특수성이 있지만 그 사이에는 고차적인 삼단논법의 추리라는 요소가 공통적으로 존재한다. 그러나 IA와 IB 사이는 각각 다른 요소를 가진 이질적인 것이다. 그러나 또한 이 두 과제 사이에도 귀납적 삼단논법이 작용하고 있음을 알 수 있다. 이것이 곧 I에 위계적으로 수렴되는 이유다.[14] 그러나 이 같은 위계의 구성은 과제의 종류, 그것이 갖는 성질, 포함되는 요소와 일반성의 수준에 따라 달라지는 것은 물론, 가정하는 이론에 따라서도 달라진

14) R. J. Sternberg, "The development of linear syllogistic reasoning", *Journal of Experimental Child Psychology*, 1980, *29*, 340-356.

다는 점에 유의해야 한다.

지금까지 인지요소에 관한 이론을 개략적으로 살펴보았다. 다음에는 이 같은 이론을 바탕으로 연구한 결과들은 공간변환(spatial transformation), 귀납추리(inductive reasoning), 연역추리(deductive reasoning)에 관해 살펴보자. 이들 외에 단기기억력에 관한 문제가 있으나 여기에서는 생략한다.

공간변환

공간능력은 이차원 혹은 삼차원의 그림을 회전하거나 비교하게 하여 소요되는 속도시간을 탐구하는 것이 일반적 방법이다. [그림 10-3]에 우선 두 가지 경우를 예시했다. 지금까지 연구된 결과[15]에 의하면 두 자극이 같은 것인지 아닌지를 확인하는 데 소요되는 시간은 차원과 회전 각도차(degree of angular disparity)와 함수관계가 있다는 것이 증명되고 있다.

이차원과 삼차원 도형의 자극과제 사이에는 중요한 차이가 있다고 한다. 이차원의 경우 처음 부호화과정이 오고 다음 회전, 비교, 그리고 결정과 반응의 순으로 정보처리과정이 진행된다고 본다. 집

---

15) J. Metzler & R. N. Shepard, "Transformational studies of the internal representation of three-dimensional objects", in R. L. Solso (Ed.), *Theories in Cognitive Psychology: The Loyola Symposium*, Potomac, Md.: Lawrence Erlbaum Associates, 1974.

R. N. Shepard, "Form, formation and transformation of internal representations", in R. L. Solso (Ed.), *Information Processing and Cognition: The Loyola Symposium*, Hillsdale, N. J.: Lawrence Erlbaum Associates, 1975.

단이나 개인 자료에서 얻은 선형함수에서 절선과 기울기를 측정할 수 있는데, 절선은 부호화와 결정-반응과정에 소요되는 기초 속도를 지시하고, 기울기는 회전속도를 지시하는 것으로 해석할 수 있다. 이 같은 모수치의 개인차에 대해 밝혀진 연구는 별로 없으나 Egan의 연구[16)]에서는 절선에서의 개인차가 부호화와 결정-반응과정과 밀접히 관련되어 있다고 보고하고 있다.

삼차원 과제의 경우에도 절선과 기울기 모수치가 지시하는 의미는 같다. 그러나 [그림 10-3]에서 보듯이 삼차원의 경우 회전각 차이에 따라 기울기가 이차원의 경우보다 훨씬 크다. 이것은 내적 자극 표상(internal stimulus representation)은 회전하는 데 소요되는

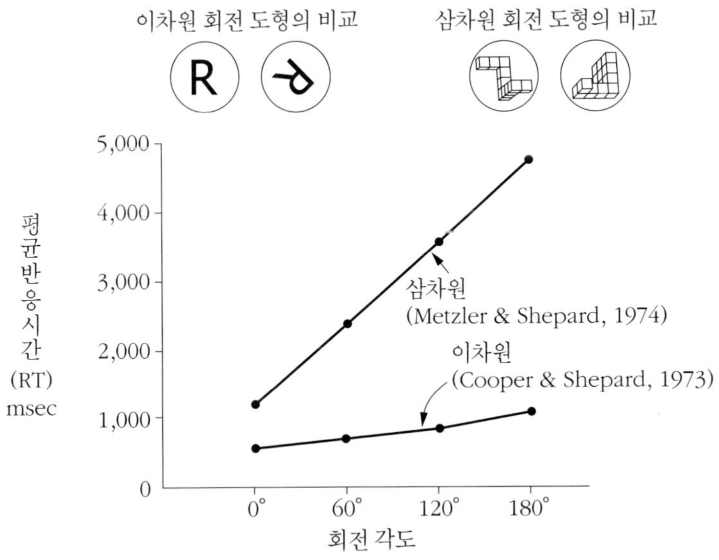

[그림 10-3] 이차원 및 삼차원 자극의 회전속도 연구 결과

16) D. E. Egan, "Characterizing spatial ability: Different mental processes reflected in accuracy and latency scores", Unpublished manuscript, 1978.

시간이 자극 차원 수의 함수일 가능성을 시사한다. 즉, 삼차원에서 사차원으로 가면 더 급격한 기울기를 보일 것이라는 것이다. 그러나 한편으로는 차원이 증가하면 회전할 때 다른 과정이 더 추가될 가능성도 배재할 수 없다.[17] 이 같은 가능성 중의 하나가 차원이 증가하면서 거기에 조직과 계열화라는 처리과정이 더 추가될 가능성이 있다.

공간능력을 측정하는 과제에는 앞에서 제시한 과제 이외에도 종이접기, 나무토막 쌓기, 모양맞추기 등 여러 가지가 있고 이들 과제에 따라 요구하는 인지과정이 다른 것을 짐작할 수 있다. Cooper는 공간과제의 정신처리과정에 나타나는 개인차는 정보처리의 전략과 밀접한 관련이 있고 각 개인마다 이 같은 전략이 다르리라는 것을 시사하고 있다.[18] 현재까지 밝혀진 연구 결과로는 개인차가 처리과정의 속도에만 존재하는 것이 아니라, 개인이 사용하는 내적 표상의 성질 및 과제집행의 전략 중에도 존재한다는 것을 시사한다.

귀납추리

귀납추리 요인을 측정하기 위해 전통적으로 사용해 온 문항 유형

---

17) P. A. Carpenter & M. A. Just, "Eye fixations during mental rotations, in J. Senders, R. Monty & D. Fisher (Eds.), *Eye Movement and Psychological Processes* II. Hillsdale, N. J.: Lawrence Erlbaum Associates, 1978.

18) L. A. Cooper, *Spatial Information Processing: Strategies for Research*, Paper Presented at the Office of Naval Research/Navy Personnel Research and Development Center Conference on Aptitude, Learning and Instruction: Cognitive Process Analysis, San Diego, March, 1978.

문항 유형	문항 내용
문자계열	
a×b×c×d……	종지점 길이가 2개: 한 개의 기억 매듭을 요구
qzhrrahqsb……	종지점 길이가 4개: 세 개의 기억 매듭을 요구
도형유추	
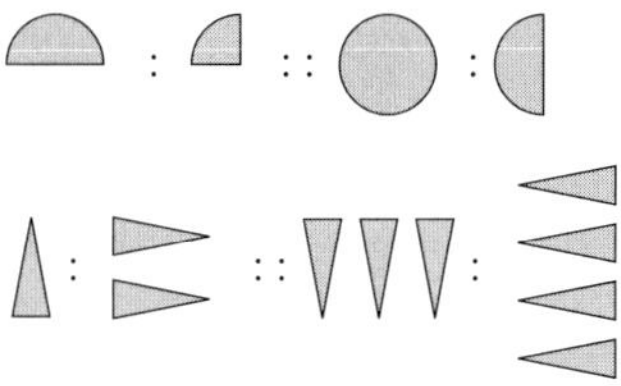	한 개의 요소(반원) 한 개의 변환
	한 개의 요소(삼각형) 두 개의 변환(90° 로 시계방향) 회전 및 같은 요소의 증가
언어유추	
팔 : 팔꿈치 : : 다리 :	부분-전체: 높은 의미론적 제약
이윤 : 판매 : : 명성 :	결과-원인: 낮은 의미론적 제약
쇠 : 강철 : : 모래 :	전환관계: 낮은 의미론적 제약

[그림 10-4] 귀납추리를 측정하는 여러 가지 문항 유형

은 크게 계열완성(series completion) 문항과 유추(analogy) 문항으로 나눌 수 있다([그림 10-4] 참조). 계열완성문항에도 문자계열(letter series), 수계열(number series), 그림계열(picture series), 추상도형계열(abstract geometric form series) 등 여러 가지다. 그러나 자극재료는 다르지만 과제구조는 동일하다. 즉, 계열을 구성하는 요소들을 어떤 특정한 관계에 따라 나열해 놓고 피험자로 하여금 이 밑에 놓여 있는 기본적 관계를 도출해서 그 계열로 보아 다음에 와야 할 문항(들)을 알아맞히도록 하는 것이다.

Simon과 Kotovsky는 Thurstone의 요인연구에서 사용한 문자계

열 문항에 관해 자세한 프로토콜 분석(protocol analysis)과 컴퓨터 모의 방법에 의한 연구를 시도한 것으로 유명하다.[19] 그들 연구의 특징은 과제를 수행하는 두 가지 측면, 즉 내용〔content, 혹은 서술적 지식(declarative knowledge)〕과 과정〔process, 혹은 절차적 지식(procedural knowledge)〕으로 분리하였다는 점이다. 내용은 장기기억에 존재하는 기본지식을 말하며, 과정은 이 지식을 활용하는 구체적 조작 혹은 전략을 지칭한다. 과제에서의 성공은 필요한 정보 혹은 언어적 지식이 개인에게 있을 뿐 아니라 개인이 접근할 수 있으며, 그런 다음 이 정보를 조작하는 요소과정(component processes)이 있어서 성공적으로 집행될 때만이 가능하다. 과제에서의 실패는 이 중 어느 것이나 결핍되어 있을 때 나타난다. 따라서 서술적(언어적) 지식과 절차적 지식을 구별하는 것이 대단히 중요한 일이다.

문자계열 문제에서 요구하는 언어적 혹은 서술적 지식은 알파벳에 대한 지식과 개별 문자 사이의 세 가지 기본적 관계뿐이다. 기본적 관계는 동일문자 확인, 다음 문자, 역회전 순서의 세 가지다. 그러나 지식이 있다 하더라도 문자계열을 완성하기 위해서는 ⓐ 문자 간 관계의 결정, ⓑ 이 정보를 이용한 종지점 길이(period length)[20]의 추출, ⓒ 유형규칙의 추출, ⓓ 위의 유형규칙에 따라 다음에 올 문자(들)의 연속적 외연추론(extrapolation) 등이 요구된다.

Kotovsky와 Simon의 연구에 의하면 이 같은 문자계열에서 개인

---

19) H. A. Simon & K. Kotovsky, "Human acquisition of concepts for sequential patterns", *Psychological Review*, 1963, *70*, 534-546.

K. Kotovsky & H. A. Simon, "Empirical tests of a theory of human acquisition of concepts for sequential patterns", *Cognitive Psychology*, 1973, *4*, 399-424.

20) 문자 수가 몇 개씩 묶여서 순서를 이루는가 하는 길이, [그림 10-4]의 상단 문제는 2개이다. a_x, b_x, ……

차가 생기는 변인은 문자 간 관계에 따라서, 그리고 종지점 길이와 규칙의 복잡성에 의해서도 발생한다고 보고하고 있다. 각 문항에 관련된 관계 유형, 종지점 구조, 실행기억력(단기기억) 등이 문항의 난이도와 높은 상관을 보인다. 만약 이 같은 변인이 문자계열에 관련된 중요 변인이라면 이러한 정보처리과정을 훈련시키면 상당한 수준의 수행 정확성과 속도를 증가시킬 수 있으리라는 가정이 가능하다. Holzman, Glaser, Pellegrino는 1~6학년 어린이를 대상으로 문자 간 관계를 찾는 방법과 종지점 길이를 발견하는 방법 두 가지만을 간단히 훈련시켰는데도 거의 완벽할 정도의 성과를 보였다고 한다.[21] 그러나 이러한 훈련의 효과가 모든 귀납추리 문제에 적용될 수 있는 일반화의 법칙인지에 대한 명확한 결론을 내리기에는 아직 이르다고 본다.

귀납추리의 전형적인 문항 형태는 [그림 10-4]에서 보는 유추(analogy)문제라고 말할 수 있다. 이 같은 유추문항은 이미 전통적 지능검사의 중요한 문항으로 다루어져 왔으며, Burt는 1911년에, Thurstone, Otis, Thorndike 등은 1919년의 지능검사에서 이미 이 같은 언어유추(verbal analogy), 도형유추(figural analogy)문항을 포함시키고 있고, Spearman이나 Raven도 그들 검사에서 이 같은 문항을 포함시키고 있다. 그러나 유추문항에 관한 인지과정이 무엇인가에 대한 실험연구를 시작한 것은 극히 최근의 일이다.

특히 이 같은 유추추리(analogical reasoning)에 관한 이론, 모형, 실험에 획기적 역할을 한 것이 Sternberg의 1977년 연구 『지능, 정

---

21) T. G. Holzman, R. Glaser, & J. W. Pellegrino, "Process training derived from a computer simulation theory", *Memory and Cognition*, 1976, *4*, 349-356.

보 처리, 유추추리: 인간능력의 요소분석』이다.[22] 이미 앞에서 Sternberg의 요소분석이론 체계의 개략을 논의한 바 있다. 그는 유추문제에 적용할 수 있는 구체적 요소로서 ⓐ 유추의 개별적 항목의 부호화, ⓑ 첫 두 항 사이의 관계의 추리, ⓒ 첫 항과 셋째 항 사이의 관계에 대한 지도화, ⓓ 추리와 지도화의 과정을 셋째 항에 적용해서 이상적인 넷째 항의 형성, ⓔ 여러 답 중에서 한 개를 선택하는 데 대한 정당화 과정, ⓕ 반응과정으로 지적했다.

Sternberg는 이들 과정을 전부 포함하는 모형, 부분만 포함하는 모형을 구별한다. 이 같은 다양한 모형을 검증하기 위해 가정한 각각의 요소과정에 관련한 모수치를 추정하고 언어유추, 그림유추, 도형유추 문제를 다루는 실험에서 모형의 적합성을 검증하고 있다. 이들 연구 결과에 의하면 요소과정을 전부 포함하는 모형의 적합성이 가장 높다고 한다. 특히 흥미로운 것은 여러 가지 요소과정에 대한 잠재시간 측정치와 표준화 지능검사의 추리력 점수 사이에는 .68~.87의 중다상관이 존재한다는 것을 밝히고 있다. 그러나 아직 이 결과도 일반화하기에는 이르며, 각 요소과정의 잠재시간 모수치에 나타나는 개인차를 보다 더 깊이 밝혀야 이에 대한 설명이 분명해질 것이다. 즉, 부호화, 추리, 지도화, 적용 등 과정에 관련된 보다 세련된 분석과 거기에서 나타나는 개인차를 분명히 밝힐 때, 우리는 인지과정에 대한 보다 확신 있는 해답을 제시할 수 있다.

이것은 또한 앞에서 논의한 내용과 과정의 문제에도 관련된다. 과정은 언어, 그림, 도형 유추의 모든 과제에 관계없이 공통된다. 이에

---

22) R. J. Sternberg, *Intelligence, Information Processing and Analogical Reasoning: The Componential Analysis of Human Abilities*. Hillsdale, N. J.: Lawrence Erlbaum Associates, 1977.

반해 내용은 언어, 그림, 도형에 따라 달라진다. 그러므로 그들 사이에 동원되는 부호화, 추리, 지도화, 전략 등이 다르리라는 것에 대한 가정이 숨어 있다.

도형유추(geometric analogy)에 관한 대표적 연구는 Mulholland, Pellegrino, Glaser의 연구[23]를 들 수 있다. 그들은 심리검사에서 사용한 도형유추문항의 난이도가 무엇에 의해 결정되는가를 파악하려고 하였다. 그 결과 도형유추의 난이도는 그 문항을 구성하고 있는 구성 요소(constituent elements)의 수에 따라 증가하고, 또한 구성 요소에 작용하는 변환(transformation)의 수에 따라 증가한다는 것을 밝히고 있다. 이것은 곧 도형유추문항의 내용 지식은 구성 요소와 변환의 두 가지 형대가 있음을 시사한다. 그러나 보다 중요한 것은 이 같은 복잡한 도형을 어떻게 구성 요소로 분해하며, 각 요소에 대한 변환을 어떻게 확인하며, 검증하느냐 하는 과정 지식, 즉 인지과정을 이해하는 것이라고 볼 수 있다. 이들 연구자들은 요소의 수와 변환의 수를 다르게 해서 실험해 본 결과 유추문제를 해결하는 각 개인의 잠재시간은 문항의 구조의 함수라는 사실을 발견했다. 각 개인은 구성 요소를 하나하나씩 차례로 분해하며, 변환도 그런 식으로 진행하는 것을 증명했다. 이 같은 단계마다 시간이 걸리며, 그렇기 때문에 보다 처리과정을 많이 요구되는 문항은 그만큼 문항을 해결하는 데 시간이 걸리게 된다는 결론이 가능하다. [그림 10-4]에 있는 하단의 도형유추는 전환이 많기 때문에 해결 잠재시간도 증가하고 오류의 확률도 높아진다. 그렇다고 변환의 수와 오류의 수가

23) T. M. Mulholland, J. W. Pellegrino, & R. Glaser, *Components of Geometric Analogy Solution*. Paper presented at the meeting of the Psychometric Society, Washington, D. C., November, 1977.

직선적으로 상관이 있는 것은 아니다.

언어유추의 경우에는 내용과 과정이 두드러지게 나타난다. 언어유추문제는 일반적으로 그 속에 의미관계(semantic relations)가 있기 때문에 내용에 관한 지식이 중요한 변인이 된다. 의미관계는 유목관계, 위치, 기능, 특징, 변환, 전체-부분, 시간계열 중 여러 가지다. 따라서 이 같은 관계에 관련된 의미관계에 관한 지식이 없이는 문제를 해결할 수 없다. Sternberg의 연구에서도 오류가 해결에 필요한 내용 지식의 함수라는 것을 시사하고 있다. 그러나 또한 이 경우에도 인지과정의 변인도 중요하게 작용한다. 예컨대, 항목 사이에 존재하는 규칙을 발견하는 과정에 개인차가 존재할 수 있다. 어떤 문항은 이 같은 규칙이 비교적 구체적이어서 빨리 쉽게 찾아지지만, 어려운 문항은 이 관계의 규칙이 불분명하고 모호하며, 따라서 그것을 찾는 잠재시간이 많이 걸린다. 도형유추에 비해 언어유추의 인지과정모형의 개발은 여러 가지 복잡성을 더 내포하고 있다고 말할 수 있다.

귀납추리문항의 인지요소연구에서 종합할 수 있는 결론은 지능검사에서 다루고 있는 귀납추리 과제의 난이도는 두 가지 요소에 의해 결정되는 것 같다. 첫째, 추리해야 할 규칙의 복잡성(rule complexity), 둘째 추리하려는 가능한 규칙에 포함된 표상의 변산(representational variability)이다. 이것이 인지과정의 개인차를 낳게 하는 중요한 요인이라고 볼 수 있다.

연역추리

연역추리(deductive reasoning)란 어떤 문제의 전제(premise)에 포함된 정보가 타당한 결론에 이르기 위해 논리적(logically)으로 충분한 것일 때의 추리를 뜻한다. 그러나 이것은 논리적으로 그렇다는 것일 뿐 심리적으로 반드시 그렇게 된다는 것은 아니다. 연역적 논리 문제에는 여러 가지 종류가 있다. 그중 인지요소접근에서 가장 보편적으로 다루어진 문제는 직선삼단논법(linear syllogism), 유목삼단논법(categorical syllogism, 논리학에서는 정언 삼단논법이라고 한다), 조건삼단논법(conditional syllogism, 논리학에서는 가언 삼단논법이라고 한다)의 세 가지라고 말할 수 있다.

직선삼단논법은 '수동이의 키는 형우보다 크다, 형우의 키는 범선이보다 크다, 누구의 키가 가장 큰가?'라는 것과 같은 유형의 추리를 지칭한다. 이 경우 앞에 제시한 두 개의 전제는 논리적으로 결론을 함축하고 있기 때문에 '수동이의 키가 가장 크다.'는 결론이 논리적으로 타당하다. 이 경우 '키가 크다.'라는 표현을 연결시키는 관계는 이행적(transitive)이어야 한다는 조건을 만족시켜야 한다. '키가 크다.'는 사실에서는 작고 큰 관계가 논리적으로 이행되어 가지만 'A가 B보다 정구를 잘 친다, B가 C보다 정구를 잘 친다, ∴ A가 정구를 가장 잘 친다.'라는 관계는 성립할 수 없다. A와 C 사이에 정구를 치는 능력은 A가 이길 수도 질 수도 있기 때문이다. 이같이 정구 치는 능력은 이행적이지 못한 현상이다. 직선삼단논법은 언어로 제시할 수도 있지만 시각, 도형, 촉각과 같은 비언어 형태로 나타낼 수도 있고, 부정으로 제시(수동이의 키는 형우의 키와 같지 않다)할 수도, 또 다른 전제를 더 추가해서 제시할 수도 있다.

유목삼단논법은 '모든 포유동물은 육식성이다, 어떤 어류는 포유동물이다, 어떤 어류는 육식성이라고 결론할 수 있는가?'와 같은 형태를 취한다. 이 경우에는 삼단논법의 전제는 긍정문으로도 제시할 수 있지만 부정문으로 표현할 수도 있다. 유목삼단논법은 그림으로 표현해서 사용하는 일은 거의 없다. 유목삼단논법의 전제가 둘 이상인 경우에는 연쇄논법(sorites) 혹은 집합포괄문제(set inclusion problem)라고도 한다.

조건삼단논법은 '만약 익살꾼 X가 연출을 하면 사람들은 웃는다, 익살꾼 X가 연출을 한다, 사람들이 웃는다고 결론할 수 있는가?'와 같은 형태의 삼단논법이며, 이것 역시 부정문으로 제시할 수 있다.

이 세 가지 삼단논법이 연역추리의 전부는 아니다. 이 이외에도 논리학에서는 여러 가지 종류의 삼단논법을 다룬다. 여기에서는 이 세 가지를 모두 제시하지 않고 그중에서 가장 대표적인 직선삼단논법을 지능과 관련지어 연구한 것을 제시한다. 다른 형태의 연역추리는 이에 비추어 이해해 주기 바란다. 직선삼단논법을 택한 것은 그 수행(performance)이 몇 가지 준거에 잘 부합되기 때문이다. 첫째, 직선삼단논법에 관한 수행은 반응잠재시간 혹은 오류율에 의해 그 측정을 양화하기 쉽다는 것, 둘째 신뢰롭게 측정할 수 있다는 것(예컨대, 문항유형 간 잠재시간의 신뢰도는 .80~.90이다), 셋째 구인타당성이 높다는 것, 넷째 이 문제에 관한 경험적 타당성이 높다는 것을 들 수 있다. 이 같은 이유 때문만은 아니지만 이미 Burt의 지능연구[24]에서도 직선삼단논법은 포함되어 있고, 이 검사와 지능과의 상관이

24) C. Burt, "The development of reasoning in school children", *Journal of Experimental Pedagogy*, 1919, 5, 68-77.

+.30~+.60에 이르고 있음을 밝히고 있다.

직선삼단논법을 지능검사나 인지과정 측정을 위해 사용할 때는 앞에서 제시한 것처럼 두 개의 전제와 한 개의 질문으로 구성된다. 각 전제는 두 개 항목 사이의 관계를 나타내고 있고, 이 중 하나는 두 개의 전제 사이에 중첩되는 부분을 기술하고 있다. 피험자는 같은 전제에서 나타나지 아니한 두 개 문항 사이의 관계가 어떤 것인지를 결정하기 위해서 이 같은 중첩이 내포하고 있는 논리적 함의를 이용해야 한다. 이 관계의 결정이 곧 피험자가 해답을 해야 할 부분이 된다.

예컨대, 'C의 키는 B만큼 크지 않다, A의 키는 B만큼 작지 않다, 누구의 키가 가장 작은가?'라는 직선삼단논법에서 피험자는 B가 중복항이라는 것을 결정해야 하고, 또 B의 기가 A보다 작고, B의 기가 C보다 크기 때문에(B < A, B > C) C의 키는 A보다 작고, 따라서 C의 키가 가장 작다(A > B > C)는 것을 논리적으로 판단해야 한다.

직선삼단논법의 문제를 해결하는 데 이용하는 수행요소(performance component)로 세 가지 이론적 모형이 제안되고 있다. 첫째, 공간모형(spatial model)[25)]으로서 이것은 시각적, 공간적 도식에 의해 정보의 수행요소를 제시하는 것이며, 둘째 언어모형(linguistic model)[26)]으로서 이것은 정보를 언어적인 형태를 빌려 제시하는 것이며, 셋째 혼합모형(mixed model)[27)]이며, 이것은 앞의 두 모형을

25) C. E. De Soto, H. London & S. Handel, "Social reasoning and spatial paralogic", *Journal of Personality and Social Psychology*, 1965, *2*, 513-521.

26) H. H. Clark, "Linguistic processes in deductive reasoning", *Psychological Review*, 1969, *76*, 387-404.

N. Chomsky, *Aspects of the Theory of Syntax*, Cambridge, Mass.: MIT Press, 1965.

27) R. J. Sternberg, "Representation and process in linear syllogistic reasoning", *Journal of Experimental Psychology: General*, 1980, *109*, 119-159.

혼합한 것이다. 예컨대, '복돌이의 키가 철수보다 크다.'는 전제에 대해, '복돌이 키는 크다, 철수 키는 크다.'라고 표시하는 것이 언어모형이며, 이것을 (복돌이 철수 ……)와 같이 시각적, 공간적으로 표시한 것이 공간모형이다.

Sternberg, Guyote, Turner 등이 세 가지 모형을 다섯 가지 실험조건 아래에서 연구한 결과[28]를 〈표 10-2〉와 같이 제시하고 있다. 각 실험에는 32개의 여러 가지 다른 형태의 형용사를 사용했다. 이 결과에 의하면 언어모형이나 공간모형에 비해 혼합모형의 설명변량이 우세하다는 것을 알 수 있다. R^2는 각 실험의 잠재반응시간에 대한 각 모형의 적합도를 나타내고 있으며, 질문이 전제 앞에 오거나(실험 2), 뒤에 오거나(실험 1), 사전 단서가 있거나(실험 4), 사전 단서가 없거나(실험 3), 피험자에게 빨리 하면 보너스를 준다고 속도를 강조하거나(실험 5), 하지 않거나(실험 3), 언제나 한결같이 혼합모

〈표 10-2〉 직선 삼단논법의 잠재반응시간에 대한 모형별 예언능률 (설명변량의 비율 R^2)

실험	모형		
	혼합	언어	공간
1	.81	.60	.57
2	.74	.59	.59
3	.84	.69	.58
4	.88	.64	.58
5	.84	.59	.61

28) R. J. Sternberg, M. J. Guyote, & M. E. Turner, "Deductive reasoning", in R. E. Snow. Pat-Anthony Federico, & W. E. Montague (Eds.), *Aptitude, Learning and Instruction*. Vol. 1. Hillsdale, N. J.: Lawrence Erlbaum, 1980, pp. 219-245.

형이 우수하다.

직선삼단논법의 혼합모형에는 최소한 10개의 인지요소가 포함된다고 보고 있다. ① 전제 읽기(의무적), ② 비교 관계의 언어 해독(의무적), ③ 만약 부정이 있는 경우에 부정의 해독(임의적), ④ 비교 관계의 공간적 파악(의무적), ⑤ 연계 관계의 탐색(임의적), ⑥ 두 전제를 한 개의 관계로 연결하기(의무적), ⑦ 질문이 무엇인지 이해하기(의무적), ⑧ 반응탐색(임의적), ⑨ 합치성의 판단(임의적), ⑩ 반응(의무적)이 10가지 인지요소다.

앞에 제시한 5개 실험 중 실험 1, 2, 3, 4에서 측정한 각 모수치와 언어능력, 공간능력, 추상능력과의 상관을 내어 본 것이 〈표 10-3〉이다. 이 결과에 의하면 혼합모형의 부호해독 모수치(ENC+)는 언어능력, 공간능력, 추상능력과 높은 상관을 보여 주고 있어서, ENC+ 속에 언어적 및 공간적 추상화 과정이 포함되어 있다는 점을 고려하면 다시 한 번 혼합모형의 적합성을 잘 대변한다. 부정 모수치 NEG는 공간능력 및 추상능력과는 상관이 있으나 언어능력과는 아무런

〈표 10-3〉 직선삼단논법의 모수치와 능력점수 총점과의 상관
(Sternberg, Guyote & Turner, 1980)

모수치		능력 점수 총점		
		언어능력	공간능력	추상능력
부호화+	ENC+	−.25**	−.51***	−.58***
부정	NEG	−.14	−.34**	−.41***
표식	MARK	−.20**	−.36**	−.38***
연계관계 탐색	PSM	−.16	−.25**	−.35***
반응 탐색	RS	−.26**	−.35**	−.34***
합치성 탐색	NCON	−.31*	−.24	−.22
반응+	RES+	−.30**	−.09	−.15

관계를 보이지 않는다. 표식(형용사를 이탤릭체로 제시하는 것) 모수치는 세 가지 능력과 유의한 상관을 보인다. 연계관계탐색 PSM은 공간능력 및 추상능력과는 유의한 상관을 보이고 있으나 언어능력과는 아무런 상관이 없다. 이것은 연계관계탐색을 하는 인지과정은 공간-추상적 정신작용이지 언어적 작용이 아님을 말해 준다. 반응탐색 RS은 세 가지 능력과 모두 상관이 높다. 혼합모형 이론에 따르면 반응탐색은 전적으로 공간 정신작용으로 보고 있는 것에 비추어 보면 의외의 결과라고 말할 수 있다. 합치성 탐색 NCON은 언어능력과 상관이 있을 뿐 다른 능력과는 아무런 상관이 없다. 이것은 혼합모형 이론에서 합치성을 검증하고 판단하는 탐색과정은 순전히 언어에 의존한다고 한 것과 일치하고 있다. 반응+(RES+)는 공간능력 및 추상능력과는 아무런 관계가 없고 언어능력에 의존하고 있음을 잘 나타내어 준다.

직선삼단논법이 발달 단계에 따라 어떠한 변화를 보이는가를 Sternberg[29]는 3, 5, 7, 9, 11학년 5개 집단을 대상으로 연구하고 있다. 그것을 [그림 10-5]에 제시했다. 이 결과에 의하면 각 인지요소의 잠재반응시간은 학년이 증가함에 따라(곧 연령이 증가함에 따라) 달리 나타나고 있다. 반응시간은 연령이 증가함에 따라 감소하는 경향이 있고, 비교시간은 학년 단계에 따른 차이가 별로 없다. 비교하는 잠재시간이 발달 단계에 따라 별로 차이가 없다는 현상은 귀납추리의 일종인 유추추리에서도 비슷한 결과를 보이고 있어서 흥미로운 관심을 끈다. 논리적 추리에서의 비교는 연령에 따른 차이가 전

29) R. J. Sternberg, "The development of linear syllogistic reasoning", *Journal of Experimental Child Psychology*, 1980, *29*, 340-356.

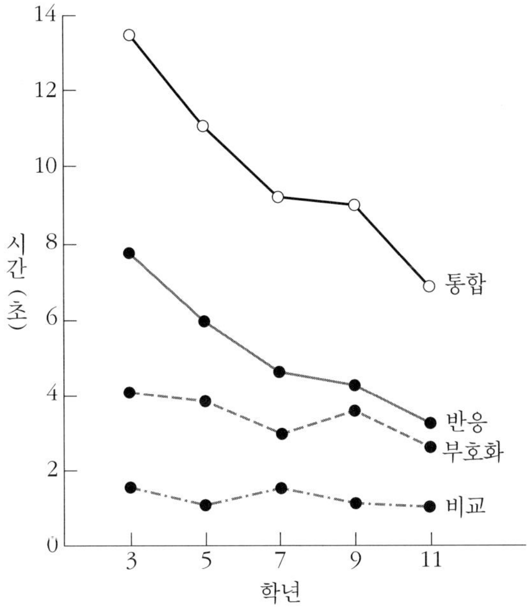

[그림 10-5] 2항목 및 3항목 문제를 병합한 종합 및 요소별 잠재시간 모수치의 학년에 따른 발달 경향

히 없는 것이거나 아니면 다른 모수치와 혼합되어 있는 것이 아닌가 하는 의문을 제기하게 한다.

연역추리의 인지과정에 관한 연구는 아직도 이론이나 경험적 증거는 시작에 불과하다. 또한 지능검사에서 다루어진 연역추리 문제도 비교적 단순하여 직선삼단논법 정도에 불과하다. 그러나 사고력, 적성 등 이제부터 개발해야 할 인지과정 이론의 시각에서 보면 더욱 강조해야 할 영역이 연역추리라고 해야 할 것이다. 연역추리를 제외한 인간의 인지능력이란 사실 공허한 지능이기 때문이다.

지금까지 인지요소 관점에서 제안된 이론을 개관하고 공간변환

문제, 귀납추리, 연역추리 문제를 인지요소 관점에서 연구한 결과들을 종합해 보았다. 전통적인 심리측정 이론에서 다루는 문항에는 이 이외에도 기억만을 요구하는 문항, 독해력, 추리력 문항에서 다룬 내용 이외의 것들이 포함된다. 이 같은 문항에 대해서도 인지요소 이론의 관점에서 접근한 연구들이 상당히 누적되고 있는 편이다. 여기에서는 다만 인지요소의 접근 몇 가지 예만 제시함으로써 지능을 인지과정으로 탐구하는 가능성과 그 분야에 연구를 자극하려는 데 그 의도가 있다.

제 | **11** | 장

인지발달이론

경험론, 합리론, 피아제 이론

지능에 관한 인지발달(cognitive development) 이론은 아마 Jean Piaget의 이론을 중심으로 전개하는 것이 가장 첩경이라고 본다. Piaget가 어린이의 인지발달은 성인과는 질적으로 다르다는 사실을 밝힌 것은 인간의 지능을 이해하는 새로운 시각을 우리에게 제공해 주었다. 심리학적 관점에서 보면 Piaget의 공헌을 어린이의 사고 과정의 성질과 특징을 밝히면서 발달 단계(developmental stage)를 구분해 주고 '어린이가 어떻게 사고하는가' '어린이의 지적 작용이 발달 단계에 따라 질적으로 어떻게 변화하는가'라는 질문에 대답해 주는 데만 공헌했다고 생각하기 쉽다. 그러나 Piaget의 관심은 어린이 그 자체에 있는 것이 아니라 인지의 발달 혹은 인식(epistemology) 그 자체에 있다고 보는 것이 정확하다. 그러기에 그를 인식론자, 발달인식론자라고 부르는 이유가 있다. 그가 던진 핵심적 질문은 '지식이란 무엇인가' '우리는 어떻게 알게 되는가' '우리는 어떻게 인지하게 되는가'라는 것이었고, 어린이를 다룬 이유는 이 같은 지식이나 인식의 성질과 발달을 이해하는 데 가장 좋은 대상이라고 보았기 때문이다. '우리가 알고 있다고 생각되는 것을 어떻게 아는가' '우리가 알고 있다고 생각하는 것이 참이라는 것을 어떻게 아는가'라는 인식론적 질문이 Piaget 이론의 주된 관심이며, 이는 곧 Piaget 이론 전체가 지능이라는 개념과 밀접히 관련되어 있음을 뜻한다.

이 같은 인식의 문제에 관해 역사적으로 크게 두 가지 철학적 시각이 존재해 왔다. 즉, 경험론(empiricism)과 합리론(rationalism)이다. John Locke, George Berkeley, David Hume 등 경험론자들은 지식 및 진리는 그 원천이 개인 밖에 존재하며 감각, 경험을 통해 인간에게 내면화되어 들어온다고 본다. 인간은 탄생할 때 깨끗한 석판이나 백지와 같고, 경험이 그 위에 무언가를 남기면서 지식이 형성된다고 본다. 이에 반해 René Descartes, Benedict Spinoza, Immanuel Kant와 같은 합리주의자들은 경험의 중요성, 감각의 중요성을 부정하지는 않지만 이성(reason)이 감각적 경험보다 훨씬 중요하며, 이것이 우리로 하여금 감각적으로 관찰할 수 없는 진리에 대해 확신을 갖고 알게 해 준다고 본다. 감각적 경험이란 지각적 착각(perceptual illusion)을 주는 일이 대부분이다. 그렇기 때문에 믿을 수 없고, 수학과 같은 엄격성, 정확성, 확실성이 있는 순수한 연역적 체계만이 우리에게 지식을 주며, 이것은 곧 이성의 힘이 그 밑바탕이 되어 있다고 본다. 이 같은 이성은 생득적이며 성장함에 따라 차츰 개화되어 나가는 성질을 갖고 있다고 주장한다.[1)]

Piaget의 인지발달이론 혹은 발생학적 인식론의 시각은 경험론과 합리론이 갖고 있는 진리를 모두 인정한다. 그러면서도 생물학을 전공한 그의 경력은 인식의 문제를 추측이나 공론이 아닌 과학적 입장에서 보려고 하며, 경험적 지식과 이성을 동시에 연구하기 위해 어린이가 어떻게 지식을 획득하는지 그 발달을 보아야 한다고 생각했다. 그러기에 Piaget를 인식발달론자라고 한다. 따라서 어린이라는 존재는 Piaget가 품고 있던 인식론적 질문에 과학적인 해답을 주기 위해 사용한 수단이라고 할 수 있다. 경험론, 합리론, Piaget의 인지발달의 관점을 도시한 것이 [그림 11-1]이다.

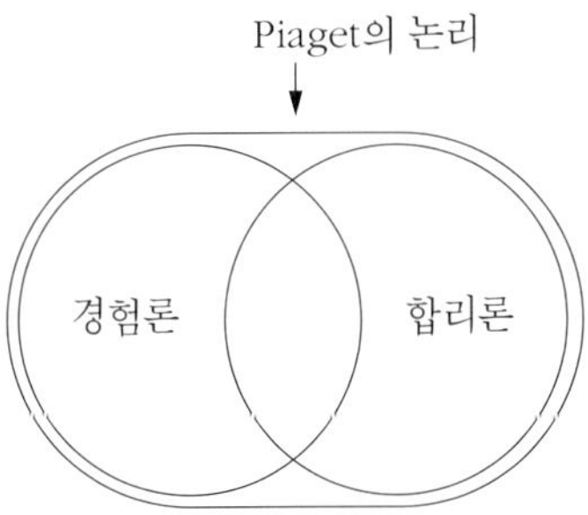

[그림 11-1] 경험론, 합리론, Piaget 이론의 관계(Kamii, 1979)

경험론과 합리론이 중첩되어 있는 부분은 경험론이 합리론에서 주장하는 이성(경험론에서는 생득적이라 보지는 않지만)의 중요성을 인정하는 점과 합리론이 경험론에서 주장하는 지식의 획득이 필수적이라고 보는 감각적 투입을 부인하지 않는다는 것을 시사한다. Piaget의 인지이론은 경험론의 관찰(경험)과 합리론의 이론이 이같이 중첩되어 있고 포괄되어 있는 것이 아니라 어느 쪽도 다른 쪽 없

1) C. Kamii, "Piaget's theory, behaviorism and other theories in education", *Journal of Education*, 1979, *161*, 13-33.

이는 인식, 지식, 지능이 발생할 수 없다는 관점을 취하고 있다. 그림에서 보듯이 경험론과 합리론을 모두 포괄하면서 Piaget의 인지발달론은 그 이상의 부분으로 외연되어 있다.

이것이 시사하는 바가 무엇일가? Piaget는 기본적으로 지식에는 물리적 지식(physical knowledge, 물리〈학〉적 지식이 아님)과 논리-수학적 지식(logico-mathematical knowledge)을 구별한다. 물리적 지식은 외부 실제라는 공간 '밖'에 존재하며 관찰할 수 있는 사물에 관한 지식을 말하며, 지식의 원천이 사물에 있다. 어린이가 사물의 물리적 특성을 발견하는 유일한 길은 그것에 대해 물질적으로나 정신적으로 어떤 행위를 가해 보고 그 사물이 그들 행위에 어떤 반응을 하는가를 발견하면서 인식에 도달한다. 예컨대, 어린이가 종이와 유리컵을 마룻바닥에 떨어뜨려 보고(행위를 가하는 과정), 종이는 굴곡을 그으면서 천천히 떨어지고 사뿐히 내려앉는데, 유리컵은 빨리 직선으로 떨어지더니 깨어진다는 사실을 보고(물체가 주는 반응의 관찰), 다른 종류의 물체가 어떻게 달리 반응하는지를 알게 된다. 어린이가 물체의 반응을 관찰하는 것은 그가 가진 감각을 통하기 때문에 물리적 지식은 부분적으로 경험적 지식이라고 할 수 있다.

그러나 사물에 관해 우리가 갖는 지식에는 이 같은 물리적 지식만이 있는 것은 아니다. 이 세상에 유리구슬이 있는데(전체 집합) 붉은 구슬(부분 집합)보다는 많은 구슬이 있다는 것을 아는 것은 논리적-수학적 지식이다. 물리적 지식은 사물 그 자체에 귀속되어 있는 인식을 바탕으로 하지만 논리-수학적 지식의 원천은 어린이 속에, 인간 속에 존재한다. 예컨대, 어린이에게 같은 크기의 붉고 둥근 나무로 된 구슬 한 개와 푸른 나무구슬 한 개를 주고 그것이 다르냐고 물었을 때, '다르다'라고 대답하거나 '같다'라고 대답하는 반응은 나무구슬 그 자체에 있는 것이 아니라 나무구슬이라는 사물을 관계(relationship) 속에 집어넣는 인식이 존재하지 않으면 '다르다'든가 '같다'는 지식은 발생할 수 없다. 나아가 그 두 개의 구슬을 합해서 '둘'이라고 하는 것도 마찬가지로 어린이가 관계에서 창조해 내는 새로운 관계 인식이다. 이같이 '다르다' '같다' '둘'이라는 논리-수학적 지식은 어린이의 정신적 활동에 그 원천이 있는 관계를 조정하는 과정을 통해 구성되어 나온다는 점이 물리적 지식과는 다르다.

물리적 지식과 논리-수학적 지식을 이와 같이 양분해서 설명하는 것은 실제 불가능한 일이며, 설명의 편의상 단순화시키고 있을 뿐이다. Piaget의 이론에 의하면 물리적 지식은 논리-수학적 관계 밖에서 구성될 수 없으며, 마찬가지로 논리-수학적 관계도 어린이의 환경 속에 실제 사물이 존재하지 않을 때는 불가능하다고 본다.[2] 둥근 나무구슬은 네모난 나무구슬과 다르다는 것을 알고, 붉은 것과 푸른 것은 '같다' '다르다'로 알고, 거기에는 '둘'이라는 지식이 형성되기 위해서는 각각에 대해 어떤 분류 개념, '분류스키마'(classificatory scheme), 즉 포괄적으로 말해서 논리-수학적 틀이 존재할 때 가능하다. 그러므로 물리적 지식의 원천도 '부분적'으로는 사물의 경험적 사실에 있지만, '전적'으로 사물 그 자체에 있는 것이 아니라, 논리-수학적 틀이 있을 때 가능하다.

Piaget의 인지발달론은 상호작용론(interactionism)이라고 부르기도 한다. 그것은 경험론에서 주장하는 것처럼 지식이 환경에서 직접적으로 오는 것이 아니라 환경에 존재하는 사물과 인간이 그 사물에

2) J. Piaget, *The Construction of Reality in the Child*, New York: Basic Books, 1952(Originally Published, 1937).

부여하는 지식 사이의 상호작용을 통해 지식이 생긴다고 보기 때문이다. 예컨대, 우유병이 한 살 먹은 어린이, 열 살, 스물다섯 살 먹은 사람에게 다 똑같은 사물로 인식되지 않듯이, 다른 말로 바꾸면 똑같은 개념으로 인식되지 않듯이, 어떤 사실(facts)이건 그것이 동화되는 관계의 틀과 독립해서 존재하는 자극이란 존재할 수 없고, 모두 개인과 사물과의 상호작용에 의해 형성된다고 보기 때문이다.[3)]

Piaget의 인지이론을 상호작용론이라고 할 뿐 아니라, 특히 구성주의(constructivism)라고도 부른다. 한 개인이 사물에서 얻는 지식은 그가 이미 알고 있는 것에 의존한다. 지식은 외부에서 가산적 과정을 통해 하나하나 보태어 나가는 것이 아니라 내부에 있는 구성적 과정(constructive process)을 통해 새롭게 창조되어 나가는 것이다. 이 같은 Piaget의 구성주의를 이해하기 위해서 앞에서 논의한 물리적 지식, 논리-수학적 지식 이외에 지식의 세 번째 측면인 사회적(관례적) 지식(social knowledge)을 이해해야 한다. 사회적 지식이란 일요일은 공휴일이고 일주일은 7일로 되어 있고, 붉은 구슬을 '붉다'라고 부르는 것을 알아야 한다. 이러한 지식의 원천은 사람들이 만들어 놓은 관례, 약정(convention)이다.[4)] 이 같은 사회적 지식, 관례적 지식도 물리적 지식과 같이 경험의 세계 속에 그 원천이 존재한다. 그러나 사회적 지식도 외부 실제에서 직접적으로 구성되는 것이 아니라 환경과 상호작용을 하여 논리-수학적 틀을 통해 인간 속에서 구성된다. 논리-수학적 틀이 없으면 어린이는 어떤 관례, 약

---

3) J. Piaget, *Genetic Epistemology*, New York: Columbia Univ. Press, 1970.
J. H. Flavell, *The Developmental Psychology of Jean Piaget*, Princeton, N. J.: D. Van Nostrand, 1963, pp. 55-67.

4) 영어의 convention에 가장 적절한 우리말은 찾기 어렵다.

정도 이해할 수가 없다. 예컨대, 일요일은 공휴일이라는 것을 알기 위해 학교 가는 다른 날과 일요일을 구별하는 분류의 틀이 있어야 하며, 붉은 것을 붉다라고 알기 위해서는 붉은 것과 아닌 것을 구별하는 논리적 개념이 구성되어야 한다. 이렇게 보면 사회적 지식이나 물리적 지식은 주로 경험적 지식에 그 원천이 있으며, 논리-수학적 지식은 합리적 이성에 그 원천이 있다는 사실을 이해할 수 있다.

이제 우리는 이 같은 지식과 관련하여 우리의 지식이 조직되는 두 개의 틀(framework), 즉 논리적-산술적 틀(logico-arithmetical framework)과 공간적-시간적 틀(spatical-temporal framework)을 구별해서 이해할 필요가 있다. Piaget가 논리-수학적 틀이라고 말할 때는 이 두 가지 틀을 함께 일버무러 같이 사용하는 경우다. 앞에서 어린이가 환경 속에 존재하는 각 사물을 인식하기 위해서는 어떤 분류의 틀을 사용해야 한다고 했는데 이것이 논리-산술적 틀의 한 예라고 볼 수 있다. 사물은 공간과 시간 속에 존재하며 그렇기 때문에 사물을 이같이 인식하기 위해서는 공간-시간적 틀이 필요하다. 그러나 논리-수학적 지식의 조직을 위해서는 공간과 시간은 전혀 관계없다. 예컨대, '개보다는 동물이 언제나 더 많다'는 지식은 그것들을 시간, 공간 어디에 가져다 놓든지 그에 관계없이 참이다. 그렇기 때문에 공간과 시간은 논리-수학적 지식에는 관계없는 것이지만, 물리학, 역사, 지리 등에는 필수적이다. 이 같은 틀은 같은 사물을 어떻게 인식하느냐는 눈, 관조 체제이기 때문에 같은 경험적 실제도 이 두 가지 틀 속에서 보면 전혀 다른 지식, 곧 인식이 구성된다.

합리론에서는 시간, 공간, 인과, 수와 같은 아이디어가 생득적이라고 본다. 또 경험론에서는 이 같은 아이디어를 감각적 경험이 누적되어 얻게 되는 결과적 지식이라고 본다. 이에 반해 Piaget는 논

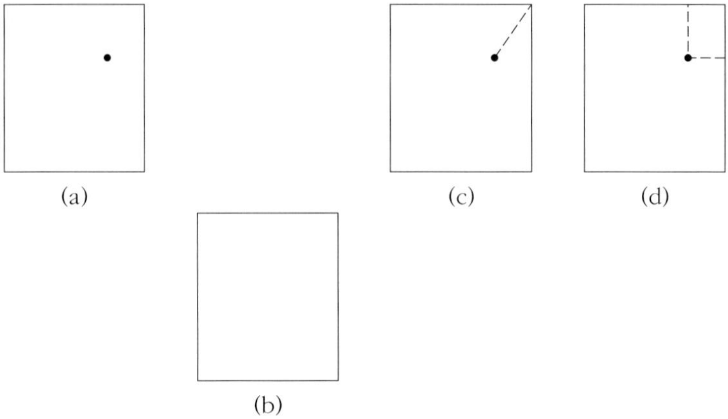

[그림 11-2] 네모 종이 위에 점을 그리는 방법(공간위치)
(Piaget, Inhelder, & Szeminska, 1948)

리-수학적 틀이나 공간-시간적 틀은 어린이가 경험을 통하면서 그것을 개인 내의 인식작용의 과정인 동화와 조절이라는 상호작용을 통해 구성해 나간다고 본다. 이 같은 의미에서 그는 인지발달론자이면서 동시에 상호작용주의-구성주의자라고 부르는 이유가 있다.

어린이가 어떻게 공간적-시간적 틀을 구성하는지에 관한 예를 들어 보자. 우선 공간적 틀을 구성하는 예로[5)] [그림 11-2]와 같이 흰 종이 두 장을 주되, 종이 (a)에는 점을 찍어 놓고 다른 종이 (b)는 백지를 주었다. 그 이외에 연필, 자, 막대기, 종이 조각, 실 등을 주고 그림 (a)와 같이 똑같은 위치에 점을 찍어 보라고 지시했다.

그 결과 4세(수준 I) 아동은 눈짐작으로 점을 찍고, 6세(수준 II) 아동은 그림 (c)에서 보는 것처럼 자를 가지고 대각선만 그어서 점을

5) J. Piaget, B. Inhelder, & A. Szeminska, *The Child's Conception of Geometry*, New York: Harper & Row, 1974 (originally published in 1948). Chap. 7.

찍고, 9세(수준 III) 아동은 (d)에서 보는 것처럼 데카르트 공간 개념에 따라 좌표를 찾아 정확히 점을 찍는다.

시간적 틀에 대한 실험을 Piaget의 『아동의 시간 개념』[6)]에서 들어 보자. Piaget는 4세 아동에게 "네가 나이를 먹으면 너와 너의 동생하고 누가 더 나이가 많겠니?" 하고 질문했다. 그랬더니 '몰라요'라고 대답했다. 그 대화를 다음에 제시한다.

> 너의 할머니가 엄마보다 나이 더 먹었니? 아니. 나이가 같으니? 그렇게 생각해요. 할머니가 엄마보다 더 나이 많지 않니? 오! 아니에요. 할머니는 해마다 늙어가니? 언제나 같아요. 그러면 엄마는? 엄마는 마찬가지예요. 그러면 너는? 나는 나이 자꾸 먹어요. 네 동생은? 물론 나이 먹어요(p. 221).

이 대화에서 보듯이 4세 어린이의 시간 개념은 단순히 경험적 지식에 제한되어 있고 어떤 연역적 논리를 구사하지 못한다. 이것은 경험적 추상화(empirical abstraction)만 가능하고 반성적 추상화(reflective abstraction)가 불가능하며, 사물에 대한 한 가지 특성에만 집중하고 다른 특성에 대한 것을 동시에 고려하지 못하기 때문이다. 예컨대, 두 개의 사물 사이에 존재하는 크기(작다-크다)와 무게(가볍다-무겁다)를 함께 조작할 수 있을 때 우리는 반성적 추상화가 가능하다고 본다.

요컨대, Piaget는 지식, 지능이란 경험론에서 주장하는 바와 같이 감각을 통해 밖에서 생기는 것도 아니며, 합리론에서 주장하는 바처

---

6) J. Piaget, *The Child's Conception of Time*, London: Routledge and Kegan Paul, 1969(originally published in 1946).

럼 이성이라는 것이 생득적으로 내부에 있어서 지식이 생기는 것도 아니라고 본다. 어린이는 환경과의 상호작용을 통해 자신의 기본적 틀을 구성해 나간다는 것을 보여 줌으로써 지식이란 상호작용의 결과, 창조의 결과라고 본다. 이 같은 틀이 보다 잘 구성됨에 따라 개인이 실제에서 얻을 수 있는 지식은 보다 정확하고 정교해지며, 이렇게 해서 보다 구조화된 논리-수학적 틀, 공간적-시간적 틀을 형성한다고 보고 있다.

Piaget의 인지발달이론의 조감

Piaget의 인지발달이론은 그가 다루는 개념의 다양성과 독특성, 논문 양의 방대성, 다룬 영역의 포괄성, 방법론의 개성적 특징 때문에 전체적인 모습을 이 같은 연구 저서에서 전부 망라하기에는 불가능할 뿐 아니라 저자 능력의 한계를 넘는 일이다. 여기에서는 다만 그가 지능에 관해 제시한 독특한 특징만을 제시함으로써 지능을 인지과정으로 보는 다른 한 가지 시각을 제시하려는 데 목적이 있다. 그의 제자이며 동료자인 Inhelder가 잘 지적했듯이 Piaget는 교육받은 배경으로 보면 동물학자이고, 직업으로서는 인식론자(epistemologist)이며, 방법론으로 보면 논리학자(logician)다. 따라서 그가 사용하는 독특한 개념과 용어들은 이 세 개의 분야인 생물학, 인식론, 논리-수학에서 자유자재로 이용되고 있어서 이해하기에 난삽하다고 할 정도며, 때로는 두세 개 분야의 개념이 통합되어 혼용되기도 한다.

Piaget의 이론을 한 마디로 표현하면 인간의 지적 구조의 질적 발달에 관한 이론적 및 실험적 연구에 관심이 있었다고 말할 수 있다. 그러므로 그의 모든 연구는 곧 인간의 지적 발달(전통적 지능의 개념과 달리 사용하고 있는)에 관한 연구라고 해도 무방하다. 그가 지적 발달 이외에 관심을 가졌던 지각, 도덕적 판단, 동기 등도 근본적으로 모두 지능의 시각에서 관련시켜 보고 있어서 그것 자체가 관심이 아니었다고 말할 수 있을 정도로 그의 모든 이론이 지능 지향적이었다.

Piaget 이론의 두 번째 특징은 발달(development)에 있다. Hall, Stern, Baldwin, Bühler, Binet, Werner 등과 마찬가지로 그도 발달에 관심을 가지고 개체 발생(ontogenesis)의 변화에 특별한 관심을 가졌다. 그가 의도한 발달적 접근은 주어진 문화 속에서 계속적인 개체 발생의 단계를 면밀히 기술하고 이론화시키려는 것이었다. 지능은 보다 덜 발전된 작용 상태에서 보다 더 발달된 작용으로 변화해 간다는 것이 기본적 자료이면서 동시에 가정이다. 그래서 계속된 각 단계를 비교해서 그 단계의 지배적인 특징을 그 전 단계와 그 다음 단계를 면밀히 비교하여 각 단계의 특징을 찾으려고 하였다. 이때 그는 지적 행동이 나타나게 하는 데 미치는 다른 독립변인을 거의 배제하고 오직 연령 변화(age change)를 주된 관련 변인으로 본 점이 특징이다. 그래서 그의 발달이론을 연령의존(age-bound) 발달이론이라고도 한다.

Piaget 이론의 세 번째 특징은 지능발달의 기능(function)과 내용(content)만을 보는 것에 반대하고 지능발달의 구조(structure)를 강조하였다는 점이다. 내용은 해석하지 아니한 행동의 원자료 그 자체를 말하는데, 어린이에게 행한 실험 중에 어떤 물체가 물에 가라앉는 것을 보고 왜냐고 물으면 무겁기 때문이라고 대답한다든가 어떤 물체가 뜨는 것을 보고 왜냐고 물으면 가볍기 때문이라고 대답하는 것은 모든 행동의 원자료에 불과하다고 본다. 기능은 모든 연령에서 나타나는 지적 활동의 특징을 지칭하는 것으로 정의하고 있다. 뒤에서 논의하겠지만, 지적 활동은 새로운 것을 이미 있던 것에 동화(assimilation)시키거나 이미 있던 낡은 것을 새로운 것에 조절(accommodation)하는 적극적이며 조직된 과정이다. 이 같은 적응과정의 일반적 지적 기능은 연령에 관계없이 나타나는 데 비해 지적 내용은 연령에 따라 굉장히 변화한다. Piaget는 이 둘 사이에 인지구조(cognitive structure)라는 것이 존재한다고 상정한다. 인지구조는 연령에 따라 변한다. 인지구조란 지능의 조직적 특징이며, 기능을 통해 창조되고 행동 내용에서 추측할 수 있는 조직이라고 본다. 따라서 인지구조는 불변하는 기능과 가변성이 있는 내용 사이에 개재하는 중개변인이라고 말하고 있다.[7)] Piaget가 이같이 인지구조를 강조하고 거기에 관심을 집중시켰다고 해서 내용과 기능을 도외시하거나 제외한 것은 아니다. 다만, 지능을 설명하기 위해서는 내용과 기능 사이에 개재하는 인지구조를 이해하는 것이 핵심이라고 보았기 때문이다.

네 번째 특징은 Piaget의 이론이 질적(qualitative)이라는 점이다. 아마 이것이 다른 어느 특징보다 관건적 개념이라고 볼 수 있다. 그는 지적 발달의 질적 특징에 관심을 가졌다. 인지구조의 변화는 본질적으로 양적이 아니라 질적으로 변한다고 보았다. 이를 위해 그는 지능발달의 과정을 몇 개의 단계(stages)로 나누었고, 각 단계마다 질적 유사성과 차이가 무엇인지를 밝히는 것이 그의 이론의 획기적

7) J. H. Flavell, *The Developmental Psychology of Jean Piaget*, Princeton, N. J.: D. Van Nostrand, 1963. p. 17.

공헌이라고 말해도 좋을 것이다. 그는 인간의 지적 발달에는 질적으로 다른 단계가 존재한다는 데 대한 실체를 확신하였으며, 단계와 단계 사이에 동질적인 양적 지표보다 이질적 질적 특징이 더 우세하다고 생각했다. 또한 이 같은 단계는 개체 발생의 원리에 따라 A단계와 B단계로 차례로 변함없이 일어나야지 그 역으로 일어날 수 없다는 단계의 불변 계열성(invariant sequence)을 주장한다. 또한 전 단계의 구조는 뒤이어 나타나는 단계에 통합되고 통정되면서 질적으로 달라져 간다는 단계 사이의 위계관계를 그 특징으로 내세운다. 보다 중요한 특징은 각 단계를 결정하는 구조적 특징은 통합된 전체(integrated whole)를 형성해야 한다. 이것을 Piaget는 앙상블을 이룬 구조(structure d'ensemble)라고 부르고 있다. 즉, 구조적 특징이 일단 평형 상태(equilibrium state)에 이르면 그것은 고도의 상호 의존성을 갖고 움직이며, 이 상태에서는 모든 지적 행동이 같은 구조적 특징에 의해 설명될 수 있다고 본다.

여기에서 Piaget가 새로이 도입하고 있는 개념인 평형(equilibration)은 모든 지적 작용이 그것을 지향해 움직이는 것으로 보고 평형상태로 지능을 정의하고 있다.[8] 평형이란 문자적인 해석처럼 자동적인 어떤 균형상태를 뜻하는 것이 아니라 외적 장해에 대한 보상으로 본다. 외적 장해가 존재하면 사람은 그것을 보상하기 위해 어떤 활동을 하기 마련이다. 이같이 최대의 평형상태란 최대의 균형, 조용한 정지상태, 휴식상태가 아니라 활동의 극대상태(maximum of activity)를 말한다. 그것은 가변하기 쉬운 평형을 말하는 것이지 변하지 않는 평형상태를 지칭하는 것이 아니다. 그래서 평형을 보상이

8) J. Piaget, "The stages of the intellectual development of the child", *Bulletin of the Menniger Clinic*, 1962, *26*, 120-128.

라는 뜻으로 정의하는 이유가 있는 것이다. 보상이란 역변환에 의해 그 전의 변환을 무효화시키는 작용을 지칭한다. 이 같은 보상의 개념은 곧 가역성(reversibility)의 기본 아이디어를 내포하고 있고, 이 가역성이 '지능의 조작(operations of intelligence)'이라는 특징을 바로 나타내고 있는 것이다. 조작이란 내면화된 행위이며 동시에 가역적 행위다. 그러나 한 조작은 다른 조작과 서로 종속관계에 있기 때문에 그것만을 분리시킬 수는 없다. 그것은 보다 포괄적인 구조의 부분일 뿐이다. 따라서 지능을 우리는 조작과 조작의 통정(coordination)으로 정의할 수 있다. 예컨대, 더하기(addition)의 조작을 들어 보자. 더하기 자체는 무엇을 재결합시키는 행위다. 그러나 또 한편으로는 그것은 가역적 행위이기도 하다. 즉, 더하기는 빼기(substraction)에 의해 보상될 수 있기 때문이다.

이제 이 같은 몇 가지 특징을 이해한 전제 위에 Piaget의 지능발달에 관한 인지기능의 본질인 적응(adaptation)의 개념을 이해할 필요가 있다. 적응이란 개념은 본래 생물적 개념이며, 이 속에는 동화와 조절이라는 두 가지 요소가 포함된다. 생물체가 환경에 있는 여러 가지 요소를 그 유기체의 구조에 포함되도록 변화시키는 과정이 동화이며, 유기체가 환경의 요소에 자기를 적응, 조절시켜서 유기체 자체가 변화하는 것이 조절이다. 예컨대, 음식을 먹는 경우를 보면 우선 그 음식을 씹어서 잘게 썰고, 형태를 없도록 하여 위 속에 넣어 소화시키는 과정을 통해 완전히 음식물이란 환경의 요소는 유기체 구조의 한 부분이 되어 버린다. 이것이 동화의 기능이다. 그러나 이 같은 과정 속에서 유기체 자신은 입을 벌리는 일을 하며, 들어오는 음식물의 화학적 요소, 물리적 특징, 그 맛 등에 자신을 조절시켜야 한다. 이것이 조절의 과정이다. 유기체가 생존하기 위해서는 이같이 동화와 조절의 과정이 동시에 이루어지며, 또한 환경의 요소에 따라 다양하게 달라지기 마련이다. 이것이 곧 생물적 적응이다. 이때 유기체는 조직된 유기체라는 존재에 의해 조직된 활동에 따라 작용하기 마련이다. 즉, 혼돈되고 제멋대로 적응하는 것이 아니라 어떤 전체성(holism 혹은 totality)에 의해 작용하기 마련이다. 이것을 Piaget는 유기체의 조직(organization) 기능이라는 개념으로 불렀다.

인지적 적응(cognitive adaptation)의 기능도 생물적 개념과 다를 바 없다. 환경에 존재하는 사물에 직면하는 각 인지는 유기체의 현존하는 지적 조직의 성질에 맞추어 그 사물을 인지구조화(cognitive structuring) 혹은 인지재구조화(cognitive restructuring)를 하는데, 이것을 동화라고 한다. 즉, 인간이 직면하는 여러 가지 인식의 대상을 자기의 인지구조에 맞게 융화시켜서 그것 자체를 인지구조 속의 한 부분이 되게 하는 과정이며, 이것은 곧 인지의 대상을 자기의 인지구조에 맞게 해석하는 기능이다. 그러나 환경 속에서 주어지는 인지 요소, 혹은 인지 만남(cognitive encounter)은 동화만 할 뿐 아니라 그것이 요구하는 다채로운 요구와 계약에 따라 인지자 자신의 인지구조를 거기에 맞게 조절도 해야 한다. 이 두 가지 기능은 언제나 동시에 일어나며 서로 분해할 수 없는 기능이다. 현실 속에서는 동일한 사건 속에서 이 두 가지 기능이 언제나 함께 일어나며 단지 우리는 이 같은 기능을 추상화하여 개념화시키고 있을 뿐이다. 또한 이 같은 동화와 조절의 두 가지 쌍둥이 기능은 발달 단계 내에서, 또 발달 단계가 바뀜에 따라 달라진다. 기능 그 자체는 불변성의 원칙에 따라 언제나 존재하지만 나타나는 양상은 달라진다. 또 하나 이 같은 동화와 조절이라는 적응작용은 언제나 그 이전에 유기체 내에 기존의 조직이 존재하고 있다는 것을 전제로 하고 있다. 그래야 '그

조직에' 동화시킬 수 있으며, '그 조직이' 조절되어 나갈 수 있는 것이다. 생물체는 언제나 존재하는 것처럼 언제나 인간에게는 조직 혹은 인지구조가 존재한다.

이 같은 동화와 조절이라는 적응 기능을 보다 더 정확히 이해하기 위해 Piaget가 잘 쓰는 스키마(schema)의 개념을 이해할 필요가 있다. 그는 스키마라는 개념을 어느 한 곳에서 정확히 정의하지는 않았다. 그러나 "어린이가 젖꼭지를 빤다는 ___에 동화시켰다."라고 하는 문장이 있을 때 거기에 적합한 용어를 찾으라면 스키마라고 할 수 있다. 스키마는 '유사한 행동 계열의 유목에 의거점을 갖는 인지구조'[9)]라고 정의할 수 있다. 그래서 Piaget는 빠는 스키마, 붙잡는 스키마, 보는 스키마, 직관적 질적 적응의 스키마 등으로 사용한다. 이 같은 예시에서 알 수 있듯이 스키마는 어떤 인지조직의 외형적 행동의 전략, 조작이라고 보아도 무방하다.

인지발달 단계와 특징

Piaget는 앞에서 논의한 여러 가지 개념을 준거로 하여 인간의 인지발달을 다음과 같이 나누고 있다.

① 감각운동기(period of sensory motor intelligence): 0~2세

② 전조작기(period of preoperations): 2~7세

---

9) "A schemas is a cognitive structure which has reference to a class of similar action sequence". J. H. Flavel, *The Developmental Psychology of Jean Piaget*, Princeton, N. J.: D. Van Nostrand, 1963, p. 153.

③ 구체적 조작기(period of concrete operations): 7~11세

④ 형식적 조작기(period of formal operations): 11~15세

이 같은 지능의 발달 단계를 분류하는 방법도 Piaget는 논문에 따라 약간씩 달리 사용하고 있기 때문에 고정적으로 말하는 것은 위험하다. 다른 곳에서는 감각적 운동기(0~2세), 구체적 조작기(2~11세), 형식적 조작기(11~15세)로 나누고, 구체적 조작기 속에 다시 전개념 단계(preconceptual stage, 2~4세), 직관 단계(intuitive stage, 4~7세), 구체적 조작 단계(concrete operational stage, 7~11세)로 나누는 방법을 사용하기도 한다.[10] 전통적 발달 단계의 분류에 따르면 감각운동기는 대충 영아기, 전조작기는 유아기 혹은 아동 전기(early childhood), 구체적 조작기는 아동 중기(middle childhood) 혹은 학동기라고 부를 수 있으며, 형식적 조작기는 사춘기(adolescence)라고 부를 수 있을 것이다.[11]

Bruner[12]는 감각운동기를 행동적 단계(enactive stage), 전조작기를 영상적 단계(iconic stage), 구체적 조작기 이후를 상징적 단계

10) J. Mcv. Hunt, *Intelligence and Experience*, New York: The Ronald Press Co., 1961. Chapt. 5 & 6.

J. Piaget, *The Psychology of Intelligence*, New York: Harcourt, Brace & W., 1950(Originally published in 1947).

B. Inhelder & J. Piaget, *The Growth of Logical Thinking*, New York: Basic Book 1958.

11) Piaget는 발달 단계를 분류할 때 몇 개의 기(period)로 나누고 그 아래에 단계(stages)를 두며, 다시 소단계로 나누는 방법을 즐겨 쓴다. 또한 각 단계에서의 연령(age)은 대략의 연령을 지시하는 것임을 명심해야 한다.

12) J. S. Bruner, "The course of cognitive growth", *American Psychologist*, 1964, *19*, 1-15.

(symbolic stage)라고 부르고 있으며, Luria[13]는 감각운동기를 제2차 신호체계 없는 단계(stage without the second signal system), 전조작기를 말에 의해 생기는 선택적 유의미 연결의 분석적 체계 없는 시기라고 부르고 있고, White[14]는 전조작기를 연합단계(associative stage), 구체적 조작기를 인지단계(cognitive stage)라 부르고 있다.

지능의 감각운동기는 Piaget의 『아동 지능의 원천』[15]에서 자세히 논의하고 있으며, 이 속에 다시 6개의 소단계(stage)를 두고 있다. 반사를 사용하는 단계(0~1개월), 제1차 순환 단계(1~4개월), 제2차 순환 단계(4~8개월), 제2차 스키마의 조절과 새로운 상황에의 적응 단계(8~12개월), 제3차 순환반응과 적극적 실험에 의한 새로운 수단의 발견 단계(12~18개월), 정신적 결합을 통한 새로운 수단의 창조 단계(18~24개월)의 6개 단계로 나눈다.

감각운동기는 어린이가 태어나면서 가지고 나오는 여러 가지 감각운동 조직을 통해 환경과 상호작용을 함으로써 지적 발달을 처음으로 형성하는 시기다. 빨고, 불빛을 보고, 소리를 내고, 소리를 듣고, 사지를 흔들고, 손에 닿는 것을 붙잡는 등의 감각운동을 하는데, 이러한 행동들은 반사적 성질의 기존의 스키마들이다. 이 같은 스키마들이 적응의 과정을 통해 성숙하면서 반사적 스키마에 지나지 않던 것들이 지적 행동으로 변해 간다.

---

13) A. R. Luria, *The Role of Speech in the Regulation of Normal and Abnormal Behavior*, London: Pergamon, 1961.

14) S. H. White, "Evidence for a hierarchical arrangement of learning progress, in L. P. Lipsitt, & C. C. Spiker (Eds.), *Advance in Child Development and Behavior*, New York: Academic Press, 1965.

15) J. Piaget, *The Origins of Intelligence in Children*, New York: International University Press, 1952.

이 시기에 대한 특징을 두 가지로 들어보자. 첫째는 유기체적 기능의 불변성이라는 관점에서 볼 수 있다. 지능 활동구조의 새로운 발생, 어슴푸레한 실체의 구성, 모방과 놀이의 점진적 변화와 분화 등이 이 시기에 일어난다. 이 시기를 여섯 단계로 나누어 볼 수 있는데, 첫째 단계는 기존의 반사적 스키마를 훈련하면서 새로운 사물의 동화를 하는 것이 특징이며, 둘째 단계에서는 여러 가지 다양한 기존의 스키마가 조절되는 시기로 듣는 것을 보게 되고, 본 것은 붙잡게 되고, 붙잡은 것은 빠는 식으로 환경에 기존의 스키마가 조절되어 간다. 이 단계에서 어린이는 자기의 손, 팔의 운동을 자기의 시각적 통제 밑에 두는 제1차 순환반응이라는 획기적 행동 변화가 일어난다. 셋째 단계에서는 제2차 순환반응이 나타나는데, 이 단계에서는 그의 관심을 끄는 우연한 광경을 오래 보려고 하고 또 반복해 보려는 '의도(intention)'가 처음으로 발생한다. 또한 이 단계에서 객관적 세계에 대한 예민한 관심이 시작되고 자기가 볼 수 있고 붙잡을 수 있었던 객관적 사물(장난감, 물체, 사람 등)이 없어지면 찾으려고 하고 그것이 없어진 것을 느끼는 시기로 이것이 사물에 대한 항존성(object constancy)이 나타나는 시초로 볼 수 있다. 이것이 모두 이 시기의 특징인 의도의 발달과 관련 있다. 넷째 단계는 제2차 스키마를 조절하는 시기다. 이 단계에서 친숙한 스키마를 새로운 상황에 수단 및 목적으로써 적용하며 시야에서 없어진 사물을 적극적으로 찾기는 하지만 다른 것으로 대치하면 그 행동은 그만두는 계열성이 없는 것이 특징이며, 인과와 시간에 관한 초보적인 객관화, 청각적 · 시각적 모델의 모방을 시작하는 시기다. 이러한 현상은 곧 제2차 순환반응이 수단으로써, 또 목적으로써 조절됨에 따라 어린이의 행동에 목표와 도구화의 분화가 분명해져 가는 것이며, 모방과 놀이를 통해 동화와 조절이 분화되어 가는 특징을 나타낸다. 다섯째 단계는 제3차 순환반응 단계인데 이 시기에는 새로운, 신기한 것에 대한 관심이 발달하며 적극적 실험(해 보는 것, 만져 보는 것, 부셔 보는 것, 뒤집어 보는 것 등)을 통해 새로운 방법을 발견하는 시기다. 어린이는 새로운 모델을 체계적으로 모방하여 놀이에 탐닉한다. 또한 사물이 움직이면 움직이는 것에 따라 그 계열을 추적(object permanance)할 수 있으며, 이제는 어린이의 행동 속에 객관적 공간, 인과, 시간 개념이 나타난다. 여섯째 단계는 감각운동의 스키마를 내면화하는 시기라고 특징적으로 표현할 수 있다. 이 시기에는 지적 조합(mental combination)을 통해 새로운 수단을 창조해 낼 수 있으며, 우회하는 능력도 생기며, 보이지 않는 대상의 계열성에 대한 사물의 항존성이 생기며, 모방의 대상이 없어진 다음에도 모방하는 지연모방(deferred imitation), 상징적 놀이 등이 발생한다.

감각운동기의 두 번째 특징은 동화와 조절이라는 불변 기능을 통한 어린이와 환경 사이의 계속적인 상호작용을 들 수 있다.[16)] 그는 Gesell 등과 같은 규범적 발달 스케줄이나 생득적으로 사전에 결정되어 있다는 고정발달 개념에 반대하고 행동조직의 새로운 발생을 만들어 내기 위해 동화와 조절이 계속적인 과정을 통해 작용한다고 본다. 이 같은 동화나 조절에서 그는 몇 가지 가설 혹은 원리를 발견하고 있다. 첫째, 반사적 스키마의 유지는 그것을 사용하는 기회에 의존한다. 둘째, 스키마는 사용함으로써, 그리고 조절기능을 수정하도록 요구하는 자극을 통해 계속 발달해 간다. 셋째, 조절기능의 수

16) J. Mcv. Hunt, *Intelligence and Experience*, New York: The Ronald Press Co., 1961. Chap. 5.

정은 기존의 스키마와 직면하게 되는 사물 사이의 적절한 배합에 의존한다. 넷째, 어린이가 그의 행동구조를 조절해야 하는 상황이 다양할수록 더 잘 분화되고 활동적이 되며, 또한 지적 발달의 속도도 빨라지고, 새로운 신기한 것에 대한 그의 관심의 범위도 더 넓어져 간다. 다섯째, 연속된 단계의 행동의 특징은 자연적 서열척도를 형성한다(동간척도처럼 점진적이 아니라 질적 변화의 차이를 갖는다는 뜻). 여섯째, 발달은 계속성(continuity)이 있어서 계속적인 유기체-환경의 상호작용의 결과로서 구조의 변화가 연결성 있게 나타난다는 것을 들고 있다.

전조작기(period of preoperations)는 약 2~6세 혹은 7세 사이의 취학 전 아동기에 해당하는 시기이며, 감각운동기 이후에 시작해서 구체적 조작기가 나타나는 7세경까지를 말한다. 이 시기를 흔히 전개념 단계(preconceptual stage)와 직관 단계(intuitive stage)로 나누어 설명하기도 하는데 여기에서는 묶어서 중요한 특징만을 든다. 이 시기의 호칭인 전조작, 전개념, 직관 중에서 유추할 수 있는 것처럼 아직 완전한 조작, 완전한 사고가 형성되기 이전의 과도기적 사고를 하는 시기라는 뜻을 포함하고 있다.

이 시기의 가장 두드러진 특징은 타인과의 의사소통능력(communicability)이 급격히, 그것도 특히 구어 언어(spoken language), 즉, 말을 하는 언어를 통해서 발달한다는 점이다. 이 시기에 언어발달의 양은 실로 엄청나며 자기 자신의 사고를 언어로 표현하는 능력뿐 아니라 타인의 언어화된 사고를 이해하는 능력에 획기적인 발달을 이루는 것이 특징이다. 이 의사소통력의 증가가 이 시기의 어린이의 인지 생활에 커다란 혁명을 일으킨다. 이 시기에 나타나는 의사소통의 형태는 두 가지로 구분되는데, 하나는 정보(information)

이며, 또 하나는 통제(control)다.

모든 의사소통은 본질적으로 정보전달의 성질을 띠고 있다. 의사소통 속에 어떤 종류의 사실이나 아이디어라는 내용이 포함되어 있으며 어린이의 의사소통 기능이 발달함에 따라 자기 주위의 세계에 관한 정보를 수신, 전달, 조절하는 능력이 발달한다. 우선 다른 사람이 언어나 기타 다른 의사소통의 매개를 통하여 전달하는 정보를 흡수하는 능력이 발달하며, 역으로 타인으로부터 받는 정확한 피드백의 작용을 통해 정보를 전달하는 능력이 증가한다. 뿐만 아니라 자기가 자기 자신에게 의사소통을 하는 능력, 즉 매일 겪는 경험의 결과를 상징화하고, 저장하며, 사고하는 능력이 발달한다. 이 같은 세 가지 능력이 아동의 인지구조에 획기적인 변화를 초래한다. 이 시기의 어린이는 정보발달의 체계로 보면 개방체제(open system)가 되어 있는 셈이다. 또 다른 의사소통은 정보발달에 있기보다 통제(control)에 있다. 전달받은 사람에게 어떤 사실이나 아아디어를 전달하기보다 그 기능이나 본질이 수신자의 행동을 어떤 방향으로 추진하고, 이끌고, 형성하고, 지도하고, 영향을 주려는 성질을 갖고 있다. 자기가 주는 의사소통을 통해 수신자에게 어떤 통제를 가하려는 기능이다. 이것 역시 타인→자신, 자신→타인, 자신→자신의 세 가지 형태가 생긴다. 즉, 타인의 요구, 지시, 명령, 기대 등 통제지향 의사소통(control-oriented communication)에 따라 응하는 것이 훨씬 지적이며, 또한 자기 자신이 의도적인 언어적 지시, 몸짓, 신체적 시범 등을 통해서 타인에게 바라는 행동을 하게 하는 능력도 발달한다. 뿐만 아니라 자기 자신의 행동을 통제하는 능력(self-control)이 발달하여 자기의 의도 · 계획 등을 연장시키거나, 상황에 부적절한 행동을 스스로 금지하거나, 행동을 기다리고 보류하거나, 만족을 연기하는(deferred gratification) 행동이 발달한다. 물론 이 시기에 나타나는 이 같은 행동이 완벽하고 절대적인 것은 아니며 상황에 따라 변한다. 때로는 통제력이 결핍되기도 하며, 잠깐 순간적이다가 그만두기도 한다. 그러기에 전조작기라고 하지만 이 같은 의사소통의 통제 능력이 이 시기의 인지발달에 중심적이며 유의한 변화라고 지칭할 수 있다.

이 시기에는 표상(representation)이 나타나는데, 이것은 새로운 사물이나 사건이 지각적 자극에 영향받는 스키마에 동화될 뿐 아니라 신호자(signifier),[17] 놀이, 인지 표상(cognitive representation)들의 발달에 개재하는 이미지에 의해 중개된다. 상징적 기능 혹은 영상은 표상적 공간을 구성하는 네 필수적일 뿐 아니라 다른 여러 가지 사고, 집합 기호로서의 언어 획득에도 필요하다. 이 같은 영상의 발달은 신호화 하는 스키마와 신호화되는 스키마 사이의 분화가 전제되며, 이 분화는 또한 조절과 동화 사이의 분화를 통해 가능하다고 본다. 즉, 조절기능이 우세한 모방, 동화기능이 우세한 놀이 사이의 분화가 될 때 영상의 발달이 생긴다고 본다. 이 같은 관계를 표시한 것이 [그림 11-3]이다.[18]

이 단계에 나타나는 인지표상(cognitive representation)은 전개념(preconcept) 형태를 취한다. 왜냐하면 이 시기에 어린이가 할 수 있는 최고의 사고가 모방표상(imitative representation)이거나 상징적

---

17) Piaget는 상징의 유목을 상징(symbols)과 기호(sign)를 한 유목으로 보고, 지수(indices)와 신호(signals)를 다른 한 유목으로 보았으며, 어느 경우건 신호화되는 사물의 객관적 측면을 지칭해서 신호자(signifier)라고 하고, 그러한 작용이 일어나는 대상을 신호화되는 것(signified)이라고 지칭했다.

18) J. Piaget, *Play, Dreams and Imitation in Childhood*, New York: Norton, 1951 (originally published in 1945).

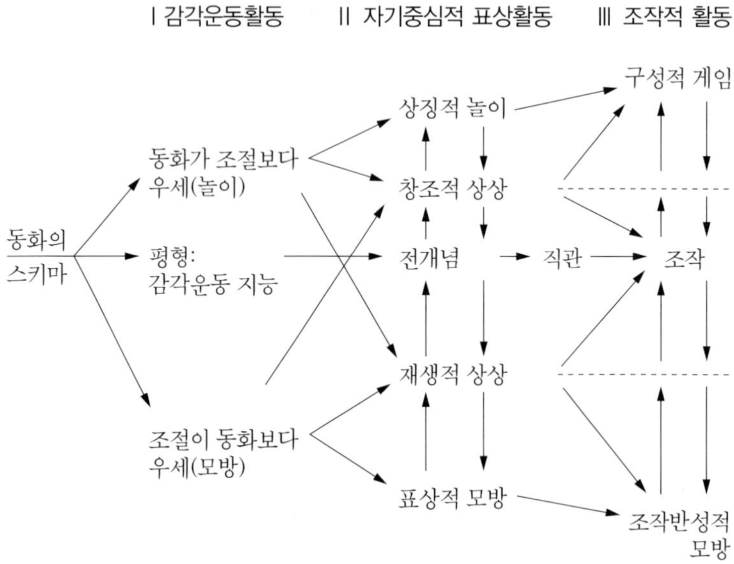

[그림 11-3] 감각운동기에서 구체적 조작기 사이의 발달과정 속에서 본 놀이, 지능, 모방의 관계(Piaget, 1945)

놀이(symbolic play)이기 때문이다. 아직은 감각운동기에 크게 의존하고 있는 전개념 단계의 지능은 진정한 일반성이 결핍되어 있고, 직접적인 행동의 장 밖에 있는 사물의 항존성에 대한 개념이 확립되어 있지 못하다. 또한 이때의 사고는 뒤에서 논의할 사고의 가역성(reversibility)도 존재하지 않는다.

전조작기의 두드러진 특징의 하나를 동일성(identity)과 함수(function)에 관련해서 관찰할 수 있다. 지각적 사물의 항존성과 개념적 대상의 항존성은 감각운동기에 나타나는 불변기능의 하나로 지적했다. 또한 Piaget 이론에서 가장 핵심적 예로 지칭하는 보존(conservation) 개념은 구체적 조작기에 나타난다. 이것을 그는 양적 불변성(quantitative invariants)이라고 하였으며, 전조작기에는 이와는 다른 인지불변성이 형성된다고 보았다.[19] 전조작기의 사고도 일종의 논리적 사고가 형성되는데, 그러나 구체적 및 형식적 조작기에 나타나는 조작적 가역성(operational reversibility)이라는 특징이 결핍되어 있기 때문에 부분논리, 준논리(semilogic)적이라고 지칭하였다. 그러나 이 시기의 준논리의 특징은 이 시기의 인지발달의 긍정적 특징이며, 전조작적 준논리는 이때의 특징을 설명할 수 있는 중요한 개념인 동일성과 함수라는 개념과 밀접히 관련되어 있다. 동일성과 함수는 본질적으로 양적이기 보다 질적이다. 즉, 보존 개념처럼 양적 정확성이나 측정의 개념이 내포되어 있지 않다. 행동, 사물, 사건 등의 사이에 질적 항상성, 일관성, 환경적 규칙성, 예언 공변성(predictive covariation)이 존재한다는 '느낌(feeling)'이 이 시기에 발달하며, 이것을 Piaget는 동일성과 함수 개념으로 설명하려고 하였다.

동일성이란 어떤 사물의 항구적인 질에 관한 어린이의 인지적 분리 혹은 분화를 의미하며, 사물의 형체, 크기, 외형과 같은 변할 수 있는 특징에서 그 사물이 '같은 것(same-thingness)'이라는 동일성을 분리해 내는 것을 말한다. 예컨대, Piaget의 고전적 실험인 액체량의 보존 실험을 들어 보자. 5세 아동에게 ① 두 개의 똑같은 용기(A, B)에 똑같은 양의 물을 담아 보이고 '같으냐'고 물으면 '같다'고 대답한다([그림 11-4] 참조). ② A의 용기에 담긴 물을 길고 홀쭉한 용기 C에 어린이가 보는 앞에서 붓고, ③ B, C의 물의 양이 '같으냐' '다르냐'고 묻는다. 이 실험에서 구체적 및 형식적 조작기의 어

19) J. Piaget, *Genetic Epistemology*, New York: Columbia Univ. Press, 1970.
J. Piaget, *On the Development of Memory and Identity*, Barre, Max.: Clark University Press and Barre Publishers, 1968.

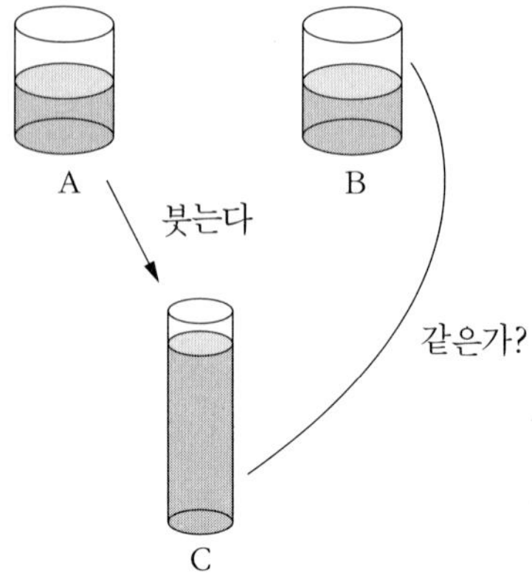

[그림 11-4] Piaget의 물질의 보존개념 실험

린이는 여전히 같다고 대답하나, 전조작기의 아동은 'C가 더 많다' 라고 대답한다.

그러나 이 시기의 아동에게 용기 앞을 가리고 거기에 용기가 있느냐고 물으면 '그렇다'고 대답하며(감각운동기에 형성된 사물의 항존성 개념), 부은 물이 역시 '같은 물이냐(same water)'라고 물으면 부었다든가 용기가 바뀌었다는 사실에 관계없이 같은 물이라고 대답한다. 이것은 곧 사물의 양의 보존개념에 관계없이 사물의 질적 불변성을 획득하고 있음을 말하며, 이것을 동일성이라고 보고 이 시기의 특징으로 들었다.

함수란 수학에서 $x=f(y)$라고 했을 때 x는 y의 함수라고 하며 x는 y에 의존하고 함께 변한다는 개념으로 사용한다. Piaget가 생각하고 있는 함수는 이 같은 개념이며, 이것은 본질적으로 양적 관계로 수렴되어야 한다. 그러나 전조작기의 어린이는 이같이 양적 함수관계를 정확히 획득하지는 못하며, 마치 동일성의 개념처럼 순전히 질적 함수 개념으로 이해한다.

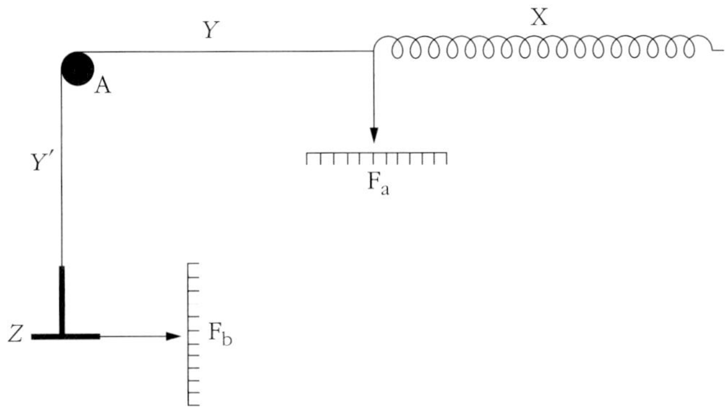

X: 용수철, A: 도르레, Y, Y′: 끈
Z: 물체를 얹어 놓는 곳, F_a, F_b: 눈금의 자

[그림 11-5] 어린이의 함수관계를 파악하는 능력을 연구하기 위한 실험장치 (Flavell, 1977, p. 77)

[그림 11-5]는 Piaget와 그의 동료들이 어린이의 함수관계를 파악하는 능력을 보기 위해서 한 실험장치다.[20] 용수철 X는 벽에 고정되어 있고, $(Y+Y')$는 고정된 길이를 가진 끈으로 도르레(A)에 의해 왔다갔다 할 수 있다. 도르레 A 자체도 고정되어 있다. Z에는 무게가 다른 물체를 얹을 수 있게 되어 있으며, 무게가 무거운 것을 매달면 X는 늘어나고 Y의 길이는 짧아지면서 Y′의 길이는 길어진다. Y의 뒷면에 푸른 빛깔의 배경을 두었고, Y′의 뒷면에는 붉은 빛깔을 두어 Y, Y′의 길이를 빛깔로 구별할 수 있게 하였다. Fa, F_b는 모두 자(尺)이며 화살표가 움직임에 따라 길이의 증가와 축소를 알게 장치되어 있다.

이 같은 실험에서 평균 4~6세 사이의 전조작기 아동에게 Z에 무게

20) J. H. Flavell, *Cognitive Development*, Englewood Cliffs, N. J.: Prentice Hall, 1977, p. 77.

를 더 보태어 어떤 현상이 일어나는가를 보게 했다. 결과 그들은 무게를 더하면 용수철 X가 늘어난다는 것, 즉 $X=f(Z)$ 혹은 $\triangle X=f(\triangle Z)$라는 것을 인식한다. 또 Y'가 길어지면 Y가 짧아진다는 것도, Fa의 눈금이 움직임에 따라 F_b의 눈금이 움직이는 것도 안다. 그러나 이 같은 함수적 보존성에 대한 이 시기의 어린이의 표상은 양적인 것이 아니라 순전히 질적인 특징을 보이고 있다. 예컨대, $X+Y$의 길이와 $Y+Y'$의 끈의 전체 길이가 무게를 더 보태건 않건 언제나 양적으로 불변이라는 사실을 알지 못한다. 마찬가지로 F_b의 화살표가 움직인 편차와 Fa의 화살표가 움직인 편차가 같다는 사실도, Y가 줄어든 길이만큼 Y'의 길이가 늘어난 것도 알지 못한다. 전조작기의 아동은 가역성 정신작용이 결핍되어 있기 때문에 엄격한 상보관계나 $Y+Y'$의 전체 길이는 언제나 보존된다는 것을 알지 못한다. 다만, 직관적으로 함수관계가 존재한다는 것을 질적으로 파악할 뿐이다. 즉, X가 변하면서 Y, Y'가 변하고 있고 Z에 무게를 더하면 Y, Y', X에 변화가 있다는 함수관계가 존재한다는 것을 인식할 뿐이다.

이 시기 또 하나의 특징은 특수에서 특수만을 추리할 수 있는 특수추리(transductive reasoning) 능력의 발달이다. 즉, 특수에서 일반으로 가는 귀납추리나, 일반에서 특수로 가는 연역추리가 불가능한 시기다. 이러한 사고가 어린이로 하여금 자기중심적 사고(egocentric thought), 즉 전개념 사고를 하게 한다. '아버지가 세면대에서 더운 물을 부으면 그는 면도하려고 한다.'는 사고는 특수와 특수의 관계에 대한 개념만 있을 뿐, 진정한 개념이 형성되지 않았기 때문이다.

구체적 조작기(period of concrete operation)에 해당하는 7~11세의 아동 중기에서 보이는 인지과정은 바로 이전의 전조작기와 여러 가지 측면에서 대비되는 특징을 나타낸다.

첫째, 전조작기 아동이 지각된 외현(perceived appearance)에 의한 사고를 하는 반면 구체적 조작기의 아동은 추론한 실체(inferred reality)를 파악하는 사고능력을 발달시킨다. [그림 11-4]에서 본 물의 양의 보존개념 실험에서 보듯이, 전조작기 아동은 홀쭉하고 긴 그릇 C에 물을 부으면, B와 비교해서 물이 많다라고 대답하는데, 왜 그렇게 생각하느냐고 물으면 '그런 것 같아 보인다'라는 직접적, 현상적, 지각적 외현에 그 원인을 돌린다. 이에 반해 구체적 조작기에서는 이 같은 지각된 외현을 넘어서 실체 밑에 놓여 있는 관계를 추론하여 두 개의 양이 같다고 지적한다. 이것은 그들이 현상적 실체와 진짜 실체를 구별하는 능력이 발달하였기 때문이다.

둘째, 집중화(centration)와 분산화(decentration)의 개념으로 대비시켜 볼 수 있다. 앞에 든 액체의 양의 보존실험에서 구체적 조작기의 아동은 그들의 주의를 보다 신축성 있고, 균형잡고, 과제에 적용하는 방법으로 분산시킬 수 있는 반면, 전조작기 아동은 어느 단일한 측면이나, 제한된 측면, 혹은 자기가 관심을 갖는 측면에만 주의를 집중시켜 버린다(예컨대, 높이만 보고 그 이외의 측면에는 주의를 하지 않는다). 이에 반해 구체적 조작기의 아동은 높이, 넓이에 함께 주의를 분산시킨다. 그래서 Piaget는 전조작기를 서열적 개념 형성의 시기라고 하고, 구체적 조작기 이후를 동간적 개념 형성의 시기라고 지칭하였다.

셋째, 상태(states)와 변환(transformation)의 개념으로 비교해 볼 수 있다. 앞에 양의 보존실험([그림 11-4])에서 보면 처음 같은 양을 넣었던 똑같은 용기 A, B라는 시발상태와 C 용기에 담았을 때의 종착상태라는 두 가지 상태가 있고, 물을 A 용기에서 C 용기에 붓는 변환과정이 존재한다. 전조작기의 아동은 주로 상태에만 그들의 주의를 집중시키고 두 상태 사이의 변환과정에 대해서는 주의를 갖지 못한다. 따라서 시간적으로 과거와 미래보다는 현재에만 주의를 집중시킨다. 그러나 구체적 조작기의 아동은 전후 상태뿐 아니라 전후 사이에 개재하는 변환과정에 함께 주의를 할 수 있다는 것이 다르다. 이러한 현상은 공간적 상황과 시간적 상황 속에서도 역시 똑같이 적용된다.

넷째, 비가역성(irreversibility)과 가역성(reversibility)의 개념으로 대비해 볼 수 있다. 가역성의 개념은 Piaget의 논리-수학적 조작 중에서 가장 중요한 개념이다. 논리학 및 수학적 조작에서 이전의 조작을 뒤바꾸어 주는 반대 조작이 존재하는 것을 가역성이라고 한다. (예컨대, 3+5=8, 그러나 8-5=3, 모든 남자와 모든 여자를 합하면 모든 사람이다. 그러나 모든 사람에서 모든 남자를 제외하면 모든 여자다.) 구체적 조작기의 아동은 양의 보존실험에서 C 용기의 물을 다시 A의 용기에 부으면 C에는 아무것도 없고 A에는 이전과 똑같은 양의 물이 생긴다는 가역 개념을 알기 때문에 B=C라는 관계를 정확히 지적할 수 있다. 뿐만 아니라 A에서 C로 옮기면 A 용기의 넓이가 C 용기의 높이에 의해 상쇄되어 실제는 그것이 같다는 상보관계(compensation)가 있음도 추리할 수 있다. 그러나 전조작기의 아동은 이 같은 가역성의 개념이나 상보 개념을 구사할 수 없기 때문에 B≠C 혹은 C>B라는 대답을 하게 된다.

요약하면 구체적 조작기의 아동은 모든 인지과제나 문제를 양적 태도(quantitative attitude)로 보는 반면에, 전조작기 아동은 질적 태도로 보기 때문에 지적 조작에 큰 차이가 발생한다.

형식적 조작기(period of formal operations)는 11~15세 혹은 그 이후까지에 연장될 수 있는 시기이며, 전통적 발달 단계의 분류에 따르면 사춘기 및 청년기에 해당된다. 이 시기의 특징은 모든 지적 조작을 상징적 조작 혹은 형식적 조작에 의해 할 수 있는 시기로 규정할 수 있다. 이 시기의 지적 발달을 몇 가지로 요약할 수 있다.

첫째, 현실의 실체보다 가능성의 실체를 볼 수 있는 시기다. 구체적 조작기의 사고가 구체적, 실제적, 현실적인 실체를 중심으로 이루어지며, 언제나 경험적 실체(empirial reality)에 구속되어 있어서 그 범주를 벗어나지 못하는 데 반해, 형식적 조작기에는 다양한 가능성에서 시작하여 현실의 실체로 진행한다. 즉, 이 시기의 아동(혹은 청년)은 여러 가지 가능한 해결 방법을 주의 깊게 고려하면서 그 중에서 가장 현실적인 대안이 무엇인지를 찾는다. 따라서 현실적 실제는 있을 수 있는 보다 넓은 가능성의 세계 중의 한 가지 특수한 경우로 본다는 것이 특징이다.

둘째, 가설-연역적 사고(hypothetico-deductive thought)를 한다는 것이다. 이것 역시 현실의 실체를 가능성에 종속되는 것으로 보는 사고의 연장으로 볼 수 있다. 형식적 조작기의 아동은 문제를 면밀히 살피면서 가설을 세우고, 거기에서 여러 가지 경험적 현상이 현실에서 논리적으로 일어나야 한다는 것을 연역하며, 다음에 어떤 것이 참인지를 검증한다. 이것이 바로 가설-연역적 사고이며, 구체적 조작기의 아동이 이론 없이 경험적-귀납적 이론(empirico-inductive reasoning)을 전개하는 것과 대비된다. 형식적 조작기의 아동이 하는 가설-연역적 사고는 언제나 여러 가지 가능성 중의 한 가지 가능성으로만 생각할 뿐, 만약 그 가설 및 이론이 문제를 해결해 주지 않을 때 그는 다시 다른 가설-연역의 논리를 전개해 간다.

셋째, 명제 간 논리(inter-propositional)를 전개하는 사고를 한다는 점이다. 구체적 조작기의 아동도 구체적 실체에 대한 상징적 표상을 하며 여러 상황에서 그 타당성을 검증하는 일도 한다. 그러나 그가 하는 논리 전개는 명제 내 사고(intra-propositional)를 한다는 것이다. 즉, 사용하는 명제 간에는 서로 연결이나 체계 없이 낱개로 이용된다는 점이다. 그러나 형식적 조작기의 아동은 명제 간의 논리적 관계를 찾는 사고를 한다는 것이며, 경험적 실체에 별로 관계하지 않는다는 것이 특징이다. 이것이 바로 형식적 논리 전개, 상징적 논리 전개를 의미한다. 즉, 논리 전개에 필요한 INRC의 개념과 긍정(affirmation), 연언 혹은 결합(conjunction), 선언 혹은 분리(disjunction), 부정(negation), 그리고 '만약 ~이면……이다(if-then)'의 가정 등 명제적 사고를 구사하는 것이 이 시기의 특징이다. 그들은 이러한 명제를 서로 결합해서 새로운 명제를 거기에서 연역해 낼 수 있으며, 이 결합 능력의 발달이 또한 구체적 조작기의 아동보다 훨씬 우세하다는 것도 특징이다.

전 망

인간의 지능을 인간의 정보 획득 및 사고의 인지과정을 분석하고 탐구함으로써 지능의 본질에 접근해 보려는 시도는 심리측정 이론의 관점이 지능을 일차원의 양적 개념으로 파악하고, 그 개인차를 밝히는 것에 대한 반동에서 출발했다고 봐도 무방하다. 따라서 인지과정을 질적으로 탐구하는 방법은 근본적인 시각이 심리측정 이론의 시각과는 다르기 마련이다.

그러나 지금까지 논의하였듯이 인간의 지능을 인지과정으로 파악하는 이론이나 방법에는 크게 인지상관접근, 인지요소접근, 인지발달접근의 세 가지 주류가 있을 뿐 아니라 각 접근 속에서도 다양한 하위 접근이 존재하고 있어서, 그 이론 전개나 연구 방법 등에서 아직도 혼돈 속에 있는 탐색과정이라고 보아야 할 것이다. 뿐만 아니라 인지상관접근이나 인지요소접근은 실제 심리측정 이론의 접근과 이론적으로나 방법론적으로 중첩되는 부분도 허다히 발견하게 된다.

이 같은 현재까지의 발전 난세로 보아 어떤 이론이건 인간의 지능을 대상으로 하고 있다면, 인지과정 접근 전체를 한 개의 모형 속에서 볼 수 있는 메타이론(meta-theory)의 개발이 절실히 요구된다. 이들 이론 자체 속에서 갖는 이론적 모순과 상충을 조화하기 위해서, 인지과정 연구의 기본적 철학이 어떠해야 하는지를 정립하기 위해서, 그리고 심리측정과는 다른 보다 세련된 객관적 방법론의 개발을 위해서도 이 같은 작업은 해결해야 할 과제 중의 하나로 지적해야 할 것이다.

이와 병행해서 심리측정 이론이나 인지과정 이론은 그 대상이 인간의 지적 능력에 있다는 것은 명백하다. 또한 이 같은 능력이 선천적이거나 고정적인 것이 아니라 어떤 형태로든지(보는 관점은 다르지만) 형성되어 가는 것으로 보는 점에서도 크게 벗어나지 않는다. 또한 이들 두 이론 간에 사용하고 있는 개념 간에도 지칭하는 명명은 다르지만 실제는 거의 비슷한 본질을 두고 논하고 있는 것도 관찰할 수 있다. 그렇다면 이 같은 두 이론을 보다 높은 수준의 차원, 보다 포괄적인 차원에서 종합하는 메타이론의 개발 또한 지능 이론에서 추구해야 할 중요한 과제로 지적해야 할 것이다.

심리측정 이론은 인간의 지적 요인이 무엇이며, 그 요인에 나타나는 개인차의 현상을 밝혀 주는 데는 필수적인 방법이며, 공헌 또한 지대했다. 뿐만 아니라, 능력의 구조를 분류하고 그것을 체계화하는 데 획기적 시각을 열어 주었다. 정보이론을 기초로 한 인지상관접근이나 인지요소접근은 인간이 지적 활동을 하는 과정에서 무슨 정보가 어떻게 처리되어 문제해결에 어떻게 기여하는지를 밝혀 주는 데 공헌하였고, 또한 그 발전은 이제부터의 연구에 기대를 걸어 볼 만하다. 인지발달은 인간의 인지능력을 발달과정의 질적 함수로 보고, 발달 단계마다 특징을 기술해 주는 데 중요한 시사를 하였다. 만약, 이 같은 세 가지 접근이 인간의 지적 능력을 이해하는 데 어떤 합치점에 이를 수 있는 공통의 장이 있다면 그것은 바로 이 세 가지 접근이 수렴될 수 있는 공통분모가 무엇이며, 각각의 접근이 독특하게 기여할 것이 무엇인지를 찾는 노력이라고 볼 수 있다.

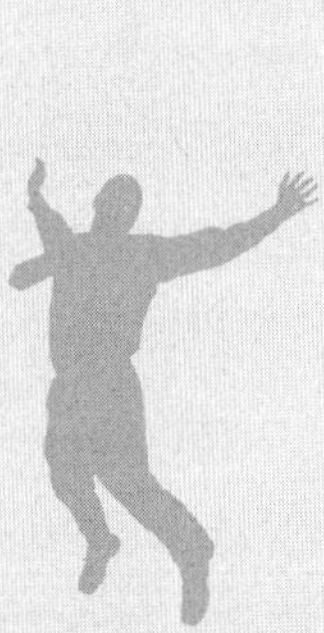

제4부
지능의 발달, 유전, 환경

이 부에서는 왜 지능이 발달하고 어떻게 발달하며, 그것은 어떤 영향에 의한 것인가 하는 문제, 즉 왜(why?)에 관한 문제에 초점을 맞추고 있다. 이것은 모든 인간 특성의 발달에는 반드시 관련되는 지능의 개체발생(ontogenesis)과 계통발생(phylogenesis)의 문제이기도 하다.

인간의 지적 능력은 모태 속의 수정란으로부터 형성되기 시작하여 죽음에 이르기까지 어떤 형태로든지 발달, 변화되어 간다. 이 같은 지능의 발달에는 유전적인 영향도 있을 수 있고, 동시에 경험적 · 환경적인 영향도 있을 수 있다. 지능의 발달이라는 현상은 이 같은 발달에 미치는 내재적 · 외재적 영향의 변인과 분리해서 논의할 수 없다. 뿐만 아니라 발달을 보는 시각과 발달이론의 차이에 따라서도 여러 가지 다른 진술과 설명이 가능하며, 지능에 관한 개념의 차이에 따라서도 발달을 보는 현상은 달라진다. 또한 채택하는 방법론의 차이에 따라서도 달라진다. 지능은 개체발생이라는 틀 속에서 유전과 환경이 미치는 영향을 관찰할 수도 있지만, 동시에 지능의 계통발생이라는 틀 속에서 유전과 환경의 상대적 역할을 논의할 수도 있다.

전통적으로 지능의 발달에 관한 연구는 두 가지 형태의 접근이 시도되어 왔다. 첫째는 어느 한 시점(혹은 비교적 짧은 시기 동안)에 여러 연령 단계에 있는 집단에게 지능검사를 실시하고 그 연령집단 사이에 지능의 차이가 어떻게 다른지, 왜 그런 차이가 나타나는지를 밝혀 보려는 접근이다. 이것을 흔히 횡단적 연구라고 부른다. 그러나 최근에는 이 같은 방법의 문제점을 인식하면서 같은 사람의 지능을 그의 발달 단계의 여러 시점(t_1, t_2, … t_k)에서 관찰함으로써 그의 변화를 현재의 시점에서 보려는 입장이 보다 지배적이다. 이것을 우리는 종단적 연구라고 부른다. 이 두 접근 방법은 사용하는 방법론에서도 커다란 차이가 있지만 보다 중요한 특징은 전자가 연령집단 사이의 차(differences)에 관심이 있는 반면, 후자는 지능의 연령 단계 사이의 변화(change)에 관심이 있다는 것이다. 또한 전자는 지능발달의 현상을 면밀히 기술해 줄 수 있다는 것을 특징으로 든다면, 후자는 이 같은 발달에 미치는 설명적 변인, 인과적 변인을 탐색하는 데 보다 그 특징을 둔다.

이 부에서는 먼저 지능의 개체발생 및 계통발생 밑에 놓여 있는 몇 가지 기본 메커니즘을 논의하고, 이어 지능의 발달이 어떻게 형성, 변화되어 가는지에 관한 문제를 횡단적 연구, 종단적 연구의 결과를 종합하여 제시할 것이다. 이어 이 같은 지능발달에 미치는 영향이 무엇인가에 대한 문제를 유전과 환경이라는 두 요인에 초점을 두고 논의할 것이다. 이 문제는 특히 최근 지능 연구에 관한 새로운 접근이 시도되면서 커다란 쟁점으로 부각되고 있는 문제이기도 하다.

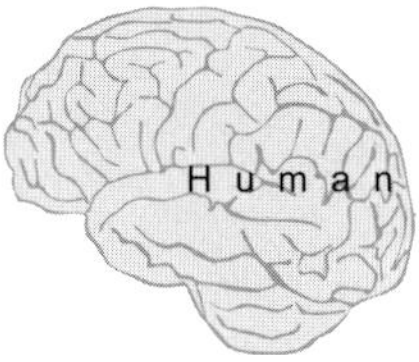

제 12 장

지능에 관한 생물학적 접근

생물결정론적 사고

지능에 관한 생물학적 특징을 접근하는 데 있어서 기억해야 할 것은 생물진화론에 기초를 둔 생물결정론(biological determinism)의 영향이 강력히 지배하고 있고, 이 같은 경향은 아직도 지능에 관한 생물학적 접근에 의식적 · 무의식적으로 깊이 침투되어 있다는 사실이다.

생물적 결정론은 인간 집단 사이의 사회적 · 경제적 · 행동적 차이는 타고난 생득적인 생물적 차이에서 유래하는 것이며, 그러기 때문에 사회는 이 생물적 결정현상의 정확한 반영이라고 본다. 생물의 여러 가지 종은 오랜 기간의 생물적 진화를 거쳐 계통발생 원칙에 따라 발전되어 왔고, 그러기 때문에 그 사이에 등급(ranking)을 매기는 일이 가능하듯이 지능이라는 단일 지표에서도 이 같은 등급은 가능하다고 보았다. 그래서 생물학이 제일 먼저 한 일은 인간의 정신 능력을 지배하는 모종의 기제가 인간의 뇌 어디엔가 있을 것이라고 가정하고 인간의 두개골의 크기와 지능이 관계있다는 가정에서 접근하기 시작했다. 이 같은 생물결정론적 사고는 심지어 평등주의자, 자유주의자의 상징적 존재처럼 지적하는 Thomas Jefferson에게도 나타나고 있다. '그러므로 나는 흑인이 본래부터 분명히 다른 종족이건 시간과 환경에 의해 만들어졌건 간에 그들이 신체나 정신의 천부적 혜택에서 백인보다 열등하다는 것을 약간의 회의는 갖지만 주장한다.'[1]고 말하고 있다. 또 Abraham Lincoln조차도 남북전쟁에서 보인 흑인의 우수성을 보고 자유에 대한 존엄성을 더 신뢰하게 되었지만 자유라는 것이 생물적 평등을 의미하는 것은 아니라고 하여, 백인과 흑인 사이에 신체적 차이가 있고 백인이 우수한 것에 동의하고 있다. 이 같은 사고는 서구의 귀족사회는 물론이고 자유와 평등을 주장하는 미국의 지식인과 지도자 사이에도 확고한 신념처럼 만연되어 있어서, 인디언은 백인보다 못하고, 흑인은 어떤 종족보다 못하며, 지능이 낮은 것은 그 원인이 생물적인 어떤 차이가 있기 때문이라는 생물결정론을 고정관념으로 지니고 있었다. [그림 12-1]은 Nott와 Gliddon[2]이 1854년에 희랍인, 흑인, 침팬지의 두개골을 비교한 그림이다. 이 그림에서 주목할 것은 흑인의 아래턱을 실제보다 과대하게 잡아 당겨서 마치 침팬지보다 더 열등한 두개골(백인에 비해)을 가지고 있는 것처럼 날조하려고 했다는

1) T. F. Gossett, *Race: The History of an Idea in America*, New York: Schocken Books, 1965, p. 44.

2) Nott, J. C. & G. R. Gliddon, *Types of Mankind*, Philadelphia: Lippincott, Grambo and Co., 1854.

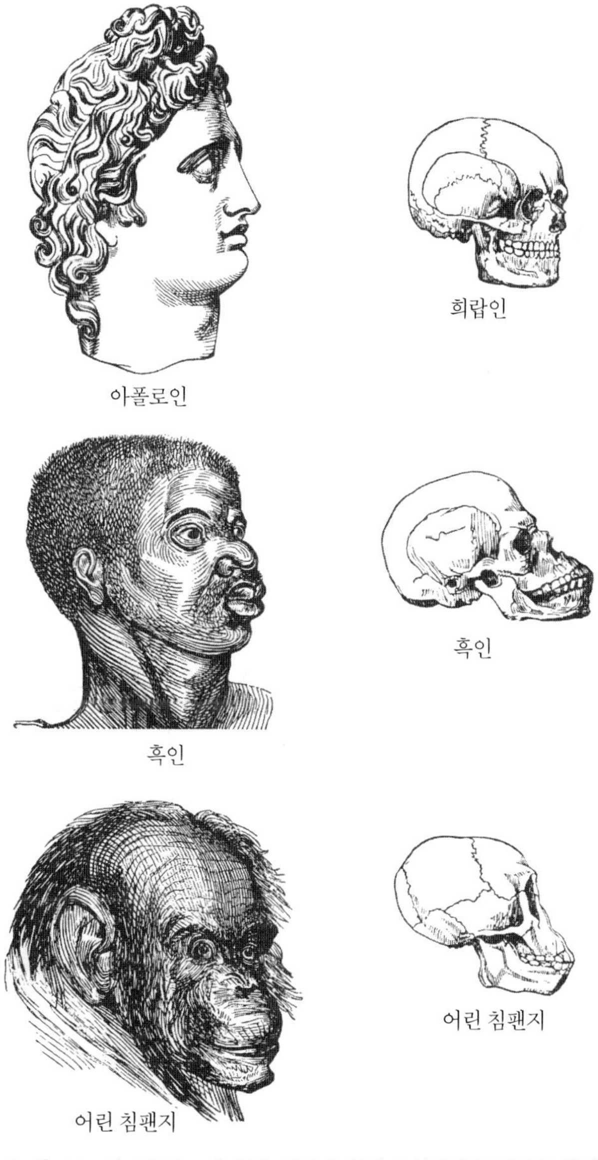

[그림 12-1] Nott와 Gliddon에 의해 인간과 침팬지 사이의 두개골을 일차적 척도에 배열한 그림. (주의할 것은 침팬지의 두개골을 부풀게 하고 흑인의 아래턱을 잡아당겨서 흑인이 침팬지보다 더 낮은 종처럼 보이려고 위조하고 있다) (Nott & Gliddon, 1854) Creole 흑인: 서인도, 남아메리카 등에 사는 흑인

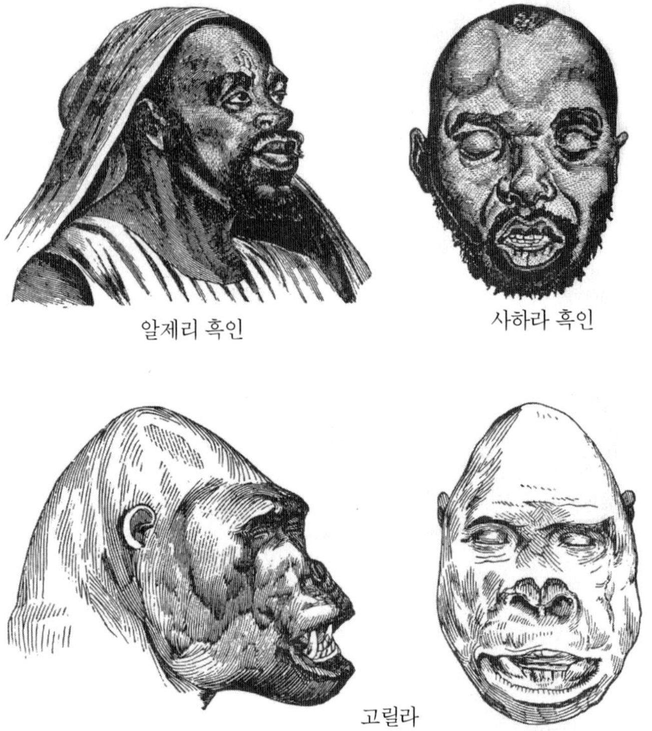

[그림 12-2] 흑인과 고릴라 사이의 두개골 유사성을 보이기 위한 도형
(Nott & Gliddon, 1854)

사실이다. 뿐만 아니라 [그림 12-2]에서는 흑인과 고릴라를 비교해 보임으로써 마치 흑인과 고릴라 사이에 유사성이 있는 것처럼 암시하려고 시도하고 있다.[3)]

앞에서 든 이 같은 인간의 지적 능력에 관한 생물결정론적 사고는 모든 지적 인텔리 및 사회적 귀족계급, 혈통적 귀족계급 사회에서 당연한 논리로 받아들였다. 지능에 관한 생물학적 접근은 순수한 과

3) *Ibid.*

학 정신의 추구에 앞서서 이미 그 속에 사회적 · 정치적 · 이데올로기적 관념이 먼저 지배하고, 그에 의해 내려진 고정관념, 즉 인간의 지적 능력은 '백인이 가장 우수하고 다음에 다른 종족이 그 뒤에 서열을 짓는다.'는 주장에 대한 이데올로기를 합리화하기 위해 생물적 · 과학적 증거는 왜곡, 변형, 때로는 날조되기도 했다.

[그림 12-3]은 초식동물과 육식동물을 고생대에서부터 현대에 이르기까지 뇌의 크기를 비교해 본 것이다.[4] 이 결과에 의하면 초식동물에 비해 육식동물의 뇌의 크기가 훨씬 크며, 육식동물도 고생대 동물에 비해 구석기, 신석기, 현대로 오면서 뇌의 크기가 증가하는

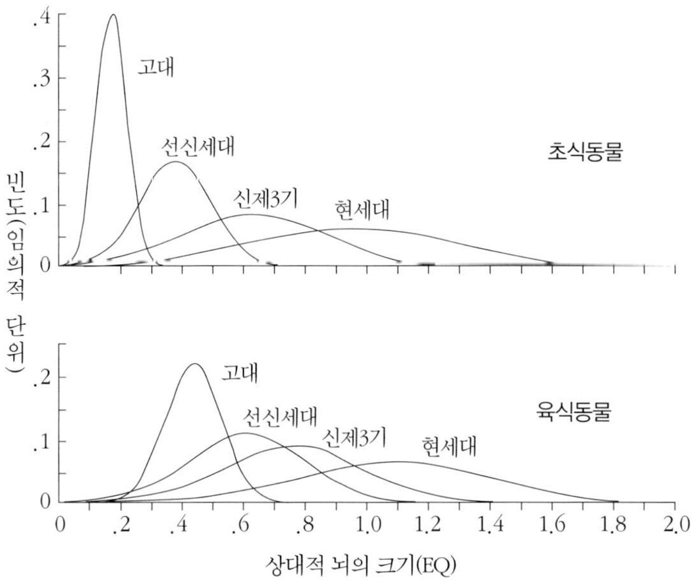

[그림 12-3] 상대적 뇌의 크기의 분포와 변화(Jerison, 1973)

4) H. J. Jerison, *Evolution of the Brain and Intelligence*, New York: Academic Press, 1973.

경향을 엿볼 수 있다. 이 같은 현상을 보고 인간의 지능은 계통발생에 따라 진화되어 온 것으로 단정한다. 그러나 뇌의 크기와 지능 혹은 IQ 사이에 관계가 있다는 증거는 아직 발견되지 않고 있다.

또 Romero-Herrera, Lehmann, Joysey 및 Friday[5]는 동물의 정보처리능력에 기초하여 척추동물의 진화를 조직재생(anagenetic) 분석과 분기(cladistic) 분석으로 나누어 비교하면서 금붕어에서부터 인간에 이르기까지의 진화과정을 설명하려고 시도하고 있다([그림 12-4] 참조). 그러나 이것 역시 정보처리능력이라는 단순한 척도에 비추어 비교하는 것이 인간의 지능을 제대로 측정한다고 할 수 있는가 하는 문제가 남는다. 각 종(species)마다 그들 나름의 독특하고 특수한, 그리고 개성적인 정보처리능력이 있기 마련이다. 왜냐하면 각 동물이 상황에 적응해서 생존해 나가기 위해서는 거기에 맞는 독특하고 고귀한 생물적 적응기제와 적응행동이 요구되기 때문이다. [그림 12-4]에서 보는 바와 같은 비교는 인간이 지니고 있는 생물결정론과 진화론의 사고에 젖어 있는 고식적 사고의 결과로 보아야 할 것이다.

이 같은 고정관념을 정당화시키기 위해 백인의 뇌가 가장 크고 기타 민족의 뇌 크기가 그보다 작다든가, 남자의 뇌의 크기가 여자보다 크다든가, 전문직 직업에 종사하는 사람일수록 뇌의 크기가 크고 노동직에 종사하는 사람일수록 뇌가 작다는 것을 증명하기 위해 Darwin 이전에 이미 두개학(craniology) 및 두개골 측정이 성행했었다. 그러나 이 같은 연구도 Gould[6]가 신랄하게 비판하고 있는 것처

5) A. E. Romero-Herrera, H. Lehmann, K. A. Joysey, & A. E. Friday, "Ön the evolution of myoglobin", *Philosophical Transactions of the Royal Society of London*, 1978, *283B*, 61-163.

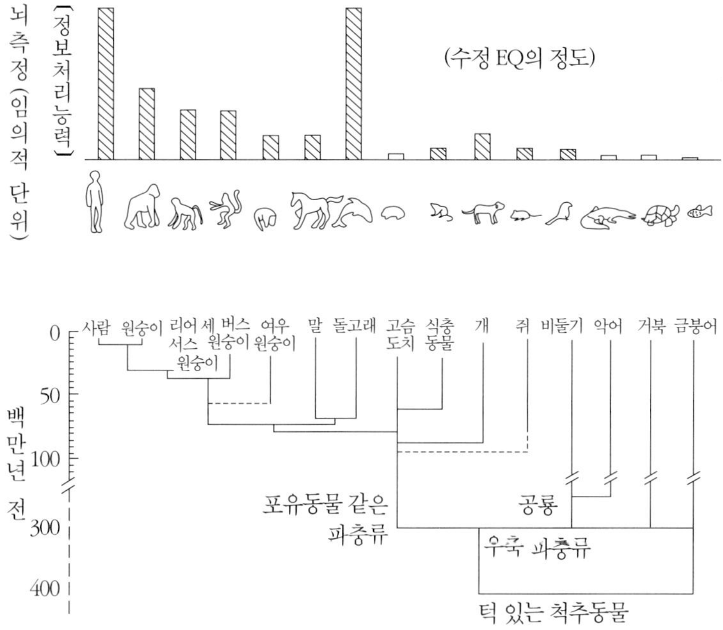

[그림 12-4] 척추동물 진화의 조직재생 분석(윗그림)과 분기 분석(아래 그림)

럼 기존 관념을 합리화시키기 위해 자료의 변조, 훼손, 오측이 빈번할 뿐 아니라, 주관적 편견에 맞게 날조하기도 하고, 때로는 몽고인의 두개골의 측정치가 크게 나오면 그것을 자료에서 탈락시키는 등 여러 가지 종류의 왜곡으로 차 있다고 지적했다. Gould가 Morton의 두개골 측정 자료[7]에 기초해서 다시 계산해 본 결과가 〈표 12-1〉에 제시되어 있다. 이 결과에 의하면 종족 사이의 두개골 사이에

---

6) S. J. Gould, *The Mismeasure of Man*, New York: W. W. Norton, 1981.

7) S. G. Morton, "Observations on the size of the brain in various races and families of man", *Proceedings of the Academy of Natural Sciences Philadelphia*, 1849, 4, 221-224.

〈표 12-1〉 Morton의 자료에 기초한 두개골 크기의 수정치

종 족	두개골 용적(IN^3)
몽고인	87
현대 백인	87
미국 원주민	86
말라야인	85
고대 백인	84
아프리카인	83

는 아무런 차이가 없다. 더욱이 종족 사이에 지능의 차이가 있는지 없는지에 대해서는 두개골의 크기가 아무런 증거를 제공해 주지 않는다.

이같이 두개골의 크기에 의한 고정관념이 입증되지 않자 다음에는 뇌의 무게를 가지고 비교하기 시작했다. 그러나 유명한 수학자 K. F. Gauss의 뇌의 무게도 1,492그램으로 다른 사람의 뇌의 무게와 별로 차이가 없다는 것이 밝혀졌다. 그러자 이제는 뇌의 회선형(convolution)이 많은 것이 지적 능력의 우수성을 나타낸다고 보았다. 그러나 이것 역시 [그림 12-5]에서 보듯이 의미 있는 차이를 발견할 수 없었다. 이렇게 되자 지능과 뇌 사이의 관계에서 존재하리라던 생물적 결정론은 거의 후퇴한 셈이다.

지능에 관한 한 생리학, 진화론, 생물학, 비교생물학 등에서 우리에게 시사하는 지식은 행동의 적응성과 뇌의 크기나 복잡성, 정보처리능력 등과의 관계는 보기보다 단순하지 않다는 사실을 알려 주고 있다. 비교적 진화되었다고 하는 특정한 어떤 종의 구성원 모두에게 보편적으로 나타나는 생득적인 것 같은 메커니즘이 대단히 낮은 진화 수준에 있다고 하는 종의 행동에서도 대단히 중요한 역할을

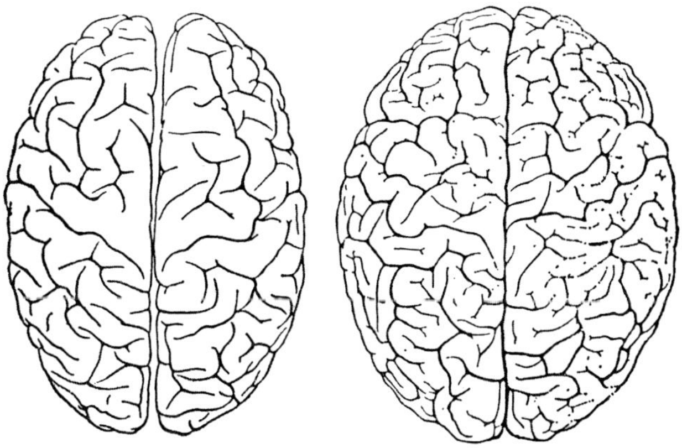

[그림 12-5] K. F. Gauss의 뇌와 어느 파푸아인의 뇌의 회선형

하는 일도 있다. 더욱이 실제 무엇이 생득적 메커니즘이며 무엇이 획득 행동인지도 분명치 않다. 예컨대, Lorenz 및 Hess 등의 유명한 각인(imprinting) 연구[8)]도 생득적 행동 유형을 내포하고 있음이 분명하지만, 그러한 생득적 행동 유형도 적절한 환경 자극 조건 아래에서만 나타난다는 것을 보면 이것을 이해할 수 있다.

곤충 가운데에서도 인간의 적응 행동을 능가하는 복잡한 적응력을 보이는 것도 있다. 거미줄에 앉아 먹이를 기다리는 거미, 자기 영토를 측지할 줄 아는 특별한 능력을 가진 벌, 미로를 학습하는 데 귀신 같은 능력을 보이는 개미 등은 훨씬 큰 뇌를 가진 고양이나 쥐에 비해 우수한 적응력을 보이고 있는 셈이다. 마찬가지 비유로 인간이 자랑하고 있는 일반화의 능력, 관계를 파악하는 능력, 통찰에 의한

8) K. Lorenz, "The companion in the bird's world", *Auk*, 1937, *54*, 245-273.
A. O. Ramsey, & E. H. Hess, A study of imprinting, *Wilson Bulletin*, 1954, *66*, 196-206.

문제 해결력 등은 다소 거칠기는 하지만 쥐나 조류에도 나타나고 있고, 원숭이에게도 언어 기능으로 보이는 상징적 신호를 사용하고 있다는 사실이 밝혀지고 있다.

> 꿀벌은 꿀이 많이 있는 숲과 같은 음식원을 발견하면 그 주위의 지형을 기억해 두고 벌집으로 날아온다. 그가 가고, 오고 한 비행에서 얻은 정보를 기초로 해서 벌은 벌집과 음식원 사이의 거리를 측정하고, 태양의 위치에 따른 각도에 의거해서 방향을 측정한다. 이 정보가 그 벌로 하여금 음식원에 다시 갈 수 있게 할 뿐 아니라, 벌집에 있는 다른 벌에게도 그 위치에 관한 정보를 전달할 수 있다.
>
> 하루 동안 태양은 움직이기 때문에 태양에 의거한 상대적 측정은 어느 특정 시간에만 정확할 뿐이다. 그러나 벌의 뇌 속에는 그 크기가 바늘보다 작지만 태양운동에 따라 교정할 수 있는 메커니즘이 포함되어 있다. 그래서 이것이 시간의 함수에 따른 태양운동의 각도를 조절하면, 결과적으로 벌집에서 음식원이 있는 곳까지의 여행을 언제나 직선으로 할 수 있게 된다. 바꾸어 말하면 벌의 머릿속에는 천문학적 자료와 시계, 그리고 이것들을 관련시키는 메커니즘이 있다는 것이다.[9)]

이것은 Karl von Frisch가 꿀벌이 어떻게 꿀을 찾아내고 그것을 취득하는가를 연구한 보고서다. 이처럼 천재적이라고 할 정도의 지적 능력이 우리 인간에게 있는가? 인간도 이만한 적응행동을 갖기 힘들다. 이것은 곧 종마다 그들 나름의 독특한 적응행동을 갖고 있

---

9) Korl von Frisch, *The Dance Language and Orientation of Bees*, Cambridge, Mass.: Belknap Press, 1967.

기 때문에 생물진화론의 관점에서 지능을 설명하려거나 또 지능이 진화의 결과라고 하는 결정론적이며 고식적 사고의 함정에 빠지는 것을 경계해야 한다. 지능에 관한 한 생물진화론적 입장을 입증하는 결정적인 증거는 하나도 없다.

Stenthouse[10)]는 인간의 지능발달에 미친 4가지 요인을 다음과 같이 지적하고 있다.

① 감각 및 운동기관의 다양성과 수용력(capacity)의 증가(예컨대, 인간이 직립 자세를 취하게 되면서 이것이 결과적으로 보다 넓은 시계와 원거리 지각을 가능케 하였으며, 손의 사용을 가능케 하였고, 조음기관을 이용하여 언어 사용을 가능케 하였다.)
② 이전의 경험을 습득 및 기억하고 조직하며, 그러한 경험을 신축성 있게 재생, 추적하는 부호화 기능의 확대
③ 경험에서 일반화와 추상성을 끌어내고 관계를 보는 능력
④ 즉시적인 본능적 반응을 지연시키는 능력

현재까지 연구된 생물학적 · 심리학적 연구에 의거해서 내릴 수 있는 일반적 진술은 하등 종의 동물 행동은 그 기질적 구조(organic structure), 즉 생물적인 신경적 및 생화학적 메커니즘에 의해서, 그리고 조건화된 외부자극에 의해서 직접적 · 즉시적으로 결정되는 데 반하여, 고등 종, 특히 인간의 경우는 중개과정(intervening processes)이 중추신경 계통에서 많이 작용한다는 점이다. 이것은 이미 전장에서 논의한 Hebb의 뇌생리 심리학적 관점이나 Piaget의 인지발달론

10) D. Stenthouse, *The Evolution of Intelligence*, London: Allen and Unwin, 1974.

의 관점과도 일치하지만 동시에 지능검사에서도 인간이 푸는 복잡한 지적 문제는 대부분 내면적 사고과정을 요구하는 문제인 것에서도 짐작할 수 있다.

뇌의 해부학적 및 생리학적 접근

최근 인간의 뇌에 대한 해부학적 및 생리학적 접근을 통해 지능의 성질을 밝혀 보려는 노력이 증가되고 있긴 하나, 아직 인간의 지능에 관해 별달리 뚜렷한 연구 결과를 제시하지 못하고 있다. 이 같은 관심은 지능과 뇌의 크기, 중량, 회선형과 관계가 없다는 사실이 확인되면서 뇌의 해부학적 · 조직학적 · 생리학적 측면에로 관심이 기울게 된 데 기인한다.

이 가운데 우리의 관심을 끄는 것은 대뇌 반구의 특수 기능에 관한 연구를 들 수 있다. 인간의 대뇌 피질은 두 개의 반구, 즉 좌측 반구(left hemisphere)와 우측 반구(right hemisphere)로 나뉘며([그림 12-6] 참조), 이 각각은 신체의 운동, 감각에도 다른 기능을 나타내지만 인간의 인지기능에서도 다른 기능을 갖는다는 증거가 차츰 밝혀지고 있다. 지금까지의 연구를 대충 종합해 보면[11] 좌측 대뇌 반구는 오른쪽 공간에서 들어오는 시각 및 촉각 정보를 처리하는 데 일차적 책임을 담당하며, 또한 오른쪽 팔과 다리운동을 통제하는 책임을 지고 있다. 이에 반해 우측 대뇌 반구는 앞에 든 기능의 좌측의

11) A. L. Glass, K. J. Holyoak, & J. L. Santa, *Cognition Reading*, Mass.: Addison-Wesley, 1979. Chapt. 9. Hemisperic Specialization.

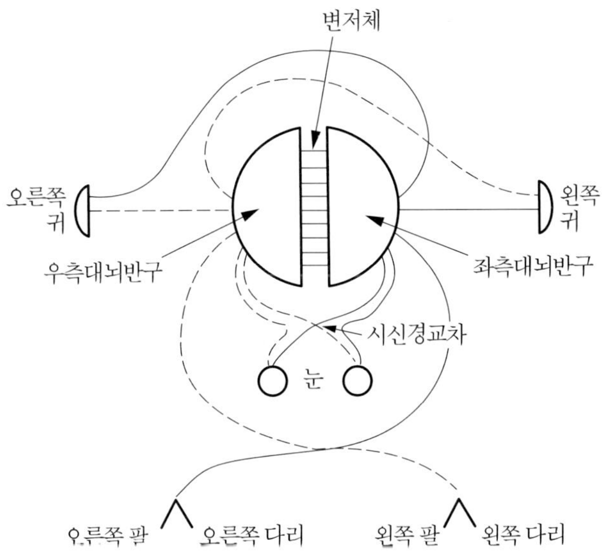

[그림 12-6] 신경조직의 도식적 표상

활동에 대한 책임을 지고 있다. 또한 좌측 반구는 언어 사용, 특히 언어의 생산능력 및 시간 개념과 깊은 관계가 있으며, 우측반구는 시각직인 유형인지, 공긴능력, 음악적 정보처리능력, 공간방향 감각과 깊은 관계가 있다는 것이 거의 확실하다. 예컨대, 좌측 반구에 심한 훼손을 입은 사람은 실어증이나 심한 언어 결함을 보인다든가, 우측 반구에 손상을 입은 경우 시각적 대상을 변별하는 능력에 결함을 보인다는 사실을 증거로 내세울 수 있다. Nebes[12)]는 대뇌 반구에 이 같은 변별적 차이가 있는 것을 인정하면서도 이것 또한 확실한 증거는 되지 못한다고 지적하고 있다. 그것은 뇌의 상당 부분을 들어내거나 또 훼손당한 환자에게서도 앞의 능력에 영구한 영향을

12) R. D. Nebes, "Hemispheric specialization in commissurotomized man", *Psychological Bulletin*, 1974, *81*, 1-14.

주지 않을 뿐만 아니라, 뇌의 표면에 자극을 주어도 운동반응 및 감각반응을 일으킬 수 있다는 것을 그 증거로 내세운다.

대뇌 반구와 인간의 지능에 관련된 문제는 밝혀진 것보다 아직도 더 연구해야만 확실한 대답을 할 수 있는 문제가 더 많은 편이다. 좌우 대뇌 반구 사이의 기본적인 분업은 처리해야 할 정보의 투입 형태, 투입된 정보에 적용할 정신과정의 형태, 표상 부호(representational code)의 형태를 포함하기 마련이다. 뿐만 아니라, 개인 사이에 존재하는 대뇌 반구 조직에서의 개인차도 무시하지 못할 정도로 크다는 사실도 어떤 단순한 이론이나 논리로 간단명료하게 설명할 수 없는 이유이기도 하다.

대뇌 반구의 좌우 분화는 인간의 경우에는 이미 탄생과 함께 차츰 분화의 과정을 거친다. 원숭이와 같은 유인원에서는 이 같은 분화가 발생하지 않는데, 인간에게만 유독 독특하게 나타나는 이 같은 비대칭적 분화의 원인, 기능이 무엇인지에 대한 연구는 더 탐구되어야 할 것이다.

최근에는 이와는 달리 정상적인 인간의 뇌에서 얻는 뇌의 전기파장에 의한 연구가 새로운 문을 여는 것 같아 보인다. 예컨대, 간질병 환자에게서는 어떤 이상파장 형태를 발견할 수 있다. 알파 파장(alpha wave)이 어린 유아기에는 일반적으로 부족하던 것이 열세 살까지 그 진폭과 속도가 증가한다. 이것은 곧 알파 파장이 정신연령(M.A.)과 관계있음을 시사한다. 그러나 IQ와는 아무런 상관을 보이지 않는다. 그러나 외적 자극에 의해 유도된 전기 잠재력의 반응 속도를 측정하는 뇌파(electroencephalogrophic wave: EEG)를 가지고 연구한 결과 IQ와 +.6의 상관이 있다는 Ertl의 연구,[13] +.3 정도라는 Eysenck의 연구[14] 등이 있다.

Ertl과 Schafer[15]는 평균 유발 전위(averaged evoked potentials: A. E. P.)[16]를 측정치로 하여 지능을 연구하고 있다. A. E. P.는 청각 혹은 시각 자극의 제시에 따라 EEG에서 관찰할 수 있는 파장운동의 측정치이며, 이것을 신호/소음비(signal/noise ratio)를 높이기 위해 여러 번 시행을 한 후에 얻은 평균치를 말한다. 그들은 WISC 지능검사에서 우수한 지능을 보이는 피험자 10명과 열능한 지능을 보이는 피험자 10명을 택하여 A. E. P.를 측정한 결과를 [그림 12-7]과 같이 제시하고 있다. 이 결과는 지능이 우수한 아동의 A. E. P. 파장 곡선과 지능이 열등한 아동의 파장 곡선의 유형 사이에 현격한 차이가 있음을 보여 주고 있다. 그들이 연구한 결과에 의하면 초기 파장보다는 후기 파상이 IQ와 상관이 높으며 약 +.30~+.40 사이의 상관(검사의 종류에 따라)을 보인다고 보고하고 있다.

Hendrickson의 연구[17]에서도 A. E. P. 파장의 진폭과 IQ 사이에는 의미 있는 상관이 있음을 보고하고 있고, 잠재반응시간(latency)과 진폭(amplitude) 모두 공간능력보다는 언어능력과 더 높은 상관을 보이며, 잠재반응시간과 진폭 사이에는 상관이 없기 때문에 이것들의 중다상관을 계산하면 R=.60에 이른다고 한다. 뇌 파장 측정의 모수치와 지능 사이에 이같이 높은 상관이 나온다는 것을 뇌

13) J. P. Ertl, "Evoked potentials and intelligence", *Revue de l'Universit? d'Ottawa*, 1966, *36*, 599-607.

14) H. J. Eysenk, *The Inequality of Man*, London: Temple Smith, 1973.

15) J. P. Ertl & E. W. P. Schafer, "Brain response correlates of psychometric intelligence", *Nature*, 1969, *223*, 421-424.

16) 신경세포의 자극에 대한 전기적 대응을 말함.

17) A. E. Hendrickson, "An integrated molar/molecular model of the brain", *Psychological Reports*, 1972, *30*, 343-369.

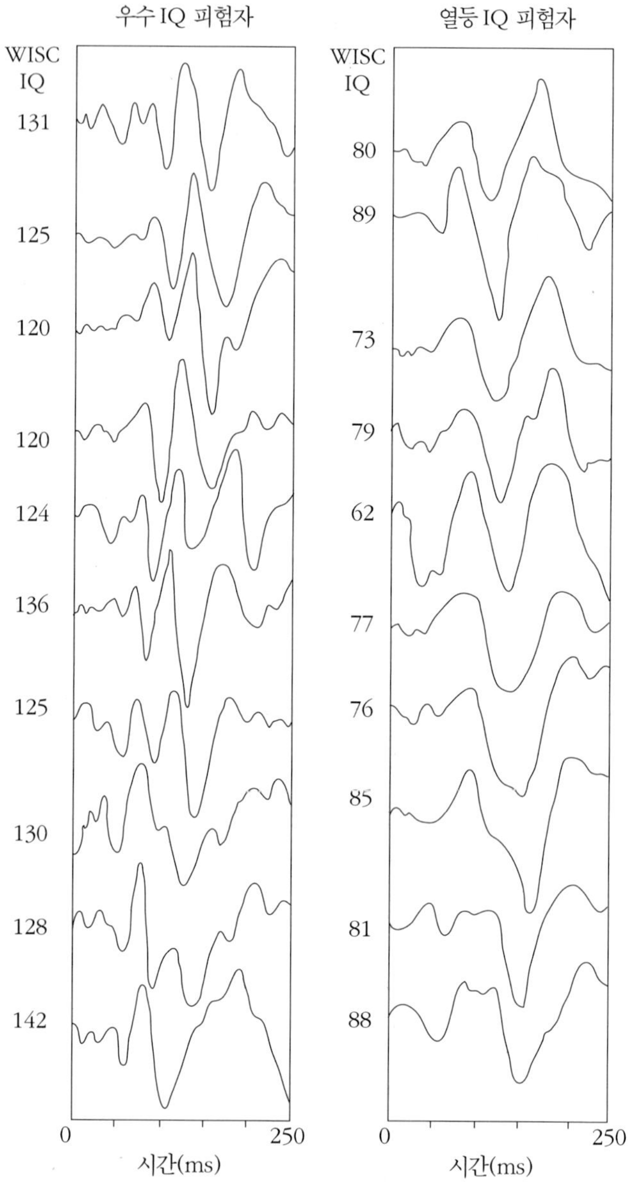

[그림 12-7] 우수한 IQ를 가진 피험자 10명과 열등한 IQ를 가진 피험자 10명의 뇌파장 형태의 비교(Ertl & Schafer, 1969)

파 측정(neuro metrics)과 지능 사이에 새로운 이론이 형성될 가능성이 있음을 시사한다. Eysenk[18)]는 뇌파장에서 중요한 것은 지금까지 사용해 온 잠재반응이나 진폭이 아니라 파장의 외피를 형성하는 선의 실제 길이와 같은 파장 형태의 복잡성을 나타내는 지수가 더 중요하다고 주장하고 있다. Hendrickson은 Ertl의 자료를 기초로 이 같은 지수와 WISC IQ의 상관이 .77이 나왔다고 보고하고 있고, 자신의 자료에서도 비슷한 결과가 나왔음을 제시하고 있다. 만약 이 같은 뇌파 측정과 지능 사이의 관계가 더 심층적으로 연구된다면 장차 지능검사에 의해서가 아니라 병원에 가서 뇌파 측정에 의해 지능을 판단할 가능성도 배제할 수 없다.

이 같은 여러 가지 해부학적·생리학적 연구 결과에서 시사받을 수 있는 결론은 지금까지의 연구로는 지능에 관한 생물학적 연구에 큰 기대를 걸거나, 어떤 결론적인 진술을 기대하지 말아야 한다는 것이다. 비록 EEG 측정이 뇌의 생득적인 잠재능력을 나타낸다고 하더라도 지능이란 환경에 의해 더 크게 영향을 받을 가능성이 크기 때문이다. 상관계수가 높건, 낮건 그것이 EEG나 혹은 다른 뇌의 기능의 어떤 측면이 Hebb이 말하는 지능 A의 생리적 기초에 대응한다는 것은 아니다. 풍요한 환경, 자극적인 환경, 격려적인 환경 속에서 어린이를 기른다면 신경세포의 성장을 조성할 가능성은 분명하다. 우수한 뇌의 특성은 지능 B의 우수함이 원인이 되기도 하지만 동시에 그 결과도 된다는 사실에 주목해야 한다.

---

18) H. J. Eysenk, "The nature of intelligence", in M. P. Friedman, J. P. Das, & N. O' Conner (Eds.), *Intelligence and Learning*, New York: Plenum Press, 1981. pp. 67-85.

제 13 장

지능의 구조적 변화

지능의 질적 변화

지능의 변화(다른 인간 특성도 마찬가지이긴 하지만)를 탐구할 때 우리는 그것의 질적 변화와 양적 변화로 개념화시켜 볼 수 있다. 질적 변화란 지능의 특성에 재구조화가 이루어짐으로써 요인의 수가 변하고 그것의 의미나 성질이 달라지는 경우를 지칭한다. 즉, t_1에서 존재하던 요인이 t_2에서 존재하는 요인과는 같지 않은 경우를 의미하며, 비록 같은 요인이 나타난다고 해도 그것이 지능의 전체 구조라는 맥락 속에서 지니는 의미가 전혀 다른 경우를 말한다. 질적 변화의 지수로서 요인 부하량이 변화한다거나, 발달 단계에 따라 나타나는 요인의 구조가 다르다거나, 요인 간 상관이 변화한다든지 하는 경우를 들 수 있다. 이에 반해 양적 변화란 요인의 수준이나 양이 변하고 그 의미나 성질은 변화하지 않는 경우다. 요인 점수가 증가하거나 감소하기는 하지만 그 요인의 본질적 의미는 변하지 않는 경우다.

그러면 지능이 어떻게 질적으로 변화되는가? 이에 대한 질문은 지능에 관련된 특성이 어떻게 서로 관계를 갖고 구조화되어 가느냐를 이해할 필요가 있다. 이에 대해 Thompson은 지능이란 특성이 주어진 어떤 모집단에서 상관을 갖게 되는 것은 네 가지가 있다고 보았다.[1] 첫째는 환경적 공통성(environmental commonality)을 들 수 있다. 만약 어떤 두 지능 요인이 체계적으로, 그리고 지속적으로 영향을 미치는 공통된 환경의 압력 및 영향을 받는다면 그들 사이에는 공통성이 형성되어 상관이 생긴다. 예컨대, 태아기 및 탄생 이후의 영양 상태가 적절했던 특성들은, 다른 조건이 같고 이러한 환경에 관련되어 발달되는 특성들이라고 가정하면 그들 사이에 상관이 높을 것을 짐작할 수 있다. 반대로 영양이 적절했던 특성과 적절하지 못했던 특성 사이에는 상관이 낮아질 가능성을 짐작할 수 있다.

둘째는 생식세포의 공통성(gamete commonality)이 있을 경우다. 이 경우에는 비록 생식세포의 유전인자가 다른 경우에도 두 특성 사이에 상관이 있게 된다. 이 경우의 대표적인 예는 배우자의 선택 교배(assortive mating)의 경우에 일어난다. 남녀 한 쌍이 결합할 때 사회경제적 지위나 교육 수준에서 비슷한 사람끼리 배우자를 선택하는 경향이 있다. 예컨대, 수리능력에서는 우수한 능력을 가진 남자가 언어능력이 우수한 여자와 결혼한다고 가정하자. 그러면 그들 사이에서 생기는 자녀는 수리능력이나 언어능력에서 상당히 높은 능

1) W. R. Thompson, "Traits, factor, and genes", *Eugenics Quarterly*, 1957, *4*, 8-16.
W. R. Thompson, "Multivariate experiment in behavior genetics". in R. B. Cattell (Ed.), *Handbook of Multivariate Experimental Psychology*, Chicago: Rand McNally, 1966.

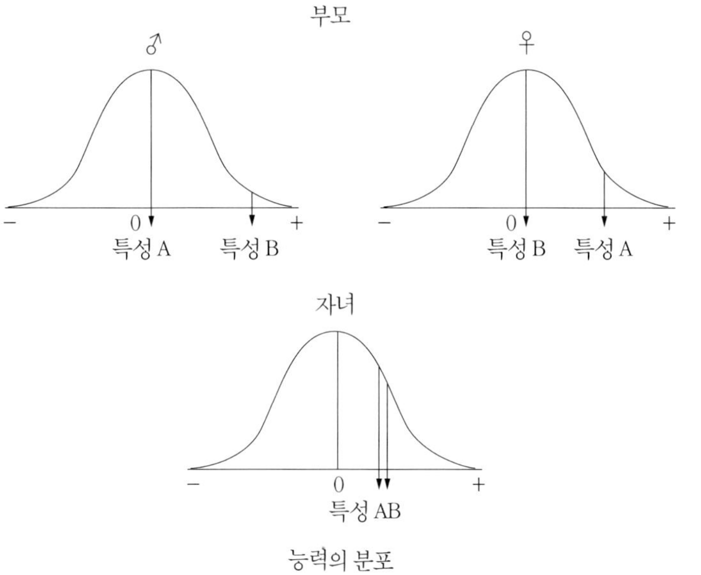

[그림 13-1] 배우자 선택 교배의 경우의 자녀의 능력 분포
(특성 A, B 사이에는 상관이 없다는 것을 가정하고 있음)

력을 갖는 생식세포를 물려받게 된다. 왜냐하면 이들 두 특성이 우성인 경우 그것은 다 함께 나타나기 마련이기 때문이다. [그림 13-1]에 이것을 표시했다. 여기에서 보듯이 남자, 여자 모두 한 가지 정신능력에서는 우수하고 다른 특성에서는 보통이다. 그러나 그 자녀는 두 가지 특성에서 모두 중상의 높은 능력을 갖게 되고, 이것이 그들 특성 사이에 상관을 갖게 한다.

셋째, 염색체 공통성(chromosomal commonality)이 있을 경우 두 특성 사이에 상관이 생긴다. 왜냐하면 두 특성이 모두 같은 염색체(들)에 있는 유전인자에 영향을 받기 때문이다. 이 같은 현상을 유전적 연관(genetic linkage)이라고 하는데, 유전적 수준에서 두 특성이 같은 염색체에 관련되어 있기 때문에 자연히 상관이 생기기 마련이

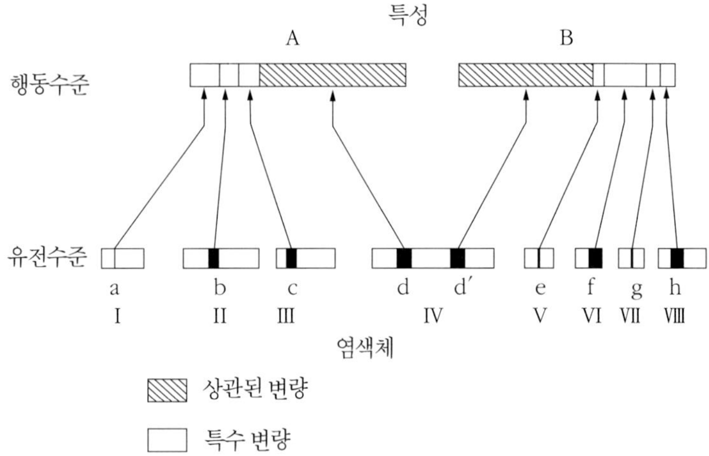

[그림 13-2] 염색체 공통성의 경우의 능력 특성 간의 상관 도시

다. [그림 13-2]에 제시한 것이 가장 단순한 염색체 공통성을 보인 예다. 이 경우 A 특성과 B 특성이 유전인자에 있는 염색체 IV에 같이 공유되어 있기 때문에 이 두 특성 사이에 상관이 생기기 마련이다.

넷째는 유전인자 공통성(gene commonality)이다. 이 경우에는 두 특성에 공통된 유전인자가 한 개 혹은 그 이상 존재할 때 두 특성 사이에 상관이 생긴다. [그림 13-3]은 이 경우를 나타내고 있다. 생물학에서 이 같은 현상을 유전적 다형현상(genetic pleiotropy)이라고 하는데, 그림에서 보듯이 두 특성이 모두 같은 염색체에 의해 영향을 받는 경우, 그들 특성 사이에 상관이 생길 것은 명백하다.

Thompson이 제시한 이 네 가지 경우 이외의 두 특성 사이에 상관이 생기는 중요한 원천의 하나는 그들 사이에 심리적 요소(psychological components)가 서로 중첩되는 경우다. 실제 두 특성을 개념적 모집단에서 끌어낸 유사한 개념인 경우에 그들 두 특성은 측정한 결과 사이에 상관이 형성될 가능성을 추정할 수 있다. 익히 관찰하

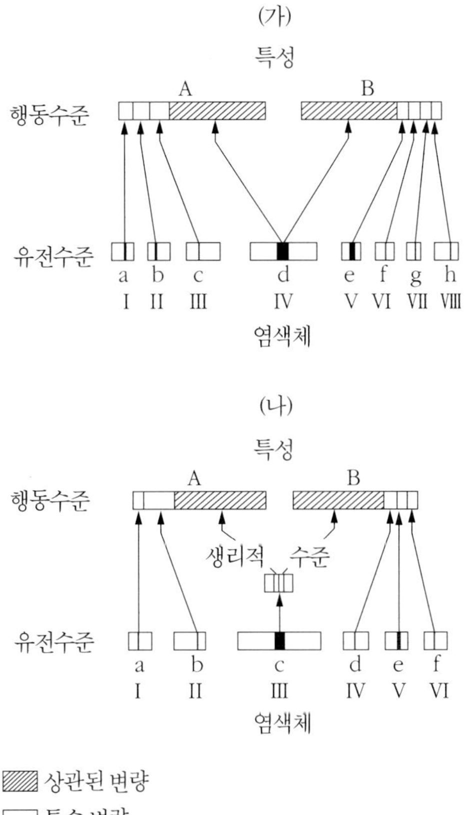

(가)는 d형 유전인자가 특성 A, B 사이에 상관을 갖게 하는 경우, (나)는 유전인자(들)에게 생기는 생리적 효과가 특성 A, B 사이에 상관을 갖게 하는 경우

[그림 13-3] 유전인자 공통성의 경우

고 있다시피 정신능력에 관련된 각 특성 혹은 요인을 측정한다고 하는 검사 사이에 정의 상관이 생기는 것은 그들 특성 사이에 개념적 유사성 및 그 밑에 놓여 있는 심리적 요소에 어떤 유사성이 있기 때문이라고 말할 수 있다.

지능분화가설

인간의 능력이 발달 단계가 진행함에 따라 몇 개의 요인 혹은 특성이 상관을 갖게 되어 하나의 단일한 요인으로 수렴될 수 있다. 이 같은 현상을 요인수렴(factor convergence)이라고 한다. 이와는 반대로 발달이 진행함에 따라 어떤 요인을 구성하고 있던 심리적 요소 사이에 상관이 점차 감소되어 결국은 두 개 혹은 세 개의 다른 요인으로 분해되어 버릴 수도 있다. 이것을 우리는 요인확산(factor divergence)이라고 부를 수 있다. 인간의 정신능력이 발달함에 따라 이같이 요인이 수렴되느냐 확산되어 가느냐는 것을 밝혀 주는 데도 중요하거니와 그에 따라 각 지능의 요인을 양적으로 측정하는 데도 중요한 시사를 주기 때문이다.

발달이론에서는 발달 초기에 있던 몇 개의 구조가 점차 분화되어 간다고 하는 분화이론(differentiation theory)이 일반적이며, 생물학에서는 이를 후성설(epigenesis)이라고 부르고 있다. 개체발생이론에서나 계통발생이론에서 제시하는 증거는 인간의 신체적 구조도 점차 분화되어 가는 것으로 보고 있다. 따라서 인간의 심리적 특성, 특히 인간의 지능도 성장과 더불어 점차 분화되어 간다고 가정하는 것이 합리적 추론이라고 보인다. 이것을 지능에 관련해서 보면 연령이 증가함에 따라 차츰 지능의 요인, 지능의 특성의 수가 점차 증가되어 가는 것을 의미하며, 발달 초기에는 단순한 몇 개의 요인뿐이던 것이 발달 후기에는 여러 개 요인으로 나타난다는 것을 의미한다. 이것은 또한 분화된 요인은 그 이전의 단순한 요인으로 환원될 수 있음을 뜻한다. 이 같은 분화가설은 이미 Garrett[2)]및 Burt[3)]에 의해 시사되고 있다.

Garret 및 Burt는 인간의 지적 능력은 연령이 증가함에 따라 차츰 분화되어 간다고 하는 연령분화가설(age-differentiation hypothesis)을 주장한다. 즉, 연령이 어릴 때는 지능이 덜 분화되어 있던 것이 성장과 더불어 차츰 분화되어 간다는 것이다. 예컨대, 9세 아동에게 지능을 측정하는 12개 검사를 실시하고 얻은 요인들 사이에 상관을 내어 보니 언어능력 요인과 수 요인 사이의 상관이 .83이던 것이 성인을 대상으로 한 경우에는 그 사이의 상관이 0이 나왔다고 한다. 이것은 어릴 때는 능력이 미분화되어 단일한 요인을 측정하고 있고, 이것이 성장함에 따라 분화하기 때문에 요인 사이의 상관관계가 사라진다고 해석하고 있다. 특히 Garrett는 '추상적 혹은 상징적 능력은 연령이 증가함에 따라 초기의 비교적 통합된 단일능력 혹은 일반능력에서 차츰 집단요인능력으로 분화된다.'고 주장한다. 이것은 아동기 이전의 지적능력을 결정하는 것은 일반요인이지만 성장과 더불어 집단요인이 더욱 중요한 결정변인임을 시사한다.

그러나 Reinert[4]는 그동안 횡단적 연구 및 종단적 연구 결과를 종합한 결과([그림 13-4] 참조) 대부분 연령 범위가 극히 제한되어 있고, 그것도 주로 초기 연령 단계(15세 이전)에 제한되어 있어서 이 같은 연령분화가설을 그대로 받아들이기 어렵다고 지적하고 있다. 이

2) H. E. Garrett, "A developmental theory of intelligence", *American Psychologist*, 1946, *1*, 372-378.

3) C. Burt, "The differentiation of intellectual abilities", *British Journal of Educational Psychology*, 1954, *24*, 76-90.

4) G. Reinert, "Comparative factor analytic studies of intelligence throughout the human life-span", in L. R. Goulet & P. B. Baltes (Eds.), *Life-Span Developmental Psychology: Research and Theory*, New York: Academic Press, 1970.

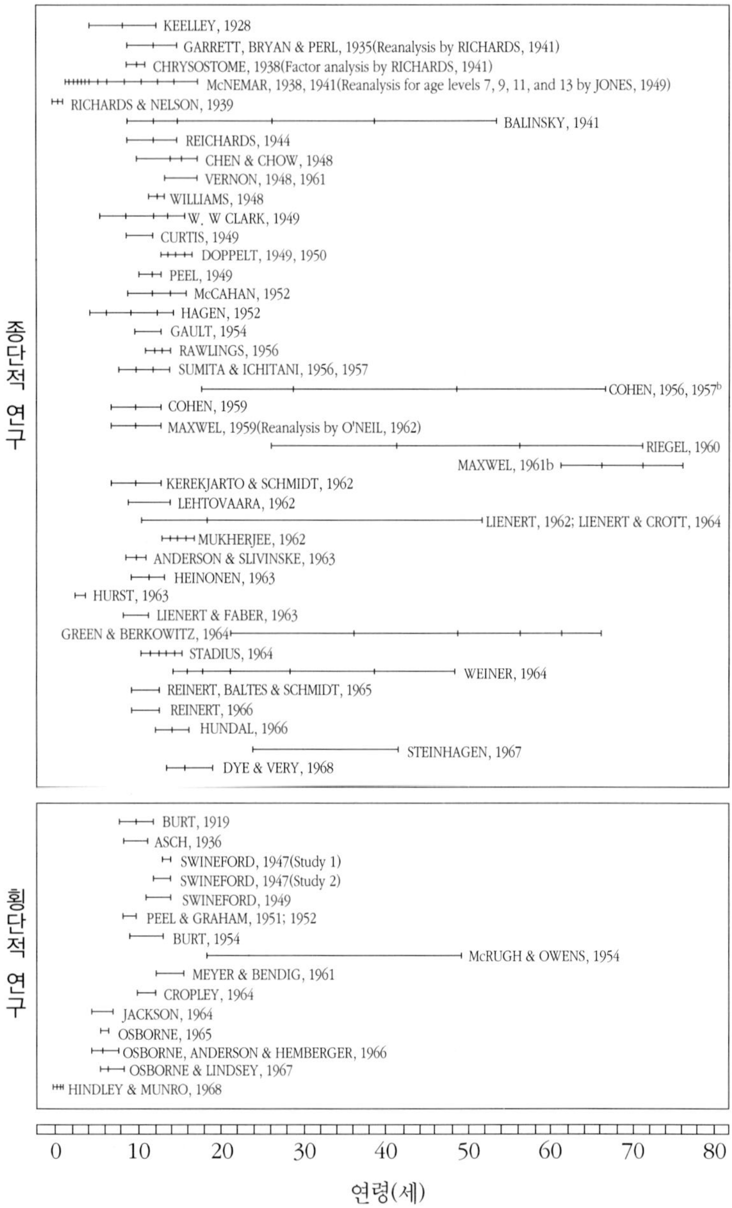

[그림 13-4] 지능의 연령분화가설에 관한 요인분석연구의 종합

(각 횡선의 교차점들은 그 연령 단계의 집단을 비교했음을 표시한다.)

러한 연구들의 결과도 어떤 것은 연령분화가설을 지지하고 있는가 하면 어떤 것은 그것을 부정하는 증거를 제시하기도 한다.

또한 흥미로운 것은 Reichard의 연구[5] 결과에 의하면 9~12세 사이에는 능력이 통합되고 12~15세 사이에는 분화되는 것을 보고 통합-분화가설(integration-differentiation hypothesis)를 주장하는가 하면 어떤 연구자는 분화-통합-분화가설을 주장하기도 한다. Balinsky[6]는 9~59세에 걸친 거의 평생 기간에 걸친 연구를 한 대표적인 예인데, 이 연령 단계에서 9세, 25~29세, 35~44세, 50~59세의 4개 연령집단을 대상으로 지능검사를 실시하여 그 분화현상을 관찰하였다. [그림 13-5]에서 9세, 25~29세 사이에는 점차

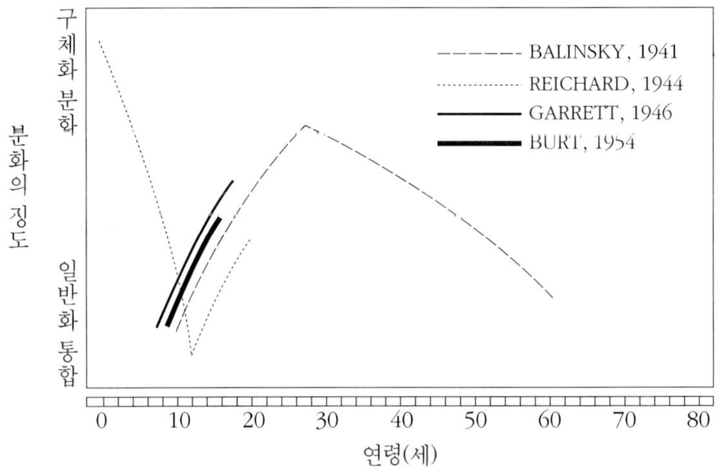

[그림 13-5] 표준편차가 다른 표준척도로 환척한 두 검사의 IQ분포 비교

5) S. Reichard, "Mental organization and age level", *Archives of Psychology*, 1944, *41* (whole No. 295).

6) B. Balinsky, "An analysis of the mental factors of various age groups from nine to sixty", *Grenetic Psychology Monographs*, 1941, *23*, 191-234.

능력이 분화되어 나가다가 중년인 35~44세 집단에서 다시 서서히 역분화현상이 일어나 성인기인 50~59세 사이에는 다시 일반지능으로 수렴하는 현상을 보이고 있다. 이것은 성인기에 다시 신축성 있는 재통합을 한다는 것을 시사한다. 이 같은 여러 연구에서 보듯이 연령을 독립변인으로 한 분화가설은 다양한 현상도 보이지만 또한 완전한 합의에 이르기에는 문제점이 있음도 시사받을 수 있다.

분화에 대한 두 번째 시각은 독립변인을 능력 수준에 두는 경우다. 즉, 연령에 관계없이 지적 능력이 높은 집단과 낮은 집단에 따라 요인 간 상관을 관찰하면, 능력이 낮은 집단은 요인 간 상관이 높아서 일반지능의 영향에 크게 의존하는 통합된 상태이며, 능력이 높은 집단은 요인 간 상관이 낮아서 능력이 분화되어 집단요인의 영향을 받고 있는 것을 증거로, 분화는 지적 능력 수준의 함수라고 해석하는 것이며, 이를 능력분화가설(ability-differentiation hypothesis)이라고 지칭하였다. 이 같은 시각에서 연구한 것으로는 Thompson과 Margaret의 연구[7] 그리고 Segel의 연구[8] 등을 들 수 있다. 이 같은 가설에서 접근하는 연구들은 전체 지능지수인 IQ에 따라 집단을 분류하고, 이 IQ 수준이 높아짐에 따라 요인 간 상관이 차츰 낮아지는 현상을 밝히고 있다.

이에 대해 Reinert, Baltes, Schmidt[9]는 평균 지적 성취란 연령과

---

7) C. W. Thompson & A. Margaret, "Differential test response of normal and mental defectives", *Journal of Abnormal and Social Psychology*, 1947, *42*, 285-293.

8) D. Segel, "Intellectual abilities in the adolescent period", *Bulletin*, No. 6. Washington, D. C.: U. S. Office of Education, 1948.

9) G. Reinert, P. B. Baltes, & L. R. Schmidt, "Faktoreanalytische Untersuchungen zur Differenzierungshypothese der Intelligenz: Die Leistungs differenzierungshypothese", *Psychologische Forschung*, 1965, *28*, 246-300.

능력 수준의 두 가지 함수이기 때문에 연령이나 능력 수준에 의해 표시하기보다 능력 성취 수준, 즉 정신연령의 함수에 의해 보는 성취분화가설(performance–differentiation hypothesis)이 보다 타당하다고 주장하고 있다. 성취분화가설의 입장은 지능의 요인구조의 분화 정도는 지적 성취의 절대 수준에 의존한다는 것이며, 지적 성취 수준의 절대치는 곧 정신연령(mental age)이 그 지표가 될 수 있다는 입장이다.

이와 같은 지적 능력의 분화가설에 관련된 연구는 상당히 많이 이루어진 편이나 아직도 경험적 증거는 완전히 어느 가설을 지지하기에는 연구 결과 사이에 상충이 많은 편이다. 이러한 모순된 결과가 나오는 주된 이유 중 가장 두드러진 문제점이 연구 방법론에 있다고 볼 수 있다. 그중에서도 대부분의 연구가 발달문제를 다루면서 횡단적 접근 방법을 사용하고 있다는 것이다. 횡단적 접근을 사용할 경우 연구에서 얻은 결과는 세대 간의 연령에 관계된 영향과 혼합되어서 정확히 현상을 파악하기 어렵게 만든다. 또한 지능의 어떤 변인과 관련해서 연구하는 표본의 동질성에 차이가 있을 때 요인의 수에 허구적 차이를 가져온다. 즉, 사회경제적 지위나 지적 수준과 같은 변인에서 동질적인 집단은 보다 이질적인 집단보다 더 많은 요인을 보이기 때문이다. 뿐만 아니라 검사가 단차원검사인가 다차원검사인가, 그리고 검사의 점수분포에서 어떤 점수 이상은 나타나지 않는 천장효과(ceiling effect) 및 어떤 점수 이하는 나타나지 않는 마루효과(floor effect) 등이 변산도에 영향을 미치고, 이것은 결국 각 연령집단에서 추출하는 요인의 수에 영향을 미치게 된다. 거기에다 요인분석을 할 때 어떤 방법을 사용하느냐에 따라 요인의 수가 달라지게 될 가능성도 연구 결과에 영향을 끼친다. 이 같은 여러 가지 문제점이 상존하고 있음에도 불구하고, 정신능력의 발달 단계에 따라 점차 분화되어 가는 경향이 있다는 사실은 별로 크게 다르지 않다는 것을 여러 연구가 지적하고 있다.

제 14 장

지능의 발달

일반지능의 발달

지능의 발달을 추정하는 데는 여러 가지 문제가 개재된다. 그중 가장 큰 난점은 한 개인의 지능을 계속적으로 추적해 가는 종단적 연구 결과와 같은 시기에 여러 다른 연령집단의 지능 분포에서 발달 경향을 추정하는 횡단적 연구 결과 사이에 격차가 발생한다는 것이다. 이 두 가지 방법 중에 전자가 후자보다 발달의 경향을 추정하는 데 장점이 있음은 말할 필요도 없다. 그러나 종단적 연구에서는 흔히 표본의 수가 극히 제한되어 있어서 그것을 일반화하기에 난점을 보이는 경우가 많다. 예컨대, 한 개인 지능을 계속 추적하기 위해서는 자원피험자라야 되며, 도중에 피험자의 탈락이 있을 수 있고, 더욱이 탈락되는 피험자는 대개 인내성이 없거나, 교육 수준이 낮거나, 건강이 나쁘거나 하는 피험자들이 대부분이기 때문에 최종적으로 남는 피험자는 편파표본(biased sample)이 될 가능성이 많다는 점이다. 또 한 가지 중요한 문제는 비록 같은 피험자에게 계속 지능검사를 실시하더라도 연령 단계에 따라 다른 종류의 지능검사를 실시해야 하기 때문에 지능측정 단위나 내용의 일치성이 결여되기 마련이라는 점이다. 예컨대, 2세에 실시하는 지능검사와 15세에 실시하는 지능검사가 같을 수 없고, 따라서 검사 사이의 측정단위나 내용에 일치성이 결여되기 마련이다. 그리고 치명적이지는 않지만 동일 피험자에게 계속 지능검사를 실시하면 비록 지능검사의 내용이 다른 것이라 하더라도 그 사이에 연습의 효과가 작용할 가능성을 배제할 수 없다. 이 같은 단점이 있음에도 불구하고 지능의 발달 경향을 추정하기 위해서는 종단적 연구 자료가 절대적이다. 그러나 동시에 항상 횡단적 연구 결과도 함께 검증 자료로 참고할 필요가 있다.

지능에 관한 지금까지의 종단적 연구로서 유명한 것은 Harvard 성장 연구,[1)] Chicago 대학교 연구,[2)] California 지도 연구,[3)] Berkeley 성장 연구,[4)] Brush 재단 연구,[5)] Fels 재단 연구[6)] 등을 들

1) A. D. Anderson, "The predictive value of infant tests in relation to intelligence at five years," *Child Development*, 1939, *10*, 203-212.

2) F. N. Freeman & C. D. Flory, "Growth in intellectual ability as measured by repeated test," *Monograph of the Society for the Research of Child Development*, 1937, *2*, No. 2.

3) M. P. Honzik. J. W. Macfarlane, & L. Allen, "The stability of mental test performance between two and eighteen years," *Journal of Experimental Education*, 1948, *17*, 309-324.

4) N. Bayley, "Consistency and variability in the growth of intelligence from birth to eighteen years," *Journal of Genetic Psychology*, 1949, *75*, 165-196.

5) E. Ebert & K. Simmons, "The Brush Foundation study of child growth and development," I. Psychometric tests. *Monograph of the Society for the Research of Child Development* 1943, *8*, No. 2, 1-113.

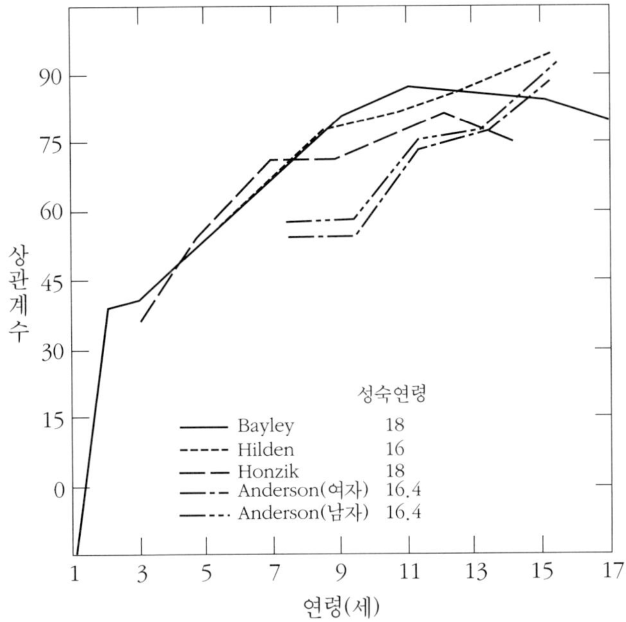

[그림 14-1] 각 연령단계의 지능과 성숙연령 단계의 지능과의 상관관계 (Bloom, 1964, p. 54)

수 있다. 이들 연구를 비교적 지능이 거의 성숙 단계에 있다고 추성되는 16~18세를 준거연령(criterion age)으로 하여 이때의 지능과 그 이전의 각 연령 단계에서 얻은 지능과의 상관을 내어 표시해 본 것이 [그림 14-1]이다.[7)]

이 결과에서 보듯이 각 연구 결과들이 대개 비슷한 경향성을 보이고 있으나 특히 Anderson이 연구한 Harvard 연구의 경우만이 유난

6) L. Sontag, C. Baker, & V. Nelson, "Mental growth and personality: A longitudinal study," *Monograph of the Society for the Research of Child Development*, 1958, *23*, No. 2, 1-143.

7) B. S. Bloom, *Stability and Change in Human Characteristics*, New York: Wiley, 1964. p. 54.

히 다른 곡선을 보여 준다. 이것은 Harvard 연구가 7~16세경까지의 피험자를 대상으로 다섯 연령 단계에서 검사를 실시하면서 10개 이상의 너무 많은 종류의 검사를 실시했기 때문에 앞에서 논의한 바처럼 척도의 단위와 내용의 이질성이 이 같은 결과를 나타내었다고 보인다. 따라서 이 연구 대신에 Hilden[8)]의 연구를 같이 포함시켜 그 결점을 보충하려고 시도했다. 또한 각 연구를 종단적 연구에 참여한 집단을 대상으로 하였기 때문에 편파표본이 되었을 가능성이 크다. 이 때문에 준거연령집단의 변산도를 전국의 지능분포에서 얻은 변산도로 대치하고 다시 준거연령을 17~18세로 했을 때의 상관을 곡선화한 것이 [그림 14-2]이다.[9)]

이 결과에 의하면 18세를 준거연령으로 했을 때, 약 9세까지는 급격한 증가를 이루고 그 이후는 서서히 증가하고 있음을 볼 수 있다. 이 같은 지능의 발달곡선은 어느 나라, 어떤 집단을 대상으로 했을 경우에도 비슷하게 나타난다.

이 같은 종단적 연구를 보다 자세히 분석하기 위하여 Bayley의 Berkeley 연구를 선택해서 살펴보자. Bayley의 연구는 0~17세까지의 비교적 넓은 연령범위에 걸쳐, 정밀하게 검사를 실시하고 표본도 비교적 대표적 집단에게 실시한 것이 다른 연구보다 특징적이기 때문에 선택했다. 이것을 따로 도시한 것이 [그림 14-3]이다.

[그림 14-3]에서 ── 로 표시된(묶은 점수) 곡선은 특히 초기의 연령 단계에서는 지능 측정의 신뢰도가 약하기 때문에 각 연령 단계

---

8) A. H. Hilden, "A longitudinal study of intellectual development." *Journal of Psychology*, 1949, *28*, 187-214.

9) B. S. Bloom, *Stability and Change in Human Characteristics*, New York: Wiley, 1964. p. 56.

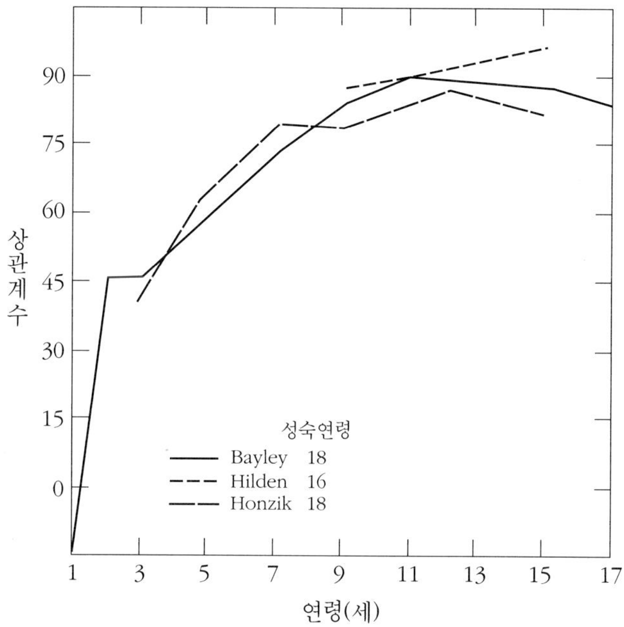

[그림 14-2] 각 연령 단계의 지능과 성숙 연령 단계의 변산도 교정을 했을 때의 지능과의 상관(Bloom, 1964, p. 56)

의 점수를 표준점수로 바꾸어 합해서 준거연령(17세+18)과 상관을 낸 것이며, —— 표시된(지능점수 대 점수) 곡선은 얻은 지능점수 사이의 상관이며, ---로 표시된(약소화 교정점수) 곡선은 각 연령 단계의 신뢰도 때문에 약소화된 것을 교정한 것이다. 그리고 -·-·-로 표시된(제거) 곡선은 초기 연령 단계의 검사에서는 지능검사 속에 심리운동(psychomotor)능력에 관련된 검사 내용이 많기 때문에 그것이 진정한 지적 능력을 나타내기 어렵다고 보고 그 영향을 제거한 다음의 곡선이다. 이것은 특히 만 1세, 1세 6개월 이전의 피험자에게 실시하는 지능검사 속에 많이 포함되어 있다. 예컨대, 이 같은 심리운동능력을 제거한 다음의 상관과 그렇지 않은 경우를 〈표 14-

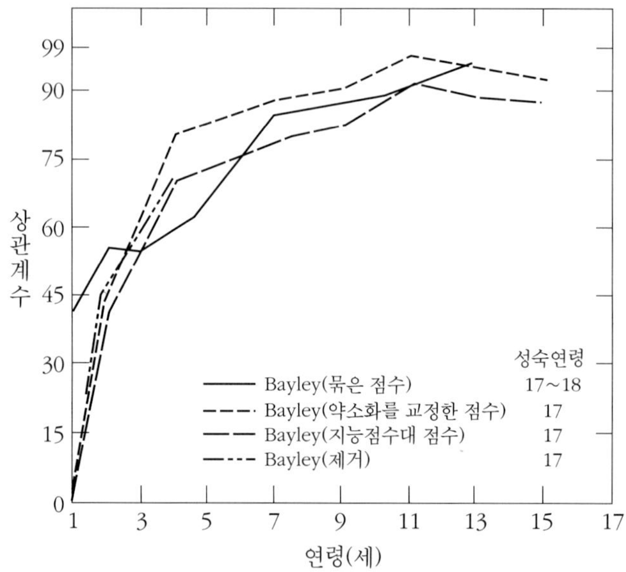

[그림 14-3] Bayley의 종단적 연구에 기초한 각 연령 단계의 지능과 성숙 연령단계의 지능과의 상관(Bloom, 1964, p. 58)

〈표 14-1〉 심리운동-인지검사에서 심리운동 요소를 제거했을 때의 중다상관(Bayley, 1949)

중다상관	단순상관
R 17세:: 2세 : 1세 =.47	r 17세-2세=.41
R 17세:: 3세 : 1세 =.61	r 17세-3세=.56
R 17세:: 2세 : $1\frac{1}{2}$세 =.41	r 17세-2세=.41
R 17세:: 3세 : $1\frac{1}{2}$세 =.62	r 17세-3세=.56

1〉에 제시했다. 심리운동능력을 제거하였을 때 그 상관이 높아짐을 볼 수 있다.

[그림 14-3]에서 우리는 17세를 준거연령으로 했을 때 3세의 지능은 상관이 +.65, 5세의 지능은 +.80, 8세의 지능은 +.90, 8세 이

후는 거의 .90~1.0에 가까워진다는 결론을 내릴 수 있다. Bloom[10]은 이 같은 곡선에서 중첩가설(overlap hypothesis)을 보기 위하여 Thurstone,[11] Thorndike,[12] Heinis[13] 등이 제안한 절대척도로 바꾸어 도시해도 Bayley의 원 곡선과 비슷하게 나타남을 볼 수 있다([그림 14-4] 참조).

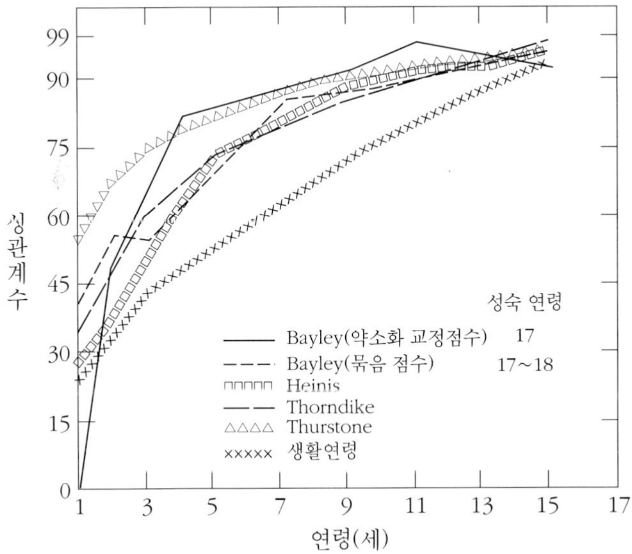

[그림 14-4] 각 연령 단계의 지능과 성숙 단계의 지능과의 상관을 Bayley 연구와 기타 표준척도로 변환한 연구와의 비교(Bloom, 1964, p. 64)

---

10) B. S. Bloom, *Stability and Change in Human Characteristics*, New York: Wiley, 1964, pp.64-65.

11) L. L. Thurstone, "The absolute zero in intelligence measurement," *Psychological Review*, 1928, *35*, 175-197.

12) E. L. *Thorndike, The Measurement of Intelligence*, New York: Teachers College Columbia University, 1927.

13) H. Heinis, "La loi du development mental." *Archives de Psychologie*, 1924, *74*, 97-128.

중첩가설은 같은 검사를 시기가 다른 두 시점에서 다시 실시했을 때 그 사이에 정적 상관이 나타나는 현상을 설명하기 위해 J. E. Anderson[14)]이 제안한 가설이다. 예컨대, 연령 0세에 실시한 능력 측정을 t_0라 하고 1세에 실시한 측정을 t_1이라 하면, 1세에서 실시한 능력 중에는 실제 t_0+t_1이 들어 있고, 2세에 실시한 능력 측정은 $t_0+t_1+t_2$, 이렇게 하여 m 시기의 측정은 $t_0+t_1+t_2+\cdots+t_m$로 표시될 수 있다. 이것이 측정에서 사실이라면(종단적 능력 측정이나 신체적 측정에서는 이것이 참인 것이 일반적인 현상이다) 나타나는 상호 상관은 독특한 형태를 취한다. 즉, 인접한 연령 사이의 능력 측정 사이에는 높은 정적 상관을 보이고, 그 인접간격이 멀어질수록 낮은 상관을 보인다. 또한 Anderson의 가설에 의하면 어떤 연령 단계의 지능과 그 연령에서 준거연령 사이의 변화 혹은 증가점수(gain score) 사이에는 낮은 상관을 보인다.

종단적 측정은 앞에서 예시한 바와 같이 가산적인 성질을 띠고 있고 전체-부분 간의 상관이라는 성질을 띠고 있기 때문에 두 측정 사이의 관계를 다음과 같이 나타낼 수 있다.

$$r_{X_1X_2} = \frac{\sigma_{X_1} - r_{X_1(X_2-X_1)}\sigma_{(X_2-X_1)}}{\sigma_{X_2}}$$

혹은

$$r_{X_1X_2} = \frac{\sigma_{X_1}}{\sigma_{X_2}} + \frac{r_{X_1(X_2-X_1)}\sigma_{(X_2-X_1)}}{\sigma_{X_2}}$$

14) J. E. Anderson, "The limitations of infant and pre-school tests in the measurement of intelligence," *Journal of Psychology*, 1939, *8*, 351-379.

여기에서 X_1은 첫 번째 시기의 측정이고, X_2는 두 번째 시기의 측정을 지칭한다. 만약 첫 번째 측정과 첫 번째와 두 번째 측정 사이의 차(혹은 증가점수)의 관계가 0이 되면 상관계수는 $\sigma_{X_1}/\sigma_{X_2}$가 된다. 전부는 아니지만 대부분의 종단적 연구에서는 이것이 0이거나 0에 가깝게 나온다.

중첩가설의 둘째 접근은 두 측정 사이의 상관계수를 두 측정에 포함된 공통요소의 비로 해석하는 것이다. Kelley[15)]는 만약 특성 X_1이 N_c 요소에 의해 결정되고, 특성 X_2가 이것 이외에 N_b 요소가 추가되어 결정된다면 그 사이의 상관은

$$r_{X_1X_2} = \sqrt{\frac{N_c}{N_c+N_b}}$$

로 표시할 수 있다고 제안했다. 여기에서 얻은 $r^2_{X_1X_2}$는 X_2에 포함된 X_1 요소의 비가 된다. 어떤 요소가 공통된 것이냐는 것은 연구자가 결정해야 할 논리적 해석, 구인 타당도의 문제다.

셋째 접근 방법은 얻은 상관 $r^2_{X_1X_2}$을 X_1으로 X_2를 설명할 수 있는 변량비로 보는 가장 일반적인 방법이다.

Bloom은 이 같은 해석을 고려하면서 나타난 결과에 의해 17세의 지능을 기준으로 했을 때 1세에서는 약 20%의 지능이 발달하고, 4세까지에는 약 50%, 8세까지에는 약 80%, 13세까지에는 약 92%가 발달한다고 결론하고 있다. 달리 표현하면 17세 지능을 100이라고 보았을 때 탄생~4세 사이에 50%가 4~8세 사이에 나머지 30%,

15) T. L. Kelley, *Statistical Method*, New York: Macmillan, 1924.

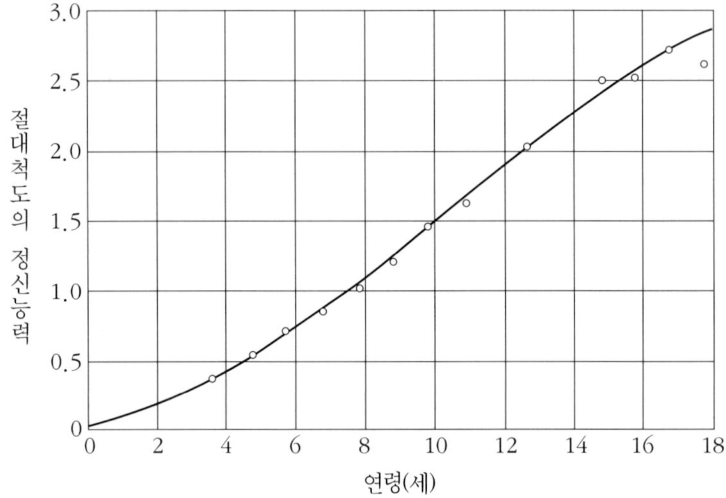

[그림 14-5] 지능 점수를 절대척도로 환척했을 때의 연령에 따른 발달곡선 (Thurstone & Ackerson, 1929)

8~17세 사이에 나머지 20%가 발달한다고 결론을 내릴 수 있다. 이 같은 결과가 의미하는 것은 지능은 4세 이전에 대단히 급격한 발달을 보이고, 4~8세 사이에는 그 속도가 약간 감퇴하고, 8세 이후에는 별로 발달하지 않는다는 해석을 할 수 있다. 즉, 8세 이전이 가장 지능의 변화가 심한 시기이며, 8세 이후에는 비교적 안정을 유지하는 시기라는 해석이 가능하다.

그러나 이에 비해 Thurstone과 Ackerson[16]이 지능지수를 절대척도(absolute scale)로 바꾸어 표시한 것은 [그림 14-5]에서 보듯이 S자형 곡선을 보여서 그 발달 속도가 초기에 완만하게 상승하는 것을 볼 수 있다. 이것은 Bloom이 준거연령에 대한 상관으로 표시한 곡선

16) L. L. Thurstone & L. Ackerson, "The mental growth curve for the Binet tests", *Journal of Educational Psychology*, 1929, *20*, 569-583.

과는 전혀 다른 의미를 갖는다. 즉, 이 곡선에 의하면 성숙했을 때의 지능은 약 10세에 50% 정도 발달, 12세경에 약 65%가 발달하며, 약 15세경에 80%가 발달하는 것으로 해석된다. 이같이 절대척도화한 곡선은 그것 자체로서는 의미가 있으나 그것이 준거연령의 지능에 비추어 본 상대적 관계를 지시해 주지 못한다는 단점을 갖고 있다. 더욱이 Thurstone과 Ackerson의 연구는 3~17세에 걸친 4,208명의 연령집단에게 Stanford-Binet 지능검사를 실시하여 얻은 '횡단적 연구' 결과에 의해 곡선을 절대척도화했기 때문에 곡선이 처음은 정적 가속, 다음은 부적 가속(약 9~12세경), 그리고 다시 정적 가속을 보이는 S자 곡선을 형성하고 있다. 또한 이 같은 횡단적 연구에서는 종단적 연구에서 확인할 수 있는 중첩가설을 고려할 수 없다. 그렇기 때문에 자연히 곡선이 누적적이기보다 S자가 되는 이유로 해석할 수 있다.

이제까지는 대개 준거연령을 17~18세경에 두었을 경우의 지능의 발달 경향을 보았다. 이제 인간의 평생을 통하여 지능이 어떻게 발달, 변화하는가 하는 것에 관심을 갖고 살펴보자. 이 같은 평생발달에 관련된 연구는 최근 급격히 관심이 집중되고 있다. 여러 가지 연구를 종합한 결과가 Horn의 연구[17]이며, 이 결과를 [그림 14-6]에 제시했다. Horn의 연구는 Cattell의 유동성 지능 G_f과 결정성 지능 G_c이론이 인간능력의 평생 발달 경향을 묘사하는 데 가장 적절하다고 보고 그 이론 위에서 자료를 종합 정리하고 있다. 이에 의하면 G_f는 비교적 초기 단계(약 13세경)에 그 성장의 정점에 도달하고

17) J. L. Horn, "Organization of data on life-span development of human abilities", in L. R. Goulet & P. B. Baltes (Eds.), *Life-Span Developmental Psychology*, New York: Academic, 1970. pp. 423-466.

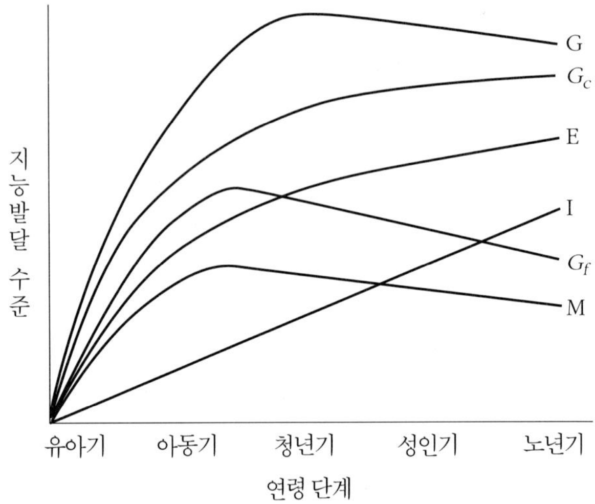

[그림 14-6] 유동성 지능(G_f)과 결정성 지능(G_c)의 발달과 성숙성장 및 신경구조의 감퇴(M), 손상이 신경구조에 미치는 누적적 영향(I), 교육적 효과의 누적적 영향(E), 전체적 지능(G)과의 관계(Horn, 1970)

그 이후에는 점점 감퇴하고 있는 경향을 보이며, G_c는 아동기까지 급격히 증가하고 그 이후에는 완만하기는 하지만 노년기까지 계속 증가하고 있다. G_f의 곡선이 성숙, 성장 및 신경구조의 발달곡선인 M과 유사하게 감퇴하고 있는 것은 그것이 인간의 중추신경계(central nervous system)와 상당한 관련이 있음을 시사한다. 이와는 대조적으로 G_c의 곡선이 교육적 효과의 누적적 영향을 나타내는 곡선 E와 유사한 발달 경향을 보이고 있는 것은 G_c가 교육적 영향, 경험의 영향에 의해 결정되는 지능이며, 따라서 발달 경향도 유사한 유형을 보인다고 해석할 수 있다. Horn은 실제 20개 이상의 종단적 및 횡단적 연구를 재검토한 결과에서 어휘검사, 일반지식 검사, 유사성 검사, 판단검사 등 G_c를 나타내는 검사 점수는 어린 시기보다 성인기 집단의 평균 점수가 더 높다는 것을 지적하고 있다.

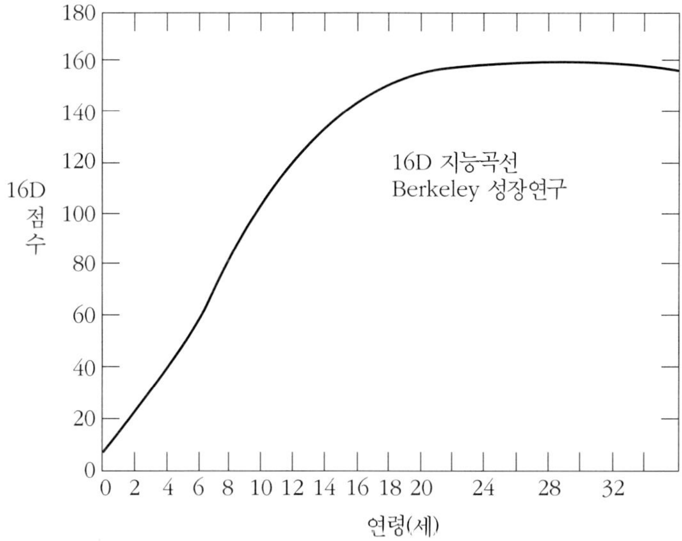

[그림 14-7] Berkeley 성장연구 자료에 기초한 지능성장의 이론적 곡선 성장단위 (16D 점수)는 Thurstone의 절대척도를 수정한 것임(Bayley, 1970, p. 1176)

Bayley[18)]도 Berkeley 성장연구를 36세까지 연장하여 Wechsler 성인검사를 16, 18, 21, 26, 36세에 실시하고 Thurstone이 제안한 절대척도의 변형인 16D 단위척도로 환산하여 발달곡선을 그린 것이 [그림 14-7]이다. 이에 의하면 평균 점수가 26세 이후에 변하지 않고 있으며, 여기에 표시되어 있지는 않으나 남자의 경우 언어 IQ는 26세 이후에도 증가하고 있고 여자의 경우에는 동작 IQ에서는 약간의 감퇴를 보이지만 언어 IQ는 변하지 않는다는 사실을 밝혀 주고 있다.

---

18) N. Bayley, "Development of mental abilities", In P. Mussen (Ed.). *Carmichael's Manual of Child Psychology*, vol. 1. New York: Wiley, 1970. pp. 1163-1209.

이 같은 사실은 흔히 우리가 가지고 있는 관념인 성인기 이후의 지능은 서서히 감퇴한다는 해석에 수정을 가할 필요가 있음을 시사한다. 성인기 이후에도 특정한 부분의 일반지능은 계속 발달하며, 더욱이 지능을 발달시키는 풍요한 환경에 계속적으로 접할 기회를 갖는다면 G_c에 관련된 지능은 계속 증가할 수 있다는 결론을 내릴 수 있을 것이다.

지능요인별 발달과 요인구조

앞에서는 주로 지능검사의 종합치인 IQ 점수에 의한 발달 경향을 추정해 보았다. 여기에서는 지능의 요인별 발달이 어떤 경향을 보이는지를 살펴보자.

지능은 요인이론에 따라 요인의 수와 구조가 달라지기 마련이라는 것은 이미 살펴보았다. 그러나 비교적 보편적으로 받아들이고 있는 다요인 이론인 Thurstone의 기본정신능력(PMA)의 경우 아직도 요인별 발달연구를 종단적 접근 방법을 통하여 시도한 연구는 없다. 그러나 Thurstone[19)]은 5~19세에 이르는 연령집단에 대해 횡단적 연구를 실시하고 있다. 그는 5~19세 사이의 집단에 대해 PMA 검사를 실시하고 Gompertz 방정식에 의거하여 모수치인 점근선, 절대영점, 상대적 발달 속도를 구하여 곡선을 추정한 것이 [그림 14-8]에 제시된 것이다. 이에 의하면 준거연령을 19세로 보았을 때

19) L. L. Thurstone, *The Differential Growth of Mental Abilities*. Chapel Hill, North Carolina: University of North Carolina Psychometric Laboratory, 1955, No. 14.

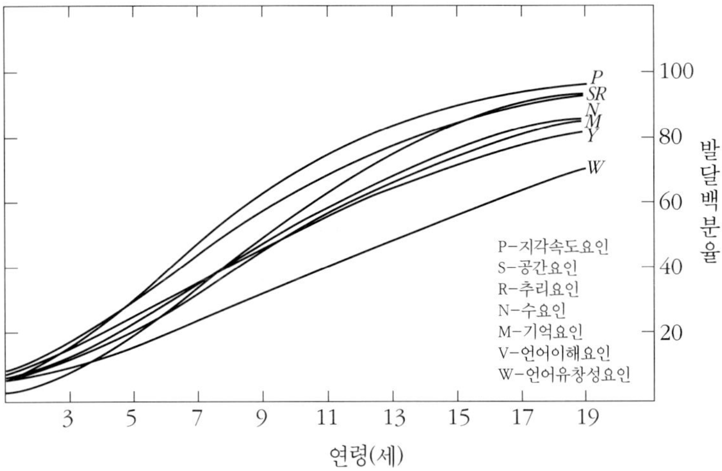

[그림 14-8] Thurstone의 PMA 요인에 따른 발달곡선(Thurstone, 1955)

80%의 발달을 이루는 시기가 지각속도요인(*P*)은 12세, 언어이해요인(*V*)은 18세, 공간요인(*S*)은 14세, 추리요인(*R*)은 14세, 기억요인(*M*)은 16세, 수요인(*N*)은 16세, 언어유창성 요인(*W*)은 20세 이후라는 추정이 가능하다.

요인이론을 Cattell의 G_f, G_c이론에 따라 14~61세까지의 집단에 대해 Thurstone의 PMA 검사를 이용하여 횡단적 연구를 실시한 결과를 [그림 14-9] 및 [그림 14-10]에 제시했다.[20]

이 결과에 의하면 유동성 지능에 해당하는 기억력, 도형관계, 지각 속도, 귀납추리, 지적 수준 등은 18~20세 이후에 급격히 하강곡선을 보이는 반면, 결정성 지능인 사고의 유창성, 관련의 유창성, 경험적 평가력, 기계적 지식, 언어이해력 등은 평생을 통하여 계속 발

20) J. L. Horn, & R. B. Cattell, "Age differences in primary mental ability factors". *Journal of Gerontology*, 1966, *21*, 210-220.

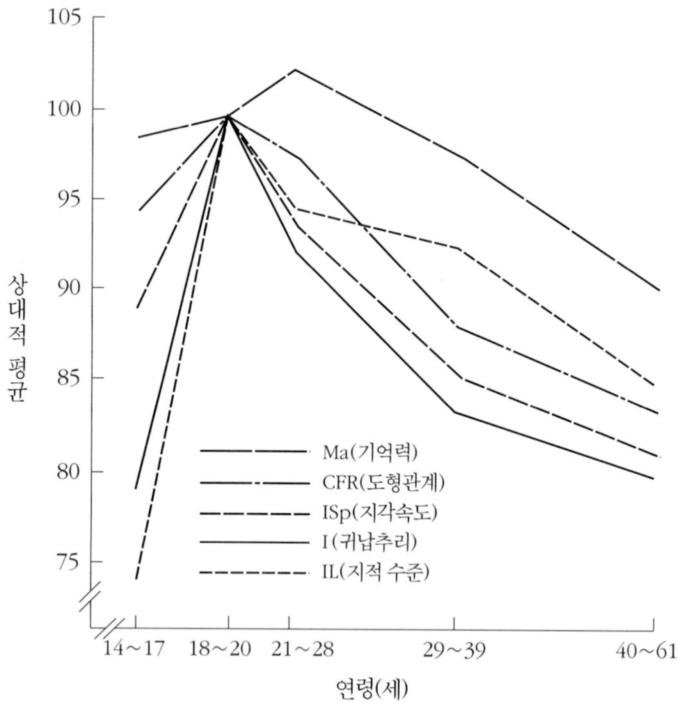

[그림 14-9] 연령에 따른 지능 성취곡선(유동성 지능 G_f)(Horn & Cattel, 1966)

달함을 보여 주고 있다. 이같이 유동성 지능과 결정성 지능의 발달곡선 사이에는 예리한 대조를 보이고 있다. 이 같은 연구 결과가 시사하는 바는 여러 가지로 해석할 수 있다. 지능이라는 것은 단일한 속성이 아니라 그 속에 여러 가지 다양한 속성이 포함되어 있고, 그 발달 경향이 각 특성 혹은 요인에 따라 발달의 상승, 하강이 전혀 다른 양상을 보인다는 것을 알 수 있다. 따라서 발달곡선을 한 개의 단조 곡선으로 이해하고 있는 전통적 사고에서 벗어나야 함을 시사한다. 뿐만 아니라, 흔히 지능이 발달의 극한에 이르는 어느 시기(대개 20세 전후)를 정점으로 하강하는 경향이 있다는 전통적인 상투적 사

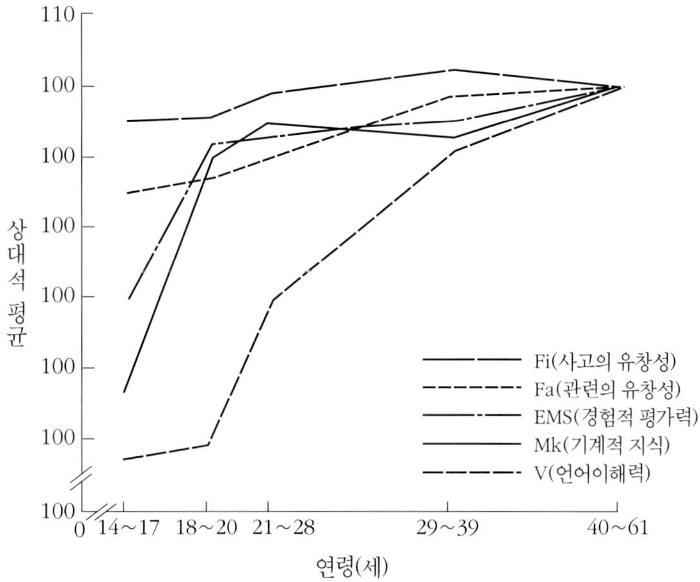

[그림 14-10] 연령에 따른 지능 성취곡선(결정성 지능 G_c)(Horn & Cattell, 1966)

고가 얼마나 잘못되어 있는지를 밝혀 주고 있다. 지능은 어느 속성이건 계속 발달되어 나간다는 사실을 다시 한 번 확인케 해 준다.

요인별로 본 발달곡선이 연령에 따라 달리 나타나는 것은 곧 연령단계에 따라 요인구조가 다르다는 사실을 시사한다. Thurstone의 연구에서 곡선이 연령에 따라 점차 분화되어 가고 있는 사실은 연령분화가설을 지지하는 증거로 해석할 수 있을 것이다. 그러나 보다 정확한 결론에 이르기 위해서는 각 연령 단계마다 실시하는 검사가 다요인을 측정하는 검사여야 하는 것이 전제조건인데, 아직도 유아기, 아동기, 청년기, 성인기에 실시하는 검사들이 측정하는 요인이 각각 달라서 그것을 같은 요인 차원 위에서 비교하기에는 난점이 개재한다.

〈표 14-2〉 두 연령집단에 같은 검사를 실시했을 때의 요인구조의 비교(Burt, 1954)

검 사	연령 9~10세 요인부하량						연령 13~14세 요인부하량					
	일반 지능	귀납 추리	지각	기억	언어	운동 기능	일반 지능	귀납 추리	지각	기억	언어	운동 기능
① 유추	.797	.142	.046	.097	−.124	−.077	.865	.416	−.082	.105	.092	.016
② 삼단논법	.864	.283	−.074	−.113	.068	−.021	.914	.303	.068	−.049	.057	−.044
③ 무의미철자 기억	.745	.336	−.031	.237	−.072	.064	.646	.582	−.075	.423	−.083	−.051
④ 문장 기억	.688	.475	.059	.302	.065	.073	.733	.540	.089	.385	−.071	.068
⑤ 설계완성	.857	−.124	.144	.058	.217	−.123	.681	−.092	.386	−.084	.347	.043
⑥ 점패턴	.779	−.081	.210	−.064	.194	.085	.809	.107	.281	.045	.418	−.032
⑦ 표적 맞히기	.586	−.059	.306	−.083	.091	.177	.562	.076	.547	.028	.127	.365
⑧ 분류	.623	−.108	.233	.075	.078	.316	.470	−.134	.563	.051	−.058	.451
⑨ 카드 돌리기	.542	−.092	.445	.30	−.106	.229	.387	.043	.478	−.039	−.064	.533
요인변량	4.775	.484	.422	.191	.138	.215	4.342	.926	1.016	.354	.344	.633
%	53.1	5.4	4.7	2.1	1.5	2.4	48.2	10.3	11.3	3.9	3.8	7.0

Burt는 9~10세 아동과 13~14세 아동 두 집단에서 9개 검사를 실시해서 Holzinger의 집단요인이론에 따라 요인분석한 결과를 〈표 14-2〉와 같이 제시하고 있다.[21] 이에 의하면, 첫째 연령이 증가함에 따라 일반요인 G의 변량이 감소하는 반면 집단요인들의 변량이 점차 증가하고 있다는 것, 둘째 각 집단요인의 부하량이 두 집단에 따라 차이를 보이고 있고 이것은 13~14세 아동의 경우가 9~10세 아동의 경우보다 전반적으로 집단요인의 부하량이 증가하고 있음을 나타낸다. 이 같은 사실은 연령 증가에 따라 능력의 분화도 증가하고 있지만 동시에 연령집단에 따른 요인구조에도 차이가 있음을 시사한다.

McNemar[22]도 2~18세 사이의 아동의 Stanford-Binet 지능검사를 요인분석한 결과 일반적으로 2세, 2.5세, 5세, 6세, 18세 집단에서 일반지능이 크게 나타나지만 이 일반지능의 구조도 다르다는 사실을 지적하고 있다. Kaufman[23]은 WISC를 6~17세 사이의 11단계로 나눈 연령집단에 실시하고 요인분석한 결과 6개 연령 단계에서는 두 개의 요인만을, 5개 연령 단계에서는 세 개의 요인을 추출하고 있고, 3개 중 2개는 언어요인, 동작요인이지만 제3요인은 주로 아동 후기와 사춘기에 나타나는 '주의산만에서의 자유(freedom from distractibility)'라는 인성요인으로 판단하고 있다.

---

21) C. Burt, "The differentiation of intellectual ability", *British Journal of Educational Psychology*, 1954, *24*, 76-90.

22) Q. McNemar, *The Revision of the Stanford-Binet Scale*, Boston: Houghton Mifflin, 1942.

23) A. S. Kaufman, "Factor analysis of the WISC-R at eleven age levels between $6\frac{1}{2}$ and $16\frac{1}{2}$ years", *Journal of Consulting and Clinical Psychology*, 1975, *47*, 877-880.

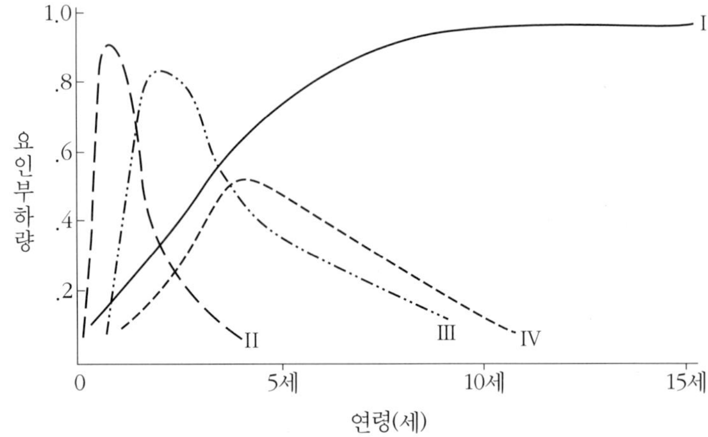

[그림 14-11] 각 연령 단계에 따른 4개 요인 부하량의 포치(Wiseman, 1966)

Wiseman[24)]은 1933년에서부터 1951년까지의 Bayley의 California 성장연구의 종단적 자료를 대상으로 제공된 상관행렬을 기초로 주요소 요인분석(principal component factor analysis) 방법에 의해 요인을 추출한 결과 4개의 요인을 추출하고 있고, 이것을 연령에 따라 표시한 것이 [그림 14-11]이다.

요인 I은 일반지능이라고 할 수 있다. 그 이외 요인에 대한 명명을 Wiseman은 피하고 있으나 요인 II는 감각-운동요인으로 보인다. 이와 같이 각 연령 단계마다 나타나는 지능의 요인구조는 전혀 다른 양상을 띠고 있다는 것은 연령에 따른 지능에 변별적 차이가 존재함을 시사한다.

유아기의 지능에 관련해서 주로 인지발달을 강조하는 Piaget 척

24) S. Wiseman, "Environmental and innate factors and educational attainment", in J. E. Meade & A. S. Parkes (Eds.), *Genetic and Environmental Factors in Human Ability*, Eddinburgh: Oliver & Boyd, 1966, pp. 64-80.

도와 지능검사 사이에 어떤 관련이 있는지에 대한 관심이 그동안 있어 왔다. 특히 아직 언어를 제대로 구사하지 못하는 전 언어 단계의 어린이에 대한 관심은 지능검사에서나 Piaget 이론에서나 흥미 있는 화제였다. Uzgiris와 Hunt[25)]는 Piaget의 인지발달 개념을 측정하는 검사를 개발했으며, Escalona와 Corman[26)]은 사물항존성(object permanence)의 각 단계를 측정하는 검사를 제작했다. Lewis와 McGurk[27)]는 Escalona와 Corman이 제작한 사물항존성 검사와 Bayley 지능검사를 3, 6, 9, 12, 18, 24개월 된 어린이에게 실시하고 그 사이의 상관을 내어보니 .24, .60, .16, .09, .23, .02가 나왔다고 보고하고 있다. 또 King과 Seegmiller[28)]는 Bayley 지능검사와 Uzgiris-Hunt 6개 척도와의 상관을 〈표 14-3〉과 같이 제시하고 있다.

상관계수에 변동이 많기는 하지만 대체로 정의 방향으로 나타나고 있어서 지능검사에서 측정하는 정신능력과 인지발달 과제에서 측정하는 인지능력의 사이에는 상당한 관계가 존재함을 짐작하게 해 준다.

---

25) I. C. Uzgiris & J. Mcv. Hunt, "An instrument for assessing infant psychological development", *Mimeographed Paper*, Psychological Development Laboratory, University of Illinois, Urbana, 1966.

26) S. K. Escalona & H. Corman, "Albert Einstein Scales of sensorimotor development: object permanence", Unpublished *Manuscript*"

27) M. Lewis & H. McGurk, "The evaluation of infant intelligence scores-true or false?" *Science*, 1972, *178*, 1174-1177.

28) W. L. King & B. Seegmiller, "Performance of 14 to 22 month-old black, firstborn male infants on two tests of cognitive development: The Bayley scales and the Infant Psychological Development scale", *Developmental Psychology*, 1973, *8*, 317-326.

〈표 14-3〉 Bayley 지능검사와 Uzgiris-Hunt 인지발달검사와의 상관
(King & Seegmiller, 1973)

연 령	사물에 관한 스키마	공간 스키마	사물 항존성	인과성	수단-결과	주된 모방	음성 모방
14개월	.32	.44	.04	.41	.42	.17	.03
18개월	.37	—	−.12	.46	.05	−.33	.25
22개월	.32	—	.14	.12	.36	—	.54

Gottfried와 Brody[29]는 Bayley의 유아지능검사와 Escalona-Corman 검사를 10개월 된 흑인 유아를 대상으로 실시하고 상관을 내어 본 결과를 〈표 14-4〉와 같이 제시하고 있다. 이것을 보면 Bayley 지능 지수와 사물항존성, 그리고 지능지수와 스키마 사이에 높은 상관이 있음을 알 수 있다.

이 같은 연구 결과를 종합해 보면 유아기의 지능은 심리측정검사에서 측정하고 있는 것과 Piaget 유형의 인지발달검사에서 측정하고 있는 것 사이에 상당한 관련이 있고, 실제 같은 개념으로 설명할 수 있는 가능성을 시사한다.

〈표 14-4〉 Bayley 지능검사와 Piaget 인지검사와의 상관
(Gottfried & Brody, 1975)

	사물항존성	스키마
Bayley 지능검사	.47	.84
사물항존성		.47

29) A. W. Gottfried & N. Brody, "Interrelationships between and correlates of psychometric and Piagetian scales of sensorimotor intelligence", *Developmental Psychology*, 1975, *11*, 379-387.

요약하면 연령을 함수로 했을 때의 지능구조의 변화에 관한 실증적 · 경험적 연구는 아직도 단정적인 결론을 제시하기에는 연구의 양이나 종류의 다양성 부족, 척도의 다양성과 그 타당성, 표본의 대표성, 요인분석의 방법 등 허다한 문제가 더 해결되어야 한다. 그러나 지금까지의 연구만으로도 각 연령에 따른 지능의 구조에 분명히 차이가 있다는 사실은 분명하며, 이 차이의 양상에 대한 합의된 결론이나, 그것이 어떤 의미를 갖는지에 대한 해석은 더 탐구되어야 할 것이다.

발달에 대한 정보처리접근

이미 제3부에서 지능에 관한 인지과정을 정보처리 측면에서 접근하려는 발전을 논의했다. 심리측정 이론에서 접근하는 발달이 정신능력 수준이 양적으로 증가 혹은 감퇴되어 가는 현상이나 발달 단계에 따른 요인구조의 변화를 종단적 접근 및 횡단적 접근을 통해 밝혀 주는 데는 큰 장점이 있다. 그리고 Piaget의 인지발달이론은 탄생 때는 사물에는 항존성이 있다는 사실을 이해 못하던 것이 발달단계가 바뀜에 따라 그것을 이해하게 된다는 질적 변화를 발달 단계에 비추어 이해하는 데는 도움이 된다. 그러나 두 가지 접근이 모두 한 나라의 수도가 어디냐를 아는 것이나 사물의 항존성을 알 때 거기에 어떤 인지과정이 작용하며 어떤 상징적 표상이 내포되는지를 설명하는 데는 실패하고 있다.

여기에서는 이 같은 인간의 인지과정을 정보처리이론으로 접근하는 연구 중, 기억발달과 문제해결력의 발달에 관해서 간략히 논의함으로써 새로운 접근을 이해하는 단서를 제공하려고 한다.

첫째, 기억의 인지과정에 관련된 발달이다. 우선 기억용량(memory capacity)은 이미 Miller가 말한 '신비의 수' 7±2의 단기기억용량이 최대치로 보았는데, 지금까지 밝혀진 몇 가지 연구는 이 같은 단기기억 용량은 연령이 증가함에 따라 커진다고 하는 사실을 제시하고 있다. 예컨대, R. Case[30)]의 연구에 의하면 역순 단기기억력은 5~6세에 두 개 수치밖에 안 되던 것이 사춘기에는 6개 수치로 늘어난다고 한다. 또한 Pascual-Leone[31)]의 연구에서는 단기암기력을 슬럿트의 수에 의해 측정했는데 연령이 증가함에 따라 함께 증가함을 보고하고 있다.

기억에 중요한 영향을 미치는 정보처리과정의 변인이 인지과정의 전략(strategies)의 사용에 있음은 Atkinson 및 Shiffin의 인간 기억모형에서 시사된 바 있다. Keeney, Cannizzo 및 Flavell[32)]은 5세 아동과 10세 아동에게 7개 물체의 그림을 보여 주고 눈을 막는 헬멧을 쓰게 한 다음 그들의 입놀림을 관찰한 결과 5세 아동은 거의 반복연습(rehearsal)은 하지 않고 10세 아동은 거의 대부분이 반복연습을 하는 것을 관찰하였다. 또한 Ornstein, Naus 및 Liberty[33)]들은 8, 11, 13세 아동에게 18개의 관계없는 단어를 하나하나 제시하고 그것을 큰 소리로 반복하게 했더니 나이 어린 아동은 그들 낱말을 독

30) R. Case, "Structures and strictures: some functional limitations on the course of cognitive growth", *Cognitive Psychology*, 1974, *6*, 544-574.

31) J. Pascual-Leone, "A mathematical model for transition in Piaget's developmental stages", *Acta Psychologica*, 1970, *32*, 301-345.

32) T. J. Keeney, S. R. Cannizzo, & J. H. Flavell, "Spontaneous and induced verbal rehearsal in a recall task", *Child Development*, 1967, *38*, 935-966.

33) P. A. Ornstein, M. J. Naus, & C. Liberty, "Rehearsal and organizational processes in children's memory", *Child Development*, 1975, *26*, 818-830.

립된 것으로 반복하는 데 반해 13세 아동은 새로운 단어와 그 이전에 본 단어와 연결시켜 반복함으로써 반복연습의 질에서도 연령차가 있음을 시사한다. 인지전략 중에 또 하나 중요한 변인이 정보의 조직(organization)에 있다. 예컨대, 4개의 가구, 4개의 동물, 4개의 직업을 주고 기억하게 하면 어떤 형태로 조직을 하느냐는 것이다. Goldberg 등[34)]은 의미가 같은 것끼리 묶어 기억하는 경향이 연령이 증가하면서 커지되, 어린이는 보다 리듬 형태와 같은 음운적 특징에 따라 묶는 경향이 있는 반면 아동 후기 및 성인은 보다 의미적 연결에 의해 묶는 경향이 있다.[35)] 인지전략 중 또 하나는 기억해야 할 여러 개의 정보 항목을 의미 있는 방법으로 연결시키는 정교화 활동(elaboration)이다. 예컨대, 사람, 책, 길이라는 세 개 항목을 기억해야 할 경우 '사람이 길에서 책을 주었다.'는 것과 같이 의미 있는 방법으로 연결시키는 전략이다. 이것 또한 나이 많은 피험자는 자기 스스로 이 같은 정교화 전략을 사용하는 데 비해 어린 피험자는 실험자가 준 단서에 따라 연결시키는 수동적 연결을 하는 경향이 있다.[36)]

기억이 지식에 기초한 경우와 그렇지 않은 경우에는 다를 수 있다. Chi[37)]는 표준숫자암기검사와 장기(chess)과제에 대해 어린이와

34) S. Goldberg, M. Perlmutter, & N. Myers, "Recall of related and unrelated lists by two-year-olds", *Journal of Experimental Child Psychology*, 1974, *18*, 1-8.

35) M. J. Bach & B. J. Underwood, "Developmental changes in memory attributes", *Journal of Education Psychology*, 1970, *61*, 292-296. L. Hasher, D. Cliffton, "A developmental study of attribute encoding in free recall", *Journal of Experimental Child Psychology*, 1974, *7*, 332-346.

36) H. W. Reese, "Imagery and associative memory", in Ruberb V. Koil, Jr. & John W. Hagen (Eds.), *Perspectives on The Development of Memory and Cognition*, Hillsdale, N. J.: Erlbaum, 1977.

37) M. T. Chi, "Knowledge structures and memory development". in R. S. Siegler (Ed.), *Children's Thinking: What Develop?* Hillsdale, N. J.: Erlbaum, 1978.

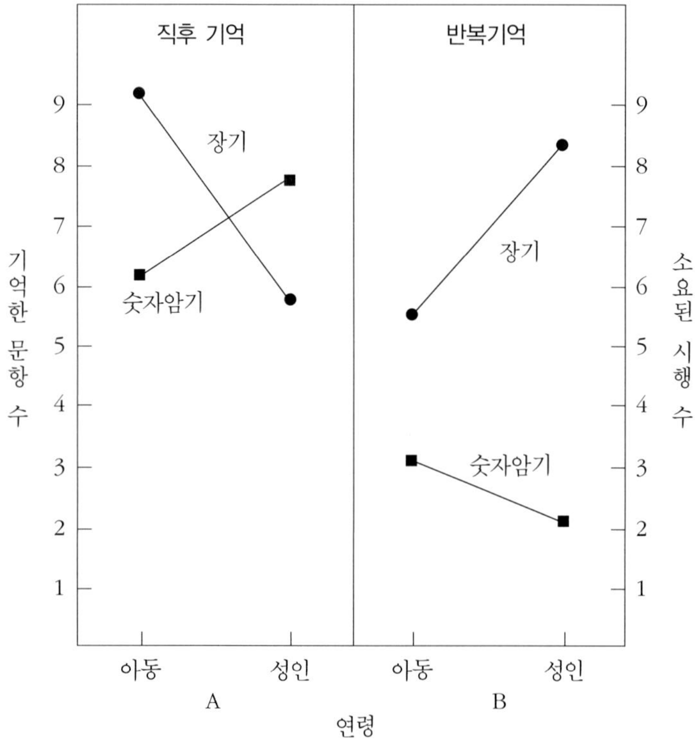

[그림 14-12] 아동 및 성인의 장기와 숫자암기의 기억(Chi, 1978)

성인의 기억력을 연구했다. 어린이는 장기놀이를 훈련해 본 경험이 있으며 어른은 장기를 처음해 보는 사람이다. 이들에게 장기를 10초간 펼쳐 보이고 그것을 덮은 다음에 그것을 그대로 재생시켜 보라고 했다. [그림 14-12]에서 보듯이 직후검사에서는 지식이 있는 어린이가 장기기억에서는 언제나 앞서고 있으나 단기기억(숫자 암기 검사)에서는 성인이 앞서고, 반복기억에서는 어린이가 앞서고 있는 흥미로운 결과가 제시되고 있다. 이 같은 결과는 지식의 차이가 있는 경우에는 단기기억력에 관계없이 지식의 정보가 더 우세한 역할을 하는 것을 시사한다.

둘째, 문제해결력에 관련된 발달 경향이다. 이 중 유추문제(analogical reasoning)에 관한 Sternberg와 Rifkin[38]의 연구를 대표적인 예로 제시해 본다. [그림 14-13]에 있는 바와 같이 그림 C 다음에 올 그림을 윗그림(1, 2)에서 찾는 것이 과제인데, 여기에는 여러 가지 요소가 내포된다. 모자, 옷무늬, 신발, 들고 있는 물건 등이 개재한다. 이것을 정보이론으로 보면 부호화(encoding), 추리(inference), 적용(application), 반응(response)은 필수적이며, 지도화(mapping)와 정당화(justification)는 있을 수도 있고, 없을 수도 있다. 이 같은 요소를 중심으로 그들은 4가지 정보처리모형을 형성하였다. 모형 1은 전체 과정이 전부 포함된 것, 모형 2는 적용만 제외한 전 과정이 포함된 것, 모형 3은 지도화와 적용에 의해 자동적으로 끝나는 것, 모형 4는

[그림 14-13] 유추검사 문항의 예시(Sternberg & Rifkin, 1979)

---

38) R. J. Sternberg & B. Rifkin, "The development of analogical reasoning processes", *Journal of Experimental Child Psychology*, 1979, *27*, 195-232.

추리, 지도화, 적용 과정을 포함하는 것이다. 이 같은 모형에 비추어 8, 10, 12세, 성인의 정보처리과정을 옳게 말한 문항의 해결 잠재시간에 의해 비교했다. 분리할 수 있는 특성(seperable attributes)을 가진 문항인 경우에는 모형 4가 모든 연령에서 다 우수하게 작용하는 정보처리과정인데, 통합된 특성(integrated attributes)을 가진 문항인 경우에는 8세 아동은 모형 4를, 10세 아동은 수정된 모형 4, 그리고 12세와 성인은 모형 3이 우수한 정보처리과정임을 밝히고 있다. 이와 같이 문제해결에 관련된 정보처리과정이 연령 단계에 따라 다른 정보처리모형을 사용하고 있을 가능성을 시사하며, 이것은 이 같은 유추추리에뿐 아니라 삼단논법의 귀납추리, 셈하기, 사물의 보존개념 등에도 적용될 수 있다.[39] 연령을 인지발달의 함수로 했을 때의 정보처리과정의 변화에 대한 보다 포괄적이며 체계적인 이론과 연구는 아직도 발전 단계에 있다고 볼 수 있다. 그러나 이 같은 접근이 지능에 관한 심리측정 이론과 인지발달 이론의 문제점을 보충하는 중요한 접근 방법임을 시사받을 수 있다.

39) R. S. Siegler & D. D. Richards, "The development of intelligence", in R. J. Sternberg (Ed.), *Handbook of Human Intelligence*, Cambridge: Cambridge University Press, 1982.

제 15 장

지능과 유전

유전과 환경

인간의 행동 특성 중에서 지능 혹은 정신능력의 결정변수가 무엇이냐에 대한 논쟁만큼 오래되고, 지속적이며, 격심한 갈등을 야기하는 분야도 드물다. 특히, 1969년의 A. R. Jensen의 유명한 논문 「우리는 얼마나 IQ와 학업성적을 더 북돋울 수 있는가」[1]라는 논문에서 인간의 지능은 유전에 의해 약 80%, 환경에 의해 약 15%가 결정된다는 폭탄선언과 같은 실증적 연구를 발표하면서, 인간의 지능이 유전에 의해 결정되느냐, 환경에 의해 결정되느냐의 해묵은 논쟁은 다시 재연되어 아직도 그 영향은 끊이지 않고 있다.

인간의 정신능력, 지능에 관련하여 역사적으로 두 개의 시각이 언

---

1) A. R. Jensen, "How much can we boost IQ and scholastic achievement?", *Harvard Educational Review*, 1969, *39*, 1-123.

제나 상반된 갈등과 마찰을 야기해 왔다. 인간의 지능이란(다른 인간 행동 특성도 마찬가지이지만) 우리가 투입하고 개인이 경험하는 개인적 · 물리적 · 사회적 · 환경적 영향, 노력, 보상적 경험, 교육적 매개 등에 의해 변화할 수 있고 발달할 수 있고, 개조할 수 있고, 진보할 수 있고, 도야될 수 있는, 곧 환경적 영향에 의해 변화(changeable)할 수 있고, 변경될 수 있다(alterable)는 신념과 주장이 존재한다. 그런가 하면 한편으로는 인간의 지적 능력은 이미 태어난 때부터 대부분이 고정되어 있고(fixed), 불변하며(unalterable), 비교적 안정되어 있고(stable), 사전 결정적(predetermined)이라는 불변관이 존재한다. 전자를 지적 능력의 환경결정론(environmentalism)이라고 부른다면, 후자를 유전결정론(hereditarianism)이라고 부를 수 있다. 인간의 지능을 이 두 가지 시각 중 어느 맥락 속에서 보느냐에 따라 지능 자체를 보는 개념이 달라질 것은 물론 지능에 관련된 여러 가지 함의, 의미, 해석 및 교육적 처지에서 전혀 다른 궤도로 갈 것을 짐작할 수 있다.

고대에서부터 현대에 이르기까지 상당수의 사회사상가, 철학자, 심리학자들은 인간이 지닌 정신능력의 차이가 이미 결정되어 있는 유전적 결과라고 신념하고 있다. 그렇기 때문에 인간의 지능에 격차가 발생하는 것은 필연성, 자연성, 항구성, 불가피성의 결과라고 보았다. 예컨대, Plato는 『국가론(The Republic)』[2] 속에서 모든 시민은 태어날 때부터 제1보호 계급(철학자, 지적 최우수자), 제2보호 계급(군인), 보조 계급(생산 가능 능력자), 노동자 계급(노동력 제공자)의

2) E. H. Warmington & P. G. Rouse (Eds.), *Great Dialogues of Polato* (Translated by W. H. D. Rouse), New York: New American Library, 1956. 이 속에 있는 'The Republic' 부분 참고.

어느 한 계급에 '속해서 태어난다'고 보고 이것은 능력에 의해 좌우되며 그렇기 때문에 될 수 있는 대로 빨리 그 능력을 가려(현대적 개념으로 바꾸면 지능검사를 실시하여) 그에 일치되는 계급과 역할을 구분지어 주어야 한다고 주장했다. 이 같은 사상은 Aristoteles의 정치이론에 계승되고 이것이 서구사상의 귀족정치(aristocracy)의 사상적 원류가 되고 있다.

이와는 대조적으로 인간의 능력은 유전에 의해 이미 결정되어 있는 것이 아니라 환경에 의해 결정된다는 주장도 강력하다. Machiavelli, Hobbes, 그리고 가까이는 J. Locke 및 J. J. Rousseau 등을 거치면서 인간 불평등의 기원은 그것이 자연법칙에 의한 필연적이며 불가피한 결과가 아니라 인간이 인공적으로 형성한 결과에 지나지 않는다는 사상이 지배하기 시작했다. Karl Marx는 인간의 능력, 교육, 지위, 재산, 권위, 정치권력의 불평등은 생산양식에 의해 결정된 것이며, 농경사회에서는 지주와 소작인, 산업사회에서는 자본가와 노동자 사이의 계급이 인위적으로 형성되었기 때문에 그 사이의 계급 간 투쟁을 통해 이것을 자연적 상태로 환원시켜야 한다는 주장을 한다. 더욱이 유럽의 귀족주의에 반대하고 나선 John Stewart Mill의 자유주의 사상은 인간정신능력의 환경론적 입장과 잘 부합되었다.

이 같은 환경론의 관점에 획기적 전환을 마련한 J. B. Watson은 『행동주의』라는 저서에서 다음과 같이 말하고 있다.

> 나에게 잘 형성된 건강한 어린이 12명과 그들을 기를 수 있도록 내가 요구하는 환경을 제공하라. 그러면 그중에서 아무나 택해서 내가 원하는 어떤 종류의 전문가로도 훈련시켜 키우겠다. 그의 재능,

취미, 경향성, 능력, 직업, 종족에 관계없이…….[3)]

이같이 인간의 행동, 특히 그중에서도 인간의 정신능력, 지능에 관한 유전결정론적 시각과 환경결정론적 시각은 주장과 신념만 예리한 갈등관계에 있을 뿐 아니라, 그것을 뒷받침하는 과학적 · 실증적 · 경험적 증거에서도 또한 모순과 갈등을 보이고 있다. 이 장에서는 이 같은 지능의 유전적 영향과 16장에서는 환경적 영향에 관한 연구들을 냉철하고 객관적인 학문적 맥락에서 종합하면서 비교함으로써 지능의 결정변수에 대한 보다 합리적인 사고를 정리하려는 것이 목적이다. 따라서 여기에서는 먼저 이 두 가지 접근을 이해하기 위한 연구방법론으로서의 행동유전학의 개관을 제시하고, 이어 유전론적 관점에서 제시하는 여러 가지 증거를 제시한다.

행동유전학의 분석

행동유전학(behavior genetics)이란 비교적 최근에 그 체계가 정리되기 시작한 학문 분야다. 간단히 정의하면 행동유전학이란 인간의 행동 특성에 관한 유전학적 특성, 구조, 기능을 여러 수준에서 탐구하는 학문이라고 말할 수 있다.

인간의 지능 혹은 정신능력에 관한 개인차가 어디에 귀인되느냐는 문제를 밝히기 위한 행동유전적 접근의 일반적 목적은 지능이 밖으로 나타난 행동인 표현형 차이(phenotypic differences)에서 보이

3) J. B. Watson, *Behaviorism*, London: Kegan Paul, 1930, p. 104.

는 지능의 개인차 혹은 변량(σ^2)을 유전적 변량(genetic variance), 환경적 변량(environment variance), 그리고 유전과 환경의 두 변인이 어떤 과정을 통해서건 상호작용을 해서 나타나는 상호작용 변량(interaction variance)의 세 가지 변량원의 비율적 기여도를 분석해 내려는 데 있다. 이것을 간략히 나타내어 보면 공식 (15.1)과 같이 표시할 수 있다.

$$\sigma_P^2 = \sigma_G^2 + \sigma_E^2 + \sigma_{GE}^2 \qquad (15.1)$$

σ_P^2 : 표현형 변량

σ_G^2 : 유전적 변량

σ_E : 환경적 변량

σ_{GE} : 유전과 환경의 상호작용 변량

우리가 외현적으로 관찰한 지능측정을 원인 변인이 된다고 생각하는 몇 가지 변량원으로 나타낸 것을 가산적 변량모형(additive variance model)이라고 한다. 이 변량모형의 공식을 이해하기 위해 몇 가지 명심해 두어야 할 것이 있다. 첫째, 관찰한 지능의 전체 변량을 유전, 환경의 변량으로 분할한다고 해서 각 개인의 지능점수를 이같이 분할할 수 있다는 뜻으로 해석해서는 안 된다. 즉, 개인 A의 지능점수 중 얼마는 유전에 의한 것이고, 얼마는 환경에 의해 결정되었다고 분할한다는 것은 아무런 의미 없는 일이다. 한 개인의 지능이 유전과 환경이란 두 원천에 의해 결정되는 것은 분명하고, 그것이 전체로 보면 100%에 이르지만 앞서 제시한 변량은 개인의 지능점수에 관련된 개념이 아님에 주목해야 한다. 둘째, 정신능력에 관한 개인 간의 변산(이것도 절대적인 지능성취점수로서가 아니라 집단

평균에 대한 편차의 개념에 기초한 것임) 중에 얼마는 유전에 의해 결정되었으며, 얼마는 환경에 의해, 또 얼마는 유전과 환경의 상호작용에 의해 결정되었느냐고 묻는 것은 의미있는 질문이며, 이 같은 질문을 탐구하기 위해 공식 (15.1)과 같은 변량모형을 이용하는 것이다.

앞서 제시한 두 가지 유형의 질문은 엄격히 구별되어야 한다. 흔히 지능에 관한 유전 기여도, 환경 기여도를 논의할 때, 이 두 가지 질문을 구별하지 못하는 경우나 또 혼동하는 경우를 흔히 관찰하기 때문이다. 변량모형의 목표는 특정한 환경 속에서, 그리고 특정한 유전자 공급원(gene pool)을 가진 표본에서 나타나는 개인차, 곧 변산 중에 유전이 차지하는 변량과 환경이 차지하는 변량의 상대적 비율을 추정하고 그 유의도를 탐구하려는 것이다.

공식 (15.1)은 개인차를 통계적으로 분할한 것이다. 그런데 이 각각의 항은 다시 더 자세한 요소로 분할할 수 있다. 유전이론에서는 유전인자가 세포핵에 있는 염색체 위에 위치하고 있다고 한다. 체세포에서는 염색체가 짝(pair)을 이루고 있으며 유전인자도 마찬가지로 그들 염색체 위에 위치하고 있다. 인간의 체세포는 23개의 염색체가 짝을 이루고 있다. 생식세포를 형성할 때(정자 및 난자)는 이 염색체 수가 반으로 나누어져야 한다. 그렇지 않으면 한 세대가 지나감에 따라 염색체의 수는 배로 늘어갈 것이다. 이같이 생식세포의 수가 반으로 줄어드는 현상을 생물학에서는 감수분열(meiosis)이라고 한다. 이 감수분열이 일어날 때 짝지어진 염색체의 대응하는 부위에서 유전물질을 교환하는 과정이 생긴다. 이같이 하여 새롭게 결합된 유전인자의 조합이 생식세포에 생기며, 이것이 유전적 다양성(genetic diversity)을 나타나게 만든다. 즉, 새로운 세대는 부 · 모의 세대에서 유전물질을 공유하기는 하지만 각자의 독특한 유전인자의 배합을 갖는 것은 이 같은 현상 때문이다.

유전의 기여가 어떤 성질을 띠고 있는가, 특히 행동의 유전 기여도가 어떠한가를 보다 구체화하기 위해서는 염색체 분석 수준에서 염색체 속에 들어 있는 유전인자로 가야 하며, 거기에 다시 생화학적 유전학의 분석 수준으로 갈 수 있다. 유전인자의 생화학적 성질에 대해서는 John D. Watson과 Francis Crick가 DNA deoxyribonucleic acid라고 하는 복합 미분자의 핵산이 유전물질을 형성하고 있고, 이 DNA가 유기체에게 아미노산 생성을 위한 신호를 주며, 아미노산은 다시 인체의 보다 복잡한 효소와 프로테인으로 화합된다고 하였다.

이렇게 보면 행동 유전학은 4가지 수준에서 분석을 시도할 수 있다. 첫째, 통계적 수준, 둘째 염색체 수준, 셋째 유전인자 수준, 넷째 생화학적 수준이다. 그러나 첫 번째의 통계학 수준 이외의 수준은 실제 인간의 지능 및 기타의 인간 행동의 유전적 메커니즘 연구에서 별로 이용되고 있지 않다. 그것은 인간과 같은 복잡한 동물의 경우, 그리고 특히 지능과 같은 복잡한 정신능력의 경우 그와 같은 분석이 실제 어렵다는 이유도 있고, 그보다도 우리가 연구하려는 복잡한 행동(예컨대, 지능)은 모두가 어떤 단일 유전자에 의해 결정되는 것이 아니라 다인자(polygenes)에 의해 결정되기 때문에 다인자 속의 특정한 개별 인자가 지능의 표현형에 미치는 영향은 거의 그 영향이 미미하고 따라서 양적으로 확인하기도 어렵기 때문이다.

그러나 단일한 유전인자나 염색체가 행동에 극적인 영향을 미치는 예는 몇 가지 볼 수 있다. 예컨대, 염색체의 효과를 보자. 성염색체에 관련해서 우리는 흥미있는 관찰을 할 수 있다. 인간의 경우 성염색체는 23개 염색체로 된 X-Y짝으로 구성되어 있다. 이 중 염색체 X는 유전정보를 완전히 할당받고 있고, 길이가 조금 짧은 염색체 Y는 유전정보를 조금 갖고 있다. 그래서 인간이 여자가 되느냐 남자가 되느냐는 두 개의 XX를 물려받느냐(여자), XY를 물려받느냐(남자)에 달려 있다. 그런데 가끔 남자가 여분의 X염색체 하나를 더 받아 XXY가 되거나 여분의 Y를 더 받아 XYY가 되는 수가 있다. 그런데 남자가 XYY를 갖고 나오는 경우 격렬하며(violent), 공격적이고(aggressive), 반사회적 행동(antisocial behavior)과 같은 행동과 관련이 있다는 것이 밝혀지고 있다. 모집단에서 정상인에게서는 XYY가 나타나는 확률이 1/300인데 반해 수감자 중에서는 1/30의 확률로 나타나고 있다.

유전인자 수준에서의 경우를 보면 어떤 단일한 유전인자가 중도의 정신지체와 관련된 페닐케톤 요증(phenylketonuria: PKU)[4]과 관련이 있는 것이 밝혀졌다. PKU에 책임이 있는 유전인자는 정상행동을 유발하는 우성인자에 대한 열성인자(recessive gene)다. 그래서 한 개의 염색체가 열성인자를 지니고 짝지어져 대응하는 염색체가 우성인자를 지니고 있으면 그는 정상인이 된다. 그러나 어떤 개인이 양쪽 다 열성인자를 갖게 되면 PKU 현상이 나타나서 심각한 정신지체 현상을 보인다. 신체의 정상적 생화학 반응에서는 페닐알라닌(phenylalanine)[5]이 효소 phenylalanine hydroxylase에 의해 티로신(tyrosine)으로 분해되어 버린다. 그러나 PKU 상태에 있는 사람은 이 효소가 부족하여 페닐알라닌이 적립되고 이것이 결국 중추신경계통에 화학적 손상을 주어 정신지체를 유발하게 된다. 현대는

4) 일종의 백치에게서 볼 수 있는 신장의 기능장애로서, 페닐피루빈산을 배뇨하는 것을 말한다.

5) 많은 단백질에 함유되어 있는 필수 아미노산의 하나다.

유아기에 이 같은 상태를 진단할 수 있는 화학적 검사 방법이 발달되어 이러한 어린이에게는 페닐알라닌이 극히 적게 든 음식만 줌으로써 상당한 정도로 교정을 할 수 있다.

그러나 이 같은 극적인 경우를 제외하면 지능의 유전현상에 관한 염색체 수준, 유전인자 수준, 생화학적 수준의 연구는 현재로서는 이렇다 할 발전은 없고, 실제 가까운 미래에 커다란 기대를 걸기도 어렵다고 보는 것이 정확할 것이다. 특히 대상이 인간이고, 그중에서도 특히 인간의 복잡한 정신능력인 경우에는 더욱 그렇다고 보인다.

앞에서 논의한 바처럼 인간의 지적 능력은 현재까지 밝혀진 유전학적 지식으로는 다인자(polygenes)라는 것이 거의 사실이기 때문에 이 같은 행동 특성의 유전적 기여도를 탐구하기 위한 방법은 통계적 분석이 가장 적절하다. 통계적 방법 중에서도 우리는 그 자체 결과만으로 비교적 유전적 영향을 확신할 수 있는 강한 설계(strong design)가 있는 반면, 그 자체만으로는 진짜 유전의 효과를 모호하게 해 버리는 다른 영향과 혼합되어 있는 약한 설계(weak design)가 있을 수 있다. 이제 먼저 제시하는 쌍생아 연구와 가계연구 등은 약한 설계에 속하며 그 이후의 설계들은 모두 정교화된 강한 설계 방법이다.

첫째, 쌍생아 연구(twin study)의 설계다. 이 방법에는 두 가지 방법이 있는데, 일란성 쌍생아(monozygous twins: MZ)와 이란성 쌍생아(dizygous twins: DZ)를 비교하되 어느 경우건 쌍생아가 같이 자란 경우다. 둘째는 일란성 쌍생아를 같이 기른 것과 따로 떼어서 기른 것을 서로 비교하는 방법이다. 후자는 통계적으로 강한 설계 방법이기 때문에 뒤에서 논의하고, 여기에서는 전자의 경우에 국한해서 다룬다.

일란성 쌍생아와 이란성 쌍생아를 비교연구하는 가설은 일란성 쌍생아는 유전형질이 똑같기 때문에 그들 사이에 지적 능력에서 어떤 차이가 있다면 그것은 환경의 영향이라고 볼 수 있고, 이란성 쌍생아 간에 정신능력의 차이가 있다면 그것은 유전과 환경의 영향 두 가지가 합쳐져 있다고 본다. 이러한 가정에 의하면 공식 (15.2)가 성립할 수 있다.

$$\frac{\sigma^2_{DZ}-\sigma^2_{MZ}}{\sigma^2_{DZ}}=\frac{(\sigma^2_G+\sigma^2_E)-\sigma^2_E}{\sigma^2_G+\sigma^2_E}=\frac{\sigma^2_G}{\sigma^2_G+\sigma^2_E} \qquad (15.2)$$

σ^2_{DZ} : 이란성 쌍생아 간 지능 차의 변량

σ^2_{MZ} : 일란성 쌍생아 간 지능 차의 변량

즉, 이란성 쌍생아 간의 지능의 차에서 얻은 변량에서 일란성 쌍생아 간의 지능의 차에서 얻은 변량을 빼면 거기에서는 유전에 의해 영향받은 변량만이 남으며(분자 부분), 이것을 이란성 쌍생아 간의 차에서 생긴 변량($\sigma^2_G+\sigma^2_E$)으로 나누면 결국 환경과 유전이라는 전체 변량 중에서 유전에 의해 결정되는 변량의 상대적 크기가 나온다. 이것을 우리는 유전력 지수(heritability index: h^2)라고 부른다. 유전력은 표현형에서 나타나는 개인차 변량 중에서 유전에 의해 결정된 부분을 지시한다. 주의할 것은 유전력 지수가 바로 유전적 형질이라는 뜻으로 해석되어서는 안 된다는 것이다.

이 모형의 문제점은 MZ와 DZ를 비교할 때 그것이 대개 가족 내 변량(within family variance)을 대상으로 할 뿐 가족 간 변량(between family variance)을 제외하고 있다는 점이다. 유전 및 환경 원천의 중요한 변산 원인 가족 간 변량을 고려하지 않는 이 같은 설계는 중요

한 변량원을 제거해 버리는 결과를 가져온다. 또한 가족 내의 일란성 쌍생아는 다른 형제들에 비해 그들에게 투입하는 환경의 영향이 자연히 비슷해질 수밖에 없기 때문에 유전력 지수 h^2는 으레 높은 허구상관을 보일 가능성이 있다. 뿐만 아니라 일란성 쌍생아들은 서로가 서로를 모델로 삼고 자라기 때문에 자연히 그 사이의 지능 차는 적어지기 마련이고 이것은 곧 σ_{MZ}^2를 적게 한다. 반면 유전력 지수 h^2를 허구적으로 낮게 할 가능성도 있다. 왜냐하면 이란성 쌍생아도 어릴 때부터 다른 사람들이 마치 일란성 쌍생아처럼 같이 대하기 때문에 이것이 결국 σ_{DZ}^2를 적게 하고 결과적으로 h^2를 낮게 한다.

유전력 지수 h^2를 낮게 하는 또 다른 원천은 일란성 쌍생아 사이에 태아기에 존재하는 경쟁관계다. 예컨대, 쌍둥이가 태어났을 때의 체중을 보면 이란성 쌍생아보다 일란성 쌍생아 사이의 차이가 크다. 이 같은 원리가 지능에서도 발생한다고 가정할 수 있으며, 이것이 h^2를 낮게 하는 원인이 된다. 끝으로 일란성 쌍생아의 경우 서로가 서로의 모델이 되기보다 대개 형이 동생의 보조역할을 하는 경우가 많은데 이것이 σ_{MZ}^2를 크게 해서 유전력 지수 h^2를 축소시킬 수도 있다. 이 같은 여러 가지 영향을 공식 (15.2)는 충분히 통제하지 못하기 때문에 적절한 설계라고는 할 수 없다.

둘째, 가계연구(pedigree study)다. 이 연구는 지능의 유전적 영향을 연구하기 위해 일찍부터 사용해 온 방법이다. Galton의 천재연구[6], Goddard의 Kallikak 가계연구[7] 등은 그 대표적인 예로 들 수 있다. 20세기 초에는 한 가계 속에 어떤 범죄행동이나 지능 등이 가

6) F. Galton, *Hereditary Genius*, New Yorks: D. Appleton, 1884.

7) H. H. Goddard, *The Kallikak Family, A Study in the Heredity of Feeble Mindedness*, New York: Macmillan, 1912.

계의 세대에 따라 전해져 가는 것으로 상정하고 이 연구 방법을 많이 사용했다. 그러나 부모와 자녀에게 미치는 환경 자체가 비슷하기 때문에 그들 사이에는 보다 일반적인 모집단보다 유사성이 클 가능성이 있고, 이것은 결국 환경과 유전의 영향이 혼합되어 버리는 결과를 가져온다. 지능의 유전인자 수준의 연구를 위해서는 필요한 방법이지만 통계적 수준의 방법으로는 적절치 못하다.

셋째, 일란성 쌍생아를 같이 기른 것과 따로 기른 것을 비교하는 방법이다. 때때로 일란성 쌍생아가 탄생 직후 혹은 탄생 이후 얼마 되지 않아 따로따로 다른 가정에 양자로 가는 경우가 있다. 이 같은 일이 흔히 있는 일은 아니지만 만약 이 같은 표본을 구한다면 유전적 영향을 연구하는 데는 좋은 자료를 제공할 수 있다. 만약 유전의 영향이 우세하다면, 따로 기른 일란성 쌍생아 사이의 지능의 상관은 높을 것이며(이상적으로는 r=1.0), 만약 유전적 영향이 전혀 없다면 상관은 낮아야 한다(이상적으로는 모집단에서 무선적으로 짝지어 뽑아 그 사이의 상관을 낸 경우와 같아야 하고, 이론적으로는 r=0이 된다). 이 같은 설계의 가정은 헤어지기 이전의 태아기나 탄생 초기의 환경 영향은 큰 영향을 미치지 않을 것이라는 것과 그들이 양자로 간 각각의 환경은 비슷하지 않으리라는 것이다. 따라서 이같이 따로 기른 일란성 쌍생아 사이의 상관이 .8이고 같이 자란 형제들 사이의 상관이 .5라고 하면 유전이 큰 영향을 미친다는 결론을 내리는 것은 합리적이다.

넷째, 양자(foster-child)연구다. 이것은 양자로 간 어린이의 지능과 양부모의 지능 사이의 상관과 그의 친부모의 지능 사이의 상관을 비교함으로써 유전적 영향을 측정하려는 접근이다. 만약 양자의 지능과 친부모의 지능 사이의 상관이 높다면 그것은 유전적 영향의 증거로 볼 수 있다. 이 같은 점은 두 가지 가정을 전제로 한다. 첫째는 양자로 가기 전의 태아기 및 신생아기의 환경의 영향이 양자와 양부모 사이의 상관을 높일 가능성은 별로 없다는 것이며, 둘째 양자로 간 양부모의 행동이 친부모의 행동과 닮을 가능성은 별로 없다는 것이다. 만약 이 가정이 깨어진다면 이 연구설계는 양자의 지능과 양부모 및 친부모의 지능 사이에는 모두 높은 상관을 보이게 된다.

다섯째, 환경을 통제하는 설계다. 이것은 성별차, 종족차, 사회계층차를 연구하는 데 유용하다. 만약 두 종족에서 선택한 어린이를 환경변인에서 똑같게 짝지어 선택할 수 있다면, 그들 사이에 나타나는 차이는 순전히 유전의 영향으로 볼 수 있다. 이 설계의 문제점은 이같이 환경에서 똑같게 짝지어진 실계를 할 수 있는 가능성이 있느냐에 있으며, 설령 외향적으로 짝지었다 하더라도 종족, 성별, 계층에 따라 주어지는 기대가 각기 다르기 때문에 문제점이 발생한다.

여섯째, 유전을 통제하는 설계다. 이것은 유전형질을 체계적으로 통제하는 방법인데, 인간을 대상으로 하는 경우 이 같은 설계는 거의 불가능하다. 다만, 동물을 대상으로 한 연구에서 추론하는 논리적 형식을 따른다. 예컨대, 쥐를 계속 여러 세대에 걸쳐 동종번식(inbreeding)을 시키면 결국 모든 유전형질에서 고정되어 같아져 버린다. 즉, 모든 유전인자의 짝이 이형접합체(heterozygote)에서 동형접합체(homozygote)로 바뀐다. 간단한 예를 제시해 보자.

세대		유전형	
1세대	AA	Aa, aA	aa
2세대	AA	AA, Aa, aA, aa	aa

이 예에서 보듯이 제1세대에서는 동형접합체(AA, aa)가 1/2인 것이 제2세대에서는 2/3로 증가한다. 이같이 계속 동종번식을 시키면 결국에는 동형접합체를 가진 순수 종족을 얻게 된다. 이 경우 모든 동물은 마치 일란성 쌍생아처럼 유전적으로 똑같아진다. 만약 이 같은 동물에게 다른 환경을 제공해서 길렀는데도 그들 사이의 지적 능력이 유사하다면 그것은 순전히 유전에 의한 영향이라는 설명이 가능하다.

지능의 유전적 증거: 친족관계

지능이 유전에 의해 결정된다는 실증적 · 경험적 증거는 다양하다. 여기에서는 앞에서 논의한 통계적 모형에 의거하여 그중 대표적인 연구 결과들만을 제시한다.

첫째, 지능의 가계연구를 살펴보자. 지능에 대해 유전결정론의 시각에서 연구를 처음 시도한 것은 Galton의 천재연구를 들어야 할 것이다.[8] 『종의 기원』의 저자인 Charles Darwin의 사촌으로서, 인간행동을 양화하기 시작한 심리학자로서, 또 상관계수의 개념을 처음 제안한 천재로서, 그는 영국의 천재에 관심이 많았다. 그는 인간의 자연적 능력은 마치 유기체의 신체적 조건이 그렇듯이 세대 간에 유전적 메커니즘을 통해 전달되어 간다는 가정에서 출발하고 있다. 그러한 목적을 위해 영국에서 평판(reputation)과 자연적 천부 재능

8) F. Galton, *Hereditary Genius: An Inquiry Into Its Laws and Consequences*, New York: D. Appleton, 1884.

(natural gifts)이라는 두 가지 준거에 의해 법률가, 정치가, 귀족, 군지휘관, 문학가, 과학자, 시인, 음악가, 화가, 신학자, 캠브리지 대학교 장학생 등 400명의 가계를 조사 추적해 본 결과 거의 대부분이 6~10세대 사이에 천부적 재능을 보인 사람과 천재들이 많음을 발견하고 이것을 근거로 지적 능력, 특히 천재적 재능은 유전에 의해 결정된다고 주장했다.

가계연구에 의한 방법의 또 하나 대표적 연구는 정신지체, 정신박약 가계를 연구한 Goddard의 연구를 들어야 한다.[9] 그는 Binet의 지능검사를 사용하여 정신연령 8세의 바보(moron)인 Kallikak 가계를 조사해 본 결과 멘델의 유전법칙에 따라 거의 대부분이 정신박약, 바보, 백치라는 것을 발견하고 지능이란 어떤 단일한 유전인자가 있어 그것이 세대 유전된다고 결론했으며, 그렇기 때문에 이 같은 가계가 더 번식되는 것을 막아야 된다고 주장했다. 그가 Princeton 대학생 앞에서 행한 연설을 인용해 보자.

> 실제 노동자의 지능은 10인데 여러분의 지능은 20이다. 그런데도 그들이 여러분이 사는 것과 똑같은 집에서 살아야 한다는 것은 마치 그들에게 여러분이 받는 것과 같은 장학금을 주어야 한다고 요구하는 것만큼이나 불합리하다. ……민주주의란 가장 현명하고 가장 지적이며, 가장 인간적으로 선택된 사람들이 그들에게 어떻게 하는 것이 행복한 일인가를 알려 주는 것이다. 이같이 민주주의란 진정 자비로운 귀족주의에 도달하는 방법이라고 본다.[10]

---

9) H. H. Goddard, *The Kallikak Family, A Study in the Haredity of Feeble-Mindedness*, New York: Macmillan, 1912.

10) H. H. Goddard, *Psychology of the Normal and Subnormal*, New York: Dodd, Mead and Co., 1919. p. 237.

둘째, 쌍생아와 혈족관계(kinship)를 중심으로 연구한 예를 들 수 있다. 앞에서 논의한 바처럼 일란성 쌍생아의 지능이 만약 순전히 유전에 의해 결정된다면 그 상관이 1.0이어야 한다. 이 상관계수가 1.0보다 적어지면 그만큼 환경의 영향에 의한 것이라고 말할 수 있다. 마찬가지로 형제자매 간, 이란성 쌍생아 간, 한쪽 부모와 자녀 간의 이론적 상관은 .50이어야 한다. 또한 중간부모(mid-parent)라고 지칭하는 부모의 평균 지능과 자녀의 지능 상관은 .50의 제곱근 $\sqrt{.50}$=.71이어야 한다. 친족관계가 없는 어린이 사이, 양자와 양부모 사이는 이론적 상관이 0이어야 마땅하고, 만약 그 사이에 상관이 있다면 그것은 환경의 영향에 귀속시킬 수 있다. 이 같은 유전적 혈족관계의 순위에 따른 이론적 상관과 실제 경험적 연구에 의해 얻은 실증적 상관이 서로 오차의 범위 안에서 일치한다면 우리는 지능이 유전에 의해 결정된다는 결론을 내릴 수 있다. 이 같은 가설에서 출발하여 그동안 연구된 52개의 연구 결과를 기초로 정리한 대표적인 예가

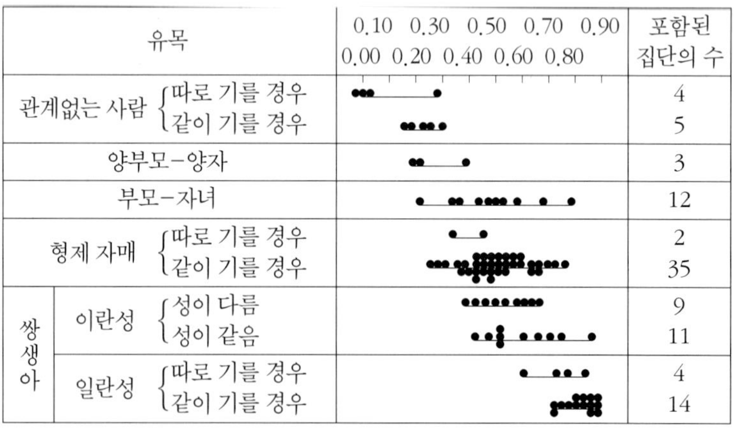

[그림 15-1] 유전적 관계의 정도에 따른 IQ 사이의 상관의 종합

(Erlenmeyer-Kimling & Jarvik, 1963)

Erlenmeyer-Kimling과 Jarvik의 연구[11]이며, 이것을 도시한 것이 [그림 15-1]이다.

만약 [그림 15-1]의 중앙치를 이어나가는 회귀선을 긋는다면 거의 직선에 가까운 회귀선이 형성될 것을 짐작할 수 있다. 그들은 또한 그동안 연구를 더 추가하고, 통계적으로 보다 정교화된 Burt의 방법을 사용해서 이 같은 혈족관계 지능에 대한 유사성의 이론적 기대치와 관찰치를 비교해서 제시하고 있다(〈표 15-1〉 참조).[12]

〈표 15-1〉 친족관계의 정도에 따른 상관계수, 유전기대치
(Jarvik & Erlenmeyer-Kimling, 1967)

친족 관계	연구의 수	상관계수 중앙치	유전 기대치	Burt의 수정 기대치
일란성 쌍생아: 같이 기른 경우(MZT)	14	0.87	1.00	1.00
일란성 쌍생아: 따로 기른 경우(MZA)	4	0.75	1.00	1.00
이란성 쌍생아(성같음): 같이 기른 경우(DZT)	11	0.56	0.50	0.54
이란성 쌍생아(성다름): 같이 기른 경우(DZA)	9	0.49	0.50	0.50
모든 형제자매를 같이 기른 경우(FST)	36	0.55	0.50	0.52
형제자매를 따로 기른 경우(FSA)	3	0.47	0.50	0.52
한쪽 부모와 한 아동(PO)	12	0.50	0.50	0.49
조부모와 아동	3	0.27	0.25	0.31
삼촌, 숙모와 아동	1	0.34	0.25	0.31
사촌	3	0.26	0.125	0.18
육촌	1	0.16	0.063	0.14
양부모와 양자	3	0.20	0.00	0.00
관계없는 아동을 같이 기른 경우(URT)	5	0.24	0.00	0.00
관계없는 아동을 따로 기른 경우(URA)	4	−0.01	0.00	0.00

11) L. Erlenmeyer-Kimling & L. F. Jarvik, "Genetics and intelligence: A review", *Science*, 1963, *142*, 1477-1478.

12) L. F. Jarvik & L. Erlenmeyer-Kimling, "Survey of familial correlations in measured

이 결과에 의하면 Burt의 이론적 기대치와 관찰치 사이에는 일란성 쌍생아를 따로 기른 경우(MZA)와 관계없는 아동을 같이 기른 경우(URT)를 제외하고는 거의 일치하고 있다. 이 같은 증거는 곧 지능에 미치는 유전의 영향이 결정적이라는 것을 시사하는 증거로 볼 수 있다. 이 같은 연구에서는 여러 가지 결점이 개재한다. Kamin[13)]은 최근 이 같은 연구들 사이의 차이가 격심하게 크다는 사실, 검사의 비신뢰도, 표본의 편파성, 중앙치를 계산하는 방법의 허구성, 그리고 이러한 정도의 상관은 환경요인에 의해서도 얻을 수 있다는 증거들을 기초로 지능의 유전결정론을 통박하고 있다.

〈표 15-1〉에 제시된 혈족관계 자료 중에서 가장 우리의 관심을 끄는 것은 MZA와 URT의 경우다. 즉, 유전적 형질이 같은 일란성 쌍생아를 따로 기른 경우의 상관과 아무 관계 없는 어린이를 같이 기른 경우다. 〈표 15-1〉에 의하면 MZA의 상관은 .75, URT는 .24로서 전자는 순수하게 유전에 의해 영향받는 변량으로, 후자는 순수하게 환경에 의해 영향받는 변량으로 해석할 수 있다. 이것을 합하면 .75+.24=1.0이 되어 유전과 환경의 영향을 합해서 1.0이 된다. 이는 이론적 기대치에 부합된다.

일란성 쌍생아를 다른 환경에서 기른 경우는 극히 드물다. 지금까지 연구된 Newman, Freeman, Holzinger의 연구[14)], Burt의 연구[15)], Shields의 연구[16)], Juel-Nielsen의 연구[17)]를 합해서 가중평

---

intellectual functions", in J. Zubin & G. A. Jervis (Eds.), *Psychopathology of Mental Development*, New York: Grune & Stratton, 1967.

13) L. J. Kamin, *The Science and Politics of IQ*, Potomac, Md.: Lawrence Erlbaum, 1974.

14) H. H. Newman, F. N. Freeman, & k. J. Holzinger, *Twins: A Study of Heredity and Environment*, Chicago: University of Chicago Press, 1937.

〈표 15-2〉 일란성 쌍생아를 따로 길렀을 때의 상관

연구자	사례수	상관계수
Newman, Freeman, Holzinger	19	.67
Burt	53	.88
Shields	38	.78
Juel-Neilsen	12	.68
	계 122	가중평균 .82

균상관(weighted average correlation)을 내어보면 〈표 15-2〉에 보듯이 약 +.82의 상관을 보인다.[18] Erlenmeyer-Kimling과 Jarvik의 +.75에 비해 훨씬 높다. 이 같은 연구 결과들은 지능이 유전적 변량에 의해 결정될 확률이 높음을 시사하고 있다.

셋째, 양자로 간 아동의 지능과 양부모의 지능 및 친부모의 지능을 비교하는 연구를 들 수 있다. 이 연구의 가정은 만약 양자의 지능이 유전적 형질을 물려준 친부모의 지능을 닮아 간다면 그것은 지능이 유전에 의해 결정된다는 것을 시사하며, 만약 양자의 지능이 환경을 제공하여 공유하고 있는 양부모의 지능을 닮아 간다면 지능이 유전보다 환경에 의해 결정될 확률이 크다는 것을 시사한다는 것이다. 이에 관한 연구를 연대순으로 보면 Freeman, Holzinger,

15) C. Burt, "The genetic determination of differences in intelligence: A study of monozygotic twins reared together and apart", *British Journal of Psychology*, 1966, *57*, 137-153.

16) J. Shields, *Monozygotic Twins*, London: Oxford University Press, 1962.

17) N. Juel-Nielsen, "Individual and environment: A psychiatric-psychological investigation of monozygotic twins reared apart", *Acta Psychiatrica et Neurologica Scandinavica Monograph Supplement*, 1965, *183*.

18) P. E. Vernon, *Intelligence, Heredity and Environment*, San Francisco, Calif.: W. H. Freeman, 1979. p. 170.

Mitchell의 연구,[19] Burks의 연구,[20] Lawrence의 연구,[21] Leahy의 연구,[22] Snygg의 연구[23] 그리고 가장 대표적인 Skodak와 Skeels의 연구,[24] Munsinger의 연구[25] 등을 들 수 있다. 이 연구들은 양자로 간 연령, 검사 방법, 양자로 지낸 기간, 지능의 측정 방법, 표본의 수 등에서 각각 다르기 때문에 직접 비교해서 어떤 결론을 내리기에는 제약이 뒤따른다. 이 같은 문제점이 있다는 것을 고려하고서 양자의 지능과 양부모의 지능과의 상관을 내어본 것이 〈표 15-3〉이며, 양자의 지능과 친부모의 지능의 상관을 종합한 것이 〈표 15-4〉다.

이 결과에 의하면 양자의 지능과 양부모의 능력(때로는 교육 수준

---

19) F. N. Freeman, K. J., Holzinger, & B. C. Mitchell, "The influence of environment on the intelligence, school achievement and conduct of foster children", *Twenty-Seventh Yearbook of the National Society for the Study of Education*, 1928, Part 1. pp. 103-217.

20) B. S. Burks, "The relative influence of nature and nurture upon mental development", *Twenty-Seventh Yearbook of the National Society for the Study of Education*, 1928, Part 1. pp. 219-316.

21) E. M. Lawrence, "An investigation into the relation between intelligence and inheritance", *British Journal of Psychology, Monograph Supplements*, 1931, No. 6.

22) A. M. Leahy, "Nature-nurture and intelligence", *Genetic Psychology Monographs*, 1935, *17*, 235-308.

23) D. Snygg, "The relation between the intelligence of mothers and of their children living in foster homes", *Journal of Genetic Psychology*, 1938, *52*, 401-406.

24) M. Skodak & H. M. Skeels, "A follow-up study of children in adoptive homes", *Journal of Genetic Psychology*, 1945, *66*, 21-58.
M. Skodak & H. M. Skeels, A final follow-up study of one hundred adopted children, *Journal of Genetic Psychology*, 1949, *75*, 85-125.

25) H. Munsinger, "Children's resemblance to their biological and adopting parents in two ethnic groups", *Behavior Genetics*, 1975, *5*, 239-254.

〈표 15-3〉 양자의 IQ와 양부모의 지능과의 상관

연구자	*n*	상관계수	양부모 및 양자로 간 가정의 지능측정
Freeman, Holzinger,	169	.39	중간 양부모(foster mid-parent)의 IQ
Mitchell	156	.52	가정환경의 평정
Burks	214	.23	중간 양부모의 M.A.
	214	.42	전체 가정환경
Leahy	194	.21	중간 양부모의 IQ
	194	.24	중간 양부모의 교육
Skodak와 Skeels	100	.04	중간 양부모의 교육
	138	.20	양 어머니의 교육
Munsinger	41	−.14	중간 양부모 SES+교육
대략의 중앙치 < .23			

〈표 15-4〉 양자의 IQ와 친부모의 지능과의 상관

연구자	n	검사시기	상관계수	실부모의 지능측정
Munsinger	41	$8\frac{1}{2}$	.70(? .30)	중간 친부모의 SES+ 교육
Skodak와 Skeels(1945)	63	$13\frac{1}{2}$	.38∼.44	친모의 IQ: 아동은 Binet 검사
Lawrence	185	9∼14	.26	친부모 SES
Skodak와 Skeels(1949)	84	$7\frac{1}{2}$	.23	중간 친부모의 교육
Snygg	70	5+	.12	친모의 Binet IQ
대략의 중앙치 > .30				

으로 대체하기도 했지만)과의 상관의 중앙치가 .23이며, 양자와 친부모와의 지능의 상관의 중앙치가 .30보다 높을 가능성을 시사한다. 이 같은 상관관계로 보면 두드러진 차이를 발견할 수 없으나 양자의 지능과 친부모의 지능 상관이 약간 높아서 그 사이에 유전적 변인이

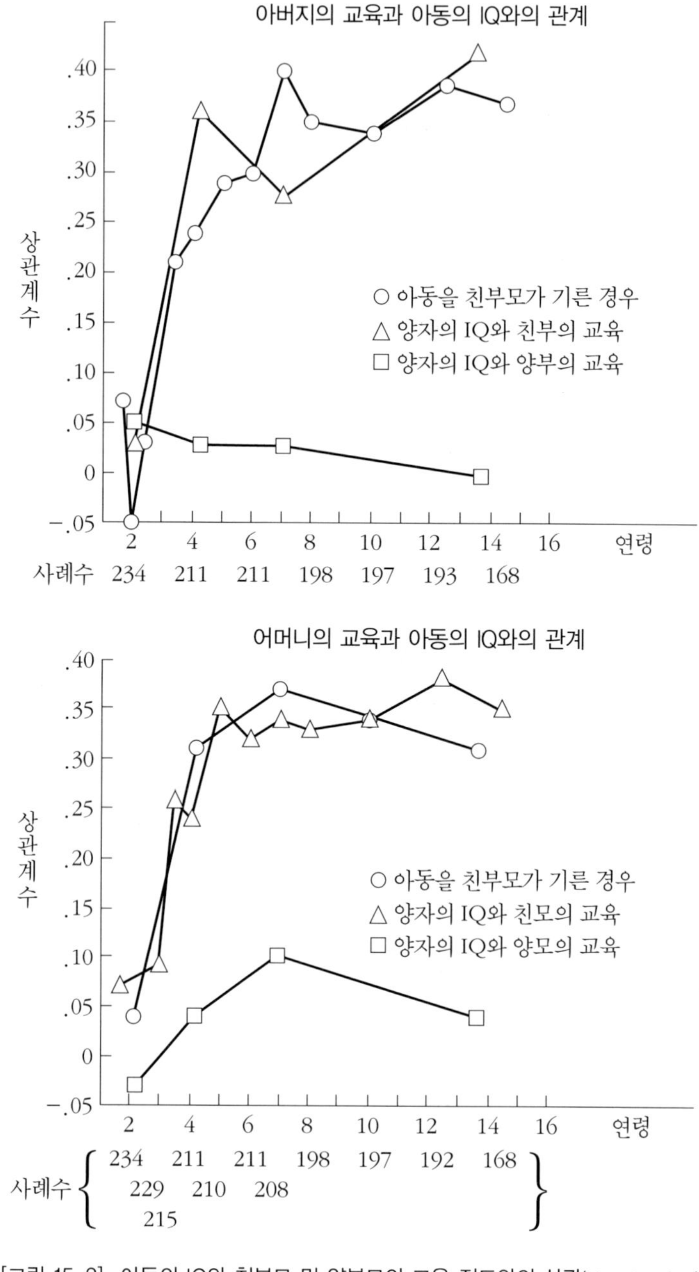

[그림 15-2] 아동의 IQ와 친부모 및 양부모의 교육 정도와의 상관(Honzik, 1957)

작용하고 있을 가능성을 엿볼 수 있다. 그러나 이 같은 전체적 모습보다, 양자로 간 이후 계속 연령이 성장해 가면서 양부모와 친부모의 지능 중 어느 쪽을 더 닮아 가느냐를 Skodak와 Skeels의 자료를 기초로 Honzik가 추정한 것을 [그림 15-2]에 제시했다.[26)]

이 결과에 의하면 양자로 간 어린이의 지능은 연령이 증가함에 따라 양부모의 지능을 닮아 가기보다 친부모의 지능을 더 닮아 가는 경향이 있다는 것을 보여 주고 있다.

변량모형에 의한 유전력 추정

앞에서 논의한 친족관계 사이의 상관을 기초로 유전의 영향을 연구하는 방법도 유전력(heritability) 추정에 중요한 증거를 제시한다. 그러나 이 같은 방법은 극히 단순하여 유전과 환경 변인 사이에 개재하는 여러 가지 복잡한 변량을 정확히 추정하지 못할 가능성이 많다. 그러한 이유를 몇 가지 들어 보자.

첫째, 유전과 환경은 서로가 엉겨 있어 공변하는 경향이 있다. 예컨대, 비록 일란성 쌍생아를 따로 기르는 경우에도 그들이 상관된 환경 속에서 자랄 수 있다. 같은 동네 혹은 비슷한 사회경제적 지위를 가진 두 가정에서 자랄 수 있다. 뿐만 아니라 지능이 높은 아동과 열등한 아동은 자기 스스로 적질한 환경을 찾아 형성할 수도 있다. Plomin, Defries 및 Loehlin[27)]은 이 같은 공변량을 적극적 형태의

26) M. P. Honzik, "Developmental studies of parent-child resemblance in intelligence", *Child Development*, 1957, *28*, 215-228.

공변량(active type of covariance)이라고 했다. 그 이외에 그들은 또 반응적 형태의 공변량(reactive type of covariance)과 수동적 형태의 공변량(passive type of covariance)도 구별하고 있다. 전자는 사람들이 다른 유전형을 지닌 아동에게 달리 반응하는 경우며, 후자는 보다 지적인 부모는 이미 유전적으로 우수한 아동일 가능성이 있는 자녀에게 보다 건강한 태아 상태, 보다 나은 교육, 보다 지적 자극이 되는 환경을 그들 자녀에게 제공함으로써 어떤 상관관계를 갖게 된다.

둘째는 상호작용이 존재한다. 유전과 환경의 영향은 임신에서부터 상호작용을 함으로써 이것들이 서로 엉겨 있을 가능성이 있다. 유전적 형질에 따라 같은 환경에 똑같은 효과를 나타내는 것이 아니라 달리 나타날 가능성이 있다. 즉, 유전형질 A는 환경조건 B, B′와 결합했을 때 똑같은 효과를 나타내는 것이 아니라 달리 나타날 가능성, 또 유전형질 A, A′처럼 다르면 같은 환경 B에도 달리 나타날 가능성이 있다. 지금까지의 연구로는 이 영향이 그렇게 크게 나타나지 않지만 반드시 고려해야 할 가능성이다. 상호작용의 다른 형태는 유전인자의 우성(dominance)에 관련된 현상이다. 각 유전인자는 짝지어진 염색체 위의 대응하는 부위에 대립형질(allelomorphs)을 갖고 있다. 예컨대, 대립형질 중 한쪽 A가 지능을 높이는 경향이 있는 유전인자이고 다른 한쪽 a가 지능을 낮게 하는 경향이 있는 유전인자라고 하자. 만약 A가 우성이면 AA나 Aa는 마찬가지 효과를 나타내지만 aa조합은 지능을 감소시킨다. 우성은 부모와 자녀 사이의 유전적 차이를 낳게 하고, 이것이 존재할 때 부

---

27) R. Plomin, J. C. Defries, & J. C. Loehlin, "Genotype-environment interaction and correlation in the analysis of human behavior", *Behavior Genetics*, 1977, *84*, 309-322.

모-자녀의 상관은 감소된다. 특히 우성을 띤 유전인자가 배우자 선택에서 바람직한 특성을 선택하기 때문에 상호작용으로서 중요한 의미를 갖는다. 이 이외 우리 사회 속에는 선별교배(assortive mating) 때문에 생기는 상호작용도 있을 수 있다. 대개 남녀 간에 서로 배우자를 선택할 때 사회경제적 지위, 가정환경, 교육 수준 등에서 서로 비슷한 사람끼리 택한다. 비록 그들이 지능검사에 의해 지능에 의한 선별적 교배를 하는 것은 아니지만 사회계층, 가정환경, 교육이 자연히 지능 사이의 상관도 높게 한다. 실제 연구에 의하면 배우자 간의 교육의 상관은 +.6을 상회하며, 지능의 상관은 +.45에 이르고 있다.[28] 이러한 현상은 부모 간의 지능 상관을 높이고, 이것은 곧 가족 간 유선 변량을 높이는 결과를 낳는다. 이 같은 여러 가지 영향 하나하나를 완벽하게 추정함으로써 유전력 지수 h^2를 추정하는 것이 가장 타당한 방법이다. 이를 위해 사용하는 방법이 변량모형(variance model)이다.

변량모형에서의 기본 공식은 공식 (15.1)에 있는 바와 같다.

$$\sigma_p^2 = \sigma_G^2 + \sigma_E^2 + \sigma_{G \cdot E}^2$$

여기에서 $\sigma_{G \cdot E}^2$는 공변량 및 앞서 논의한 각종 상호작용이 전부 포함된 상호작용 항이다. 그러나 우리는 이것을 더 세분된 요소로 분리할 수 있다.

28) A. R. Jensen, "Genetic and behavioral effects of nonrandom mating", in C. E. Nobel, R. T. Osborne & N. Weyl (Eds.), *Human Variation: Biogenetics of Age, Race and Sex*, New York: Academic Press, 1977.

G	가족 간	좁은 의미의 h^2	넓은 의미의 h^2
G	가족 내		
AM	부모 사이의 선별교배		
D	우성		
GE	공변량: G와 E 사이의 공변량의 효과	σ^2_{GE}	
GE	상호작용		
E	가족 간	환경	
E	가족 내		
e	오차		

이같이 변량 요소로 분리해 보았을 때 좁은 의미의 유전력지수 h^2는 순전히 유전인자의 가산적 효과인 가족 간 G, 가족 내 G, AM, D만을 포함한 것이며, 넓은 의미의 h^2는 공변량과 상호작용의 GE가 모두 포함된 것을 지칭한다. 그러므로 연구자에 따라 h^2를 어떻게 정의하느냐에 따라 h^2의 값은 달라진다.

변량모형에 기초하여 지능에 미치는 유전과 환경의 상대적 기여도를 탐색한 연구는 여러 가지다. 여기에서는 그중 대표적인 것 몇 가지만 제시해 보자.

첫째, Burt와 Howard의 연구다.[29)] 그들은 MZT, MZA, DZT, FST, FSA, URT(기호는 〈표 15-1〉 참조) 등을 모두 포함한 826명의 아동을 대상으로 변량모형에 의해 분석하여 〈표 15-5〉과 같은 결과를 제시하고 있다. 이 결과를 보면 유전 가능성은 신뢰도를 교정했을 경

29) C. L. Burt & M. Howard, "The multifactorial theory of inheritance and its application to intelligence", *British Journal of Statistical Psychology*, 1956, *9*, 95-131.

〈표 15-5〉 Burt와 Howard의 지능에 관한 변량분석

변량원	집단검사	IQ 통제할 경우
유전(가산적)	40.5	47.9
선별적 배우자선택	19.9	17.9
우성	16.7	21.7
환경(체계적) : GE-공변량	10.6	1.4
환경(무선적)	5.9	5.8
오차	6.4	5.2
h^2	.77	.88
h^2(신뢰도 교정)	.81	.93

우 집단검사에서 .88, IQ를 통제한 경우 .93까지 높게 나오고 있다.

둘째, Cattell의 연구다. Cattell은 자기 나름의 독특한 중다추상 변량분석(multiple abstract variance analysis: MAVA)을 제안하고 있다.[30] 이 모형에 의하면 주 변량원은 다음의 4가지로 추정할 수 있다.

σ^2_{we} : 환경에 의한 가족 내 변량

σ^2_{wg} : 유전에 의한 가족 내 변량

σ^2_{be} : 환경에 의한 가족 간 변량

σ^2_{bg} : 유전에 의한 가족 간 변량

흔히 지능의 유전적 영향을 추정하기 위해 일란성 쌍생아(MZ)와 이란성 쌍생아(DZ)를 같이 기른 경우를 비교하는 것은 σ^2_{be}, σ^2_{bg}에

30) R. B. Cattell, "The multiple abstract variance analysis equations and solutions for nature-nurture research on continuous variables", *Psychological Review*, 1960, *67*, 353-372.

해당되며 가족 내에서 발생하는 σ^2_{we}, σ^2_{wg}을 따로 추정하고 있는 것은 Cattell의 MAVA의 장점이다. 또 하나 이 모형의 장점은 변량요소 사이의 공변량을 고려하고 있다는 점이다. 앞에서도 논의했듯이 공변량이란 환경과 유전 사이에 어떤 이유로든 상관이 생기는 경우며, 이것을 따로 고려하고 있다. [그림 15-3]에 이 관계를 도시했다. 결국 6개 유형의 공변량이 가능하며 이것을 추상적으로 끌어내기 때문에 그 명칭을 중다추상 변량분석이라고 이름했다. 예컨대, 같이 기른 형제자매 간의 변량 σ^2_{st}는

$$\sigma^2_{st} = \sigma^2_{wg} + \sigma^2_{we} + 2r_{wg\cdot we}\sigma_{wg}\sigma_{we} \tag{15.3}$$

로 나타낼 수 있다. 마찬가지로 여러 친족관계의 변량을 앞서 제시

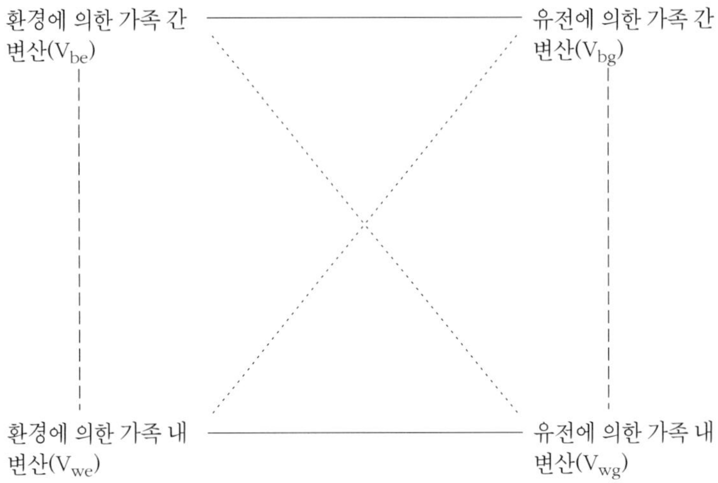

[그림 15-3] 가족 간, 가족 내의 환경과 유전 사이에 있을 수 있는 상관관계
(——강한 상관, : ----중간 상관, : ····약한 상관)

〈표 15-6〉 Cattell의 유동성 지능(g_f)과 결정성 지능(g_c)의 유전력 지수(h^2) 분석(Cattell, 1971)

변량원	유동성 지능(g_f)	결정성 지능(g_c)
σ^2_{wg}	.46	.66
σ^2_{bg}	.31	.07
σ^2_{we}	.20	.22
σ^2_{be}	.03	.05
h^2	.77	.73

한 4개의 주 변량원과 6개의 공변량 요소로 나타내려는 방법이다. Cattell은 이 같은 MAVA 방법에 의해 h^2가 .85라고 추정하고 있으며,[31] 그의 저서[32]에서는 그의 지능이론에 따라 따로 분석한 결과 〈표 15-6〉에 제시한 바처럼 g_f의 h^2가 .77, g_c의 h^2가 .73에 이르고 있다는 것을 시사하고 있다. 주로 환경적 영향, 경험의 영향, 교육의 영향에 의존한다는 g_c의 h^2가 .73에 이르는 것은 약간 이색적인 결과로 볼 수 있다.

셋째, 지능의 유전결정론에 논쟁이 불씨를 놓은 Jensen의 연구[33]를 들 수 있다. 그는 유전력지수 h^2를 추정하기 위하여 다음 공식 (15.4)와 같은 가산적 변량모형을 제안하고 있다.

31) R. B. Cattell, "The structure of intelligence in relation to the nature-nurture controversy", in R. Cancro (Ed.). *Intelligence: Genetic and Environmental Influences*, New York: Grune and stratton, 1971. pp. 3-30.

32) R. B. Cattell, *Abilities: Their Structure, Growth and Action*, Boston: Houghton Mifflin, 1971.

33) A. R. Jensen, "How much can we boost IQ and scholastic achievement", *Harvard Educational Review*, 1969, *39*, 1-123.

$$V_p : [\underbrace{(V_G + V_{AM}) + V_D + V_i}_{\text{유전변량}}] + [\underbrace{V_E + 2Cov_{HE} + V_I}_{\text{환경변량}}] + \underbrace{V_e}_{\text{오차}} \quad (15.4)$$

V_p : 모집단에서의 표현형 변량(관찰치의 변량)

V_G : 유전적(혹은 가산적) 변량

V_{AM} : 선별교배에 의한 변량(무선적 변량의 경우 $V_{AM}=0$)

V_D : 우성에 의한 변량

V_i : 상위(epistasis)[34]

V_E : 환경적 변량

Cov_{HE} : 유전과 환경의 공변량

V_I : 유전적 요인과 환경적 요인의 통계적 상호작용

V_e : 측정의 오차(비신뢰도)

이 같은 가산적 변량모형에서 h^2를

$$h^2 = \frac{(V_G + V_{AM}) + V_D + V_i}{V_P - V_e} \quad (15.5)$$

같이 정의했다. 이것은 h^2 중 좁은 의미의 유전력 정의를 채택한 셈이다. 이 같은 모형에 따라 그는 비교적 완벽한 자료를 갖춘 Burt의 연구[35]에 기초하여 각 변량을 추정한 결과를 〈표 15-7〉과 같이 제시하고 있다.

34) 한 쌍의 유전자가 다른 인자의 존재에 의해 표현형으로 나타날 수 없는 경우에 후자를 전자에 대해 상위에 있다고 한다.

35) C. Burt, "The inheritance of mental ability", *American Psychologist*, 1958, *13*, 1-15.

〈표 15-7〉 지능에 관한 유전과 환경의 변량분석(Jensen, 1969)

변량원		변량의 백분율	교정 백분율
유전적 변량원			
유전적(가산적)	V_G	40.5	47.9
선별교배	V_{AM}	19.9	17.9
우성 및 상위	V_D+V_i	16.7	21.7
환경적 변량원			
환경과 유전의 공변량	$2C_{OVHE}$	10.6	1.4
무선적 환경의 영향(상호작용 포함)	V_E+V_I	5.9	5.8
오차	V_e	6.4	5.3
계		100.0	100.0

이 결과에 의하면 전체 변량 중 유전적 변량원이 약 77.1%, 환경적 변량원이 16.5%, 오차가 6.4%이며, 유전적 변량원의 유전력 h^2를 공식 (15.5)에 의해 추정하면 h^2=.82가 나온다. 이 결과에 의해 Jensen은 지능을 유전에 의해 약 80%, 환경에 의해 약 15% 결정될 가능성이 있다는 해석을 하고 있다. 이 같은 그의 연구 결과는 그의 논문에서 동시에 다룬 흑백인의 지능분포에서 흑인의 IQ분포가 백인의 IQ분포보다 그 종족 평균이 약 1표준편차, 즉 IQ 점수로 약 15점이 백인종족의 평균보다 낮다는 근거와 함께, 흑인이 지적으로 열등하다는 인종차별을 합리화하는 과학적 독선과 망령이 되살아난 것으로 해석되어 사회적 · 정치적 문제로까지 확대되는 계기를 만들었다.

Jensen은 최근에 다시 Erlenmeyer-Kimling과 Jarvik의 자료를 대상으로 새로운 변량모형을 이용하여 재분석을 시도했다.[36] 이 연구에서는 자료에서 직접 추정할 수 있는 변량 항목이 너무 많기 때

〈표 15-8〉 Erlemeyer-Kimling과 Jarvik의 연구자료에 기초한 Jensen의 변량 추정치(Jensen, 1977)

유전(*G*)	.65
환경(*E*)	.28
유전 · 환경의 공변(GE-covariance)	.07

문에 이 중 몇 가지에 대해 그 범위(range)를 추정했다. 예컨대, 선별교배 계수는 .00, .20, .40을 시도해 보고, 환경과 유전의 상호작용은 .04~.40으로, 그리고 이란성 쌍생아 사이의 유전상관은 .5~.7로 해 보았다. 이같이 하여 추정해 본 결과가 〈표 15-8〉에 제시된 바와 같다.

이 결과는 Jensen의 1969년 논문에서 유전적 영향이 약 80%라고 한 결과보다 훨씬 낮은 추정치를 제시하고 있다.

넷째, Jenks의 연구[37)]를 들 수 있다. 그의 주된 관심은 지능의 유전력 추정에 있었던 것이 아니라 사회적 불평등, 격차(수입, 사회지위 등)가 가정환경, 교육, 지적 능력, 인성 특성, 운 등에 의해 어느 정도 결정되느냐에 대한 것이었다. 이에 대한 질문에 대답하기 위하여 인지능력, 즉 지능이 주로 유전에 의해 결정되는지 환경에 의해 결정되는지를 추정했는데, 그는 이때 다른 연구자와는 달리 변량분석모형을 이용하지 않고 회로분석(path analysis 혹은 경로분석) 방법을 사용했다. 이 결과 유전력지수 h^2는 25%, 유전과 환경의 공변량이 20%, 가족 간 변량이 20%, 가족 내 변량이 15%로 추정하고 있

36) A. R. Jensen, "Cumulative deficit in IQ of blacks in the rural south", *Developmental Psychology*, 1977, *13*, 184-191.

37) C. Jenks, *et al.*, *Inequality: A Reassessment of the Effect of Family and Schooling in America*, New York: Basic Books, 1972.

다. Jenks의 결과는 유전력이 극히 적은 비율을 차지하고 있으며, 유전과 환경의 공변량을 합해서도 45%의 유전 결정 변량밖에 되지 않는다. 이것은 Jensen의 1977년의 수정 h^2에 접근하고 있다(〈표 15-8〉 참조). 이 같은 추정치를 기초로 성인이 획득하는 사회경제적 지위에 미치는 영향의 비율을 그는 다음과 같이 분할하고 있는 것이 흥미롭다.

지적 잠재력(생득적 지능)	5~10%
가정의 양육 환경의 영향	10~20%
전체적 교육 성적	40~50%
학교 차	의의 없음
불확실 요인(운, 인성 등 포함)	20~45%

이상 몇 연구자의 h^2 추정 결과를 제시했다. 여기에서 보듯이 변량모형은 채택하는 변량모형이 어떤 것이냐에 따라, 그 모형 속에 어떤 변량원이 포함되어 있느냐에 따라, 그리고 사용하는 자료의 차이와 h^2의 추정 방법 등에 따라 그 값은 상당한 차이를 보인다. 그러므로 정확한 수치가 중요한 것이 아니라 대개 h^2가 .60~.85 사이에 분포되고 있다고 하는 해석을 하는 것이 보다 합리적이다. 예컨대, Kamin[38)]은 $h^2=0$이라고 보고 있고, Layzer는 $h^2<.40$라고[39)] 지적하고 있다.

---

38) L. J. Kamin, *The Science and politics of IQ*, Potomac, Md.: Lawrence Erlbaum, 1974.

39) D. Layzer, "Heritability analyses of IQ scores: Science or numerology?", *Science*, 1974, *183*, 1259-1266.

제 16 장

지능과 환경

환경의 개념화

환경이라는 개념을 국어사전[1]에서 찾아보면 "생활체를 둘러싸고 있는 인체의 사물, 유기체에 영향을 주는 모든 것" 이라고 규정하고 있고, Good[2]은 "환경이란 개인이 수용할 수 있는 자극, 즉 개인에게 영향을 미치는 대상, 힘, 조건을 뜻하며, 내적인 환경과 외적인 환경으로 나눌 수 있다." 라고 정의하고 있다. Anastasi[3]는 환경요인을 구조적 요인과 기능적 요인으로 구별했으며, 전자는 유기체의 기질적(organic)인 영향을 지칭하고, 후자는 환경자극이 직접적으로

---

1) 김민수, 홍웅선(편), **종합국어사전**, 서울: 어문각, 1975.

2) C. V. Good, *Dictionary of Education*, New York: McGraw-Hill, 1945.

3) A. Anastasi, "Heredity, environment, and the question 'how'", *Psychological Review*, 1958, *65*, 196-207.

인간의 행동 형성에 미치는 영향을 지적하고 있다.

환경의 개념을 이같이 분류학적 의미로 해석하기보다 전체적(holistic)이며 역동적(dynamic)인 시각에서 공식화한 것은 Kurt Lewin[4]의 대담한 공식 $B=f(P \cdot E)$에서 출발한다. P는 인간(person), E는 환경(environment), 그리고 〈 · 〉은 상호작용을 지시한다. 이 공식이 내포하고 있는 의미는 한 인간의 행동(지능)은 개인이 지닌 특성(대부분 기질적이라 말할 수 있다)과 환경의 상호작용의 함수에 의해 결정된다는 것이다. 이 공식의 중요한 열쇠는 상호작용의 개념에 있다. 즉, 환경이란 있는 그대로 존재하면서 어떤 개인이나, 어떤 상황에서나, 어떤 조건에서나 동일한 사회적 자극치로 받아들이는 것이 아니라, 그것이 특정 개인의 특성과 승법적(multiplicative)으로 작용한다는 점이다. 예컨대, 가장 단순화시켰을 경우 개인의 특성(+ 혹은 −)×환경(+ 혹은 −)의 승법적 결합에 의해, (+)×(+), (+)×(−), (−)×(+), (−)×(−)의 전혀 다른 행동을 발달시킬 수 있다는 점이다(주의할 것은 이 수학적 기호를 수학적 의미로 해석하지 말고 심리적 상호작용의 의미로 해석하기를 바란다).

이 같은 개념에 대해서, 심리학적 관점에서 환경의 개념에 새로운 장을 연 것은 Murray[5]의 착상에서 비롯된다. 만약 우리가 인간의 행동을 올바르게 이해하려면 외적 환경의 역동적 분석을 통해 접근하는 것이 필요하다고 보았다. 환경은 개인에게 이득을 주는 환경도 있을 수 있고, 개인에게 해를 미치는 환경도 있을 수 있다. 인간은 그에게 이득을 주는 환경을 받아들이고 그와 상호작용을 하지만, 해를 준다고 생각되는 환경은 거부하고 자기방어적이 된다. 이 같은

4) K. Lewin, *Principles of Topological Psychology*, New York: McGraw-Hill, 1936.
5) H. A. Murray, *Explorations in Personality*, New York: Oxford Press, 1938.

개념에 기초해서 환경이 어느 한 방향으로 작용하는 방향적 경향성(directional tendency)을 환경의 압력(press of environment)이라는 것으로 개념화했다. 그는 이 같은 압력 중 '실제 현존하는 압력'을 α압력이라고 부르고, '개인이 지각하는 현상에 대한 각 개인의 해석이 기초가 된 압력'을 β압력이라고 불렀다. Murray는 주로 이 중에서 β압력의 개념적 도식과 그 측정 방법에 창의적 공헌을 했다고 평가할 수 있다.

이에 반해 Bloom[6], Wolf[7] 등은 α환경, 즉 '실제 현존하는 압력'을 개념화하고 측정함으로써 이것들이 인간 행동 형성에 어떤 영향을 미치는가에 깊은 관심을 표명했다. Bloom은 환경을 '개체를 둘러싸고 있으면서 빨아들이고 그에게 작용하는 망을 제공하는 조건, 힘, 외적 자극'으로 본다. 이 같은 망(network)은 어느 개인에게나 존재하며, 아주 극단적이고 예외적인 사람이 아닌 이상 이 같은 환경의 힘을 벗어날 수 없다. 이 같은 환경의 힘은 개인과의 상호작용을 통해 형성하는 힘, 강화하는 힘을 제공하게 된다. 또한 개인을 둘러싸고 있는 α환경은 여러 개의 하위환경(subenvironment)으로 구성되며, 어떤 특정한 행동 특성, 예컨대 지능의 발달 및 형성을 이해하기 위해서는 각 특성에 관련된 하위환경을 확인하여 개념화하는 것이 필요하다. 이것을 도시해 보면 [그림 16-1]과 같이 나타낼 수 있다.

전체 환경 ABCD는 여러 가지 하위환경의 집합으로 구성되어 있

---

6) B. S. Bloom, *Stability and Change in Human Characteristics*, New York: Wiley, 1964.

7) R. M. Wolf, *The Identification and Measurement of Environmental Process Variables Related to Intelligence*, Unpublished doctoral dissertation, University of Chicago, 1964.

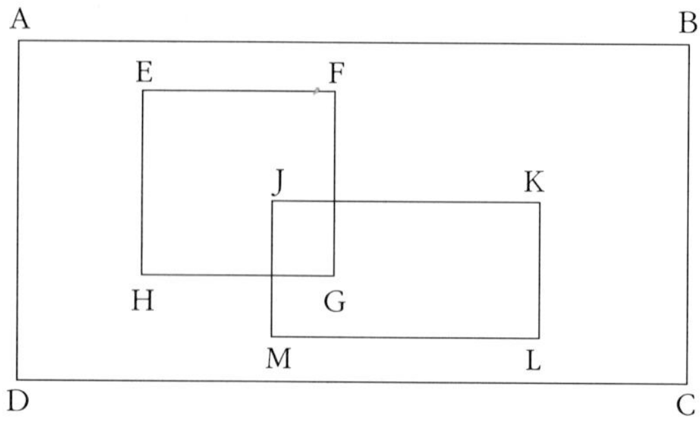

[그림 16-1] 하위환경의 개념적 도식

다. 하위환경 EFGH가 지능을 발달시키는 데 중요한 영향을 미치는 환경이라면, JKLM은 자아개념을 형성하는 데 중요한 영향을 미치는 하위환경이다.

지능의 발달 및 형성에 미치는 환경의 영향을 논의할 때 한 가정이 점유하고 있는 사회경제적 지위(socioeconomic status: SES)가 중요한 환경원임은 분명하다. 또한 앞 장에서 논의한 지능의 유전적 영향에 관한 연구에서 환경이라고 지칭했을 때도 대부분 이 같은 가정환경을 지칭하고 있다. 이 같은 환경은 대개 부모에게 귀속된 변인이며, 그 부모에 의해 주어지는 변인으로, 이 같은 환경이 지능에 보다 직접적이고 강력한 영향을 미치지는 못한다. 예컨대, SES가 낮은 가정에서도 지능의 발달을 위한 지원, 격려, 기회의 질 및 수준이 SES가 높은 가정보다 좋을 수도 있고, 물론 그 반대도 가능하다. SES 지수로서의 환경은 계층 간에 존재하는 차이를 밝히는 데는 유용하지만, 이 같은 일반적 지수는 환경의 표면적 특징이나 증후의 총화를 나타낼 뿐 '어떤 환경이 어떤 특정한 행동 특성 X의 발달에 어떻게 영향을 미치는가'에 대한 심층적 과정에 대한 정보는 제공해 주지 않는다. 이 같은 문제점은 이미 Anastasi[8]에 의해 예리하게 지적되고 있다. 즉, 가정 내에서 부모와 자녀가 어떻게 상호작용하는가의 작용양태(modus operandi)의 밀도, 강도, 지속성이 사회계층을 나타내는 SES지수보다 중요한 환경이 된다. Bloom은 사회계층에 의해 표현되는 환경을 지위환경(status environments)이라고 부르고 가정 내의 부모와 자녀 사이의 상호작용의 질에 의해 개인에게 어떤 압력이 가해지는가를 보는 환경을 과정환경(process environments)이라고 불렀다.

지능에 미치는 환경 중에는 이 이외에 태아기, 분만기, 그 이후 등에 관련된 생물적 · 생리적 환경도 있다. 영양, 질병, 분만 시의 훼손, 그 후의 체질적 요인(constitutional factors)들이 모두 여기에 포함될 수 있을 것이다. 이렇게 보면 지능에 미치는 환경원은 체질적 환경, 지위환경, 과정환경으로 크게 분류할 수 있다.

태아기, 분만기, 체질적 환경의 영향

첫째, 분만 훼상의 영향을 들 수 있다. 산모의 건강상태가 나쁜 경우 태아에게 병을 옮기거나 임신 중에 정서적 긴장을 더 경험하는 경향이 있다. 이 같은 산모는 대개 경제적 지위가 낮은 가정일 가능성이 많고 이것이 결국 태아기 및 탄생 후의 어린이의 영양실태를 악화시킨다. 이 같은 산모 중에는 조산, 난산이 많고 신생아의 체중도 적고 사망률도 높다. 비록 어린이가 생존해도 건강상태는 나쁘며

8) A. Anastasi, "Heredity, environment, and the question 'How?'", *Psychological Review*, 1958, *65*, 197-208.

질병에 쉽게 걸릴 확률도 높다.

Pasamanick와 Knoblock[9)]은 여러 가지 자료를 통해 지능에 관련된 정신적 결함, 간질병, 대뇌신경 마비(중풍), 읽기능력 불능, 정신기능 불순조 등이 이 같은 임신 중 문제를 가졌거나 조산아 사이에 많음을 밝히고 있다. Birch와 Gussow[10)]도 가난과 태아기 및 출산 이후의 비정상성, 그리고 그러한 아동의 지적 능력 및 학교에서의 실패 사이에는 악순환이 존재한다고 지적하고 있다.

Stott[11)]는 병원기록을 근거로 정신박약아나 저능아 105명의 어머니와 면접한 결과 그들 중 49%가 임신 중에 산모병, 정서적 긴장, 주택 곤란, 가족 사이의 질병 등으로 고통을 겪었음을 밝히고 있다. McKenon과 Record[12)]도 분만 시 및 그 후의 비정상적 조건이 아동의 지능에 영향을 미치고 있음을 시사하며, 특히 Broman, Nichols 및 Kennedy[13)]는 25,000명을 대상으로 연구한 결과 태아기의 자료와 4세의 IQ 사이에는 상관이 .30(흑인)~.44(백인)에 이르고 있음을 지적하고 있으며, 여기에 유아기의 운동기능발달 등을 합하면 그 상관은 .39~.51로 올라간다고 지적한다. 이것은 곧 분만 이전 및 분만 시의 비정상적 환경조건이 지능 형성에 상당한 영향을 미침을 시사

---

9) B. Pasamanick & H. Knoblock, "Retrospective studies on the epidemiology of reproductive casuality: old and new", *Merrill-Palmer Quarterly*, 1966, *12*, 7-26.

10) H. Birch & J. Gussow, *Disadvantaged Children: Health, Nutrition, and School Failure*, New York: Grune and Stratton, 1970.

11) D. H. Stott, "Physical and mental handicaps following a disturbed pregnancy", *The Lancet*, 1957, *171*, 1006-1012.

12) T. McKenon & R. G. Record, "Early environmental influences on the development of intelligence", *British Medical Bulletin*, 1971, *27*, 48-52.

13) S. H. Broman, P. L. Nichols, & W. A. Kennedy, *Preschool IQ: Prenatal and Early Developmental Correlates*, Hillsdale, N. J.: Lawrence Erlbaum, 1975.

한다.

둘째, 쌍생아로 태어나는 경우의 영향이다. 일란성이건 이란성이건 쌍둥이로 태어난 아동은 일반적으로 정상적인 아동에 비해 평균 지능이 낮은 경향이 있다. Husen[14)]은 스웨덴 군대에 들어온 3,000명의 쌍생아와 그렇지 않은 200,000명을 대상으로 집단지능검사를 실시한 결과 쌍생아군의 지능이 평균 IQ 4점이 낮았다고 한다. 특히 이 경향은 평균 지능 이하의 집단에서는 더 심한 차이를 나타내며, 평균 상 집단에서는 별로 큰 차이가 없다. 이 같은 현상은 임신기의 비정상적인 자궁 내 조건 때문이라고 하는 주장이 있는가 하면[15)] 탄생 후 부모가 쌍생아에게 똑같이 충분한 양육조건을 제공하지 못하기 때문이라는 주장도 있다. 쌍둥이는 대개 조산이 많고, 또 한쪽보다 다른 한쪽의 체중이 일반적으로 많다는 사실은 곧 지능에 차이를 가져오게 하는 원인이 된다.

셋째, 조산인 경우에는 일반적으로 지능이 낮은 경향이 있다. Douglas[16)]는 영국의 조산아 300명을 대상으로, 또 Knoblock, Pasamanick 및 Lilienfeld[17)]는 미국의 조산아를 대상으로 연구한 결과 정상 분만한 아동에 비해 아동기의 지능이 평균 IQ 5점이 뒤떨어지며, 이것이 학업성적도 낮게 한다고 한다. 조산 아동과 정상 분

---

14) T. Husen, *Psychological Twin Research*, Stockholm: Almguist and Wiksell, 1959.

15) R. G. Record, T. McKenon, & J. H. Edwards, "An investigation of the difference in measured intelligence between twins and single births", *Annals of Human Genetics*, 1970, *34*, 11-20.

16) J. W. B. Douglas, "'Premature' children at primary schools," *British Medical Journal*, 1960, *1*, 1008-1013.

17) H. Knoblock, B. Pasamanick, & A. M. Lilienfeld, "The effect of prematurity on health and growth", *American Journal of Public Health*, 1959, *49*, 1164-1173.

만 아동의 SES를 같이 해도 이 같은 현상은 여전히 나타나고 있다.

넷째, 산모와 아동의 영양조건이 지능에 미치는 영향이다. 어머니가 먹는 음식의 양이 부족하거나 단백질이나 비타민이 부족한 음식을 섭취할 경우, 태아기의 성장에 영향을 미치며 어머니의 병에 대한 저항력도 약하게 만든다. 특히 탄생 전 3개월에서 탄생 후 6개월 사이에는 뇌구조와 뉴런이 왕성하게 형성되는 시기이기 때문에 치명적인 영향을 미친다. 동물실험에서는 모체의 영양조건이 다음 세대뿐 아니라, 그다음 세대에까지 지능에 영향을 미친다고 한다. 인간을 대상으로 한 Harrell, Woodyard 및 Gates의 연구[18]에 의하면 임신 중에 있는 어머니 2,400명을 대상으로 한 연구에서 영양을 제대로 공급받은 아동이 그렇지 아니한 아동에 비해 3세에는 IQ 3.7, 4세 때는 IQ 5.2가 높았다고 한다.

다섯째, 가족관계의 조건이 지능에 영향을 미친다. 지금까지 알려진 바로는 출생 순위로 보아 장남(혹은 장녀)이 이후 출생한 아동보다 대게 IQ 점수로 $1^1/_2$~3점 정도 높다. 이 같은 사실은 이미 고전적 연구인 Galton의 천재연구에서도 지적된 바 있다. 이러한 현상이 순전히 출생 순위 때문인지, 아니면 출생 순위가 장남, 장녀인 경우 동생을 보살필 책임감을 키워 주고, 보다 더 성취를 하게 하며, 부모의 관심이 충분히 투입된 영향인지에 대한 확실한 증거는 아직 부족하다. 또한 가족의 크기와 아동의 지능 사이에 −.2~−.3의 상관이 있다. 이것은 가족 수가 많으면 많을수록 어린이의 지능이 낮고, 가족 수가 적은 가정의 아동일수록 지능이 높을 가능성을 시사한다.

---

18) R. F. Harrell, E. Woodyard, & A. I. Gates, *The Effects of Mother's Diet on the Intelligence of the Offspring*, New York: Teachers College, Columbia University, Bureau of Publications, 1955.

Vernon의 연구[19)]에 의하면 군대에 들어 온 사람 중 자녀 수가 1~2인 가족의 군인의 IQ 평균은 106인데 비해, 3명 이상의 자녀를 가진 가족에서 온 군인의 IQ 평균은 87로 보고하고 있다. 이러한 경향은 자녀가 많은 가정이 대개 SES가 낮은 가정이 많고, 자녀가 적은 가정은 대개 SES가 중류이거나 높은 가정이 많기 때문인 것으로 해석할 수도 있다. 이에 대해 Davie, Butler, Goldstein[20)]은 SES를 통제해도 대가족의 아동이 소가족의 아동보다 지능, 신체적 성장, 읽기능력 등에서 훨씬 열등하다고 보고하고 있다. 또한 Marjoribanks, Walberg, Barger[21)]는 중다회귀분석을 통하여 자녀 수와 읽기능력 사이에는 역관계가 있음을 보여 주고 있다. 이것은 아마 자녀 수가 많음에 따라 각 자녀에게 투입해야 할 관심의 양이 상대적으로 감소하기 때문인 것으로 해석된다. 부모나 보호자의 관심의 양이 곧 지적 발달에 영향을 미치는 한 가지 변인이라는 해석도 된다.

가성환경과 지능

가정환경은 흔히 사회계층에 기초한 지위환경과 아동과 부모(혹은 부모의 대리자) 사이에 이루어지는 상호작용에 기초한 과정환경으

---

19) P. E. Vernon, "Recent investigation of intelligence and its measurement", *Eugenic Review*, 1951, 43, 125-137.

20) R. Davie, N. Butler, & H. Goldstein, *From Birth to Seven*, London: Longman, 1972.

21) K. Marjoribanks, N. J. Walberg, & M. Barger, "Mental abilities: Sibling constellation and social class correlates", *British Journal of Social and Clinical Psychology*, 1975, *14*, 109-116.

로 개념화해서 볼 수 있다.

어떤 가치척도에 따라 인간을 등급화시킴으로써 개인들 사이에 구분을 하기 위해 도입된 개념이 사회계층이다. 이 같은 사회계층을 Mayer[22]는 동일하거나 유사한 지위를 가진 사람들의 집단, Barber[23]는 사회분화에 대한 사회적 평가, Warner[24]는 지역사회의 사람으로부터 사회적 우열의 차이가 있는 위치를 점유하는 것으로 생각하고 그에 따라 평가된 사람의 서열, 혹은 하나 이상의 기준에 따라 상하 위치를 구별하는 특별한 유형의 역할의 집합으로 보고 있으며, Centers[25]는 심리적 내지 주관적 기초를 공통으로 공유하고 있는 성원의 집합으로 본다. 이 같은 사회계층을 구분하기 위해 대개 부모의 직업, 교육, 수입, 가옥의 구조, 문화적 시설 등에 적절한 비중을 주어 그것을 합한 총점에 의해 사회경제적 지위인 SES 지수를 산출한다. 이같이 결정된 SES 집단 사이에는 행사하는 존경도, 권위, 권력, 생활양식, 사회화 방법, 요구하는 역할, 가치 개념 등이 다를 가능성이 크다. 만약 SES가 그 계층에 속하는 사람들의 사회화 양식, 생활양식, 자녀의 양육방식, 자녀에 대한 기대 등을 결정하는 중요한 변인이라면 이것이 자녀의 지능 수준 및 질을 결정하는 중요한 변인임을 쉽게 추측할 수 있다. 그러나 이 같은 지위환경의 특징은 그것이 아동 자신의 변인과는 아무런 관계없이 독립적으로 이미

---

22) 김채윤(역), **사회계급론**, K. B. Mayer, Class and Society, 서울: 민조사, 1967.

23) B. Barber, *Social Stratification: A Comparative Analysis of Structure and Process*, New York: Harcourt & Brace, 1957.

24) W. L. Warner, M. Meeker, & K. Eells, *Social Class in America*, Chicago: Science Research Associates, 1949.

25) R. C. Centers, *The Psychology of Social Class*, Princeton, N. J.: Princeton University Press, 1949.

존재하는 부모에 귀속되어 있는 변인이며, 그렇기 때문에 정태적(static)이고 비교적 고정적(fixed)인 변인이라는 특징을 지니고 있다.

서구사회에서의 연구에 의하면 부모의 SES 지위와 아동의 지능 사이에는 대체로 +.30~+.35 수준의 상관이 있으며,[26] 전문직이나 관리직을 가진 부모의 자녀 지능은 전체 평균에서 약 1표준편차 정도 높고(IQ=115 정도), 비숙련 직업이나 노동직업을 가진 부모의 자녀의 지능은 전체 평균에서 약 1표준편차 낮은 경향을 보인다(IQ 점수로 약 $92^1/_2$ 정도).[27]

Marjoribanks[28]는 Plowden 보고서에서 얻은 자료를 대상으로 11세, 8세, 7세 아동집단에 대해 사회경제적 지위 변인을 독립적으로 분리하여 지능과 상관을 내어본 결과를 〈표 16-1〉과 같이 제시하고 있다. 이 결과는 가정의 SES 지수 각각을 독립적으로 보고 있기 때문에 대략 상관이 .15~.27 사이에 분포되어 있으나 이 변인들을 총점 지수로 묶거나 혹은 다중상관을 계산한다면 대략 +.30~+.35 사이에 분포될 가능성을 시사해 주고 있다. 이 같은 자료들은 가정의 사회경제적 지위환경이 아동의 지능에 상당한 영향을 미칠 가능성을 증거하며, SES가 풍요한 가정의 아동과 결핍된 아동 사이에 지능발달에 차이가 있음을 시사한다.

SES 지수는 지능검사의 종류에 따라 미치는 영향이 달리 나타난다. 대체로 SES 지수는 비언어 지능검사보다 언어 지능검사와 높은

26) K. Eels et al., *Intelligence and Cultural Differences*, Chicago: University of Chicago Press, 1951.

27) L. M. Terman & H. A. Merrill, *Measuring Intelligence*, Boston: Houghton Mifflin, 1937.

28) K. Marjoribanks, *Families and Their Learning Environments*. London: Routledge & Kegan Paul, 1979. p. 56.

〈표 16-1〉 사회계층 지수와 지능과의 상관(Marjoribanks, 1979)

집 단	사회지위	지 능
11세 n=1,053	부의 직업	.21(.23)
	부의 교육	.19(.17)
	가정의 수입	.10(.22)
	가옥 지수[a]	.21(.18)
8세 n=1,016	부의 직업	.27(.22)
	부의 교육	.26(.16)
	가정의 수입	.24(.27)
	가옥 지수	.20(.22)
7세 n=1,023	부의 직업	.20(.20)
	부의 교육	.14(.09)
	가정의 수입	.16(.05)
	가옥 지수	.22(.25)

[a] 가옥지수는 자택인가, 가옥의 위치, 가정의 밀집도에 의한 지수
* 괄호 속은 여자 집단의 상관임
** __은 5% 수준에서 의의 없음

상관을 보인다. 이것은 부모의 사회경제적 영향이 주로 언어적 · 교육적 내용이 강조된 검사에서 더 크게 나타남을 시사한다. Cattell의 이론에 따라 해석하면 SES는 g_f보다 주로 g_c에 더 큰 영향을 미친다고 볼 수 있다. 또한 발달 단계에 따라서도 SES가 지능에 미치는 영향은 다르다. Jones 등[29]은 부모의 교육을 예언변인으로 해서 지능과의 상관을 내어본 결과 6개월 이전에는 부적 상관, 1세에는 r=0, 3세 이후에 r=+.40, 6세 이후에 r=+.60을 나타내고 있다. 이 같은 현상에 대해서는 초기의 지능검사가 주로 운동기능, 감각기능을 강

29) M. C. Jones, N. Bayley, J. W. MacFarlane, & M. P. Honzik, *The Course of Human Development*, Waltham, Mass.: Xerox Publishing, 1971.

조하기 때문이라는 사실, 그리고 연령이 증가하면서 거기에 중첩가설현상이 발생하기 때문이라는 것으로 설명할 수 있다. 그러나 동시에 발달 초기에는 SES가 지능에 미치는 영향이 별로 크지 않으나 성장함에 따라 SES의 영향이 커진다고 해석할 수도 있다.

이 같은 여러 가지 연구에서 가정의 사회경제적 지위에 기초한 SES 지수가 아동의 지능에 미치는 영향은 대략 +.30~+.35 정도라는 결론이 가능하다. 그러나 가정환경이라고 했을 때 거기에는 SES처럼 이미 결정된 정태적 환경, 아동과는 아무런 관련이 없이 존재하는 환경 이외에 아동과 부모 사이에 이루어지는 상호작용의 질에 의해 결정되는 과정환경(process environment)이 존재한다. 이 같은 부모-자녀 사이의 상호작용에 의해 지능이 차츰 성장되어 간다는 이론은 Piaget 이론의 주된 관심이며, 그 이외 부모의 언어작용의 양태가 보다 정교화(elaborated)된 것이냐 제한된(restricted) 것이냐에 의해 지능에 영향을 미친다는 Bernstein[30]의 연구, Hess와 Shipman[31]이 자녀의 인지능력발달의 차이는 부모와 자녀의 상호작용 및 가르치는 방법의 차이와 밀접한 관계가 있다는 연구, Kagan[32]은 자녀의 사고 유형이 반성적(reflective)이냐 충동적(impulsive)이냐에 따라 나타나는 지적 능력에 차이가 있다고 지적하고, 이것이 가정에서의 부모와의 상호작용을 통해서 형성된다고 한다. Cronbach[33]는 이와 같이

---

30) B. Bernstein, "Social class and linguistic development: A theory of social learning", in A. H. Halsey (Ed.), *Education, Economy and Society*, Glencoe, N. Y.: Free Press, 1966, pp. 288-314.

31) R. D. Hess & V. C. Shipman, "Early experience and the socialization of cognitive modes in children", *Child Development*, 1965, *36*, 869-886.

32) J. Kagan, "Biological aspects of inhibition systems", *American Journal of Diseases of Children*, 1967, *114*, 507-512.

가정의 상호작용의 환경이 다름에 따라 지능에 영향을 미치는 정도도 달리 나타난다고 보고 있다. 이같이 부모와 자녀가 어떻게 상호작용하느냐는 것을 분석함으로써 그것이 지능에 미치는 영향을 보려고 한 것은 Bloom[34] 및 Wolf[35]의 창의적 연구에서 비롯된다.

지능검사를 면밀히 관찰하면 거기에는 언어능력을 대단히 중요시해서 강조하고 있는 것을 발견할 수 있다. 이것은 곧 가정에서 사용하는 언어모델이 좋고, 언어발달을 자극하는 환경을 제공하느냐 않느냐에 따라 지능발달을 촉진시킬 수도 있고 지체시킬 수도 있음을 시사한다.[36]

또한 지능검사 속에는 주위 세계에 관한 일반지식에 관한 문제가 많이 포함되어 있다. 사물이나 아이디어에 관한 정보의 획득, 비교, 구별 등을 하는 능력이 지능의 중요한 요소로 포함되어 있다. 가정에서 이 같은 일반지식의 양을 확대하고 그 경험을 자극하는 환경을 제공하느냐 않느냐에 따라 지능발달에 커다란 영향을 미칠 것을 가

---

33) L. J. Cronbach, "Heredity, environment and educational policy", *Harvard Educational Review*, 1969, *39*, 338-347.

34) B. S. Bloom, *Stability and Change in Human Characteristics*, New York: Loilex, 1964.

35) R. M. Wolf, *The Identification and Measurement of Environmental Process Variables Related to Intelligence*, Unpublished doctoral dissertation, University of Chicago, 1964.

36) B. Bernstein, "Aspects of language and learning in the genesis of the social process", Journal of Child Psychology and Psychiatry, 1960, *1*, 313-324.

E. A. Milner, "A study of the relationship between reading readiness in grade one school children and patterns of parent-child interaction", *Child Development*, 1951, *22*, 95-112.

B. S. Burks, "The relative influence of nature and nurture upon mental development", *National Society for the Study of Education*, Yearbook, 1928, *27*, I, 219-316.

정할 수 있다.

대부분의 지능검사에서 가장 강조하고 있는 것이 논리적 추리나 문제해결능력이다. 문제를 해결하는 기회의 제공, 여러 가지 다양한 문제에 대한 사고를 정확하고 명료하게 하도록 자극하는 격려, 문제에 도전하도록 격려하는 행동 등이 가정환경 속에서 풍요하게 존재하느냐 않느냐는 것이 중요한 변인이 된다. 만약 이 같은 환경자극이 결핍되어 있거나, 오히려 이 같은 능력 개발을 제한하는 환경이냐에 따라 아동의 지능발달을 촉진시킬 수도 지체시킬 수도 있다는 것을 짐작할 수 있다.

또한 자녀와 부모 사이에 이루어지는 상호작용의 성질이 풍요한 환경, 결핍된 환경을 변별하는 중요한 기준이 된다. 자녀와 부모 사이에 상호작용이 결핍되면 자연히 앞서 제시된 여러 가지 능력이나 기능을 개발할 기회가 제약될 것은 분명하다. 부모가 권위적이고, 자녀와의 대화도 적고, 질책과 금지만이 강조되는 상호작용과 부모가 민주적이며, 아동을 이해하고 서로 대화적이며, 격려와 칭찬이 풍요한 가정과는 아동의 지능발달에 미치는 영향이 다를 것을 짐작할 수 있다.

Wolf와 Bloom은 이같이 지능에 관련된 가정의 과정변인 환경을 α 압력으로 개념화하고, 이것은 크게 ① 성취압력(press for achievement), ② 언어발달을 위한 압력(press for language development), ③ 일반학습을 위한 준비(provision for general learning)로 개념화하고, 이 세 가지 유목 속에 다음과 같이 13개의 구체적인 부모-자녀의 상호작용 행동을 분류하였다.

① 성취압력

1a. 아동에 대한 지적 기대(intellectual expection)의 성질

1b. 아동에 대한 지적 포부(intellectual aspirations)의 성질

1c. 아동의 지적 발달에 관한 지식의 정도

1d. 지적 발달에 대한 보상의 성질

② 언어발달을 위한 압력

2a. 다양한 장면에서의 언어 사용에 대한 강조

2b. 어휘를 늘리기 위한 기회의 제공

2c. 언어 사용의 잘못을 교정하는 것에 대한 강조

2d. 활용하는 언어 모델의 질

③ 일반학습을 위한 준비

3a. 가정에서 학습할 수 있는 기회의 제공

3b. 가정 밖에서 학습할 수 있는 기회의 제공(학교 제외)

3c. 학용품 및 학습에 필요한 물건을 사용하도록 하는 기회와 격려

3d. 도서(참고서 포함), 정기간행물, 도서관 시설을 이용할 기회와 격려

3e. 다양한 장면에서 학습을 촉진시키기 위해 제공하는 도움의 성질과 정도

Wolf가 이 13개 과정변인 각각을 측정하기 위하여 7점 평정척으로 구성된 준구조화 면접 방법을 사용하여 11세(5학년) 아동 60명의 가정을 평가하고 Henmon-Nelson 지능검사를 실시하여 얻은 IQ와 상관을 낸 결과가 〈표 16-2〉다. 이 결과에 의하면 가정의 과정환경 변인과 지능과의 중다상관은 R=.756(약 .76)이다. 가정의 정태

〈표 16-2〉 가정의 과정환경 변인과 지능의 상관(Wolf, 1964)

	단순 상관 (*r*)	유목별 중다상관 (*R*)	13개 과정 변인의 중다 상관(*R*)
1. 성취압력 총점		.568	
1a 아동에 대한 지적 기대	.532		
1b 아동에 대한 지적 포부	.351		
1c 아동의 지적 발달에 관한 지식	.549		
1d 지적 발달에 대한 보상	.242		
2. 언어발달을 위한 압력 총점		.636	
2a 다양한 장면에서의 언어 사용 강조	.477		
2b 어휘를 늘리기 위한 기회의 제공	.534		
2c 언어 사용의 잘못을 교정하는 것에 대한 강조	.436		
2d 활용하는 언어 모델	.288		
3. 일반학습을 위한 준비 총점		.639	
3a 가정에서 학습할 수 있는 기회의 제공	.577		
3b 가정 밖에서 학습할 수 있는 기회의 제공	.499		
3c 학용품 및 학습에 필요한 물건을 사용하도록 하는 기회와 격려	.406		
3d 도서, 정기간행물, 도서관 시설을 이용하는 기회와 격려	.454		
3e 다양한 장면에서 학습을 촉진시키기 위해 제공하는 도움의 성질과 정도	.567		
I + II + III 총점	(.690)		.756

적 환경인 부모의 직업, 교육 등에 의해 결정된 SES와 IQ와의 상관이 .3~.35인 것과 아주 대조적인 결과를 보여 주고 있다. 그러나 SES도 역시 가정환경의 중요한 변인으로서 중요하다. 그러므로 과정환

경과 지위환경의 변인을 합해서 IQ를 종속변인으로 하여 중다상관을 계산하면 R=.85 정도가 된다. 이것은 곧 아동의 지능의 약 57%(R^2=.762²)는 과정환경 변인이 결정하고, 과정환경과 지위환경을 합해서 아동의 지능의 약 72%(R^2=.852²)를 결정한다는 결론이 가능하다.

Wolf 및 Bloom의 연구는 지능을 IQ라는 단일지수로 보고 가정환경 변인이 미치는 영향을 추정하고 있다. 그러나 지능은 여러 가지 변인으로 구성되어 있는 복합 개념체이며, 다요인 개념이다. 따라서 IQ라는 단일지수보다는 각 요인을 독립된 속성으로 보는 지능의 다면성을 고려하는 것이 보다 합리적이다. 이 같은 관점에서 Mosychuck[37)]는 100명의 11세 아동에게 WISC를 실시하여 언어지능지수와 가정의 과정변인과의 중다상관이 R=.39, 동작지능과의 중다상관이 R=.32, 전체 지능과의 중다상관이 R=.42로 보고하고 있다. Marjoribanks[38)]는 185명의 11세 아동에게 PMA 검사를 실시하고 가정의 과정환경 변인으로서 ① 성취압력, ② 활동을 위한 압력, ③ 지적 압력, ④ 독립성을 위한 압력, ⑤ 영어 학습을 위한 압력, ⑥ 외국어 학습을 위한 압력, ⑦ 부의 지배성, ⑧ 모의 지배성 등을 측정하여 지능의 각 요인과의 단순상관 및 중다상관을 얻은 것이 〈표 16-3〉이다. 이 결과에 의하면 8개의 과정변인과 언어요인과의 중다상관은 R=.71(50.4%의 예언능력), 수요인과는 R=.71(50.4%의 예언능력), 공간요인과는 R=.26(6.7%의 예언능력), 추리요인과는

37) H. Mosychuck, *Differential Home Environments and Mental Ability Patterns*, Unpublished doctoral dissertation, University of Alberta, 1969

38) K. Marjoribanks, "Environment, social class and mental abilities", *Journal of Educational Psychology*, 1972, *63*, 103-109.

〈표 16-3〉 가정의 과정환경 변인과 PMA 각 요인과의 단순상관 및 중다상관(Marjoribanks 1972)

환경 변인	언어요인 (*V*)	수요인 (*N*)	공간요인 (*S*)	추리요인 (*R*)
성취압력	.66**	.66**	.28**	.39**
활동을 위한 압력	.52**	.41**	.22**	.26**
지적 압력	.61**	.53**	.26**	.31**
독립성을 위한 압력	.42**	.34**	.10	.23**
영어 학습을 위한 압력	.50**	.27**	.18**	.28**
외국어 학습을 위한 압력	.35**	.24**	.09	.19**
부의 지배성	.16*	.10	.09	.11
모의 지배성	.21**	.16*	.04	.10
R	.71**	.71**	.26	.40**
100R^2	50.4	50.4	6.7	16.0

*P < .01 **P < .001

R=.40(16%의 예언능력)을 보여 주고 있다. 이 같은 연구 결과는 가정환경의 과정변인이 아동의 지능 중 언어요인과 수요인에는 50% 정도로 영향을 미치고, 추리요인에는 16% 정도의 영향을 미치고 있음을 시사한다.

공간요인에 미치는 환경의 영향이 미미한 것은 두 가지 해석이 가능하다. 첫째는 Cattell의 지능이론에 따라 S요인은 유동성 지능(g_f)에 속하기 때문에 이 요인은 환경보다 유전적 영향이 더 우세하다고 해석이 가능하다. 또 하나의 해석은 Marjoribanks가 사용한 과정변인 속에는 공간요인에 관련된 변인을 측정하는 항목이 극히 제한되어 있다. 이미 앞에서 논의한 바 있듯이 각 요인을 발달시키는 하위환경이 각각 다르다는 가정에서 보면, Marjoribanks가 사용한 환경모형 속에는 공간능력을 발달시키는 과정변인이 적기 때문에 이 같은 결과를 얻은 것으로 해석하는 것이 보다 타당한 해석이 될 것이다.

Marjoribanks는 과정변인과 지위변인을 독립변인군으로 하고 지능의 각 요인을 종속변인군으로 하여 cannonical 상관분석[39]을 한 결과 두 개의 cannonical 상관이 유의하게($p<.001$ 및 $p<.005$) 나타난 것을 [그림 16-2]와 같이 제시하고 있다. 이 결과에 의하면

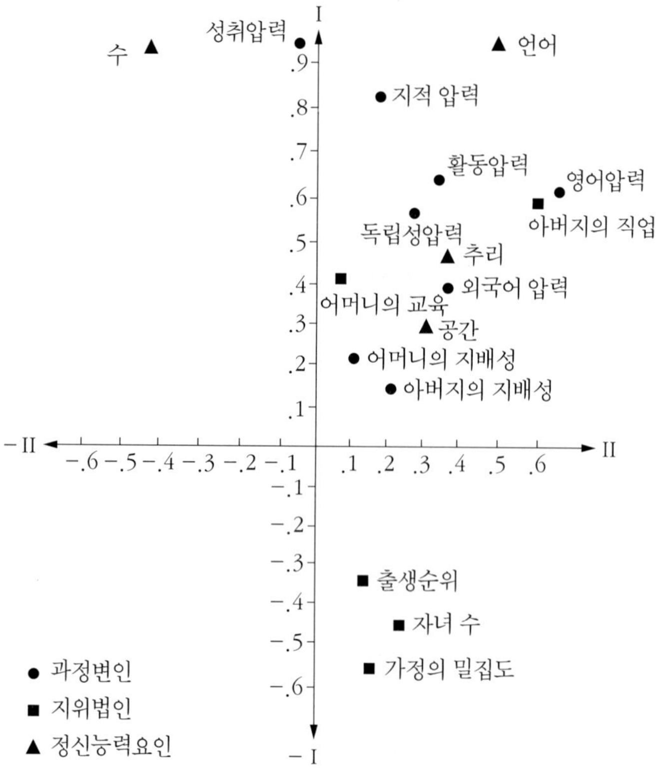

[그림 16-2] 환경변인과 정신능력변인의 cannonical 상관 도시(Marjoribanks, 1972)

39) cannonical 상관분석은 여러 개의 독립변인과 여러 개의 종속변인을 함께 상관을 시켰을 때 그것을 가장 잘 설명할 수 있는 요인축을 찾아내는 다요인 통계 방법의 하나다.

제1차 cannonical 축에는 언어, 수, 추리 요인과 환경변인이 함께 높은 부하량을 보이고 있으나 그중에서도 과정변인이 지위변인들보다 높은 부하를 보인다. 제1차 cannonical 축이 설명할 수 있는 변량을 제외하고 나면 제2차 cannonical 축에서는 과정변인과 지위변인이 함께 언어, 추리, 공간 요인과 밀접한 관련을 나타내고 있음을 보여 주고 있으며, 수요인은 별로 관계가 없는 것으로 나타나고 있다.

가정의 과정변인이 지능이나 기타 인간의 행동 특성에 미치는 영향에 관한 연구는 이제 시작의 신호가 울렸음에 불과하다. 이 같은 가정환경 속에서 이루어지는 부모와 자녀 사이의 상호작용의 개념에 기초한 환경을 고려한 접근은 측정된 지능(measured intelligence: MI)이 유전적 잠재 가능성(genetic potential: GP)과 환경(environment: E)의 합에 의한 함수관계, 즉 $MI=f(GP+E)$에 있다는 가정에서 있다. 예컨대, Harvard 성장연구에서 7.4세 때의 지능과 16.4세 때의 지능과의 상관은 +.58이지만 7~16세 사이의 환경을 함께 고려해서 중다상관을 내면 +.92로 올라간다.

$$R_{\mathrm{IQ}_{16\text{세}}::\ \mathrm{IQ}_{7\text{세}}:\ \text{환경}_{\ 7\sim16\text{세}}}=.92$$

이 같은 사실은 그동안 우리가 환경이라는 개념을 지위환경이라는 정태적 환경에만 집착하고, 역동적이며 상호작용하는 과정변인에 관심을 두지 못했기 때문이다. 결론해서 한 개인의 지능은 17세를 준거연령으로 했을 때 11세에는 거의 90%가 발달하며, 이 11세에 측정한 지능은 가정의 지위환경 및 과정환경에 의해 거의 85% 정도를 설명할 수 있다고 할 수 있다. 이 결론은 앞 장의 지능의 유전론적 증거가 유전에 의해 거의 80% 결정된다는 결론과는 전혀 상반된 결론임을 알 수 있다.

적극적 상호작용

지능이 유전에 의해 결정되느냐 환경에 의해 결정되느냐는 질문에 대해 유전론의 입장에서처럼 유전 가능성의 변량이 80%, 환경이 15%라고 제시하는 방법이나, 환경론에서처럼 환경이 85%에 의해 결정된다고 하는 것 자체로는 우리에게 별로 중요한 의미를 주지 않는다. 왜냐하면 인간의 지능이 어느 정도는 유전에 의해, 또 어느 정도는 환경에 결정될 가능성이 있다는 것은 누구나 동의하는 사실이기 때문이다. 중요한 것은 몇 %가 유전이냐 환경이냐를 탐구하는 상대적 기여도를 밝히는 연구보다는 유전이라 것은 이미 결정되어 있는 고정적, 주어진 변량이라면 지능을 계발시킬 수 있는 열쇠는 환경의 조작 여하에 달려 있다.

지금까지 환경이라고 하면 우리는 주로 사회경제적 지위로서의 환경을 지칭하는 것으로 해석해 온 것이 일반적인 경향이었다. 부모의 직업, 부모의 교육, 부모의 수입, 가옥의 구조와 위치, 가정의 문화시설 등이 결정하는 변량은 앞서 보듯이 유전론의 관점에서 보아도, 또 환경론의 관점에서 보아도 그 설명변량은 극히 제한되어 있어서 상관계수로는 .3~.4, 예언변량으로서는 9~16% 수준을 넘지 못한다.

문제는 지능을 계발시키는 데 기여할 수 있는 보다 적극적이며 역동적인 상호작용의 환경을 개념화하고 그것을 적극적으로 지능계발에 중개역할로 활용하는 일이다. 현대에 와서 유전에 의해 혹은 기질적 변인에 의해 결정된다고 생각했던 행동 특성이 환경에 의해 결정된다는 것을 밝힌 연구가 주로 인간 및 동물을 대상으로 해서 밝혀지고 있다. 인간의 신체적 · 운동적 기능은 생물적인 성숙이라는 시간표에 따라 열려 나간다는 유전론적 입장이 우세했다. 이에 대해 Dennis[40)]는 이란의 고아원 어린이를 실험집단, 비교집단으로 나누어 실험집단에게 신체적 · 운동적 기능을 발달시킬 수 있는 풍요한 환경을 제공했더니 운동기능의 발달지수에서 24~36개월의 차이를 보이는 것을 밝히고, 신체 · 운동기능의 발달은 어떠한 질의 환경을 제공하느냐에 따라 촉진될 수도 지체될 수도 있다는 환경결핍가설(environmental deprivation hypothesis)을 제인한 것으로 유명하다. 또한 Hess[41)]는 동물이 자기와 같은 류의 동물에 동류의식을 갖는 것이 타고난 본능이라는 유전론적 가설에 대해 오리새끼를 대상으로 실험하여 동물이 자기와 같은 류의 동물을 동류의식으로 느끼는 것은 생후 어느 시기에 같은 류의 동물을 경험하였기 때문이며, 이 시기에 다른 객체나 동물을 경험하면 그것에 대해 동류의식을 느낀다는 것을 증명하였다. 이 같은 중요한 시기를 그는 결정적 시기(critical period)라고 했으며, 이때 형성된 경험은 평생 지워지지 않고 각인(imprinting)된다고 한다. 이것은 곧 동류의식이라는 것이 유전에 의해 결정되는 것이 아니라 결정적 시기의 경험, 환경에 의해 결정

40) W. Dennis, "Causes of retardation among institutional children: Iran", *Journal of Genetic Psychology*, 1960, *96*, 47-59.

41) E. H. Hess, Imprinting, *Science*, 1959, *130*, 133-141.
A. O. Ramsay & E. H. Hess, "A Study of imprinting", *Wilson Bulletin*, 1954, *66*, 196-206.

된다는 것을 증거하고 있다. 또한 Harlow[42]는 원숭이를 대상으로 한 실험에서 어머니와 자녀 사이에 형성되는 독특한 애정적 유대(affectional tie)는 선천적인 것이 아니라 어머니가 자녀에게 주는 애착(attachment) 경험에 있다는 애착이론을 제안한 것으로 유명하다. 이같이 유전적 · 기질적(organic) 변인이라고 생각되었던 특성이 환경, 경험에 의해 결정된다고 하는 증거의 제시는 상대적으로 이보다는 훨씬 인간의 경험에 의해 좌우될 가능성이 큰 지능은 환경에 의해 결정될 확률이 더 클 것이라는 개연성을 시사한다. 문제는 지금까지 환경의 개념화를 잘못된 궤도 위에서 보았다는 것과 지능이 아동과 부모의 적극적 상호작용에 의해 결정된다는 데 대한 연구 방향에 잘못이 있다고 보아야 할 것이다.

이미 앞에서도 지적한 바처럼 유전론자가 연구에 사용한 환경은 거의 대부분이 주어진 조건, 부모가 획득한 지위와 역할에 의해 결정되는 사회경제적 지위로서의 정태적 환경이었다. 그렇기 때문에 그것이 아동의 지능에 미치는 영향이 극히 제한될 수밖에 없다. 보다 지능발달에 중요한 환경은 부모와 자녀 사이에 형성되는 적극적 상호작용으로서의 환경이며, 만약 이 같은 적극적 개입이 극대화된다면 상대적으로 유전의 역할보다는 환경의 역할이 커질 것을 Bloom 및 Wolf의 연구, Marjoribanks의 연구 등이 시사하고 있다.

Cooper와 Zubek[43]는 쥐를 대상으로 동종교배를 시켜 지적으로 우수한 순종 쥐와 지적으로 열등한 순종 쥐를 얻은 뒤, 그들을 무선

42) H. F. Harlow, "Primary affectional patterns in primates", *American Journal of Orthopsychiatry*, 1960, *30*, 676-684.

43) R. Cooper & J. Zubek, "Effects of enriched and restricted early environments on the learning ability of bright and dull rats", *Canadian Journal of Psychology*, 1958, *12*, 159-164.

적으로 3집단으로 나누고 한 집단에게는 지적 자극을 위해 풍요로우며 자극적인 환경 속에서, 또 한 집단에게는 보통의 환경 속에서, 다른 한 집단은 지적 자극이 결핍되고 자극이 없는 나쁜 환경에서 기른 뒤 성인 쥐가 되었을 때 미로학습에 의해 지능을 측정했더니 다음 [그림 16-3]과 같이 나타난 것을 보고하고 있다. 이 연구는 지적으로 우수한 쥐와 열등한 쥐(유전적 형질)를 보통의 환경 속에서 기르면, 그 유전적 형질의 차이가 극대화되어 유전적 형질이 좋은 쥐는 우수한 지능을, 유전적 형질이 나쁜 쥐는 열등한 지능을 나타낸다. 그러나 그들을 모두 결핍된 환경 속에서 기르면 유전적 형질에 관계없이 두 집단 모두 열등한 지능을 갖게 되며, 풍요한 환경 속에 두면 열등한 쥐도 그 유전적 형질의 제한을 극복하고 지능이 우

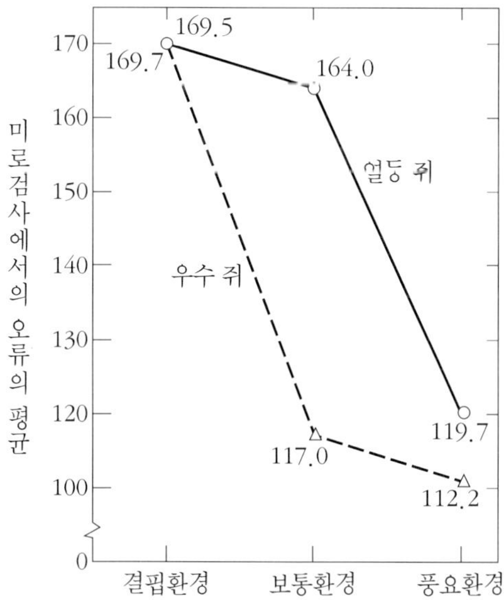

[그림 16-3] 지적 우수 쥐와 열등 쥐를 결핍환경, 보통환경, 풍요환경의 세 가지 조건 속에서 길렀을 때의 미로검사에서의 오류 수(지적 능력)

수해진다는 사실을 실증하고 있다. 인간의 경우에도 아동을 보통의 환경(이것이 흔히 지칭하는 SES에 의해 대표되는 환경이라고 보아도 무방할 것이다)에서 기르면 그들이 지닌 각각의 유전적 변인이 극대화되어 지능이 높은 아동과 낮은 아동의 개인차가 커질 것이다. 그러나 만약 그들에게 지능을 발달시키기에 적절한 풍요환경, 고무적인 환경을 제공한다면 대부분의 아동이 유전적 변인의 제약에 관계없이 높은 지능을 갖게 될 것이라는 것을 시사한다. 비록 유전적 변인이 작용한다고 해도 그 영향은 극히 미약할 것이라는 추정이 가능하다.

이 같은 연구의 하나로 Heber와 Garber의 연구를 들 수 있다.[44] 그들은 Milwaukee시 근교의 빈민가에 있는 어린이들이 격심한 지적 발달의 지체가 있는 것을 발견하고 이것이 어머니의 지능(평균 IQ 80 이하)과 그 불우환경에 있다고 가정하여 신생아 80명을 선택해서 통제집단 40명, 실험집단 40명으로 구성했다. 통제집단에게는 아무런 처치를 가하지 않았고, 실헙집단에게는 그들의 감각운동능력, 언어, 사고기능 등을 증진시키기 위한 모든 처치를 가했다. 8개월 후부터 일주일에 5일, 하루에 7시간씩 대학부속의 정신지체훈련연구소에 나와 여러 가지 지적 발달에 필요한 풍요로운 환경을 제공했으며, 의료처치, 영양 등도 함께 보살펴 주었다. 그들은 매 3주마다 지능검사, 언어검사, 사회성 발달검사 등을 받았다. 그 결과 14개월까지에

44) H. Garber & R. Heber, "The Milwaukee project", in P. Mittler (Ed.), *Research to Practice in Mental Retardation*, Baltimore: University Park Press, 1977. pp. 119-127.

R. Heber & H. Garber, "Report No. 2: An experiment in the prevention of cultural-familial retardation", in D. A. A. Primrose (Ed.), *Proceedings of Third Conference of the International Association for the Scientific Study of Mental Deficiency*, Warsaw: Polish Medical Publishers, 1975, pp. 34-43.

는 통제집단과 실험집단 사이에 Gesell 척도에서 아무런 차이가 없었으나 18개월 후부터 통제집단의 지능이 차츰 뒤떨어지기 시작하고 2~4$^1/_2$세 사이에는 실험집단의 IQ는 122.6인데 반해 통제집단의 IQ는 95.2로서 평균에서 27.4점의 차이를 보인다. 6세에는 실험집단의 IQ가 110~120 사이인데, 통제집단의 IQ는 85였다. 초등학교에 입학하자마자 이 처치를 중단했더니 실험집단의 IQ는 104, 통제집단은 80으로 여전히 24점의 차이를 보이고 있다. 실험집단의 형제자매 IQ와 비교해 보니 그들은 IQ 80인데 실험집단은 여전히 104점을 유지한다. 학교에 입학한 후 학교성적에서, 학습하는 방법에서, 그리고 언어검사 등에서 통제집단과 실험집단은 현격한 차이를 보여 주고 있다. 이 같은 Heber와 Garber의 연구는 아동의 지능을 발달시킬 수 있는 풍요한 환경을 체계적 · 조직적 · 계속적으로 투입하면 지능은 계발될 수 있다는 사실을 보여 준다. 이것은 실험 조건의 상황이지만, 만약 가정에서도 부모와 자녀가 이 같은 적극적 상호작용을 통해 지적 발달을 개발한다면 같은 결과를 얻을 수 있다는 것, 그리고 유전적 형질이 어떠하건 그것은 환경에 의해 극복할 수 있다는 것을 시사하고 있다. 가난이 환경결핍을 낳고 그것이 낮은 지능을 낳게 하며, 이것이 다시 학교에서 실패로 이끄는 악순환은 유전에 있는 것이 아니라 환경에 있다는 사실에 주목할 필요가 있다.

Levenstein의 모자가정 프로그램(Mother-Child Home Program)[45]은 Bernstein의 언어의 정교화 양태이론에 따라 가정의 어머니에게 어린이의 인지적 관심과 정보처리능력을 발달시키기 위해

45) P. Levenstein, "Cognitive growth in preschoolers through verbal interaction with mothers", *American Journal of Orthopsychiatry*, 1970, *40*, 426-432.

어떻게 언어 사용을 해야 할 것인지를 가르침으로써 아동의 지능을 IQ 10~20점 상승시킬 수 있다는 것을 보고하고 있다. 이와 비슷한 방법에 의해 Karnes 등[46]은 12~24개월 된 아동을 대상으로 어머니를 방문하여 어린이와 어떻게 언어적 상호작용을 할 것인가를 가르침으로써 Terman-Merrill 검사에서 평균 IQ 106.3, 통제집단의 IQ 90.6으로서 IQ 16점의 차이가 발생하였다는 것을 보고하고 있다.

이 같은 연구 결과들이 한결같이 시사하고 있는 것은 지능은 유전적 변인이 모종의 제한을 줄 가능성이 있기는 하지만 환경을 보다 강력하고, 정교한 적극적 상호작용의 형태로 지속적으로 투입한다면 개인의 지능은 그러한 제한을 극복하고 환경에 의해 개발할 수 있다는 가능성을 약속하고 있다.

46) M. B. Karnes, J. A. Teska, A. S. Hodgins, & E. D. Badger, "Educational intervention at home by mothers of disadvantaged infants", *Child Development*, 1970, *41*, 925-935.

전 망

인간의 지능은 이미 태아기에서부터 발달을 시작한다. 이 같은 발달에는 지적인 구조적 변화도 있고 양적 증가도 있을 것을 예상할 수 있다. 지금까지 보아 온 지능에 관한 생물학적 접근에서는 아직까지 우리에게 어떤 단정적인 결론을 제시하지 못하고 있다. 다만, 좌측 대뇌 반구가 언어 및 시간 능력에 관계있고, 우측 대뇌반구가 공간 및 시각과정에 관계있다는 것만이 비교적 분명하다. 지능발달연구에서 추출할 수 있는 사실은 지능은 성장과 더불어 어떤 형태로든 분화되어 가는 경향이 있다는 사실에 대해서는 공통적인 결론에 도달하고 있다. 이 분화가 어느 시기에 가서 정지하며, 다시 재분화가 일어나는지 혹은 통합의 과정을 겪는지에 대해서는 아직도 평생 발달이라는 장기간에 걸친 종단적 연구 자료의 증거가 부족하여 현재로서는 어떤 결정적인 결론을 내리기에는 이르다.

지능이 이같이 분화되어 가면서 질적인 구조적 변화를 가져오지만, 지능의 종합적 지수 IQ로 보면 대개 17세 전후에 그 정점에 이르며, 이때의 지능발달을 기준으로 해보았을 때, 대개 1세에는 17세 지능의 약 20%, 4세에는 50%, 8세에는 80%, 13세에는 약 92%가 발달한다고 볼 수 있다. Cattell의 지능개념 gf와 gc로 나누어 보면 gf는 초기에(8세 이전에) 급격한 발달을 하고 그 이후에 급격히 감퇴하는 현상을 보이며, 이와는 대조적으로 gc는 서서히 상승하여 평생을 통하여 조금씩 증가하거나 고원곡선을 긋는 경향을 보이고 있다.

이 같은 지능의 발달에 기여하는 변인은 크게 두 가지로 보고 있다. 하나는 유전(heredity)이며, 또 하나는 환경(environment)이다. 지능이 유전에 의해 결정될 가능성이 큰가, 환경에 의해 결정될 가능성이 큰가에 대한 논쟁은 오랫동안 이어져 내려온 지적 도전 문제였다. 유전론자의 결론은 지능은 80%가 유전력 h2에 의해 결정되며, 환경에 의해 약 15% 정도

좌우될 뿐이라고 주장한다. 이에 반해 환경론자의 증거는 지능은 환경에 의해 약 80% 정도 결정될 가능성이 있다고 주장한다. 같은 지능이라는 개념을 두고 이 같은 상반된 연구 결과를 얻게 되는 것은 근원적으로 지능을 보는 시각, 철학의 문제와 같이 관련되어 있다. 인간의 지능이란 고정적 · 불변적 · 유전적이라고 하는 시각에서 보면 전자의 연구 결과에 이를 가능성이 있다. 반면 지능이란 가변적인 것, 발달시킬 수 있는 것, 환경에 의해 형성시킬 수 있다는 시각에서 보면 후자의 연구 결과에 이를 가능성이 있다.

중요한 것은 지능이란 유전 및 환경 두 변인이 모두 함께 작용해서 나온 결과다. 이 같은 표현형으로서의 지능은 몇 %는 유전에 의해, 또 몇 %는 환경에 의해 결정된다는 사실을 밝히는 것은 별로 의미 없는 일이다. 보다 중요한 것은 유전적 가능성은 이미 고정된 것이며, 우리가 변화시킬 수 있고 조작할 수 있는 것은 오로지 환경일 뿐이다(유전공학이 발달하여 인간의 지능을 유전인자의 공학적 처리로 변화시킬 수 있는 시기가 오리라고는 생각되지 않는다). 그렇다면 어떠한 환경이 어떻게 지능을 계발시킬 수 있는가 하는 환경의 개념화, 정교화를 위한 연구가 보다 활발히 추진되어야 할 것이다. 이 같은 의미에서 Cooper와 Zubek의 연구, Heber와 Garber의 연구, Levinstein의 연구, Bloom 및 Wolf 연구 등이 시사하는 적극적 상호작용의 개념에 기초한 가정환경의 개념화와 그것을 실천에 옮길 수 있는 전략이 무엇인지에 관한 보다 폭넓고 심도 있는 연구가 절실하다.

제5부

지능, 학습, 사회, 이데올로기

이 부에서는 지능에 관련된 다른 변인과의 상호 관련 및 인과적 영향을 다루고 있다. 지능에 관한 개념과 이론, 그 측정 방법의 역사가 길고, 또한 다른 인간 특성에 비해 지능이 갖는 중요성이 크기 때문에 지능에 관련하여 논의해야 할 변인들은 허다하다. 그러나 여기에서는 특히 지능과 학습, 지능과 창의력 및 천재, 지능과 종족 및 사회계층 사이의 상호 관련 및 인과적 관계, 지능이 갖는 이데올로기적 함의 등에 초점을 맞추어 논의하고 있다.

한때 지능이란 바로 학습능력과 같은 것으로 인식되었던 일도 있었고, 현재에도 상식적인 수준에서는 지능과 학습 사이에는 밀접한 관련이 있다고 보고 있다. 또한 여러 가지 연구는 지능과 학습 모수치 사이에 상관이 높게 나타나고 있으며, 특히 학교학습의 결과로 나타나는 학업성적과는 평균 +.5의 상관을 보인다. 왜 이 같은 상관이 존재하며 그 사이에 나타나는 이 같은 밀접한 관계를 어떻게 해석해야 할 것인지, 이에 대한 새로운 이론적 · 실증적 연구 방향이 무엇인지에 초점을 두고 논의한다.

흔히 지능이 대단히 높은 수준에 있을 때 우리는 그들을 천재라는 범주 속에서 이해하려고 한다. 지능이 높은 것과 천재라는 것은 같은 개념인지, 혹은 다른 개념인지, 또한 천재라는 개념과 유사한 개념으로 쓰이는 창의적인 능력과 지능과는 어떤 관련이 있으며, 그 사이의 차이와 유사점은 무엇인지에 관한 문제가 여기에서 다룰 두 번째 문제이며, 이 같은 논의를 통해 지능, 창의성, 천재의 공통성과 차이를 이해하는 기회를 제공하려고 시도하고 있다.

세 번째 주제는 지능이 사회와 문화의 차이에 따라 어떤 차이가 존재하며 종족에 따라 어떤 차이가 존재하는지, 그리고 사회계층에 따라 어떤 격차가 있는지를 논의한다. 이 같은 논의는 지능 수준에서의 차이를 밝히려는 데 주목하기보다 무엇이 그 같은 원인이며, 문화, 종족, 사회계층 간의 차이를 어떻게 이해하는 것이 합리적 접근인지에 대한 시사를 강조하는 관점에서 논의한다.

그리고 끝으로 지능 연구에서 나타난 결과가 갖는 이데올로기적 함의와 그 해석, 그리고 지능 연구 밑에 숨겨져 있는 여러 가지 어둠과 빛을 밝혀 보려고 시도한다. 지능 연구가 과학이라는 이름 밑에서 출발했지만, 그 연구들이 한결같이 이 같은 객관성과 과학성만을 지닌 것은 아니었으며, 때때로 그리고 상당 부분 지능 연구는 숨겨진 철학과 이데올로기의 시녀가 되고 있음에 주목해야 한다.

제 | 17 | 장

지능과 학습

정신능력과 학습

지능과 학습능력 사이에 의미 있는 관계가 있다는 추론은 일찍부터 받아들여져 온 생각이다. 지능이 높으면 학습능력이 높고, 지능이 낮으면 학습능력이 낮은 경향이 있다는 것은, 학습의 결과로 나타나는 학업성적 평균이 지능과 대체로 +.5~+.6의 상관을 보이며, 교과목에 따라 수학, 국어, 과학 같은 교과목은 그보다 높은 상관을 보이는 반면, 음악, 미술과 같은 교과목은 +.5보다 낮은 상관을 보인다. 이 같은 사실은 지능과 학습능력 사이에 의미 있는 관계가 존재할 가능성을 시사한다. 이런 이유 때문만은 아니지만 초기의 지능 연구자 사이에는 지능을 정의할 때 지능은 학습하는 능력(ability to learn)이라고 정의하기도 했다. 그러나 제2부에서 논의했듯이 지능이란 단일 구인이 아니라 여러 가지 특성 혹은 구인이 복합되어 있는 다구인 개념이기 때문에 학습능력이라는 개념과 동일시할 수 없다는 것, 그리고 IQ와 학습 결과로 얻은 증가 점수(gain score) 사이에는 상관이 대단히 낮다는 사실에서 현재는 이 같은 단순한 정의를 받아들이지 않고 있다. 그러나 그렇다고 해서 지능과 학습 사이에 관계가 없다는 뜻이 아니고, 그 관계를 이같이 직접적인 단순관계로 보지 않고 보다 정교한 이론적 틀 속에서 보려고 한다.

정신능력과 학습을 이론적으로 통합하려고 시도한 대표적인 연구로는 Ferguson[1)]을 들 수 있다. 그는 능력이 학습의 과정을 통해 형성되며, 성인기에 안정성을 얻고 그 이후로는 비교적 불변하는 특성으로 보았다. 따라서 능력은 학습이 한계에 왔을 때의 수행(performance)을 나타내며, 학습의 한계는 생물적 · 경험적 요인에 의해 결정된다. 이 같은 시각에서 보면 인간의 심리적 환경은 무엇을 학습할 것이며, 어느 연령에서 학습할 것인가에 대해 강력한 영향을 미친다고 볼 수 있다. Ferguson은 이 같은 학습과 능력 사이를 연결시켜 주는 결정적 관련의 매듭을 전이(transfer)에 있다고 보았다. 전이란 하나의 학습 상황에서 획득한 요소가 다른 학습 상황에서 나타나는 현상을 말한다. 이것을 함수관계로 나타낼 수도 있다. 즉, 어떤 두 변인이 있어서 한 변인의 값이 다른 변인의 값에 따라 변하는 관계에 있을 때 우리는 그 두 변인 사이에 함수관계가 존재한다고 말한다. Ferguson의 전이모형도 과제 y에서의 성취는 과제 x에서의 성취와 두 과제(T_x, T_y)에서의 연습 정도의 함수라고 표현할 수 있

1) G. A. Ferguson, "On learning and human abilities", *Canadian Journal of Psychology*, 1954, *8*, 95-112.
G. A. Ferguson, "On transfer and the abilities of man", *Canadian Journal of Psychology*, 1956, *10*, 121-131.

다. 즉, $y=\phi(x, T_x, T_y)$. 만약 두 과제에서의 연습을 수행 결과로 표현할 수 있다고 가정하면 $y=\phi(x)$가 된다. 이와 같이 능력과 학습 사이에 모종의 관련이 발생하는 것은 그 사이에 모종의 전이가 존재하는 함수관계가 있기 때문이라고 보려는 것이 Ferguson의 이론이다. 이 같은 이론을 지능에 확장해 보면, 지능의 여러 가지 다양한 능력 사이에 어떤 상관관계가 존재하는 것은 곧 그들 능력 사이에 전이함수 관계가 성립하기 때문이라고 볼 수도 있다.

지능과 학습을 한 개의 체계 속에서 통합하려고 시도한 다른 예는 Whiteman[2)]의 이론을 들 수 있다. 그는 지능에 관련된 여러 가지 개념을 두 가지 특징에 집약시켜 설명하고 있다. 첫째, 수행의 상황 간 일관성(intersituational consistency), 둘째 수준의 위계적 조직(hierarchical organization)의 두 가지다. 수행의 상황 간 일관성이란 능력과 학습 사이에 관계가 존재하는 것은 상황 간에 어떤 일관성이 존재하기 때문이라는 것이다. 예컨대, 그는 능력요인, 학습태세(learning set), Piaget 조작을 비교하면서 이 세 가지 수행 사이에 상관이 존재하는 것은 보다 넓은 일반능력(generalizability)이라는 어떤 이론적 구인이 이 세 가지 수행 사이에 존재하기 때문이라고 보며, 이 같은 구인은 초상황적(transituational)인 성질을 띠고 있다고 본다. 그렇기 때문에 정신능력, 학습능력, Piaget의 조작능력 사이에는 정적 상관이 존재하게 된다고 설명한다. 또한 위계적 조직에 대해 Whiteman은 능력의 위계적 조직 밑에는 학습의 위계적 조직이 놓여 있기 때문에, 두 수행 사이에 상관이 존재하게 된다는 것이다. 따라서 n 차원에 있는 학습을 하게 되면 이것이 곧바로 $n+1$ 차

2) M. Whiteman, "Intelligence and learning", *Merrill-Palmer Quarterly*, 1964, *10*, 297-309.

원에 있는 정신능력을 발달시키는 원인이 되며, 반대로 정신능력이 n 차원에 있으면 그것이 $n+1$ 차원의 학습을 촉진시킨다는 논리다. 이같이 학습과 능력은 위계조직으로 서로 관련되어 있기 때문에 그 사이에 상관이 존재하게 된다고 본다.

최근 학습과 지능을 통합하려는 획기적인 노력을 한 것으로 Guilford의 연구[3]를 들 수 있다. Guilford의 지능모형에 관해서는 이미 제6장에서 자세히 논의했다.[4] 지능과 학습 사이의 관련을 보기 위해 Guilford가 제안하는 개념은 정보(information)에 있다. 그는 정보를 넓은 의미로 정의하여 한 유기체가 무엇이든지 구별하는 것을 정보라고 보았다. 그의 모형에 관련하여 보면 4개의 내용(도형적, 상징적, 언어적, 행동적)는 정보의 본질적 측면이며, 6개의 결과(단위, 유목, 관계, 체계, 변환, 함축)는 정보의 형식적 측면이라고 할 수 있다. 그래서 조작에 관련된 5가지를 없애면 거기에는 내용(4)×결과(6)=24개의 세포가 생기며, 이것을 그는 심리인식론(psychoepistemology)이라고 불렀다. Guilford의 이론에 따르면 우리가 학습하는 것은 정보의 결과(products of information) 형태로 한다고 본다. 예컨대, 인간 계열학습(serial learning)이나 쌍연결 학습(paired associate learning)과 같은 연결을 강조하는 학습은, Guilford 이론에 따르면 함축(implication)의 형태며, 개념학습은 유목(classes)의 형태이고, Gestalt 학습의 재조직의 개념 및 Piaget의 적응 개념에 관련된 학습은 변환(transformation)의 형태로 설명하고 있다. 유형, 원리, 규칙, 문제구조, 질서, 모델, 이론의 학습은 체계(system)의 정신 형태로 본

3) J. P. Guilford, *The Nature of Human Intelligence*, New York: McGraw-Hill, 1967.
4) 자세한 것은 이 책의 제2장을 다시 참고하기 바란다.

다. 또한 학습이론에서 중요시하는 강화(reinforcement)의 개념을 그는 송환정보(feedback information)의 형태로 설명하며, 이 속에는 강화와 유사한 개념으로 사용하는 욕구감소(drive reduction), 탐락과 고통, 보상과 벌, 결과의 지식 등을 모두 포함시켜 설명하고 있다.

Ferguson, Whiteman, 그리고 보다 광범위한 입장의 Guilford 이론에서 유추할 수 있는 것은 학습변인과 능력변인 사이에는 1대 1의 대응관계가 있는 것은 아니나 그 두 변인 사이에는 밀접한 관련이 있다는 것을 시사받을 수 있다. 그것을 Ferguson은 전이 개념으로, Whiteman은 상황 간 일관성과 위계적 조직이라는 두 가지 개념으로, Guilford는 정보라는 개념으로 통합해 보려고 하고 있어서 각 이론의 시각은 다르지만 능력과 학습을 관련시키는 중개변인으로서의 이론적 구인을 제안하는 점에서는 일치하며, 그 구인이 단순한 단차원 구인이 아니라 다차원 구인일 것이라는 것을 짐작케 한다.

학습에서 정신능력의 역할

학습상황에서 지능에 관련된 정신능력이 어떤 역할을 하는가 하는 문제를 탐구하는 일은 지능과 학습과의 단순한 상관관계를 탐구하는 일보다 중요한 의미를 갖는다. Fleishman[5)]은 학습이 진행 중에 여러 가지 지능요인의 중요성 및 역할이 어떻게 변화하는지를 밝

5) E. A. Fleishman, "Individual differences in motor learning", in R. M. Gagne (Ed.), *Learning and Individual Differences*, Columbus, Ohio: Merrill, 1967.
E. A. Fleishman, "On the relation between abilities, learning and human performance", *American Psychologist*, 1972, *27*, 1017-1032.

히고 있다. Fleishman의 가설은 정신능력이 학습이 진행 중일 때 미치는 영향은 차이가 있을 것이라는 것이다. 이를 위해 그는 심리운동 학습과제를 가지고 학습하면서 각 시행에서의 점수도 측정하지만 동시에 여러 가지 요인을 대표하는 검사 배터리를 함께 실시하였고, 이 결과를 함께 요인분석하였다. 이같이 요인분석을 한 것은 시간 혹은 시행이 진행됨에 따라 개인차를 설명하는 여러 가지 요인의 상대적 중요성을 요인부하량을 통해 알기 위한 것이 목적이다. 이 결과를 [그림 17−1]에 제시했다.

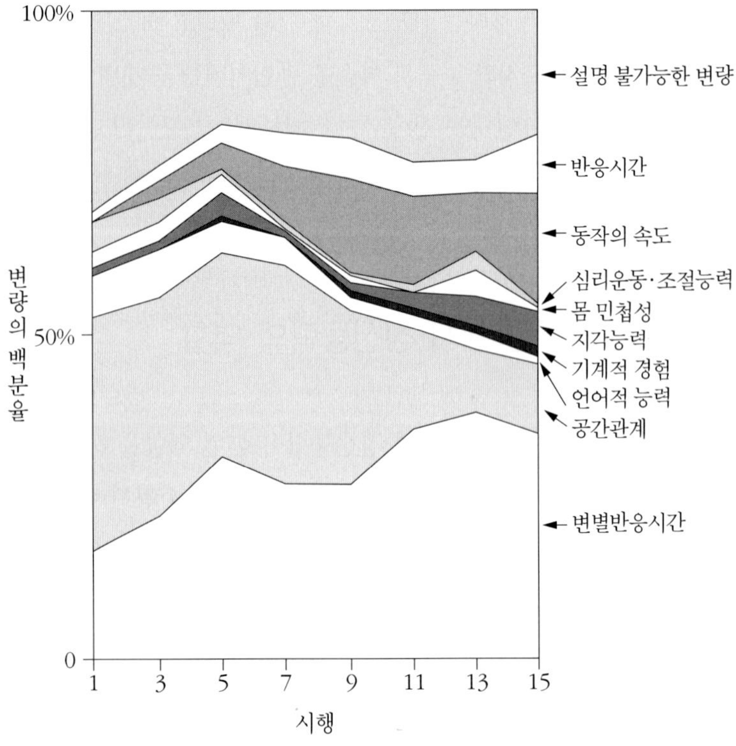

[그림 17−1] 변별반응시간 학습과제의 시행 단계에 따른 각 요인별 변량의 기여도 (Fleishman, 1967)

이 결과에서 추론할 수 있는 결론은 수행에서 나타나는 개인차에 영향을 주는 정신능력요인의 조합은 학습이 진행되면서 달라진다는 것, 초기에는 일반적으로 증가하는 경향이 있으나 결국에는 안정성을 유지하게 된다는 것, 심리운동 학습과제에서는 언어요인이나 공간요인과 같은 비운동요인이 초기에는 중요한 역할을 하지만 차츰 그 중요성이 감소한다는 것, 그 과제에 구체적으로 관련된 요인이 증가하는 경향이 있다는 것을 알 수 있다. Fleishman의 연구는 비록 심리운동과제에 국한된 연구이지만 이 연구의 이론이 시사하는 것은 능력에서의 개인차가 학습에서의 개인차에 영향을 미치며, 학습과제의 학습이 진행되는 단계에 따라 관련되는 요인의 상대적 기여도가 달라진다는 점이다. 또한 그의 연구 방법은 요인분석의 방법이 얻은 자료의 구조적 성격을 밝히는 데 이용되는 정태적 방법을 넘어서서 진행 중인 학습상황에서의 모수치와의 연결을 찾는 중요한 계기를 세시하고 있다.

학습상황에서 학습과 정신능력과의 관계를 이해하기 위한 또 하나의 접근 방법은 Merrifield[6]가 제시하고 있다. 그는 Gagne가 제시하는 학습유형과 Guilford가 제시하는 지능모형을 관련시켜서 각 학습유형에 따라 요구하는 중요한 지능요인이 무엇인지를 밝히려고 시도하고 있다. 이 결과가 〈표 17-1〉에 제시되었다.

Gagne의 신호학습(signal learning)을 위해서는 기억, 평가의 능력이 요구되며, 자극-반응(stimulus-response)학습에는 평가력이 신호학습에서보다 더 요구된다. 왜냐하면 신호학습보다 변별이 더

---

6) P. R. Merrifield, "An analysis of concepts from the point of view of the structure of intellect", in H. J. Klausmeier & C. W. Harris (Eds.), *Analysis of Concept Learning*, New York: Academic, 1966.

〈표 17-1〉 학습유형과 능력 모수치 사이의 가설적 관계(Merrifield, 1966)

Guilford의 지능모형	Gagne의 학습유형							
	신호(1)	S-R(2)	연쇄(3)	언어(4)	중다 변별(5)	개념(6)	원리(7)	문제 해결(8)
조작								
인지			X			X	X	X
기억	X			X	X			
발산적 사고				X				X
수렴적 사고		X	X	X		X		X
평가	X	X		X	X	X		X
내용								
도형	X	X	X	X	X			X
상징			X	X	X		X	X
언어		X	X	X	X	X	X	X
행동					X			
결과								
체계			X		X	X	X	X
유목	X			X			X	X
단위					X	X		X
관계		X		X	X	X	X	
변환				X				X
함축	X	X					X	

강조되기 때문이다. 연쇄학습에서는 체계의 획득이 요구되며 이 속에는 정신작용으로 인지와 발산적 사고가 포함되어 있다. 언어연결학습은 특히 변환이 요구되며, 기억 및 발산적 사고력도 중요한 요인이다. 중다변별학습은 체계뿐 아니라 유목에 관련된 모든 요인이 필요하다. 개념학습은 언어적 자료에 크게 의존하며, 또한 사물의 유목에 대한 요인도 요구한다. 원리(혹은 법칙)학습은 유목, 관계,

체계를 모두 포함하며 주된 정신작용은 인지다. 문제해결학습은 평가, 인지, 발산적 사고를 요구하며, 결과는 단위, 함축, 변환이 주가 된다.

이 같은 Merrifield의 접근은 복잡하고 아직도 이론적으로 더 추구되어야 할 문제점을 많이 지니고 있지만, 이같이 학습과 능력을 연결시키는 이론적 모형의 제시는 우리에게 능력과 학습을 같은 맥락 속에서 볼 수 있는 가능성을 제공하고 있다. 능력과 학습을 통합할 수 있는 새로운 능력-학습적성의 분류학을 마치 Thurstone이 밝힌 P. M. A.처럼 체계적으로 단순화시킬 수 있다면, 우리는 그 분류학으로 능력요인도 이해하고 학습 모수치도 이해할 수 있는 새로운 적성(new aptitudes)를 갖게 될 것이다.

지능과 학업성적

지능이 학교에서의 학업성적의 성공과 실패를 예언하는 중요 변인이라는 것은 공통적으로 받아들이고 있는 사실이다. 이것은 지능에서 측정하고 있는 요인이 학교의 교과목 학습에서 요구하는 능력과 공통된 요인이 많기 때문이라고 해석할 수 있다.

지능과 학업성적 간의 상관은 지능을 전체 IQ로 볼 때와 요인별로 나누어 볼 때, 또 학업성적도 전체 평균성적으로 보느냐 교과목 성적에 따라 보느냐, 또 피험집단의 발달 단계와 구체적인 교과목이 다름에 따라, 검사한 성적검사의 내용이 무엇인가에 따라 달라지기 마련이다. 간단한 예로 우리는 인간의 지적 능력을 훈련, 교육, 경험을 얼마나 요구하느냐 않느냐에 따라 [그림 17-2]와 같이 그려볼 수

극대 적응

A	분석적 혹은 유동성 능력	나무토막 쌓기, 숨겨진 그림 찾기, 도형 유추
B	획득한 개념을 가지고 추리하는 능력	언어유추 수계열
C	일반적 교육적 발달	문장 의미의 이해 수리추리력
D	교과목 능력 결정성 능력	문법, 계산 사실적 지식

극대 훈련

[그림 17-2] 일반능력의 수준별 스펙트럼과 관련 검사의 예시

있다.

이렇게 도시해 보았을 때 학교에서 수업에 의해 획득되는 교과목 성적은 D에 해당된다. 따라서 측정하는 지능검사가 그에 가까운 내용을 측정하고 있는 경우에는 성적을 예언하는 능률이 커지지만 그렇지 않을 경우에는 상대적으로 예언능률이 낮을 것을 짐작할 수 있다. 이와 같이 지능과 교과목 성적과의 상관은 여러 가지 가변적 조건이 상이함에 따라 달라진다는 사실에 주목해야 한다.

〈표 17-2〉는 Wechsler 지능검사와 고교 및 대학에서의 성적과 상관을 낸 것이다.[7] 여기에서 보듯이 Wechsler 지능검사가 고교 성적과의 상관이 대학 성적과의 상관보다 높다. 이것은 Wechsler 지능검사가 고교 성적을 예언하는 능률이 대학 성적을 예언하는 능률

7) R. Conry & W. T. Plant, "WAIS and group predictions of an academic success criterion: High school and college", *Educational and Psychological Measurement*, 1965, *25*, 493-500.

보다 높다는 것을 보여 준다. 그러나 한편 고등학교 학생집단에 비해 대학교 학생집단이 능력에 비추어 보다 상위집단에 속한 학생으로 구성되어 있기 때문에 그 변산도, 즉 개인차가 좁아지기 마련이고 이것이 결국 상관관계를 낮게 하는 원인이라고 해석할 수도 있다. 두 변인의 변산도가 좁으면 두 변인 사이의 상관은 상대적으로 낮아진다. 또한 각 하위검사마다 성적과의 상관이 다른 것은 앞에서 논의한 바와 같이 각 검사가 측정하는 요인과 성적검사에서 측정하는 요인과의 함수에 의해 결정된다는 것을 말한다. Wechsler 지능검사의 언어 IQ와 성적과의 상관은 전체 IQ와 성적과의 상관과 거의 같아서 실제 학업성적을 예언하는 데 동작 IQ는 아무런 의미가 없음을 시사한다. 이것이 바로 [그림 17-2]에서 예시한 바와 같이 동작검사는 주로 A, B에 관련된 능력을 측정하는 반면, 학업성적은

〈표 17-2〉 Wechsler 지능점수와 학업성적과의 상관(Conry & Plant, 1965)

하위검사	고등학교	대학교
지식	.54	.48
이해	.55	.33
수	.45	.19
유사성	.50	.39
숫자 외기	.37	.04
단어	.65	.46
숫자-부호	.34	.15
그림 완성	.33	.20
나무토막쌓기	.29	.19
그림 배열	.22	.07
모양 맞추기	.17	.12
언어 IQ	.63	.47
동작 IQ	.43	.24
전체 IQ	.62	.44

주로 D에 관련된 능력을 측정하기 때문이다.

만약 지능과 학업성적은 서로 다른 무엇을 측정한다고 가정하면, 지능검사와 학업성적 점수 사이의 상관이 높다는 사실이 오히려 그러한 이론을 합리화시키지 못한다. 지능검사가 측정하고 있는 속성이 성적검사가 측정하고 있는 속성과 다르다는 사실을 증명하기 위해서는 지능과 성적 사이에 시간 지체(time lag)라는 변인이 존재해야 한다. 마치 현재 추진 중인 투자의 효과를 알기 위해서는 그 투자의 효과가 되돌아오는 시간인 1년 혹은 2년 후의 효과를 분석해야 하는 것과 같은 논리다. T_1에서의 능력은 T_2에서의 성적에 영향을 미치고, 이것은 다시 T_3에서의 능력에 어떤 영향을 미칠 가능성이 있다. 이같이 시간변인을 포함한 인과적 관계로 보려는 것이 시간 지체가설(time lag hypothesis)이다. T_1일 때의 능력이 T_1일 때의 학업성적에 영향을 미칠 수 없는 일이다. 이 같은 가설에 따라 Crano, Kenny, Campbell[8)]은 미국 Milwaukee 교외의 공립학교 학생을 대상으로 4학년의 지능과 6학년의 성적 사이에 +.73의 상관이 나타나는 반면 4학년의 지능과 6학년의 지능 사이의 상관이 +.70으로 그 차이는 크지 않지만 유의한 차이인 것을 보고 지능은 성적과는 다른 어떤 속성을 측정한다고 해석하고 있다.

9학년 때 친 Stanford-Binet 지능검사 점수와 그들의 10학년 교과목 성적과의 상관은 다음과 같다.[9)]

---

8) W. D. Crano, J. Kenny, & D. T. Campbell, "Does intelligence cause achievement? A cross-lagged panel analysis", *Journal of Educational Psychology*, 1972, *63*, 258-275.

9) E. A. Bond, *Tenth Grade Abilities and Achievements*, New York: Teachers College, Colombia University, 1940.

읽기 이해력	.73
읽기 속도	.43
영어 사용	.59
역사	.59
생물	.54
지리	.48

3학년 학생의 Stanford-Binet 지능과 그들의 6학년 때의 학업성적과의 상관이 .74이며, 유치원 WISC 지능과 그들이 5학년이 되었을 때의 읽기 교과목 성적과의 상관이 .57이다. 이같이 일반적으로 전체 지능과 교과목의 상관은 대개 +.5를 상회하는 경향이 있다. 지능검사를 언어검사, 비언어검사로 크게 나누어 보았을 때 그것이 성적검사에 대해 갖는 예언변량은 [그림 17-3]과 같이 분할할 수 있다.[10)]

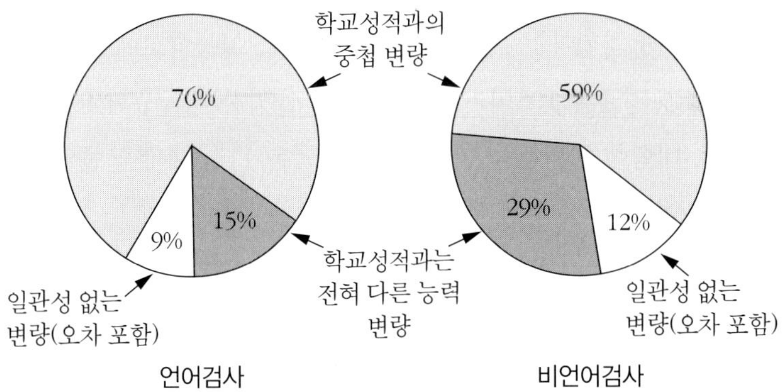

[그림 17-3] Lorge-Thorndike 지능검사의 언어검사와 비언어검사의 학업성적에 대한 예언변량(Cronbach, 1970)

---

10) L. J. Cronbach, *Essentials of Psychological Testing*, 3rd ed., New York: Harper & Row, 1970. p. 285.

이것은 Lorge-Thorndike 검사에 의한 분석이기는 하지만, 대체로 언어지능검사가 비언어지능검사보다 성적검사와 중복되는 변량이 크며(76% 대 59%), 이것은 곧 언어지능검사가 교과목 성적을 예언하는 능률이 높음을 시사한다.

지능이 학업성적과 밀접한 관련이 있다는 사실은 곧 지능이 상급학교에 진학하는 확률을 결정하는 주된 변수라는 사실을 말한다. 이것은 지능→학업성적→상급학교 교육→사회적 성공의 인과관계를 통해서 한 개인의 사회적 성공에 연결되지만, 이것은 동시에 지능 자체가 상급학교 교육을 결정하는 변수라는 뜻도 된다. Wolfle[11]의 연구에 의하면 18세 되는 집단의 지능분포와 각급 학교에 입학하는 비율은 [그림 17-4]와 같고, 대학에 입학한 학생의 졸업률을 지능과 비교해 본 것이 [그림 17-5]와 같다.

이 결과는 곧 지능이 학업에서의 성공과 상급 학교에서의 진학과 성공을 예언할 수 있는 중요 변인임을 시사한다. Wolfle의 연구에 의하면 전체 피험자의 IQ 평균이 100일 때, 고등학교에 입학하는 학생의 IQ 평균은 105이며, 고등학교를 졸업하는 학생의 IQ 평균은 110, 대학에 입학하는 학생의 IQ 평균은 115, 대학을 졸업하는 학생의 IQ는 121로 추정된다.

이같이 지능이 성적에 영향을 미치고, 이것이 다시 각급 학교에서의 성공을 결정하는 변수가 될 것은 쉽게 짐작할 수 있는 일이다. 〈표 17-3〉은 고등학교 졸업생 중 대학에 들어간 학생의 지능과 고교학업성적(학급 석차의 백분위점수)을 함께 묶어서 나타낸 표이며, 〈표

---

11) D. Wolfle, "Educational opportunity, measured intelligence and social background", in A. H. Halsey, J. Floud, & C. A. Anderson (Eds.), *Education, Economy and Society*, New York: Free Press, 1961. pp. 216-240.

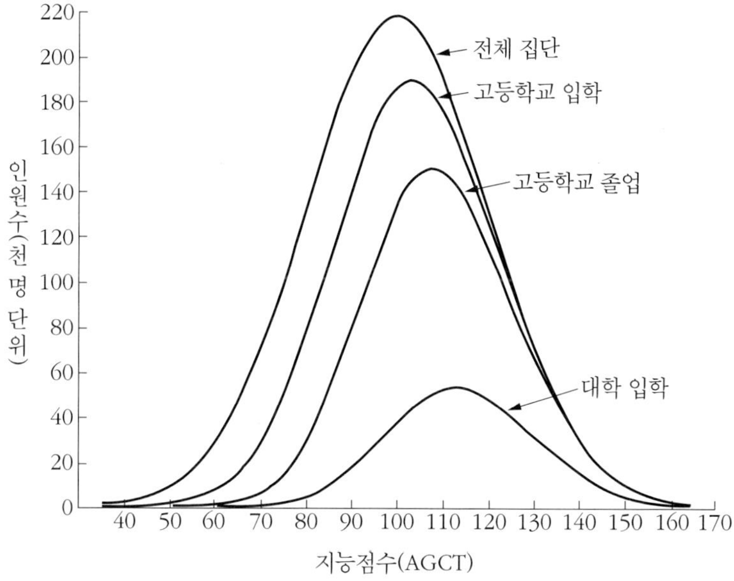

[그림 17-4] 18세 220,000명의 지능수준에 따른 각급학교 진학분포(Wolfle, 1961)

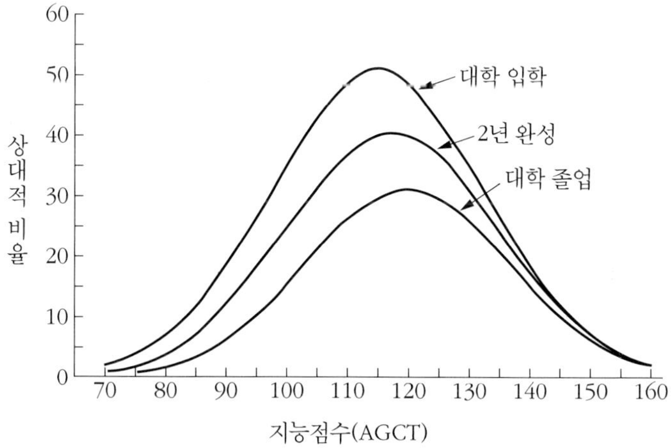

[그림 17-5] 대학생의 지능점수 분표(AGCT 지능검사)(Wolfle, 1961)

〈표 17-3〉 고교 졸업생 중 대학에 입학한 학생의 지능과 성적
(숫자는 백분율)(Wolfle, 1961)

고등학교 성적(학급 석차의 백분위 점수)

AGCT 지능점수	1~20	21~40	41~60	61~80	81~100	계
155 이상	38	45	52	59	66	66
145~154	34	41	47	54	61	61
135~144	30	37	43	50	57	54
125~134	26	33	40	47	54	48
115~124	24	30	37	44	51	42
105~114	21	28	35	42	48	35
95~104	19	26	32	39	46	29
85~94	16	23	30	36	43	22
75~84	12	19	26	33	40	16
65~74	8	15	22	29	36	10
65이하	4	11	18	24	31	4
계	17	26	35	44	53	35

〈표 17-4〉 대학 입학생 중 대학을 졸업한 학생의 지능과 성적
(숫자는 백분율)(Wolfle, 1961)

고등학교 성적(학급 석차의 백분위 점수)

AGCT 지능점수	1~20	21~40	41~60	61~80	81~100	계
155 이상	71	78	84	91	98	98
145~154	69	76	83	90	97	96
135~144	66	72	79	86	93	92
125~134	59	66	73	79	86	84
115~124	50	56	63	70	77	72
105~114	38	45	52	59	65	57
95~104	27	34	41	48	55	42
85~94	17	24	30	37	44	27
75~84	8	16	22	29	36	15
65~74	4	11	18	24	31	7
65이하	2	9	16	22	29	3
계	26	40	54	68	82	61

17－4〉는 대학에 입학한 학생 중 대학을 졸업한 학생의 지능과 고교 학업성적(학급 석차의 백분위점수)을 함께 묶어 나타낸 표다.

이 결과에 의하면 지능이 높으면 높을수록, 그리고 고등학교 성적이 상위 석차일수록 대학에 입학하거나 졸업하는 확률이 점차 커지고 있어서 대학에서의 성공은 지능과 성적의 함수라는 것을 증명한다. 이러한 대학 입학률과 졸업률이 지능분포의 단계에 따라 점진적으로 높아가고 있고, 그 확률이 성적보다 더 커지고 있음은 학업성적보다 지능의 변수가 더 큰 작용을 하는 것을 시사한다. 그러나 이 결과에서 주목해야 할 것은 지능 단계 사이의 확률 차이도 크지만 각 지능 단계 내의 학업성적의 변산도 커서, 반드시 높은 지능이 대학 입학이나 졸업을 보장하지는 않으며, 또 지능이 낮은 집단이 대학의 입학이나 졸업을 보장하지 않는 것도 아니다. 이것은 곧 지능이 고교 성적 및 대학에서의 성공의 충분조건은 아니라는 것으로 해석할 수 있다. 이외의 개인의 희망과 의지, 기회의 제공, 경제적 여건 등이 그 밑에 깔려 있는 중요한 변수로 작용할 가능성을 시사한다. 결론적으로 지능이 학업성적 및 교육의 상승 기회에 중요하고 필요한 변인인 것은 부인할 수 없지만 이것만이 충분조건은 아니라는 사실에 주목해야 한다.

제 | 18 | 장

지능, 천재, 창의성

지능과 천재

기록된 전기에 의하면 'Boltaire는 요람에서 시를 썼다.' 'Coleridge는 3세 때 성경을 읽었다.' 'Mozart는 5세 때 미뉴에트를 작곡했다.' 'Goethe는 8세 때 성인이 쓸 수 있는 작품을 썼다.'라고 한다. Cox[1]는 5세의 어떤 어린이가 다른 보통의 어린이가 8세 때 성취할 수 있는 지적 수행을 한다면 지능분포로 보아 그는 IQ 160이 된다고 추정할 수 있다는 증거에 비추어 앞 기록을 토대로 Boltaire의 지능은 IQ 180, Coleridge는 IQ 175, Mozart는 IQ 160, Goethe는 IQ 190이라고 추정하고 있다.

인간의 지적 능력이 특별히 뛰어난 경우에 흔히 천재(genius)라고

---

1) C. M. Cox, *Genetic Studies of Genius: II. The Early Mental Traits of Three Hundred Geniuses*, Stanford, Calif.: Stanford University Press, 1926.

하여, 이 같은 천재를 어떻게 일찍부터 확인하며, 개발할 것인가에 대한 관심이 깊었다. Galton의 천재연구를 위시하여, Terman도 그가 제작한 Stanford-Binet 지능검사에서 IQ가 우수한 집단에 관한 연구를 하고 있다.[2] 최근 IQ가 우수한 이들 800명의 평균연령이 40이 되었을 때 다시 추적한 연구에 의하면[3] 그들이 671개 저서, 1,400개 이상의 전문 분야 논문, 200개 이상의 소설과 희곡을 썼고, 150개 이상의 특허를 갖고 있었다.

이 같은 특수한 재능을 가진 사람에 대한 서구에서의 관점을 크게 두 가지로 분류해 볼 수 있다. 하나는 천재란 반신반인(demigods)으로서 그 같은 천부적 능력은 어떤 영감 같은 것에서 오며, 이 영감은 신이 준 선물로 생각하는 초자연적 사고다. 이 같은 사고는 천재 혹은 재능은 그 개인 안에 있기보다 밖에서 들어오는 것으로 본다. 다른 한 가지 사고는 정도가 격심한 심리병리(psychopathology)현상으로 보는 것과 같이 천재를 미친 것과 같은 것으로 보는 시각이다. Aristotle도 "광기 없는 천재란 없다."라고 했다.

이 같은 천재연구에 미친 Galton과 Freud의 입장은 주목할 만한 관점을 제공한다. Galton이나 Freud는 모두 19세기의 큰 조류의 하나인 생물적 · 발달론적 입장에 서 있기는 하지만 Galton이 천재가 가계의 유전형질을 통해 형성되며, 이것은 진화의 결과이고, 개인의 능력이 기초가 되며, 이들은 사회적 발전에서 긍정적으로 장려해야 할 사실로 보고 있다. 이에 비해 Freud는 가족을 심리적 실체로 보

---

2) L. M. Terman, "The discovery and encouragement of exceptional talent", *American Psychologist*, 1954, *9*, 221-230.

3) M. H. Oden, "The fulfillment of promise: 40-year follow-up of the Terman gifted group", *Genetic Psychology Monographs*, 1968, *77*, No. 1, 3-93.

고 그 속에서 갈등과 동기 과정이 원동력이 되어 방어적 행동유형에 의해 천재가 탄생되며, 그렇기에 동기적이며, 병리적이라고 본다. Galton의 입장이 반신반인으로 보는 관점을 뒤이어 오고 있다고 하면, Freud는 재능을 광기와 동일시하는 사고를 이어오고 있다고 볼 수 있다.

이같이 Galton과 Freud가 보는 천재의 개념이 다르긴 했지만, 그들이 시사하는 공통성은 천재란 지적 및 성격적 · 동기적 특성이 함께 관련된 특성이며, 그들이 어떤 탁월한 업적을 나타내었을 때 그들의 재능이 천재적이라고 판단되는 공공적 · 사회적 · 판단적 · 비교적 개념이지 고유한 개념이 아니라는 사실이다. 또한 누가 천재이며 천재가 아니냐를 결정할 수 있는 '한 가지 기준'은 없다. 기준이 때로는 지적 경향성에 의존할 수도, 때로는 인성적 특성에 의존할 수도 있다. 또한 이 같은 탁월성은 성질상 발달적이며, 그것이 나타나는 것은 종단적이다. 즉, 탁월성은 계속 발달하며 그것이 밖으로 나타나는 것은 평생을 계속해 간다는 것이다.

따라서 천재 혹은 재능을 가진 사람은 그가 지닌 다른 여러 가지 특성에 관계없이 오랫동안 많은 사람에게 유의한 영향을 미치는 많은 업적을 나타낸 사람이라고 정의할 수 있다. 따라서 천재의 가장 중요한 기준은 업적의 생산성(productivity)에 있고, 그것이 공공적 평가를 받은 의의 있는 것이어야 한다. 생산성이란 '양에서 엄청나며 그 수명에서 특수하며, 그 내용에서 예측할 수 없는 것'이 그 특징이다.

영향력을 주는 생산성이란 연속적이다. Cole과 Cole[4]은 1961년

4) J. Cole & S. Cole, *Social Stratification in Science*, Chicago: University of Chicago Press, 1973.

의 과학인용색인(The Science Citation Index: SCI)에 실린 25만 명의 과학자 중에 1.08%만이 58개 이상의 논문 인용을 받았고, 이 숫자는 노벨 수상자가 1955~1965년의 10년 사이에 인용된 평균 인용 수와 같다. 이것은 곧 천재의 생산성은 계속적으로 어떤 영향을 주며, 그러한 평가를 받게 됨을 뜻한다. Garfield[5)]는 이 같은 기준에 의해 과학 분야에서는 장차 노벨 수상자를 예언할 수 있으며, 실제 물리학 분야에서는 두 사람을 적중시켰다. 우리가 대개 천재라고 보는 사람의 생산성을 보면, Bach는 46개의 작곡을 했고, Binet는 277개의 저서 및 논문을 출판했고, Darwin은 119개의 연구, Einstein은 248개의 논문, Freud는 330개의 저서 및 논문, Galton은 227개, Poincaré는 500개 논문과 307개의 저서를, William James는 30개의 저서 및 논문을 출판하고 있다. Zuckerman[6)]은 과학 분야에서 어떤 형태의 수상을 받은 자는 다른 과학자(예컨대, American Men of Science에서 표본한)보다 더 일찍이, 더 많이, 더 오래 논문 및 저서를 출판했다고 보고하고 있다. 그의 추계에 의하면 전자는 연 평균 3.9개인데 반해 후자는 1.4개다.

천재의 생산성은 수명이 길다. Freud는 45년간 정신분석에 관한 논문, 저서를 발표했고, Picasso는 75년간 예술작품을 발표했고, Darwin은 51년간, Einstein은 53년간 저술을 했다. 19세기 저명한 과학자의 생산성 수명은 대개 30~34년인데 비해 보면 20세기 과학자의 생산성 수명이 훨씬 길다.

또한 높은 생산성과 각 분야에서의 탁월성 획득과는 밀접한 관계

---

5) E. Garfield, "Citation indexing for studying science", *Nature*, 1970, *222*, 669-670.

6) H. Zuckerman, "Nobel laureates in science: Patterns of production, Collaboration and authorship", *American Sociological Review*, 1967, *32*, 391-403.

가 있다. 어떤 분야든 영향력의 경험적 측정이라 볼 수 있는 논문 인용 수와 탁월성에 대한 동료들의 평가와의 상관이 심리학자의 경우 +.68,[7] 생리학자의 경우 +.72[8]로 보고되고 있다. 또한 심리학 분야에서는 연구의 질과 인용 수 사이에 상관이 +.89에 이르고 있다. 이것은 곧 생산성과 탁월성과는 밀접한 관련이 있다는 것을 말한다.

천재의 생산성에 있어서 또 하나의 특징은 그들의 업적은 서로 엉켜 있는 핵심적 문제에 대해 혁신적인 아이디어를 제공하는 것이 특징이다. 혁신적이란 인간이 상상할 수 없는 전무후무한 새로운 것을 발견해 내는 것을 말하는 것이 아니라 기존의 아이디어에 어떤 변화를 가져옴으로써 새로운 돌파구, 새로운 방향, 새로운 길을 제시하는 것을 뜻한다. 이것은 어떤 분야의 새로운 아이디어의 시조가 된다는 뜻도 된다. Darwin의 생물학, Einstein의 물리학, Freud의 심리학, Pavlov의 조건반사, Picasso의 미술 등은 다 이 같은 혁신적 아이디어를 지칭하고 있다.

지금까지 살펴본 천재의 속성에서 우리가 흔히 지니고 있는 '발견되지 아니한 천재가 있다.'라는 낭만적이며 영웅적인 생각은 잘못된 개념임을 알 수 있다. 천재는 그가 가진 능력에 의해 나타내 보인 생산성과 그 영향력에 의해 천재라고 판단되는 것이지 발견되지 아니한 천재는 존재하지 않는다. 따라서 천부적인 천재, 타고난 천재, 유전적 천재란 존재할 수 없다. 물론 각 개인이 처한 상황, 조건이 보다 그런 기회를 제공하는 데 차이가 있을 수는 있다. 그러나 누군

7) K. E. Clark, *America's Psychologist: A Survey of A Growing Profession*, Washington, D. C.: American Psychological Association, 1957.

8) S. Cole & J. Cole, "Scientific output and recognition: A study in operation of the reward system in science", *American Sociological Review*, 1967, *32*, 377-390.

가를 천재냐고 했을 때, 그것은 불을 처음 붙인 사람, 원자를 처음 쪼갠 사람, 문자를 처음 만든 사람, Hamlet을 처음 쓴 사람, 오이디푸스 콤플렉스를 처음 주장한 사람이라고 할 수 있다.

그러면 이 같은 천재 혹은 탁월한 생산성을 가진 사람을 예측할 수 있는가 하는 질문을 제기할 수 있다. 그중의 한 가지 대답은 지능이 대단히 높은 사람(예컨대, IQ 140 이상) 중에 그러한 사람이 있을 개연성이 높다는 것이다. 그러나 지능이 높다는 것이 그러한 천재를 전혀 보장하지 않는다는 사실에 주목해야 한다. 즉, 지능이 높다고 해서, 예컨대 IQ가 150 혹은 160이 된다고 해서 천재가 될 것이라고 예측하는 것은 극히 위험한 판단이라는 것이다.

지금까지 연구된 바를 종합해 보면 천재라고 지목된 탁월한 생산성을 나타낸 사람들은 대부분 그들의 생산적 생애를 조기에 시작하는 경향이 있다.[9)] Bloom[10)]은 시카고 대학교에서 박사학위를 받고 나가는 사람 중에 보다 창의적인 자와 그렇지 않은 자를 비교해 본 결과, 졸업 후 8년 안에 대부분의 저술 중 약 10%가 창의적인 사람에게서 나오며, 10년 후에 보면 그들은 연평균 4개의 논문을 발표하는 데 비해 비교집단은 0.5개다. Harmon[11)]도 157명의 생물과학자,

---

9) R. S. Albert, "Cognitive development and parental loss among the gifted, the exceptionally gifted and the creative", *Psychological Reports*, 1971, *29*, 10-26.
H. C. Lehman, *Age and Achievement*, Princeton, N. J.: Princeton University Press, 1953.
A. Roe, *The Making of A Scientist*, New York: Dodd, Mead, 1952.

10) B. S. Bloom, "Report on creativity research by the examiner's office of the University of Chicago", in C. W. Taylor & F. Barron (Eds.). *Scientific Creativity: Its Recognition and Development*, New York: Wiley, 1963.

11) L. R. Harmon, "The development of a criterion of scientific competence", in C. W. Taylor & F. Barron (Eds.), *Scientific Creativity: Its Recognition and Development*, New York: Wiley, 1963.

347명의 물리학자를 경험과 전공으로 보아 창의적인 사람과 아닌 사람을 짝지어 연구하면서 준거를 학교성적, 지능, 성적검사, 적성, 업적 등을 모두 포함시켜 본 결과, 가장 객관적 지표가 개인의 저술이라는 것을 밝히고 있다. 이 같은 사실은 천재는 지능의 함수가 아니라는 사실을 확인시켜 준다. 실제 IQ 120 이상이 되면 지능 이외의 다른 변인, 예컨대 동기, 지구력, 사고 방법, 문제를 포착하는 능력, 환경적 조건 등이 더 중요한 변인으로 등장한다.

탁월한 재능을 지닌 사람들의 생산성 발휘가 조기에 이루어지는 것을 경험적 자료에서 추출해 보면 대개 24~25세 사이로 추정된다. 각 분야에서 최고의 과학자, 최고의 문학자 25명씩을 뽑아서 보면 그 연령이 22세로 앞당겨진다. Freud는 21세에 처음으로 전문직 논문을 발표했고, Darwin과 Einstein은 22세에 그들의 첫 논문을 발표하고 있다. 미국 심리학자 중 미국심리학회에서 주는 명예 과학공로상을 받은 사람들이 처음 논문을 쓴 시기는 25.3세다. 이같이 생산성이 24~25세의 조기에 시작된다는 사실은 약 200년 거슬러 올라가 조사해 보아도 별로 다르지 않다. 이것은 곧 탁월한 재능은 초기의 가정환경의 경험과 인지 및 인성 발달에 어떤 독특한 조합을 필요로 하리라는 추측을 가능케 한다.

천재와 같은 축복받은 모종의 재능, 천부적인 지능은 존재하지 않는다.[12] 이것은 어떤 특성이나 객관적으로 존재하는 사물이 아니라 '존재하지 않는 사물에 이름을 붙이는' 우상이 있다고 Francis Bacon이 『신논리학』에서 말했듯이 천재란 존재하지 않으며, 어떤 사람이

12) R. S. Albert, "Toward a behavioral definition of genius", *American Psychologist*, 1975, *30*, 140-151.

성취해 놓은 생산성에 의해 천재라고 혹은 탁월한 재능을 가지고 있다고 평가하는 공공적 인정과 판단만이 존재할 뿐이다. 지능과 관련하여 지능이 높은 사람이 천재라고 생각하는 우상적 관념은 수정되어야 한다.

지능과 창의력

지능에 관한 이론은 측정 방법이 개발되면서 천재에 관한 관심만큼 창의력(creativity)에 관한 관심도 깊었다. 창의력의 개념이 무엇이며 창의적인 사람의 특성이 무엇인가에 대한 관심은 지능에 관련하여 여러 가지 측면에서 연구되어 왔다. 창의적인 사람의 특성은 지적인 특징도 있지만 또한 '인성적' 인 특징도 지니고 있다.

창의적인 사람이 지능이 높은가? 창의력이란 지능과 별로 관계없는 특성인가? 이에 대한 해답을 구하기 위해서 일찍부터 관심을 기울여 온 편이다. Terman의 연구[13]에서는 창의적인 사람의 지능은 Stanford-Binet 지능검사로 측정해 본 결과 IQ에서 상당히 넓은 변산을 보이기는 하지만 지능이 관계가 있다고 지적하고 있고, 특히 예술 및 과학 분야에서 현저하게 창의적인 사람의 경우 IQ가 120이하인 사람은 드물다고 한다. 그러나 동시에 창의력에는 동기적 특성, 성격적 특성이 중요한 영향을 미친다고 보고하고 있다. 이에 반해 Taylor와 Holland[14]의 연구에서는 창의력과 지능 사이의 상관

13) L. M. Terman & M. Oden, *Genetic Studies of Genius, Vol. IV: The Gifted Child Grow up*, Stanford, Calif.: Stanford University Press, 1947.

14) C. W. Taylor & J. L. Holland, "Development and application of tests of creati-

은 +.2～+.4 정도에 지나지 않아, 두 변인 사이에는 별로 높은 관계가 없는 것으로 시사하고 있다.

그런가 하면 Mackinmon[15]은 가장 창의적인 건축가, 과학자, 기술자, 작가, 발명가를 창의적 집단으로 하고 덜 창의적인 집단을 비교집단으로 하여 비교하였더니 창의적인 사람은 비교집단에 비하여 지능 및 성적이 훨씬 우수하다고 보고하고 있다. 그러나 지능지수 120을 최저선으로 해서 그 이상 올라가는 경우에 지능은 별로 큰 역할을 못한다고 보고하고 있다. 또한 창의적인 사람은 관습적으로 정해진 과제보다는 복잡하고 비대칭적인 과제를 좋아하며, 성격 특성에서는 Allport－Vernon－Linzey의 가치관 척도에서 예능적 가치, 이론적 가치 척도에서 점수가 높고, 종교적 · 경세적 · 사회적 가치 척도에서 점수가 낮다. 또한 감각적 형태의 사고보다 직관적 형태의 사고를 하며 성격이 외향적이기보다 내향적이다. 이 같은 연구들은 창의적인 사람의 기준을 평가자의 판단에 기초하여 정하였기 때문에 창의성의 기준이 모호하다는 것을 문제점으로 지적할 수 있다.

창의력에 관한 개념에 대해 처음으로 요인분석적 개념에 대해 과학적으로 접근한 것은 Guilford[16]에서 출발한다. 그는 지능 모형에서 생산적 사고를 수렴적 사고(convergent thinking)와 발산적 사고(divergent thinking)로 구별하여 전자는 검사자에 의해 이미 정답이

vity", *Review of Educational Research*, 1962, *32*, 91-102.

15) D. W. Mackinmon, "The personality correlates of creativity: A study of American architects", *Proceedings of XIV International Congress of Applied Psychology*, Copenhagen: Munksgaurd, 1962, II, 11-39.

16) J. P. Guilford, *The Nature of Human Intelligence*, New York: McGraw-Hill, 1967.

정해져 있는 사고문제를 해결하는 능력으로 보고, 후자는 가능한 한 여러 가지 다양한 자기 자신의 반응을 하도록 하는 사고를 지칭하고 이것이 바로 창의력의 본질적 능력이라고 보았다. 이 같은 창의력은 적어도 4가지 개념이 그 속에 포함된다. 첫째, 유창성(fluency), 둘째 독창성(originality), 셋째 자율적 신축성(spontaneous flexibility), 넷째 적응적 신축성(adaptive flexibility)이다. 유창성은 언어 유창성, 사고의 유창성, 표현의 유창성, 연합 유창성으로 나눌 수 있다. 언어 유창성은 '가'로 시작되는 말을 될 수 있는 대로 많이 해보라는 검사, 사고의 유창성은 생선 이름을 아는 대로 많이 말해 보라는 것, 표현의 유창성은 '집의 특징'을 알 수 있는 대로 많이 들어 보라는 것, 연합 유창성은 잉크-종이와의 관계를 연결시키는 방법으로 검사한다. 독창성이란 흔히 있지 않은 독특한 반응, 비범한 반응을 하는 것을 말하는데, 예컨대 '이 세상의 인구가 두 배로 늘어난다면 어떤 일이 일어날 것인가?'(결과검사)라는 질문에 대해 그 반응의 독창성, 비범성에 의해 채점한다. 자율적 신축성은 사고의 다양성을 허용했을 때 타성과 관습에서 얼마나 자유로운가 하는 것을 말하며, '벽돌을 어디에 사용할 수 있는가'(벽돌 사용 검사)라는 질문에 대해 반응의 유목과 유형이 얼마나 다양하게 변하는가를 보면서 검사한다. 적응적 신축성은 비관습적 사고를 함으로써 해결할 수 있는 문제를 푸는 능력이며, [그림 18-1]이 그 예시다. (가)의 그림은 성냥개비로 이루어진 그림이며, "여기에서 4개의 성냥을 들어내어 정사각형 3개를 만들어라." 하는 문제다.

Guilford의 발산적 사고 혹은 창조력에 관한 개념의 제시는 모호하고 주관적 판단에 의존하던 창의력의 개념을 보다 이론적으로 정립하는 데 기여했다. 뿐만 아니라 이 같은 창의력이 지능과 어떤 관

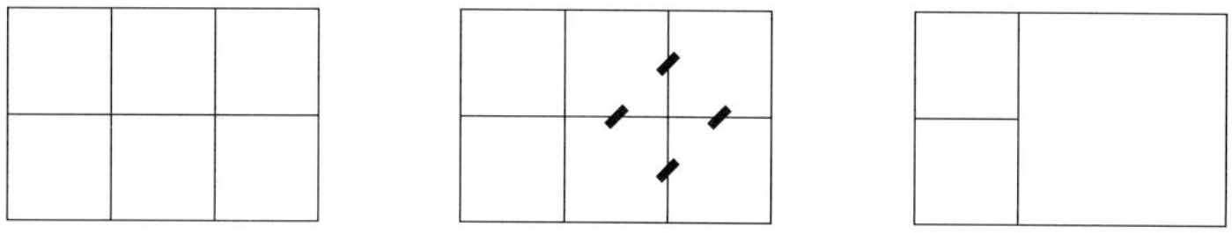

(가)→ (나)→ (다)

[그림 18-1] 성냥문제 문항의 예시(Guilford, 1967, p. 153)
(가)의 그림에서 성냥개비 4개를 들어내어 정사각형 3개를 만드시오.

계가 있는가를 Getzel과 Jackson,[17] Guilford,[18] Torrance[19] 등이 연구함으로써 그것이 전통적인 지능과는 전혀 별개의 개념인 것을 밝히고 있고 지능과는 +.3 정도의 상관이 있다고 보고하고 있다. 어떤 연구자는 지능과 창의력 사이에는 아무런 관계가 없다고 보고하고 있다.[20] 그러나 이에 대해 Cave[21]는 Lorge-Thorndike의 지능검사와 5개의 창의력검사(Guilford 검사, Getzel와 Jackson의 창의력검사 및 Torrance의 검사 중에서 선택)를 중학생 447명을 대상으로 실시하여 요인분석하고, 그것을 Guilford와는 달리 사교회전을 시켰다. 그 결과는 〈표 18-1〉과 같다.

이 결과는 지능과 창의력이 별로 관련이 없다는 주장과도 다르며 지능과 창의력이 동일하다고 보는 관점과도 다르다. 창의력은 지능과 관계있으면서 동시에 그 독특한 요인도 존재(C 요인)함을 시사

17) J. W. Getzel & P. W. Jackson, *Creativity and Intelligence: Explorations with Gifted Students*, New York: Wiley, 1962.

18) J. P. Guilford, *The Nature of Human Intelligence*, New York: McGraw-Hill, 1967.

19) E. P. Torrance, *Guiding Creative Talent*, Englewood, Cliffs. N. J.: Prentice-Hall, 1962.

20) I. Flescher, "Anxiety and achievement of intellectually gifted and creatively gifted children", *Journal of Psychology*, 1963, *56*, 251-268.

21) R. L. Cave, "A combined factor analysis of creativity and intelligence", *Multivariate Behavioral Research*, 1970, *5*, 177-191.

〈표 18-1〉 지능검사와 창의력 검사의 요인분석(Cave, 1970)

(사교회전 요인행렬)

구 분	변 인	요 인		
		V	R	C
언어지능	1 어휘	(.56)	−.10	−.01
	2 문장	(.29)	.07	.03
	3 산수추리	.08	(.44)	(−.19)
	4 단어분류	(.38)	.04	.04
	5 언어유추	(.40)	.09	−.09
비언어 지능	6 도형분류	−.09	(.39)	.07
	7 수계열 완성	−.05	(.42)	−.02
	8 도형유추	−.06	(.46)	.04
창의력	9 사용	(.14)	.02	(.34)
	10 단어연상	(.37)	−.05	(.26)
	11 구성	.11	(.20)	(.15)
	12 원	−.07	.02	(.46)
	13 불완성 도형	.06	−.03	(.32)

한다.

Dellas와 Gaier[22]는 창의적 사람의 특성을 지능에서 찾기보다 인지기능(cognitive functioning)에서 찾는 것이 보다 합리적이라고 보고 그들의 인지기능의 특징으로 인지 복잡성(cognitive complexity)의 선호, 인지신축성(cognitive flexibility)의 폭이 크고 자유로운 것, 외부 세계에 대해서뿐 아니라 자아에 대해서도 인식과 감수성이 높은 지각적 개방성(perceptual openess)을 그 특징으로 들고 있다.

창의적인 사람은 평범한 사람에 비해 문제에 접근하는 방법과 양식이 다르리라고 추측해 볼 수 있다. 이 같은 문제 접근에 대해 창의

22) M. Dellas & E. L. Gaier, "Identification of creativity: The individual", *Psychological Bulletin*, 1970, *73*, 55-73.

적인 물리학자와 초보자의 물리문제를 해결하는 인지과정 및 정보처리과정을 비교한 연구에 의하면[23] 우선 창의적 물리학자가 그 분야에 본질적으로 필요한 지식을 훨씬 많이 가지고 있다는 사실에 큰 차이가 있다. 그러나 그보다 더 중요한 차이는 이 같은 지식 및 정보를 색인 없이 요약해서 장기기억 저장고에 소장하고 있는 것이 아니라 필요할 때 아주 짧은 시간(몇 초 사이)에 그것을 찾아낼 수 있는 길잡이가 되는 여러 가지 다양한 유형의 색인철을 지니고 있다는 것이 큰 특징이다. 이 같은 유형-색인화된 도식(pattern-indexed schemata)을 이용하는 능력이 아마 물리학적 직관이라는 것의 대부분을 차지한다고 본다. 그러나 이 같은 문제해결과정의 특징이 어느 개인에게 고유한 것은 아니며 이 같은 학습과정을 직시에 활용하기 위해서는 오랫동안의 고통스러운 훈련이 있었다는 것을 밝히고 있다. 이것은 곧 창의적인 사람이란 어떤 기적이 나타나듯이 '나타나는 것이 아니라' 오랫동안의 경험을 통해 '형성된 것'이라는 것을 시사한다. 이 같은 창의적 사고의 과정이 자세히 밝혀져서, 누구나 창의적인 사람이 될 수 있는 시기가 올지는 모르지만 아직은 이 같은 노력, 훈련도 무시 못할 면임을 시사한다. 이 같은 시각은 창의적인 사람과 비창의적인 사람이 따로 존재하는 것이 아니라 누구에게나 창의적인 능력은 존재하며, 다만 그 소유의 정도에 차이가 있을 뿐이라는 평범하면서도 중요한 진리를 다시 음미하게 해 준다.

창의적인 사람의 특징은 이 같은 지능 및 인지능력 등에서의 차이도 존재하지만, 그에 못지않게 인성적 특성 및 동기적 특성에서도 여러 가지 특징적인 차이를 보인다. 창의적인 사람의 인성은 충동성이

23) J. Larkin, J. McDermott, P. D. Simon & H. A. Simon, "Expert and novice performance in solving physics problems", *Science*, 1980, *208*, 1335-1342.

별로 없고, 억압에 의한다는 상상적 통제가 별로 없으며, 자아방어적인 특성이 없고, 내적 및 외적 자극에 대한 개방성이 특징이다. 또한 자기의 지각체계 속에 복잡성, 무질서, 불균형을 용납하여 받아들이며 자기의 독특한 방법으로 무엇을 성취하려는 특성이 있고, 정서와 감정에 대한 폭넓은 개방성, 미적 감수성이 발달되어 있는 것 등이 특징이다. 또한 창의적인 사람들은 강한 자아 강인성(ego strength)이 있으며, 주어진 현상을 그냥 받아들이기보다 그것에 대해 보다 깊은 의미와 예기치 못한 사태나 경우 등을 찾으려고 한다. 사회 지향적이기보다 개인 지향적이며, 다른 사람의 반응이나 그에게 미칠 영향 등에 별로 관심을 두지 않는다. 뿐만 아니라 강한 자아정체감과 자아 수용감이 있으며 진리와 미의 가치에 대한 존경심이 높다.

이 같은 여러 가지 연구 결과를 종합하면 창의적인 사람의 창의적 행동은 지능이나 일반능력의 함수에 의존하기보다는 문제에 접근하는 인지기능과 인성 및 동기 특성의 함수에 더 크게 의존한다고 보아야 할 것이다. 그러나 이것이 창의적인 사람에게는 지능이 아무런 관계가 없다는 뜻으로 해석되어서는 안 된다. 적어도 창의적인 사람의 경우 어느 수준의 지적 능력은 필수적이다. 그러나 그 하한선이 어디인가에 대한 분명한 획선은 지금까지의 연구로는 단언하기 어렵다.

제 | 19 | 장

지능, 문화, 종족, 사회계층

지능과 문화

문화라는 개념만큼 정의하기 어려운 개념도 많지 않다. 여기에서는 문화 자체의 개념 정의에 관심이 있기보다 지능이 문화와 어떤 관계에 있으며, 문화의 차이에 따라 지능이 어떻게 다르며 또 같은가를 살피는 것이 목적이다. 그렇기 때문에 여기에서는 비교문화 심리학(cross-cultural psychology)에서 가장 많이 인용되는 문화의 개념을 제시해 보자.

> 문화는 상징에 의해 획득되고 전달되는 내현적이거나 외현적인 행동의 유형(patterns of behavior)으로 구성되며, 이것은 공예품과 같이 구체적으로 표현된 것을 포함하여 인간집단이 이룬 특수한 업적을 모두 포함한다. 문화의 본질적 핵심은 전통적 아이디어(역사적

> 으로 도움되고 선택된)로 구성되며, 특히 거기에 부여하는 가치로 구성된다. 문화체계는 한편으로는 행동의 결과이기도 하지만 또 한편으로 장차의 행동을 조건화시키는 요소이기도 하다.[1]

지능에 관한 문화비교학적 관심은 지능에 포함된 정신능력이 문화에 따라 차이가 있는가 혹은 같은가라는 지능요인의 불변성(invariance)의 존재를 확인하는 데 있다. 이것은 지능을 인지과정으로 보는 이론에서도 마찬가지다. 즉, 문화가 다름에 따라 그들이 사용하는 인지과정에 차이가 있는가 하는 것이 주된 관심이다. 만약 유사한 요인이나 인지과정이 다른 문화들 사이에 공통적으로 존재한다면 사용하는 지능의 개념은 비교문화적 구인으로 중요한 의미가 있기 때문이다.

지능의 요인에 관한 비교문화적 연구는 그동안 비교적 주관적 판단에 의존해 온 경향이 있었지만, 최근 요인 유사성의 양적 지표를 개발하면서 연구는 객관성을 띠기 시작했다. 이 중 대표적인 예를 몇 가지 들어 보자. Vernon[2]은 영국, 서인도, 아프리카, 북캐나다인에게 서구식 지능검사를 실시한 결과 문화에 따라 차이가 있기는 하지만 대체로 같은 요인이 나타남을 보고하고 있고, Irvine[3]도 아프리카인을 대상으로 한 연구에서 비슷한 결과를 제시하고 있다.

---

1) A. Kroeber & C. Kluckhohn, "Culture: A critical review of concepts and definitions", *Papers of the Peabody Musium of American Archaelogy and Ethnology*, Harvard University, 1952, 47.

2) P. E. Vernon, "Ability factors and environmental influences", *American Psychologist*, 1965, *20*, 723-33.

3) S. H. Irvine, "Factor analysis of African abilities and attainments: Constructs across cultures", *Psychological Bulletin*, 1969, *71*, 20-23.

MacArthur[4]도 캐나다, 인디언, 에스키모, 백인을 포함한 집단에 검사를 실시한 결과 위계적 지능이론에 의하면 상위차원 요인에서는 문화집단 사이에 유사성이 크고, 하위차원 요인에서는 차이가 있음을 시사하고 있다.

이 같은 비교문화적 연구에서 보다 먼저 선행되어야 할 과제는 문화집단 사이에 지능요인의 유사성이 존재하는가를 양적으로 확인하는 일이라고 볼 수 있다. 요인 불변성이 문화 간에 존재한다는 것이 확인되면 양적 비교는 논리적으로 정당화될 수 있다. 그러나 만약 이것이 확인되지 않는다면, 비록 같은 검사를 가지고 문화 간 지능을 비교한다고 해도 그것은 아무런 의미 없는 피상적 비교에 불과하게 된다. 따라서 보다 합리적인 질차는 현재 가능한 요인분석 방법에 의해 문화 간 요인 유사성의 정도를 결정하고 난 다음, 유사하게 나타나는 요인에 대해 문화 간 비교를 해야 한다.

이 같은 관점에서 보면 현재 지능의 문화 간 비교는 기본적으로 요인 유사성이 존재하지 않을 가능성을 더 강력히 시사하고 있다. Lesser, Fifer, Clark의 연구[5] 및 Stodolsky와 Lesser의 연구[6]는 미국 내에 있는 대표적인 종족인 중국인, 유대인, 흑인, 남미인을 비교 연구한 것이다. 우선 [그림 19-1]에 종족별 사회계층 간 결과와 [그림 19-2]에 종족 간 비교를 제시했다.

---

4) R. MacArthur, "Some differential abilities of Northern Canadian native youth", *International Journal of Psychology*, 1968, *3*, 43-51.

5) G. S. Lesser, G., Fifer, & D. H. Clark, "Mental abilities of children from different social class and cultural groups", *Child Development Monographs*, 1965, *30*, No. 4.

6) S. S. Stodolsky & G. S. Lesser, "Learning patterns in the disadvantaged", *Harvard Educational Review*, 1969, *37*, 546-593.

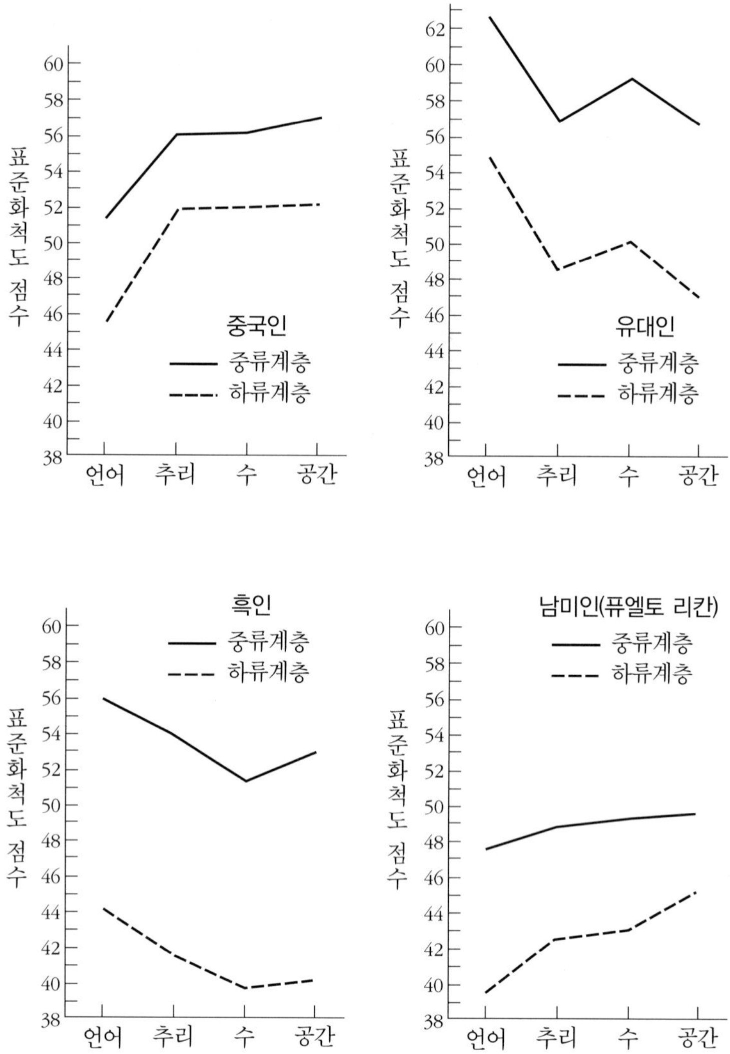

[그림 19-1] 종족별 및 사회계층 사이의 지능 요인에서의 차이와 유형

(Stodolsky & Lesser, 1967)

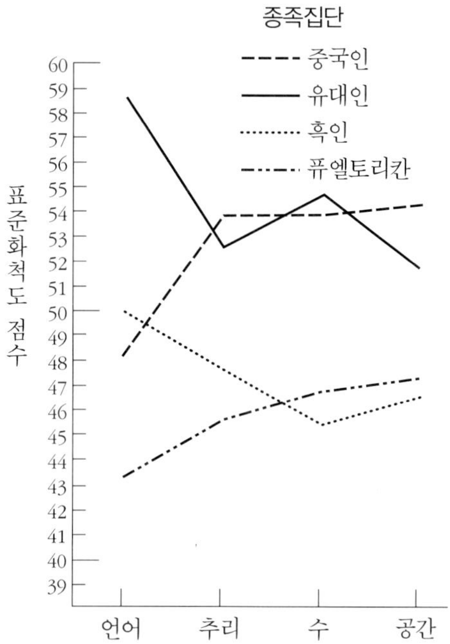

[그림 19-2] 4개 종족 집단에 대한 정신능력 검사의 유형(Stodolsky & Lesser, 1967)

이 결과에 의하면 각 종족의 사회계층 사이에는 각 요인의 유형이 비슷하고, 다만 그 능력 수준에서 차이가 있을 뿐이다. 그러나 종족 간 문화집단 사이에는 전혀 다른 능력 유형(ability patterns)을 보이고 있다. 예컨대, 중국인은 공간요인(*S*)이 높고 언어요인(*V*)이 낮은 유형을 보이고 있는데 비하여, 유대인은 공간요인이 낮고 언어요인 및 수요인에서 높은 형태를 보여 주고 있다. 이와 같이 문화적 차이를 가장 예리하게 나타내는 종족 간의 능력 유형에 이러한 차이가 존재한다는 것은 지능의 요인 불변성이 존재하기 어렵다는 것을 시사하며, 이것은 곧 지능의 문화 비교는 지금까지의 방법으로는 의미 없는 일임을 시사한다.

이에 반해 Vandenberg의 연구[7)]는 같은 Thurstone의 PMA 검사를 가지고 비교문화적 관점에서 요인의 불변성에 관한 탐구를 시도하고 있다. 1959년의 연구에서 그는 미국 내 대학에 다니는 중국인 대학생과 미국 대학생을 대상으로 PMA를 비교하여 보았더니 5개 요인이 모두 높은 유사성을 보이고 있어서 합치도 지수[8)]는 .91～.93에 이르고 있다. 그 이후 1967년의 연구에서는 이를 중국인 학생의 추적연구에서 남미학생들과 비교해 보았는데, 이 연구에서 다룬 7개 요인에서 합치도 지수는 .78～.95에 분포되고 있다. Vandenberg의 1973년도 연구[9)]에서는 캐나다와 필리핀 6학년 및 8학년 학생을 대상으로 연구한 바에 의하면 4개 요인은 .70～.95의 합치도 계수를 보이고 있다. Defries 등[10)]은 일본인을 선조로 가진 미국인과 유럽인을 선조로 한 미국인 사이의 능력의 유사성을 본 결과 4개 요인에서 합치도 계수가 .96～.99에 이르고 있다고 보고하고 있다. 이 같은 연구들은 지능요인의 불변성을 확인해 주고 있고, 이것은 곧 문화간 비교를 가능케 하는 길을 터준다.

---

7) S. G. Vandenberg, "The primary mental abilities of chinese students: A comparative study of the stability of a factor structure", *Annals of the New York Academy of Science*, 1959, *79*, 257-304.

S. G. Vandenberg, "The primary mental abilities of South American students: A second comparative study of the generality of a cognitive factor structure", *Multivariate Behavioral Research*, 1967, *2*, 175-198.

8) 합치도 지수(congruence index)는 상관계수와 비슷하게 최대치는 1이며 비슷하게 해석해도 무방하다.

9) S. G. Vandenberg, "Comparative studies of multiple factor ability measures", in J. R. Royce (Ed.), *Multivariate Analysis of Psychological Theory*, London: Academic Press, 1973.

10) J. C. Defries, S. G. Vandenberg, G. E. McClearn, A. R. Kuse, J. R. Wilson, G. C. Ashton, & R. C. Johnson, "Near identity of cognitive structure in two ethnic groups", *Science*, 1974, *183*, 338-339.

이 같은 문화 간의 지능요인의 불변성을 가정했을 때 문화 간에 지능구조에 차이가 발생하는 것을 설명하기 위해서는 어떤 설명 모형이 요구된다. 이에 대해 Berry[11]는 개인의 발달을 물리적 환경 및 생태적 요구(ecological demands)에 관련시킨 모형을 제안하고 있다([그림 19-3] 참조). 이 모형에 의하면 생태적 변인은 개인의 여러 가지 특성의 발달에 직접적으로 영향을 미칠 수도 있고 혹은 문화, 사회화, 영양과 질병, 유전자 공급원(gene pool) 등을 통하여 간접적으로 영향을 미칠 수도 있다. 마찬가지로 개인이 생태를 변형시킬 수도 있다. 따라서 개인의 발달과 생태 사이에는 교호적인 상호작용이 존재한다고 본다. 예컨대, 수렵민족인 경우에는 그들의 생태적 조건이 시각변별력, 공간능력, 지리적 공간 개념, 공예외 생산 등을 강요하게 될 것이며, 이것이 사회화 과정을 통해 강요하게 되고 강한 독립성, 자신감, 개인의 즉각적 판단력 등을 강요하게 된다. 그러나 이 같은 사회에서 점차 수렵의 중요성이 감소되면 공간지각이나

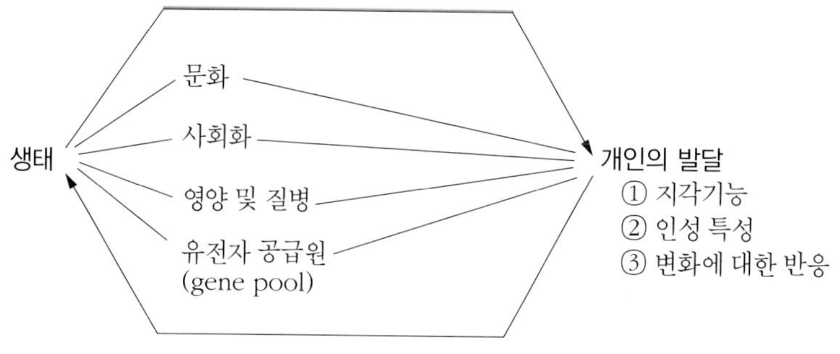

[그림 19-3] 개인의 발달과 생태적 및 기타 변인과의 관계(Berry, 1971)

11) J. W. Berry, "Ecological and cultural factors in spatial perceptual development", *Canadian Journal of Behavioral Science*, 1971, *3*, 324-336.

변별력도 따라서 중요하지 않게 되어 그 중요성이 감퇴될 것이다. 이 같은 과정을 거쳐 각 문화의 능력적 특성이 형성되어 간다고 설명할 수 있다. 이 같은 관점에서 인간의 특성이 문화에 따라 달리 형성된다는 것은 생태—문화적 이론이라고 볼 수 있으며, 이것은 [그림 19-4]과 같은 과정을 거쳐 인간의 인지과정이 형성된다는 관점이다.[12)]

Goodnow[13)]는 인지과정에 관련하여 비교문화적 연구를 하는 경우 여러 가지 문제점이 개재함을 경고하고 있다. 첫째, 흔히 서구적 척도에 따라 원시문화, 미개문화 등의 개념을 사용하기 쉬운데, 원시문화 속에서 서구문화에 없는 복잡한 친족 호칭과 분류 방법이 존재하며, 그들 나름의 증거와 가설 검증, 논리적 추리를 하고 있음을 알 수 있다.

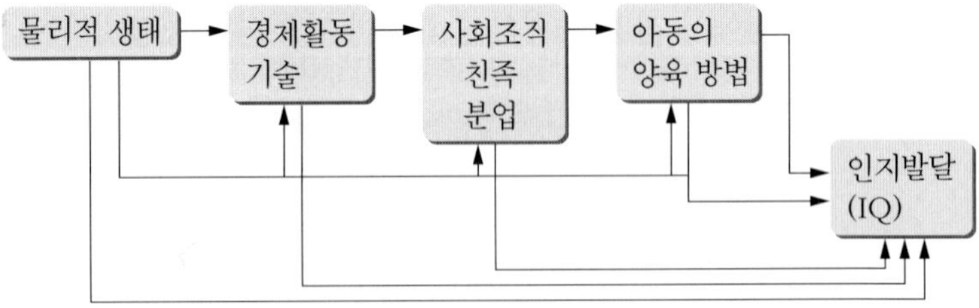

[그림 19-4] 문화와 인지발달에 관한 규범적 생태문화이론의 모형

12) J. W. Berry, *Human Ecology and Cognitive Styles*, New York: Sage-Halsted, 1976. R. Serpell, *Culture's Influence Behavior*, London: Methuen, 1976.
J. W. Whiting, "Methods and problems in cross-cultural research", in G. Lindzey & E. Aronson (Eds.), *The Handbook of Social Psychology*, Vol. 2, Reading, Mass.: Addison-Wesley, 1969.

13) J. J. Goodnow, "The nature of intelligent behavior: Questions raised by cross-cultural studies", in L. B. Resnick (Ed.). *The Nature of Intelligence*, Hillsdale, N. J.: Lawrence Erlbaum, 1976. pp. 169-188.

둘째, 흔히 서구 문화권에서 X검사와 Y검사, 혹은 A요인과 B요인이 공통된 어떤 요인이나 영역을 측정하고 있다고 해서, 다른 문화권에서도 그것이 비슷하게 나타나리라고 기대하는 오류를 들 수 있다. 예컨대, Piaget식 인지과제는 어떤 것이든지 IQ 검사에 의해 지능 우수자라고 밝혀진 집단과 지능이 낮다고 밝혀진 집단 사이에 비슷한 결과를 나타낸다. 그러나 이 같은 과제를 학교교육을 전혀 못 받은 중국인 아동을 대상으로 실시해 보면 그들도 무게(weight), 면적(area), 부피(volume)에 관한 보존개념검사에서는 학교를 다닌 피험자와 마찬가지로 잘하며, 다만 조합추리(combinatorial reasoning)에서만 성취율이 낮다.[14] 이것은 곧 문화적 차이에 따라 요구하는 인지과정이 다름을 시사하며, 조합추리란 문화 자체가 요구하지 않는 것이든지, 혹은 이것은 학교학습의 경험이 작용하고 있는 검사과제라고 판단할 수 있다.

셋째, 같은 인지과정을 측정하는 과제라고 해도 형태가 다르면 달라진다. 서구문화 속에서는 같은 인지과정을 측정하는 다른 과제 사이에는 비슷하거나 같은 결과가 나타난다. 그러나 문화가 다른 경우에는 그와 같은 결과는 기대하기 어렵다. 친숙한 물체인가, 그것이 실제 사물인가, 그것이 표상(그림 사진 등)인가에 따라 전혀 다른 결과를 나타낸다.[15] 예컨대, 연구자가 면밀한 예비조사를 통해 음식물, 의복, 연모, 요리기구의 4가지 범주에서 5개씩의 물체를 선택한

---

14) J. J. Goodnow & G. Bethon, "Piaget' s tasks: the effects of schooling and intelligence", *Child Development*, 1966, *37*, 573-582.

15) J. Glick, "Cognitive development in cross-cultural perspective", in F. D. Horowitz (Ed.), *Review of Child Development Research*, Vol. 4. Chicago: University of Chicago Press, 1975.

다음 Kpelle 민족을 대상으로 같은 것끼리 묶어 보라고 하였더니 5개씩 4개의 유목으로 묶기보다 2개씩 10개의 유목으로 묶는 것을 발견했다. 더욱이 이같이 묶는 이유도 아주 구체적이다. 예컨대, '칼은 밀감을 자르기 때문에 같이 묶여야 한다.'고 대답한다. 연구자가 예상한 4개 범주로 묶는 방법을 제시하고 설명했더니 "현명하고 똑똑한 사람은 그렇게 하지 않는다."라고 대답하고 있다.

넷째는 흔히 IQ 검사에서나 인지과제검사에서 초기 연령에서의 수행능력이 다음의 후기 연령에서의 수행을 예언한다고 보고 있다. 그러나 비교문화연구 결과에서 보면 나이 어릴 때 지적 능력이 지체되었다고 판단된 피험자가 나이들면 정상이거나 우수한 결과를 나타내는 수가 많다.

이 같은 결과들은 지능 및 인지과정의 비교문화연구에서 문화적 차이를 먼저 고려해야 할 것을 시사한다. Cole 등[16)]이 지적하듯이 문화적 가치로서의 일반화(generalization)가 문화에 따라 다르다는 사실이다. 서구문화에서는 일반화, 보편화, 추상화가 문화가치로 강조되고 개념 형성의 기본적 과정으로 본다. Bruner도 사고를 주어진 정보를 초월하는 정신과정으로 본다. 그러나 문화적 차이는 이 같은 현상이 보편적인 것이 아님을 시사하고 있다. 예컨대, 서구인이 인지 부조화(cognitive dissonance)를 지각하는 과제에 타일랜드인은 그것을 전혀 지각하지 않는다는 것을 예로 들 수 있다. 또한 인지과정은 각각의 문화의 맥락 속에서 보아야지, 서구적 맥락을 규범으로 한 해석이나 과제는 부적절하다는 사실이다. 이 같은 현상은 각각의 독특한 사회 속에서 어떤 것이 강조되고 정보로 중요시되느

16) M. Cole, J. Gay, J. Glick, & D. Sharp, *The Cultural Context of Learning and Thinking*, New York: Basic Books, 1971.

냐에 따라 인지과정 형성의 수준이나 질에서 차이가 발생한다는 것을 시사하고 있다.

지능과 종족

문화와 종족(races)은 밀접히 관련되어 있어서 각각 떼어 논의하기 어려운 문제다. 더욱이 지능, 문화, 종족의 상호관계는 더욱 그렇다고 보아야 한다. 여기에서는 문화에 의한 지능의 차이라는 관점에서보다는 같은 유전자 공급원(gene pool)을 형성하고 있는 생물적 존재로서의 종족 사이에 지능이 어떠한 차이가 있으며, 그 차이가 갖는 의의가 무엇인지, 어떻게 해석해야 할 것인지 하는 문제에 초점을 두고 있다.

일반적으로 종족 간에 능력의 차이가 있다는 문제에 대해서는 학문적 접근이 금기처럼 되어 왔다. 그러나 지리적으로 또 사회적 장벽 등에 의해 유전적으로 분리된 집단이 상이한 유전자 공급원을 발달시키며 이것이 여러 가지 행동, 예컨대 지능 형성에 어떤 작용을 미쳤으리라는 가능성을 배제할 수 없다. 물론 그렇지 않을 수도 있다. 이 문제에 대해 Jensen[17)]은 미국 내의 흑인과 백인 종족 사이에는 평균 IQ 점수로 약 11~15점 차이가 있고(백인이 우수한 쪽으로), 이 같은 차이는 탈문화 검사(culture-fair test)에서보다는 문화에 영향을 많이 받는 언어검사 형태에서 더욱 두드러진다고 지적하고 있다. 또한 사회경제적 지위를 짝지어서 비교해 보아도 백인의 지능이

17) A. R. Jensen, "How much can we boost IQ and scholastic achievement", *Harvard Educational Review*, 1969, *39*, 1-123.

높다는 사실을 지적하면서, 그의 지능에 관한 변량모형에서 추정한 유전력 지수 h^2가 .80인 것으로 미루어 이 같은 지능의 차이는 서로 다른 유전자 공급원 때문이라고 주장한다.

연령의 증가에 따라 종족 사이의 지능에 어떤 차이가 있는가를 탐구한 연구로서 Hawaii 어린이들을 2세와 10세 때의 지능을 종족별로 측정한 결과를 〈표 19-1〉와 같이 제시하고 있다.[18)] 이 결과에 의하면 약 2세 때의 지능에는 종족 사이에 별 차이가 없으나 10세 때의 지능에는 차이가 크게 벌어지고 있음을 볼 수 있다.

그러나 이 같은 자료에 대해 환경론적 관점에서 보면 전혀 다른 각도에서의 해석이 가능하다. 첫째, Jensen이 사회계층별로 짝지어도 백인과 흑인 사이에는 여전히 지능차가 존재한다는 것은 실제 SES와 같은 종합지수에 의한 배합이 진정한 배합이 될 수 없다는 점이다. 예컨대, 백인 변호사와 흑인 변호사를 SES가 같다고 짝지어 비

〈표 19-1〉 Hawaii의 5개 종족 집단의 2세와 10세 때의 지능의 평균
(Werner, Bierman, & French, 1971)

집 단	20개월 때의 지능 (Cattell IQ)	$10^1/_2$때의 지능 (PMA IQ)	사례 수
앵글로-색슨 백인	98	112	18
일본인	103	108	253
필리핀인	95	101	138
완전 및 부분 하와이인	96	99	180
포르투칼인	90	96	46

18) E. E. Werner, J. M. Bierman, & F. E. French, *The Children of Hawaii: A Longitudinal Study from the Prenatal Period to Ten*. Honolulu: University of Hawaii Press, 1971.

교한다고 해도 기본적으로 백인과 흑인의 가정환경의 역동적 구조와 과정이 다르므로 직접 비교할 수 없다. 둘째, Mercer[19)]는 부모의 교육에 대한 태도, 가정의 소유, 핵가족, 가정의 분위기 등을 포함해서 백인과 흑인을 비교하였더니 아무 차이가 없다는 연구는 이 같은 사실을 잘 증명한다. 또한 흑인 아동을 백인이 검사하는 것보다 흑인이 검사하면 훨씬 높은 점수를 나타낸다.[20)] 이것은 곧 종족이 같은 경우 라포의 성립이 원만해지고, 이것이 검사 상황에서 작용하는 중요 변인인 검사불안을 제거해 줌으로써 지능을 높인다고 볼 수 있다. 이것을 더 확대하면 지능점수의 차이에는 인성에 관련된 변인도 크게 작용하리라는 가능성을 추론할 수 있다.

이와 같이 종족 간의 지능을 완벽하게 비교한다는 것은 대단히 어려운 일이다. 실제 Jensen의 1969년 논문에서도 유전력 지수가 .80이 된다고 하는 것은 모집단 내에서의 유전력을 지칭하는 것이며, 집단 내의 h^2로서 집단 간의 유전력을 추정할 수 없다는 점에 주의를 환기시키고 있음에 주목해야 한다. 즉, 집단 내 유전력 지수가 대단히 높아서 1이 된다고 해도 집단 간의 IQ 평균에서의 차는 여전히 환경의 영향 때문이라고 말할 수 있다. 그러므로 유전력(heritability)의 개념에는 집단 내 차이에서 바로 집단 간 차이를 직접 추리할 수 없다는 논리가 놓여 있다는 것을 이해해야 한다. 대개의 종족 간 차이의 논쟁은 이 같은 논리의 이해가 부족한 데서 발생하고 있다.

---

19) J. R. Mercer, "Institutionalized anglocentrism: Labeling mental retardates in the public schools", in P. Orleans & W. R. Ellis (Eds.), *Race, Change and Urban Society*. Sage Publication, 1971.

20) C. L. Moore & P. M. Retish, "Effect of the examiner's race on black children's Wechsler preschool and primary scale of intelligence IQ", *Developmental Psychology*, 1974, *10*, 672-676.

종족 간의 지능문제를 논의하는 기본 방향은 Stodolsky와 Lesser가 제시한 연구처럼 종족 간에 능력의 유형, 혹은 요인에 어떤 차이가 존재하는가를 밝히는 질적 분석이 더 중요하다. Stodolsky와 Lesser의 연구는 앞에서 이미 제시했다. [그림 19-5]는 이 연구와 비슷한 시각에서 Marjoribanks[21)]가 영국계 캐나다인, 프랑스계 캐나다인, 캐나다 인디언, 유대인, 남부 이탈리아인을 대상으로 PMA 지능요인에 따라 그 유형을 분석한 것이다.

이 결과에 의하면 각 종족 간의 능력 유형에는 변별적 차이가 있음을 알 수 있다. 한 종족이 다른 종족보다 전체 능력에서 우수하거나 열등하다는 판단은 의미가 없으며, 이같이 종족에 따라 능력의 유형이 달리 나타난다는 증거가 보다 중요한 의미를 갖는다. 이 결

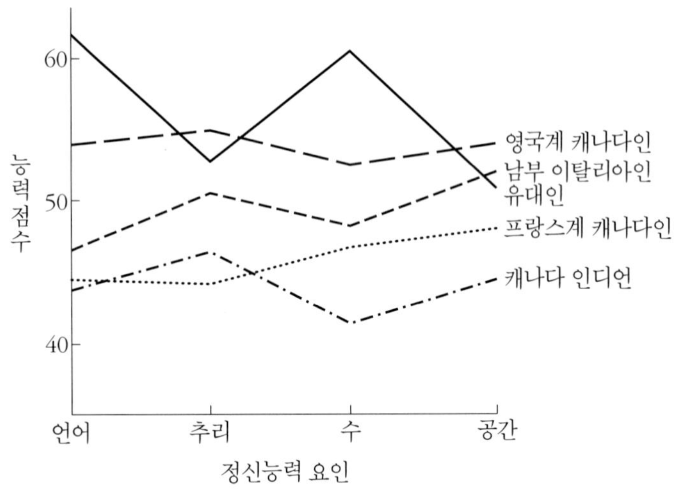

[그림 19-5] 5개 종족의 정신능력 유형(Marjoribanks, 1979, p. 157)

21) K. Marjoribanks, *Families and Their Learning Environments: An Empirical Analysis*, London: Routledge & Kegan Paul, 1979.

과에서 나타난 유대인의 결과는 Stodolsky와 Lesser의 연구에서 보여 준 유형과 유사한 것으로 미루어 종족의 능력 유형은 비교적 안정성이 있을 가능성도 함께 시사받을 수 있다. 그는 이 같은 종족 간에 환경변인이 어떻게 달리 나타나는가를 보기 위하여 성취, 활동성, 지성, 독립성, 영어, 제2외국어, 모의 지배성, 부의 지배성 등을 압력변인으로 개념화하여 종족별로 측정하였다. [그림 19-6]에 제시한 바와 같이 종족 사이의 환경변인의 유형도 전혀 다른 양상을 보이고 있다. 이는 곧 가정에서 강조하는 환경변인이 종족에 따라 다르고, 이것이 다시 종족 사이의 지능 유형에 차이를 나타내는 원인이라는 추론을 가능케 한다.

Marjoribanks는 이 같은 능력 유형이 나타나는 데 기여하는 변량

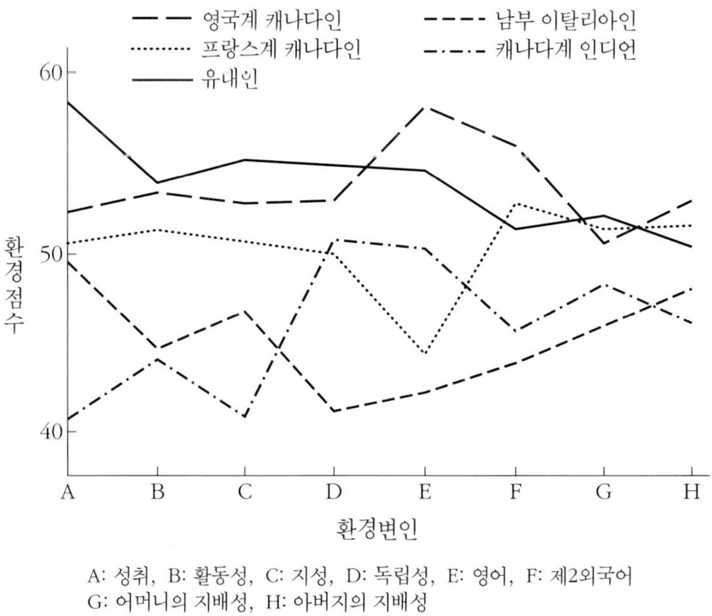

[그림 19-6] 5개 종족의 환경 압력변인의 유형(Marjoribanks, 1979, p. 159)

〈표 19-2〉 정신능력에 미치는 환경과 종족의 상대적 기여도
(Marjoribanks, 1979, p. 161)

준 거	환 경	종 족	환경과 종족의 상호작용
언어	16.0	11.0	34.0
추리	14.0	6.0	무의미
수	19.0	3.0	31.0
공간	5.6	무의미	무의미

을 환경, 종족, 환경과 종족의 상호작용으로 나누어 다변인 변량분석(multivariate analysis of variance)을 시도한 결과를 〈표 19-2〉와 같이 제시하고 있다.

이 결과는 이 같은 능력에 미치는 영향 중 종족변량보다는 환경의 변량이 훨씬 크다는 사실을 밝히고 있고, 특히 언어능력과 수능력은 환경과 종족의 상호작용 변량이 커서, 각 환경이 종족에 따라 다른 효과를 미치고 있음도 짐작게 한다.

비슷한 논리에 따라 Scarr-Salapatek[22]는 종족과 사회경제적 차이에 따른 지능을 연구하고 있다. 이 연구의 주 목적은 사회계층 간 차이를 밝히려는 데 있지만 종족과 지능의 구조를 밝히는 데도 중요한 단서를 제공하고 있다. 이 연구에 의하면 사회경제적 지위가 높은 아동(백인과 흑인 따로)의 개인차 변량은 주로 유전적 요인에 의해 결정되는 경향이 있는 반면, 사회경제적 지위가 낮은 집단(백인과 흑인 따로)의 개인차 변량은 주로 환경의 영향에 의한다는 사실을 밝히고 있다. 이 같은 결과에서 귀납적으로 추리할 수 있는 결론은 환경 요인이 사회경제적 지위가 낮은 집단의 IQ가 낮은 이유와 유전 가

22) S. Scarr-Salapateck, "Race, social class and, IQ", *Science*, 1971, *174*, 1285-1295.

능성이 낮은 이유에 책임이 있다고 말할 수 있다. 그러나 이 같은 귀납적 추리도 같은 환경은 사회경제적 지위에 관계없이 지능발달에 똑같이 영향을 미친다는 가정이 만족될 때만이 가능하다. 만약 다른 환경이 사회경제적 지위가 다름에 따라 달리 영향을 미친다면, 즉 그 사이에 상호작용이 존재한다면, 이 같은 논리적 추리도 부정확한 결론이 된다. 실제 행동유전학에서는 유전형-표현형 사이의 상호작용이 환경에 따라 달리 나타난다는 것은 당연한 가정으로 받아들이고 있고, 중요한 변인으로 간주하고 있다.

Block와 Dworkin[23)]은 유전력 지수 h^2 그 자체는 인간의 지능이나 종족 간의 지능을 이해하는 데 아무런 가치가 없다고 주장하고 있다. 이같이 유전력 지수라는 개념 그 자체에 대한 불만이 최근 상당히 높아 가고 있는 편이다. 유전인자와 환경과의 상호작용적 특성 때문에 유전인자의 조그만 차이가 커다란 환경적 효과를 가져올 수 있다. 예컨대, 지능의 유전인자를 우수하게 타고난 어린이는 이 특징을 강화하는 환경을 자신이 창조함으로써 이 장점을 확대시키는 경향이 있다. 그런데 선동적인 유전력 지수 h^2 모형은 이 같은 환경의 차이도 유전에 의한 경향으로 간주하게 된다. 이 이외의 환경적 영향에서 분리하기 힘든 여러 가지 간접적 영향을 탐색하면서 그들은 '인간의 특성에 관한 한 직접적인 유전적 영향의 변량에서 간접적인 유전적 영향의 변량을 분리시킬 수 있는 방법은 아무도 모른다.' 고 주장한다. 그렇기 때문에 유전력 개념 자체는 우리에게 새롭고 유용한 정보를 아무것도 제공해 주지 않는다. 유전력이 매우 높으면 평균 지능을 올릴 수 있는 방법이 전혀 없는 것처럼 생각하는

23) N. J. Block & G. Dworkin, "IQ, heritability and inequality", Part 2, *Philosophy & Public Affairs*, 1974, *4*, 40-90.

데, 이것은 유전력과 불변성을 혼동하고 있는 잘못된 추리의 결과다. 설사 유전력이 매우 높다고 해도 거기에는 여전히 환경에 의한 변화 가능성이 남아 있다. 행동유전학자 Hirsch[24]도 지적하고 있는 바처럼 "평범한 사실은 인간을 연구하는 데 있어서 유전력은 믿을 수 없고 또 별로 쓸모없는 아주 작은 지적 조각을 우리에게 제공할 뿐이다."라고 경고하고 있다.

Jensen 및 그와 같은 입장에 서서 종족 간의 지능차를 유전에 의한 것으로 주장하며, 그렇기 때문에 성취업적을 중요시 하는 사회에서 IQ의 업적주의는 당연한 논리적 귀결이라고 주장한 대표적인 인물이 Herrnstein이다.[25] 그는 만약 정신능력의 차이가 유전에 의해 결정된다면, 만약 성공이 이 같은 능력에 의존한다면, 만약 수입이나 권위가 이 성공에 의존한다면, 사회적 지위가 인간 사이의 유전적 차이에 의해 어느 정도 결정된다는 것은 당연하다는 논리를 전개하여 Jensen 못지않은 사회적 논쟁을 야기하고 있다. 그의 결론은 인간의 지능은 유전력에 의해 결정된다는 논리다.

이 같은 지능의 유전 가능성 주장에 대해 Kamin[26]은 정면으로 반박하고 있다. 그는 지능의 유전 가능성 연구에 기초를 제공하고 있는 각종 연구를 면밀히 재분석하고 리뷰한 다음 IQ가 유전에 의해 결정된다는 증거는 하나도 없다고 주장하고 있다. 쌍생아 연구,

---

24) J. Hirsch, "Behavior-genetic analysis and its biosocial consequences", *Seminars in Psychiatry*, 1970, *2*, 89-105.

25) R. J. Herrnstein, "IQ" *The Atlantic Monthly*, 1971, September, 43-64. *IQ in the Meritocracy*, Boston: Little Brown, 1973.

26) L. J. Kamin, *The Science and Politics of IQ*, Potomac, Maryland: Lalorence Erlbaum, 1971.
H. J. Eysenk & L. J. Kamin, *The Intelligence Controversy*, New York: John Wiley & Sons, 1981.

친족연구, 양자 연구 등에 관한 원자료를 면밀히 분석한 결과 부적절한 통계적 분석을 사용했거나, 표본을 거짓으로 만들었거나, 때로는 결과를 날조했거나 한 경우를 일일이 지적하고 있다. 특히 유전가능성 연구의 중요한 기초자료가 되고 있는 Burt의 연구(Jensen도 이 자료에 대부분 의지하고 있다)를 면밀히 분석해 본 결과 자료의 부적절성과 원점수의 적절한 변조가 많으며, Burt 자신이 어떤 검사를 사용해서 지능을 측정했는지, 그의 표본을 어떻게 선택했는지는 전혀 밝히고 있지 않다고 공박하고 있다. 뿐만 아니라 계산에서의 오류, 보고서에서의 오류, 자료의 왜곡 등이 너무 많기 때문에 Burt의 연구는 IQ의 차이를 연구하는 데 오도할 뿐 아무런 가치가 없다고 주장하고 있다.

요컨대, 현재까지의 연구 방법론이나 자료로서는 지능의 유전력이 얼마라고 확인하기에는 충분치 않다. 더욱이 종족 간의 지능의 차이를 얼마는 유전에 의해 얼마는 환경에 의해 결정된다고 결론짓기에는 이른다. 그러나 이러한 주장이 지능 속에 유전의 영향이 작용하고 있지 않다는 뜻으로 해석되어서는 안 된다. 분명 지능 속에는 유전과 환경이 함께 기여하고 있다. 중요한 것은 그러한 유전 가능성을 탐색하는 일보다 종족 사이에 존재하는 지능 구조의 차이, 인지과정의 차이가 무엇인지를 밝히는 일이다. 예컨대, Sitkei와 Meyers[27)]는 정신능력의 프로필이 종족과 사회계층의 함수에 의해 달라짐을 나타내고 있는데, 그 결과는 [그림 19-7]과 같다.

[그림 19-7]은 지능의 프로필은 종족과 사회계층에 따라 각각 달

---

27) E. G. Sitkei & C. E. Meyers, "Comparative structure of intellect in middle and lower-class four years olds of two ethnic groups", *Developmental Psychology*, 1969, *1*, 592-604.

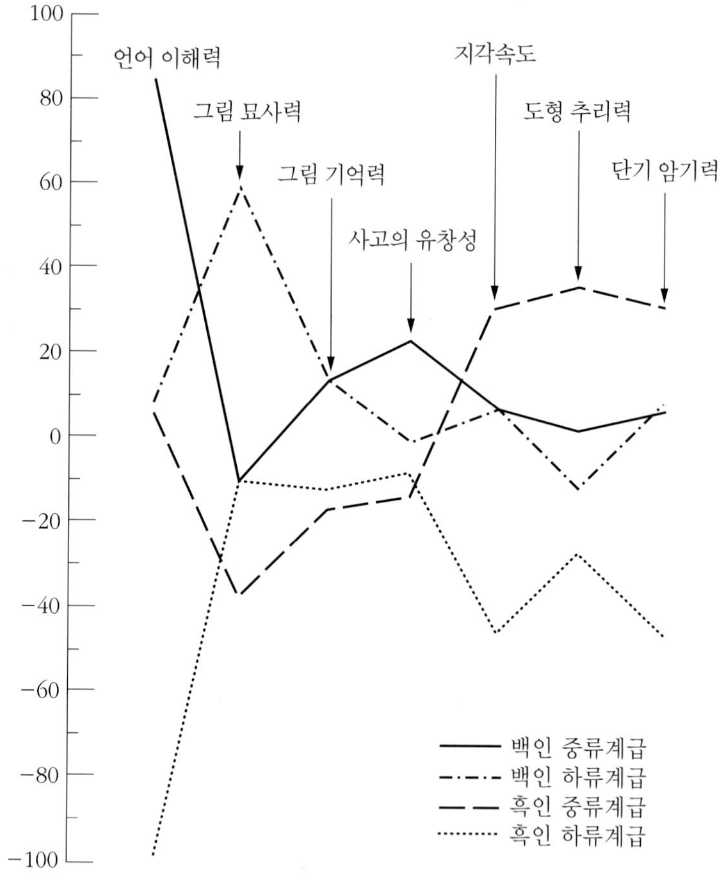

[그림 19-7] 7개 능력에 대한 백인과 흑인의 사회계층에 따른 4세 아동의 능력 프로필(Sitkei & Meyers, 1969)

리 나타나고 있음을 뚜렷이 보여 준다. 이 같은 변별적 능력의 유형을 이해하는 것이 보다 종족 사이의 지능의 차를 이해하는 합리적 시각으로 받아들여져야 할 것이다.

지능과 사회계층

어느 사회이건 모종의 척도에 따라 인간을 구분하여 등급화하지 않는 사회는 존재하지 않는다. 역사적으로 보아도 신권시대에는 종교적 권위와 지위에 의해, 산업사회에서는 재산, 부, 교육, 직업 등에 의해 사회경제적 지위를 위계화시키고 있는 것은 흔히 관찰하는 현상이며, 현대사회의 특징이기도 하다. 사회학에서 사회계층 혹은 사회경제적 지위를 중요한 요인으로 간주하는 것도 그것이 바로 사회구조와 기능을 이해하고 사회계층 사이의 문화의 차이, 계층 간 이동의 원인을 이해하는 데 중요한 실명 변인이 되기 때문이다. 또한 사회계층이 다름에 따라 자라나는 다음 세대의 어린이에게 부여하는 경험과 훈련(즉, 사회화)에 차이가 발생하기 마련이며, 이것이 곧 사회화 유형의 차이를 발생시킨다. 지적 능력도 사회화 과정의 중요한 대상이라는 것이 사실이라면 사회계층 사이에 지능의 차가 존재할 것이라는 것은 명백한 논리적 귀결이다. 지금까지 연구된 바에 의하면 미국의 경우 부모의 사회경제적 지위와 아동의 IQ 사이에는 평균 +.30~+.35 상관을 보이고 있다.[28] 그러나 본인 자신의 지능과 사회경제적 지위 사이에는 이것보다 높은 상관을 보이며 그 상관은 대략 +.50을 상회한다. 이것은 곧 지능이 한 개인의 사회적 지위의 획득 변수로서 중요한 변인이 되고 있음을 시사한다. 그러나 이 같은 지능과 사회적 지위와의 상관은 사회가 다름에 따라 달라진

28) C. Jenks, *Inequality: A Reassessment of the Effect of Family and Schooling in America*, New York: Harper & Row, 1972. p. 78. 이 결과는 James Coleman의 "Equality of Educational Opportunity Survey" 결과에 의한 것임.

다. 예컨대, 비교적 사회 상승의 이동이 큰 사회보다는 사회계층 이동이 적은 사회에서는 지능과 사회적 지위와의 상관이 높을 가능성이 크다. 따라서 이 같은 상관관계는 사회적 특징과의 함수관계에 있음을 고려해야 한다.

〈표 19-3〉은 Burt가 제시한 직업에 따라 지능분포를 분류한 것이다.[29)]

이 결과에 의하면 적어도 영국 사회에서는 지능과 직업 사이에는 밀접한 상관관계가 있으며, 직업의 위계가 높아감에 따라 평균 지능도 높아지는 현상을 관찰할 수 있다. 고급 전문직은 IQ 139.7, 하급 전문직은 IQ 130.6, 사무직은 IQ 115.9, 숙련직은 IQ 108.2, 반숙련직은 IQ 97.8, 비숙련공은 IQ 84.9를 나타내어 직업에 따른 위계가 지능에 따른 위계를 그대로 반영되고 있다. 그러나 이 결과에서 자칫 놓치기 쉬운 관찰은 각 직업 간의 지능의 차이도 적지 않지만, 그에 못지않게 직업 내의 IQ의 변산도 크다는 사실이다. 예컨대, 하급 전문직의 평균 IQ는 130.6이지만, 그 직업의 변산은 IQ 110~140+에 걸쳐 있고, 사무직은 평균 IQ가 115.9이지만 그 변산은 IQ 80~140 사이에 넓게 퍼져 있다. 즉, 직업 내의 변산이 직업 간의 변산보다 큼을 나타내고 있다. 이것은 곧 한 직종의 직업에서 성공할 수 있는 변인이 반드시 IQ에 의해서만 결정되지 않는다는 것을 시사한다. 즉, 사무직에 종사하는 사람은 IQ 80도 있고, IQ 140도 있다는 것은 이것을 단적으로 표현하고 있다.

아동의 경우에도 부모의 경우와 그 분포는 비슷하지만 몇 가지 특징을 찾아볼 수 있다. 첫째, 각 직업 간의 아동의 평균 IQ 분포가 부

29) C. Burt, "Gifted child". British Journal of Statistical Psychology, 1961, 14, 129-139.

〈표 19-3〉 직업에 따른 지능분포(Burt, 1961)

A. 성인의 직업과 지능분포(성인)

	50~60	60~70	70~80	80~90	90~100	100~110	110~120	120~130	130~140	140+	사례 수	IQ평균
I. 고급 전문직									2	1	3	139.7
II. 하급 전문직							2	13	15	1	31	130.6
III. 사무직				1	8	16	56	38	3		122	115.9
IV. 숙련직			2	11	51	101	78	14	1		258	108.2
V. 반숙련직		5	15	31	135	120	17	2			325	97.8
VI. 비숙련직	1	18	52	117	53	11	9				261	84.9
계	1	23	69	160	247	248	162	67	21	2	1000	100.0

B. 부의 직업에 따른 아동의 지능분포(아동)

	50~60	60~70	70~80	80~90	90~100	100~110	110~120	120~130	130~140	140+	사례 수	IQ평균
I. 고급 전문직						1		1	1		3	120.8
II. 하급 전문직				1	2	6	12	8	2		31	114.7
III. 사무직			3	8	21	31	35	18	6		122	107.8
IV. 숙련직		1	12	33	53	70	59	22	7	1	258	104.6
V. 반숙련직	1	6	23	55	99	85	38	13	5		325	98.9
VI. 비숙련직	1	15	32	62	75	54	16	6			261	92.6
계	2	22	70	159	250	247	160	68	21	1	1000	100.0

모에서처럼 크지 않다는 사실이다. 부의 경우 고급 전문직 평균 IQ 139.7과 비숙련공 IQ 84.9 사이의 차이는 54.5의 범위를 보이고 있는 데 반해, 자녀의 경우 고급 전문직 평균 IQ 120.8과 비숙련공 평균 IQ 92.6 사이의 차이는 28.2로서 거의 반밖에 되지 않는다. 이 같은 현상은 그 속에 평균을 향한 회귀(regression toward mean) 현상도 포함되어 있지만, 동시에 자녀에게 오면 부모의 직업적 영향이 그만큼 줄어든다는 해석도 가능하다. 이에 비해 직업 내의 변산은 부모의 경우보다 더 넓어지는 경향을 보이고 있다. 예컨대, 고급 전문직을 보면 부의 경우 130~140+(10점 차이)이던 것이 자녀의 경우 100~140(40점 차이)으로, 사무직은 부의 경우 80~140(60점 차이)이던 것이, 자녀의 경우 70~140(70점 차이)으로 더 넓어지고 있다. 이것은 곧 직업 간의 IQ 변산이 자녀의 경우 더 커져서, 차츰 부의 직업지위의 영향이 감소되어 가는 현상을 다시 한 번 확인시켜 준다.

이 경우는 직업과 지능과의 상관도표이지만, 지능과 사회경제적 지위와의 사이에도 거의 이와 비슷한 현상을 보이리라는 추측을 하기에 어렵지 않다. 이것은 곧 한 개인의 지능 수준과 사회계층 수준 사이에 상당히 밀접한 관계가 있음을 뜻한다. 그러나 앞에서도 지적했듯이 한 사회의 사회계층 이동이 비교적 자유로운 사회에서는 이 같은 상관관계가 그에 비례해서 낮아지며, 계층 간 변산보다는 계층 내의 변산이 더 커질 것을 짐작할 수 있다. 중요한 것은 이같이 총점 지능지수와 사회계층과의 관계를 파악하는 것보다 사회계층 사이에 정신능력의 프로필에 어떤 차이가 있는가를 밝히는 일이 더 의미 있는 일이다. 이에 관해 Dockrell[30]은 2개의 종류가 다른 영국 학교에

30) W. B. Dockrell, "Secondary education, social class and development of abilities", *British Journal of Educational Psychology*, 1966, *86*, 7-14.

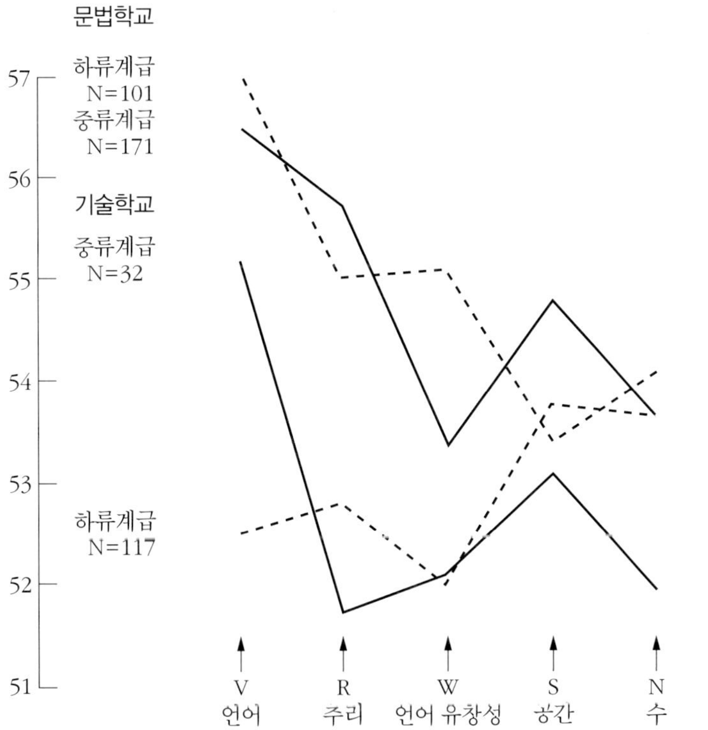

[그림 19-8] 5개 지능요인에 나타난 2개 영국 학교의 하류계층 및 중류계층의 능력 프로필(Dockrell, 1966)

서 SES 하류와 중류 아동의 지능요인별 차이를 [그림 19-8]과 같이 제시하고 있다. 이 결과는 문법학교와 기술학교 사이에, 그리고 계층 사이에도 능력 프로필에서 차이가 있을 뿐 아니라 학교와 계층 사이의 상호작용이 크게 존재함을 보여 준다. 문법학교의 SES 중류 아동은 하류 아동에 비해 추리 및 공간요인에서 높을 뿐 그 이외 요인에서는 하류 아동보다 낮다. 기술학교에서는 중류 아동이 언어요인에서 월등하게 높고, 하류 아동은 추리, 공간, 수요인에서 중류 아동보다 높다. 또한 문법학교의 중류 아동과 기술학교의 하류 아동 사이에도 능력 프로필의 유사성이 전혀 없을 뿐 아니라, 하류 아동과 하류 아동 사이에도 그러한 유사성이 존재하지 않는다. 영국의 문법학교와 기술학교는 이미 아동의 입학조건인 +11에 의해 결정된 아동들이라는 특수성 때문에, 부모의 사회경제적 지위가 상당 부분 반영되고 있는 집단이어서 이 같은 결과를 가져온 것으로 보인다. 비교적 입학조건이 개방된 사회에서는 이 같은 현상이 존재하지 않는 것이다. Dockrell의 연구가 시사하는 것은 지능과 사회계층의 비교는 IQ 전체로서가 아니라 이 같은 능력 프로필의 변별적 차이, 그리고 인지과정의 변별적 차이를 밝히는 것이 보다 의의 있는 접근임을 시사하려는 데 있다.

사회계층 사이에 존재하는 지능의 차이가 유전에 기인하는가 하는 질문은 마치 앞에서 논의한 지능과 종족의 관계에서처럼 자연히 제기될 수 있는 질문이다. 만약 전체 모집단에서의 지능이 상당한 정도로 유전적 요소에 의해 결정된다면, 그리고 또 만약 지능이 직업에서의 성공과 밀접히 관련된다면, 사회이동은 정신능력에 영향을 미치는 유전인자에 따라 발생한다는 결론이 가능하다. 만약 앞의 두 공리가 참이라면 이 같은 유전인자가 나타나는 빈도가 각 사회계층 내에서 고정되어 가고 이에 따라 사회이동은 세대가 진행되어감에 따라 축소되어 갈 것이라는 추론이 성립한다. 이 같은 추론은 귀족사회, 계급사회(caste system)를 형성하고 있던 근대 이전의 사회에서는 가능한 논리지만 산업사회, 업적주의 지향 사회, 사회이동이 개방되어 있고, 학교교육을 통해 문호가 개방되어 있는 사회일수록 이 같은 논리는 맞지 않는다.[31)]

---

31) P. M. Blau & O. D. Duncan, *The American Occupational Structure*, New York: John Wiley & Sons, 1967.

이 같은 유전력의 상대적 기여도를 파악하기보다 사회계층에 따라 지능이 어떻게 작용할 가능성이 있는가를 파악하는 것이 보다 합리적 사고다. 이 같은 점에서 Jensen[32)]이 능력과 사회계층에 관련하여 제안하고 있는 정신능력의 2수준 이론(two-level theory of mental abilities)은 우리에게 중요한 시사를 준다. Jensen은 능력에는 두 가지 기본적 유전형(genotype)이 있다고 본다. 여기에서 유전형이란 그것이 유전이나 경험에 의해 형성되었다는 것과는 관계없이 지능의 생리학적 속성을 의미한다. 수준 I 능력(level-I ability)을 그는 연합학습능력(associative learning ability)이라고 부르며, 이 능력은 고도의 정확성을 가지고 정보를 수용하고, 저장하고, 인출하는 능력을 말한다. 이 기본학습능력은 유기체가 적질한 산출을 만들어 내기 위해 들어오는 정보를 정교화, 변환, 조작하는 것과 같은 고도의 정신적 조작은 포함하고 있지 않다. 마치 녹음기와 같은 정신능력이다. 이에 반해 수준 II 능력을 그는 개념학습(conceptual learning) 및 문제해결(problem solving)능력이라고 부르고, 이것은 적절한 산출을 만들기 위해 그 이전에 들어온 정보를 가지고 변환, 조작을 하는 고도의 정신작용을 지칭했다. 이 속에는 언어적 일반화, 개념 형성, 부호화와 부호 해석, 새 학습을 기존의 학습에 관련시키는 것, 전이 등이 모두 포함된다. Jensen은 이 두 수준의 능력이 모두 유전에 의해 결정된다고 주장하고 있는데, 이것은 이미 앞에서 논의한 바 있기 때문에 여기에서는 언급을 피한다.

Jensen은 수준 II 능력은 수준 I 능력에 위계적 의존성(hierarchical dependence)이 있다고 한다. 즉, 수준 II 능력에서의 높은 점수는 수

---

32) A. R. Jensen, "How much can we boost IQ and scholastic achievement", *Harvard Education Review*, 1969, *39*, 1-923.

준 I 능력에서의 높은 점수에 의존한다. 그러나 그 역관계는 성립하지 않는다. 이것은 곧 수준 I 능력에서의 높은 점수는 수준 II 능력에서의 높은 점수에 대한 필요조건이기는 하지만 충분조건은 아니라는 의미를 내포하고 있다. 그러나 수준 II에서의 높은 점수는 반드시 수준 I에서의 높은 점수를 그 전제조건으로 하고 있다.

Jensen의 연구에 의하면 수준 I 능력은 모든 사회경제적 지위 집단에게 동등하게 분포되어 있다는 것이다. 즉, 수준 I 능력과 사회계층 사이에는 아무런 상관이 없다는 것을 뜻한다. 그러나 수준 II 능력은 사회계층의 함수에 의해 분포되어 있고, 그 사이에는 정적 상관이 있다고 한다. [그림 19-9]는 사회계층에 따른 수준 I, 수준 II 능력의 분포를 나타내고 있고, [그림 19-10]은 사회계층에 따라 수준 I 능력과 수준 II 능력 사이의 상관도표를 나타내고 있다. 여기에서 볼 수 있듯이 중류계층에서는 수준 I 능력과 수준 II 능력 사이에 대단히 높은 상관을 나타내고 있는데 반하여 하류계층에서는 이 상

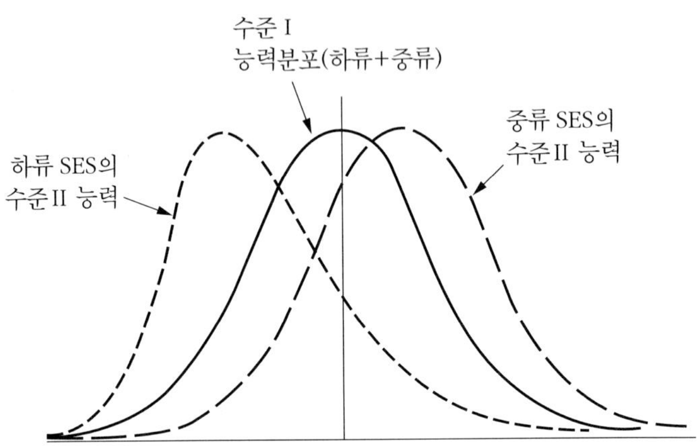

[그림 19-9] SES 중류, 하류에 따른 수준 I 및 수준 II 능력의 가상적 분포 (Jensen, 1969)

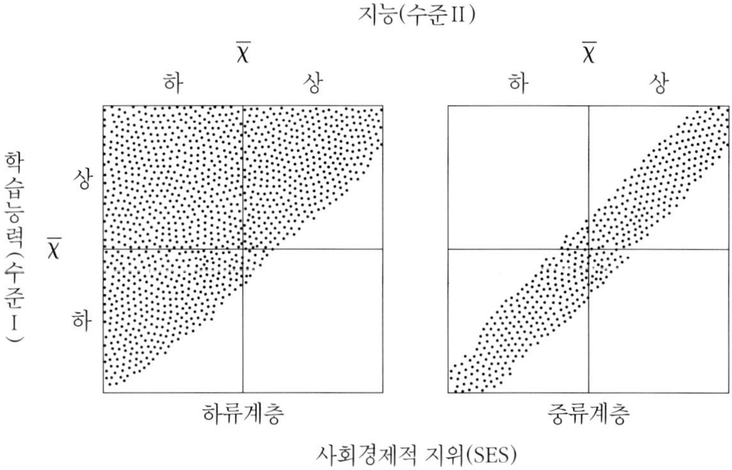

[그림 19-10] 사회경제적 지위에 따라 분류했을 때 연합학습능력(수준 I)과 지능(수준 II) 사이의 상관관계(Jensen, 1969)

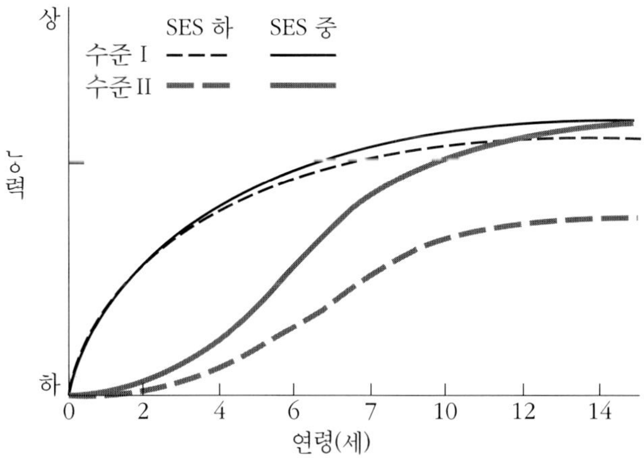

[그림 19-11] SES에 따른 수준 I 및 수준 II 능력의 발달곡선(Jensen, 1969)

관이 대단히 낮다. 이것은 수준 I 능력과 수준 II 능력 사이의 상관은 사회경제적 지위에 따라 변별적 차이를 지니고 있음을 지시한다.

Jensen은 또한 수준 I과 수준 II 능력의 발달곡선도 사회경제적 지위에 따라 다르다고 지적하고 있다([그림 19-11] 참조). 수준 I 능력은 사회경제적 지위에 관계없이 비슷하게 발달하지만, 수준 II 능력은 SES 중류집단은 2세부터 급격한 상승곡선을 그어 계속 발달하고, SES 하류집단은 4~6세 사이에 상승곡선을 긋다가 서서히 발달하여 고원상태를 이룬다.

이 같은 여러 가지 가설적 이론과 경험적 증거를 기초로 Jensen은 SES 하류에 속하는 아동은 연합학습능력에 의존한 교육을 시키고 SES 상류에 속하는 아동은 개념학습능력에 의존한 교육을 시키는 것이 바람직하다고 주장한다. Jensen이 SES 계층에 따른 능력 수준이 변별적 차이를 밝히고 있는 것은 이론적으로나 실제적으로 중요한 의미를 갖고 있다. 그러나 그의 제안은 SES 하류 아동으로 하여금 그들이 지닌 능력의 제약을 고착시키는 결과를 가져올 위험이 있으며, 자칫하면 능력에 의한 계급사회를 고착시킬 가능성이 있다. 보다 현실적인 대안은 이 같은 능력의 차이를 극복할 수 있는 교육처치, 교수 방법, 환경의 조성, 그리고 결핍된 능력의 조기 개발, 고무적 환경의 모형 개발 등에 관한 이론적 · 실제적 수준에서의 연구라고 본다.

Duncan, Featherman, Duncan[33]은 지능과 사회경제적 지위 사이의 인과관계는 단순한 모형에 의해 파악하기 힘들다고 보고

---

33) O. D. Duncan, D. L. Featherman, & B. Duncan, *Socioeconomic Background and Achievement*, New York: Seminar Press, 1972.

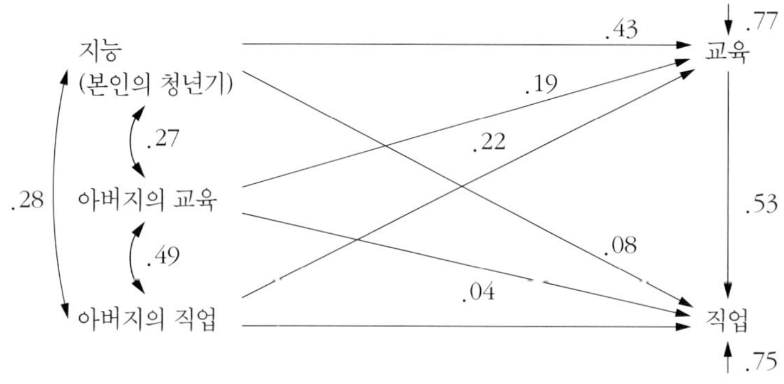

[그림 19-12] 본인의 지능, 교육, 직업과 부모의 사회경제적 지위 변인들 사이의 회로 분석(Duncan, 1972)

Duncan이 1966년에 변인 사이의 인과관계를 분석하기 위해 개발한 회로분석(path analysis)[34]에 의해 접근한 것이 지능과 사회경제적 지위 사이의 관계를 보다 종합적으로 분석하는 계기를 제공한 셈이다. 이 결과를 제시한 것이 [그림 19-12]다.

회로분석에서 ⟷ 는 상관관계를 나타내며 이들 변인을 독립변인이라고 가정하고, →는 한 변인에서 다른 변인에만 영향을 직접적으로 미치는 회로계수(*P*)를 나타낸다. 회로계수(*P*)의 통계적 의미는 보다 복잡하지만, 다른 변인을 통제하였을 때 어떤 특정 변인이 다른 특정 변인에 미치는 영향이 어느 정도인가를 지시하는 회귀계수다. 해석의 의미는 회귀계수와 비슷하다. 이 그림에서 보듯이 본인의 지능이 직업(사회적 지위)에 미치는 영향은 거의 미미해서 $P=.08$에 지나지 않는다. 본인의 지능은 그의 교육에 보다 많은 영향을 미치며($P=.43$), 부모의 교육이나 직업보다(각각 $P=.19$, $P=.22$) 그 영

34) O. D. Duncan, Path analysis: Sociological examples, *American Journal of Sociology*, 1966, *72*, 1-16.

향력이 크다. 또한 개인의 교육은 그의 직업에 큰 영향을 미치는 것(*P*=.53)을 알 수 있다. 전체적으로 보면 독립변인으로 추정한 본인의 지능, 부의 교육, 부의 직업은 모두 본인의 교육에 직접 영향을 미칠 뿐이며, 개인의 직업(곧 사회적 지위)에 직접 영향을 미치지 못한다. 언제나 교육을 통한 간접적 영향뿐인 것을 알 수 있다.

Jencks[35]도 Coleman의 교육기회의 균등에 관한 자료를 토대로 25~64세에 걸친 비농촌 남자집단의 수입이 어떠한 변인에 의해 영향받는가를 알기 위해 회로분석을 시도했다. 그 결과 참상관(true correlation)을 기초로 한 분석이 [그림 19-13]과 같다.

이 결과에 의하면 한 개인의 지능이 후의 인지기능을 통해 수입이

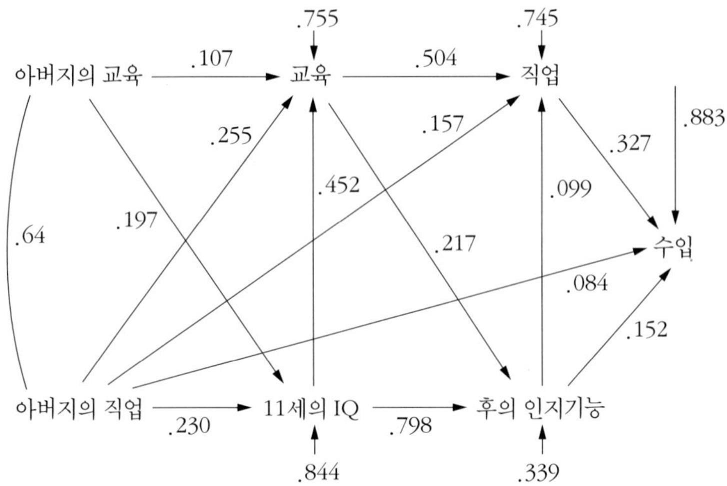

[그림 19-13] 1962년의 25~64세 비농촌 성인(백인)의 여러 가지 특성 간의 회로분석: 참상관에 기초(Jencks, 1972)

35) C. Jencks, *Inequality: A Reassessment of the Effect of Family and Schooling in America*, New York: Harper & Row, 1972. p. 339.

나 직업에 직접 영향을 미치는 효과는 대단히 약한 것을 알 수 있다(성인 초기의 IQ와 성인 후기의 수입과는 상관계수는 .31이다). 지능은 그의 교육에 일차적으로(*P*=.452), 그리고 그것이 다시 직업에(*P*=.504) 영향을 미친다. 이것은 지능이 그의 직업 및 수입에 간접적으로 영향을 미칠 뿐이라는 것을 밝히고 있다. 이 회로분석은 대단히 단순한 분석이기는 하지만 지능이 사회계층을 형성하는 간접적 변인이지 직접적 변인이 될 수 없음을, 그리고 지능은 대체로 그 개인의 교육을 통해서만이 사회경제적 지위 변인에 영향을 미치는 경향이 있음을 우리에게 시사한다. 이 같은 연구 결과는 다시 한 번 사회계층이 지능에 의해 결정될 가능성이 희박함을 증거하는 연구로 들 수 있을 것이다.

제 20 장

지능과 이데올로기

배 경

지능이란 개념 자체는 과학정신의 산물이다. 그러나 그것이 실험실 속에서 과학자의 지적 호기심의 대상이 되고 있는 동안은 과학적 탐구의 대상 이상의 의미를 갖지 못한다. 그러나 그것이 일단 과학자의 손을 떠나 적용의 범위가 확산되고, 대중화되며, 보편화되어, 사회적 함의를 지니기 시작할 때, 그 개념이 실험실의 상아탑의 지적 호기심에만 머물 수 없고 거기에는 새로운 사회적 · 정치적 · 윤리적 문제가 개재되기 마련이다. 마치 원자의 핵반응 현상이 실험실에서만 이루어지고 있을 때, 그것은 순전히 과학적 탐구정신의 산물이요, 과학자의 지적 호기심에 불과했다. 그러나 그것이 중성자에 의한 핵연쇄반응으로 연결됨으로써 원자탄, 수소탄이 생기고 그것이 투하되며, 이제는 세계인류 전체가 핵의 공포 속에서 전전긍긍하고 있는 상황이다. 이러한 핵반응 현상이 단지 과학적 탐구조사에 불과하다고 말할 수는 없다. 이제 핵반응, 핵폭탄의 문제는 과학의 영역, 과학자의 손을 떠나, 사회적 문제, 정치적 문제, 이데올로기의 문제로 확산되어 가고 있다.

이 같은 논리는 다른 분야의 과학적 연구에도 모두 공통적으로 적용되는 문제이며, 심리학 및 교육학의 학문적 지적 탐구의 대상이던 지능 혹은 IQ도 그 예외는 아니다. 지능, 지능검사, IQ 등이 이제 과학자의 실험실 속의 애완물이던 시대는 지나갔다. 그것이 대중화, 대량화, 보편화되면서 여러 가지 형태의 사회적 · 정치적 · 이데올로기의 문제로 직결되는 것은 어쩔 수 없는 발전의 역사법칙이라고 해석해야 할 것이다.

지능에 관한 문제가 사회적 함의를 지니고 서서히 등장한 것은 1960년대 초부터의 일이다. 이때부터 이미 뉴욕 주를 위시해서 곳곳에서 지능검사 자체의 타당성, 신뢰성, 그리고 그것이 미치는 사회적 악영향과 부정적 반응을 고려해서 지능검사 실시를 지방 조례에 의해 금지시키는 사태를 야기시키고 있다. 그러나 이때만 하더라도 그것은 지능검사의 악용, 오용이 자칫 잘못된 판단과 해석을 가져온다는 정확성 대 비신뢰성, 오용 대 선용, 전문인 대 비전문인이라는 비교적 과학적이고도 공학적인 기술적 차원의 문제에 관련된 것이었다.

그러나 1969년 Jensen이 Harvard Educational Review에 발표한 「우리는 얼마나 더 IQ와 학업성적을 뒷받침하여야 하는가」[1]라

1) A. R. Jensen, "How much can we boost IQ and scholastic achievement?" *Harvard Educational Review*, 1969, *39*, 1-123.

는 123페이지에 달하는 논문은 마치 원자폭탄을 실험실에서 일본 히로시마에 떨어뜨리는 것과 같은 사회적 · 정치적 · 이데올로기적 문제에 기폭제의 역할을 하게 되었다. 그의 논문의 첫 구절은 '보상교육은 실시해 보았지만 분명히 실패했다.'는 말로 시작하고 있다. Jensen의 1969년 논문에 대해서는 이미 제3부 및 제4부 곳곳에서 다루었기 때문에 여기에서 더 자세히 거론할 필요를 느끼지 않는다. 논문의 요체는 '학업성적은 지능의 함수이며, 지능은 대부분 유전적으로 결정되는 것이다. 그렇기 때문에 보상교육은 아무리 해봤자 별 효과가 없다.'는 것이다. 이에 뒤이어 Herrnstein[2)]은 Jensen의 주장을 반영하되 이제는 지능과 사회계층 사이의 관계에 초점을 두고 사회계층은 돈(富)에 의해서뿐 아니라 지능에 의해서도 구별되어 있다는 대담한 주장을 했다. 캘리포니아의 Shockley[3)]는 지능이 낮은 사람이 불임수술을 하면 거기에 대한 보상을 주는 국가정책을 지지하고 나섰다(IQ 100 이하에 대해 1 IQ 점수에 $100씩의 보상을 준다는 조건 아래). 이때 영국에서는 Eysenck[4)]가 Jensen과 Herrnstein의 주장을 적극 지지하면서, 이 의견은 자기가 오랫동안 이론적으로 주장해 온 종족과 지능에 관한 자기의 주장을 옹호하는 입장이라고 지지했으며, 『New York Times』는 1969년에 'Jensenism'이라는 새 용어를 채택하였고 『Newsweek』는 『바보로 태어나다(Born Dumb)』라는 제목으로 이 같은 관점을 세계에 소개하였고, 의회에서는 의원

---

2) R. Herrnstein, *IQ in the Meritocracy*, Boston: Atlantic Little Brown & Co., 1973.

3) W. Shockley, Dysgenics, geneticity, raceology: A challenge to the intellectual responsibility of educators, *Phi Delta Kappa*, January, 1972.

4) H. J. Eysenck, Race, Intelligence and Education, London: Temple Smith, 1971
________, *The Inequality of Man*, London: Temple Smith, 1973.

이 Jensen의 123페이지 논문을 전부 읽음으로써 의사록에 남기는 사태로 발전하였다.

이같이 지능, 지능검사, IQ 등이 대중의 마음을 잡아끌 때는 IQ라는 개념 자체가 처음에는 한 개의 과학적 사고의 관념인 아이디어에서 출발한 것이었다. 그러나 이제는 물질적 힘을 갖게 되는 구체적 대상으로 등장한다. 이같이 논쟁의 대상이 된 여러 사람의 주장을 요약해 보면 다음과 같이 단순화시켜 볼 수 있다.

① IQ 검사는 지능을 측정한다.
② 지능은 학교생활에서의 성공의 중요한 결정 요소다.
③ 지능은 고도의 유전적인 것이다(약 80%).
④ 지능에 나타나는 흑인과 백인의 차, 그리고 사회계층 간의 평균의 차는 대단히 크다(흑백의 경우 IQ 점수로 15점의 차).
⑤ 그러므로
- 지능은 잘 변하지 않으며
- 지능에서의 격차는 제거할 수 없으며
- 종족 간, 계층 간 지능의 차는 아마 유전에 의한 것이며
- 지능이 주된 역할을 하는 영역(교육, 사회적 지위 등)에서 평등을 이루어 보려는 노력은 비현실적이다.

숨겨진 이데올로기

이 같은 IQ에 대한 사고의 저변에 이데올로기적 사고, 즉 적자생존과 약육강식, 그리고 진화론적인 사고가 이미 지능이라는 개념이 처

음 도입되기 시작할 때, 그 저변에 깔려 있었다. 19세기 중엽 Charles Darwin에 의해 저술된 『종의 기원』은 생물의 발생을 진화론적인 시각에서 바라보는 과학적 사고의 혁신과 과학적 정신의 새로운 세계를 우리에게 열어 주었지만 동시에 거기에는 '우생학의 이데올로기'를 내포한 세균이 번식할 가능성을 암시하고 있었다. 진화론이 담고 있는 이데올로기가 적자생존, 약육강식(약강이 어떤 특성이건 간에)의 원칙에 있었고, 이것은 곧 우생학의 기초를 다지는 사상을 제시한 셈이다. 실제 그의 진화론 끝에 사회에 열등한 종자의 양을 통제하기 위하여 가난한 사람들 사이의 결혼은 제한해야 한다는 주장을 하고 있다. 그는 영국의 우수한 가정은 지능을 포함한 여러 가지 우수한 특성 때문에 자연선택, 적자생존에 의해 유지되어 온 것으로 믿었다. 그의 사촌 Francis Galton은 IQ 검사와 지능의 과학을 창시한 사람으로 심리학계에서는 인정하고 있다. 그러나 그가 『종의 기원』이 출판된 후 10년 만에 출판한 『유전적 천재』라는 저서에서 내보인 견해는 누가 지적이며 누가 덜 지적인가를 알아내어 전자는 더 양육하고 후자는 멸종시키는 방향으로 추진하는 것이 보다 자연에 부합되는 길이라는 것이었다. 이 목적을 위해 그는 1908년에 영국 우생학회를 창시하였다. 또한 우생학(eugenics)이라는 용어도 그가 처음 창시했다. 그런데 그가 처음 제작한 지능검사는 감각-운동 기능을 측정하는 것이었다. 그의 가정은 이 같은 기능이 지능의 지표가 된다고 생각했기 때문이다. 그러나 불행히도 아일랜드인, 흑인, 기타 다른 외국인이 영국인보다 이 검사에서 훨씬 우수한 점수를 보였다. 이에 대해 Bache[5)]는 "백인은 보다 정교하고 반사적 종족이

5) R. M. Bache, "Reaction time with reference to race", *Psychological Review*, 1895, *2*, 475-486.

기 때문에 반응이 늦다."라고 변명하고 있다. 미국의 Thorndike[6]도 열등한 종족, 어린이의 명백한 지적 열등은 그들의 억지력의 부족(lack of inhibition)에 있다고 하였다. 그러기 때문에 정신성장에 결핍을 보인다고 말하고 있다. 따라서 반응시간을 지능의 측정에서 제외시키도록 시사했다.

이같이 지능의 과학이 발달하던 초기의 사실 속에는 은연중에 IQ의 이데올로기가 숨겨져 있음을 간파할 수 있다. 이 같은 이데올로기는 그 이후 지능의 역사적 발전에 계속 잠재되었지만 어디로인가 흡수되어 표면에는 보이지 않는 세균 역할을 한다.

① 모든 지능검사는 미리 지적인 집단과 비지적인 집단을 확인해 놓고 이 집단을 준거집단으로 해서 지능검사를 타당화한다.
② 과학의 원재료는 현실세계에서 끌어낸 추상성이다. 이것은 사회적으로 생산된 이론적 객체다. 즉, IQ 점수가 그렇다.
③ 지능의 판단은 비교적이고 절대적이기보다 상대적이다.
④ 지능 자체의 내적인 요인보다는 외적인 요인이 지능연구에 더 중요한 결정요인이 되고 있다.

Binet는 프랑스에서 1895년에, 그리고 Stern은 1912년 독일에서 각각 교사가 선정한 지적 집단, 비지적 집단에 비추어 비감각적 언어검사를 만들었다. 이 검사는 잉크가 마르기도 전에 미국에 건너와 Goddard가 자유의 여신상 앞에서 미국에 이주해 오는 수만 명의 이민을 대상으로 이 검사를 실시하고 유대인, 헝가리인, 이탈리아

6) E. L. Thorndike, *Educational Psychology*, New York: Lemcke and Buechner, 1903.

인, 러시아인들은 모두 정신박약(feeble-minded)이라고 결론내렸고, 이민을 제한해야 된다고 주장했다. Terman[7]은 미국 백인 중류계층을 대상으로 Stanford-Binet 지능검사를 표준화하고 이에 비추어 다른 사람의 지능을 판단했다. 흑인이나 사회계층이 낮은 집단의 지능이 낮게 나올 것은 뻔한 일이었다. 그가 마음속에 지니고 있던 생각은 '만약 우리의 국가를 소유할 가치가 있는 계급의 사람들이 소유하도록 하려면, 정신적 퇴화가 번식하는 것을 될 수 있는 대로 막아야 한다.'는 것이었다. Stanford-Binet 초판을 제작할 때 여자집단이 남자보다 훨씬 정답률이 높은 문항을 발견하고 이것을 개정판에서는 바꾸어 버렸다. 이것은 마치 감각-운동기능을 측정하던 지능검사에서 영국인보다 아일랜드인, 흑인이 성적이 높사 그것을 바꾸어 버리는 것과 다를 바 없다. 아마 이같이 지능검사 초기에 지능의 과학 뒤에는 알게 모르게 이데올로기의 세균이 번식하고 있었다.

1904년에 Carnegie 재단과 Union Pacific 철도회사는 Charles Davenport로 하여금 우생학 실험 및 기록연구소(Eugenics Laboratory and Records Office)를 세우도록 재정지원을 하고 여기에 우수한 우생학자, 심리학자가 동원되어 대학에서 우생학을 가르치게 하였으며, 이종족 간 혼인금지를 법률로 제정하게 하였다(30개 주가 채택). 이때 동원된 중요한 자료가 낮은 IQ가 범죄, 난혼, 정신적 퇴화와 높은 상관관계가 있다는 것이었다. 이 결과 1930년까지 6만 명이 불임수술을 했다.

IQ 우생학에 역사적으로 중요한 역할을 한 것이 성격교육운동

---

7) L. M. Terman, *The Measurement of Intelligence*, Boston: Houghton, Mifflin, 1916.

(Character Education Movement)이다. 이것은 1908년에 NEA (National Education Association)의 회원인 교육자 및 성직자들이 모여 시작한 것으로 어린이를 교육적 수술에 의해 변형시키는 것이 학교의 목적이라고 보았다. 그래서 Terman은 '사업판단, 사회적 판단처럼 도덕적 판단도 지능의 함수'라고 믿었고,[8] 성격교육운동의 핵심적 판단도구가 지능이 되어 버렸다. 북유럽에서 온 부모를 둔 아동은 지능도 높고 기타 다른 성격 특성에서 친절하고, 유머 있고, 정직하고, 동정심 많고, 충성심 있고, 협동적인 데 비해 아일랜드, 이탈리아인을 부모로 가진 어린이들은 지능도 낮고 부정적, 불성실, 범죄, 성범죄 등이 많다고 하는 결과를 보고 지능이야말로 성격의 중요한 결정요인으로 보았다.

여기에다 심리학이 산업사회의 시녀 노릇을 한 것도 간과할 수 없다. Thorndike는 대규모 보험회사를 위해 여러 가지 검사를 개발해 주었으며, Thurstone은 웨스팅하우스와 카네기 철강회사의 과학적 관리기술의 개발, 그리고 작업현장에서 발생하는 문제를 확인하고 해결하기 위해 각종 검사를 실시했다. 이것은 마치 Frederick Taylor가 학문을 산업의 필요에 적응시키기 위한 과학적 관리연구에 몰두한 것과 별로 다를 바 없다. 산업의 시녀가 된다는 것은 그 산업의 자본주인 기업의 소유주에게 시녀 노릇을 한다는 말이며, 그들의 이윤 획득과 자본 축적을 위한 도구로 지능의 과학이 매명된다는 것을 의미한다.

---

8) L. M. Terman, *The Measurement of Intelligence*, Boston: Houghton Mifflin, 1961, p. 11.

지능이란 실제 존재하는가

대개의 지능이론은 IQ를 측정하는 것이 지능이며, 이것은 지능검사에 의해 측정되어 나오는 것이라는 사실을 당연한 전제로 받아들인다. 그런데 실제 '지능'이란 것이 존재하는가라는 질문을 던져 볼 수 있다. 실재론자에게는 지능이란 실제 존재하는 능력이며, 그것은 학습하는 능력이라고 말한다. 그래서 Spearman 같은 연구자는 지능을 '일반 정신 에너지의 양(amount of general mental energy)'이라고 했고, 어떤 사람은 원자, 유전인자, 전자기장과 같은 것이라고 표현했나.

그러나 관점을 달리해서 보면 우리가 구상화했다고 하는 지능이라는 것은 실제 존재하지 않는 것을 마치 존재하는 것처럼 허구화(fictionalizc)한 것이 아닌가 하는 의문을 제시할 수 있다. 마치 지능검사 속에 무엇이 있는 것은 기계 속에 귀신이 있는 것처럼 생각하는 미신과 별 다를 바 없다는 주장이 가능하다. Cronbach도 "요인분석가들이 흔히 요인분석에 의해 뇌신경 계통의 성질을 반영하는 자연 차원을 발견한 것처럼 주장한다. 그러나 상관관계 혹은 요인이란 다만 표본한 집단에서 둘 이상의 수행 결과가 서로 같이 변하고 있다는 사실을 지적하고 있는 것 이상의 아무것도 지시해 주지 않는다."라고 경고하고 있다.[9)]

이 같은 사고 뒤에는 지능이란 일종의 허구화에 지나지 않는다는

---

9) L. J. Cronbach, "Test validation", in R. L. Thorndike (Ed.), *Educational Measurement*, 2nd ed. Washington, D. C.: American Council on Education. 1971.

생각이 깊이 지배하고 있다. 존재하지 않는 것을 존재하는 것처럼 허구화함으로써 이미 존재하는 기존의 사회체제나 이데올로기를 그대로 유지하기 위한 도구로 이용된 것이 지능이요, 지능검사라는 도구라고 하는 비판이 가능하다. 지능검사를 제작하고 나면 그것이 '신뢰로운가', '타당한가'라는 질문을 한다. 신뢰로운가 하는 질문은 검사의 결과가 같은 상황에서는 언제나 같은 점수를 나타내는가라는 질문이며, 타당한가라는 것은 지능검사가 지능이라는 존재를 측정하고 있는가라는 질문이다. 그런데 지능 그 자체의 구상화가 허구이다 보니 이 같은 구인타당도를 밝힐 방법이 막연하기 때문에 자연히 흔히 사용하는 방법이 구인타당도 대신에 공인타당도를 제시한다. 공인타당도란 A 지능검사와 B 지능검사 사이의 상관에 의해 제시된다. 이때 공인타당도로 가장 대표적으로 이용되는 것이, 미국의 경우 Stanford-Binet 지능검사인데, 앞에서 논의했듯이 이미 Stanford-Binet 검사가 왜곡된 개념, 왜곡된 문항 구성, 왜곡된 표본에 기초해서 얻은 결과다. 그에 비추어 공인타당도를 제시하는 다른 지능검사의 타당도란 곧 허구일 수밖에 없고, 한편으로는 이데올로기에 침윤된 개념일 수밖에 없다.

Stanford-Binet 지능검사의 구인타당도는 교사의 판단, 학교 교육기간, 사회생활에서의 성공과의 공인타당도에 의거하고 있고, 이 중에서도 교사의 판단에 가장 의존하고 있다. 교사의 판단이란 '중류계층의 백인 교사의 판단'이 주된 부분을 차지하고 있다는 것을 고려하면, 실제의 지능검사가 무엇을 측정하고 있는지를 짐작하게 한다. 예컨대, 1960년도판 Stanford-Binet 지능검사의 그림 식별 문항을 보면 두 여인의 그림으로 구성되어 있는데, 한 여인은 깨끗하게 차린 단정하고 전형적인 앵글로-색슨 계통의 여대생이고, 다른 여인은 흐트러진 복장을 한 흑인 여자다. 검사 방법은 이 그림을 보고 '누가 더 이쁩니까?'라고 물어서 정답을 결정하는 것이다. 이 속에는 이미 백인은 깨끗하고 단정하며, 흑인은 더럽고 추하다는 문화적 편견이 전제되어 있다. 이와 비슷한 함의를 풍기는 문항은 Wechsler 지능검사에도, 또 다른 지능검사에서도 찾아볼 수 있다.

이 같은 사실은 지능검사 속에는 분명히 소위 '지능' 이외의 것이 많이 포함되어 있음을 뜻한다. 즉, 지능검사는 그가 어떤 언어를 사용하는가, 그의 부모의 수입이 얼마나 되는가, 그의 선생이 얼마나 좋은가, 그가 사회의 지배적인 이데올로기를 얼마나 잘 흡수하고 있는가 하는 것을 더 많이 측정하고 있다. 이것은 곧 지능검사 자체가 이미 종족 차별, 계층 차별, 문화 차별, 지역 차별, 성 차별을 반영하고 있다는 것을 의미한다. 이 같은 이데올로기적 사고는 지능검사를 제작한 사람들의 연구논문에 서슴없이 나타나고 있다. Terman은 '인디언 같은 바보' '메시코인이나 흑인 같은 종족'은 어떠한 정신적 문화의 체계를 가지고도 쓸어 버릴 수 없다[10]고 했는가 하면, J. M. Cattell은 "문명화된 사회 속에서 자라고 있는 야만인은 그의 검은 피부 색깔만을 유지할 뿐 아니라 그들 종족의 지리멸렬한 마음도 가지고 있을 개연성이 있다."[11]라고 한 것이나, Burt가 영국에서 소수민족을 '야만인'이라고 불렀던 것 등은 곧 그들이 지능검사를 제작할 때, 어떤 태도와 가정, 방향으로 제작하였을 것인가를 짐작케 한다. 그 말에는 이미 사회계급, 종족, 성공, 지배자와 피지

---

10) L. M. Terman, *The Measurement of Intelligence*, Boston: Houghton Mifflin, 1916. Chapt. 1.

11) J. M. Cattell, *American Man of Science*, Lancaster: Science Press, 1947. Vol. II, p. 155.

배자로 구별하는 이데올로기가 은연중에 숨겨져 있었으리라는 추측을 가능하게 한다.

IQ 논쟁과 이데올로기에 관련해서 제기되는 또 다른 문제가 지능이 인생의 성공의 결정요인이라고 보는 업적주의(meritocracy) 신화다. 인간이 인생에서 성공하는 것은 그의 업적(merit) 때문이라는 생각이다. 인간이 인생에서 성공하는 정도에는 대단히 큰 격차를 발견할 수 있다. 단적인 지수로서 오스트리아에서 60%의 부는 10%의 인구가 점유하고 있고, 미국에서 상위 1%의 인구가 전체 부의 30%를 가지고 있으며, 영국에서는 상위 2.5%의 인구가 전체 부의 50%를 지배하고 있다. 대부분의 후진국 및 중진국은 이보다 그 정도가 심하며, 우리나라의 경우(1979년 현재) 소득상위 10%의 인구가 전체 소득의 27.5%를 차지하고 있다.[12] 이것은 곧 성공에는 차이가 있다는 것을 부인할 수 없는 증거로 볼 수 있다. 그러나 이것을 지능의 책임이라고 주장하는 논리는 거부할 수밖에 없다. E. L. Thorndike도 인간이 인생에서 남보다 앞서는 것의 주된 요인은 유전에 있다고 주장했다. Herrnstein은 각자의 능력에 따라서가 아니라 각자의 필요에 따라서라는 사회주의 사고는 '인간의 본성을 거부하는 것'이라고 매도하고 있다. Cyril Burt는 '영국의 계급구조는 사회의 지능분포에 기인한다.'고 주장하고 있다.[13] 이 같은 업적주의 사고는 Thomas Jefferson에 의해 비교적 진보적 원칙으로 처음 채택되었다. 그때에는 봉건적 · 귀족적 관점이 인생에서의 성공을 지배하고 있었고, 이에 대한 강한 반발에서 출발했다. 그런데 이제는 오히려 이것이 인

12) 주학중, '계층별 소득분포의 추계와 변동 요인', **한국개발연구**, 창간호, 1979. p. 34.

13) C. Burt, "Evidence for the concept of intelligence", in S. Wiseman (Ed.) *Intelligence and Ability*, Baltimore: Penguin Books, 1967.

간주의와 인간의 자유를 제약하는 자본주의, 산업주의, 합리주의의 무기로 이용되고 있다는 데 문제가 있다.

부모의 부와 지위가 높은 것이 바로 다음 세대의 자녀의 지능을 결정한다는 사고, 그리고 그것이 인생의 성공을 결정한다는 사고는 기존 자본주의 질서를 고수하려는 또 다른 형태의 귀족주의이며 신화라고 해야 할 것이다. Bowles와 Gintis[14)]가 연구한 바에 의하면 IQ와 인생의 성공 사이에 상관이 있는 것은 사실이다. 그러나 이 상관에는 두 개의 중요한 상관이 숨어 있다. 거기에는 학교교육기간과 경제적 성공 사이의 직접적 상관이 있고, 다른 한편에는 부모의 수입과 경제적 성공 사이의 간접적 상관이 있다. 무엇이 경제적 성공에 가장 영향을 미치는가를 밝히기 위해 각 요인을 따로따로 고려하면, IQ 점수의 영향은 거의 사라져 버린다. 이 말은 업적주의의 기본 가정이 허위라는 것을 시사한다. IQ 속에는 소위 부모의 수입과 학교교육기간이라는 부에 의해 계층지어진 변인이 그 뒤에 도사리고 있음을 말한다. 부자 부모를 둔 머리 나쁜 자식이 가난해진다는 것은 거짓이며, 가난한 부모를 둔 똑똑한 자식이 부자가 된다는 것도 거짓이다. 이것은 소위 업적주의를 표방하는 자본주의 사회일수록 더욱 그렇다.

지능의 유전 가능성 문제도 이것이 갖는 의미를 정확히 파악하고 해석하지 않을 때, 거기에는 자칫 이데올로기의 문제가 개재할 소지가 많다. 종족에 따라 지능의 유전력 지수의 비율이 다르다고 하거나 사회계층에 따라 유전력이 다르다고 한다면 모든 것이 유전에 의해

---

14) S. Bowles & H. Gintis, *Schooling in Capitalist America*, London: Routledge & Kegan Paul, 1976.

결정된다는 사고를 낳게 된다. 그러나 이미 제4부에서 논의한 바처럼 지능의 유전력 지수는 그것이 어느 특정한 집단의 모집단에 존재하는 유전적 변량과 환경 변량을 함께 고려하였을 때의 유전력의 상대적 변량일 뿐 유전력 지수 h^2가 높다고 그것이 곧 유전적(genetic)인 형질이라거나 유전력 지수 h^2가 낮다고 해서 환경적 영향이라고 말할 수는 없다. 예컨대, 여기 키가 큰 양귀비 순종이 있다고 하자. 이것들은 모두 유전적 형질이 똑같다. 이들 키는 전적으로 100% 유전에 의해 결정되지만 그들의 유전력 지수 h^2는 0이 된다. 왜냐하면 키에서 아무런 유전형 변이가 없기 때문이다. 앞의 키 큰 양귀비를 영양이 결핍된 환경에서 키우면 키는 100% 유전에 의해 결정되었지만 모든 양귀비의 키는 작아진다. 그러나 이때에도 h^2는 0이 된다.

이와 같이 통계적으로 밝혀진 어떤 특정 집단의 h^2가 크다거나 적다고 해서, 그 특성이 유전에 의해 결정되었다거나 그렇지 않다고 말하는 것은 얻어진 증거를 지나치게 비약하여 결론을 내리는 셈이다. 이 같은 결론을 강권할 때, 거기에서는 유전에 의한 종족 간 불균등, 유전형질에 의한 우생학을 주장하는 과거의 망령, 이데올로기가 되살아날 가능성을 엿볼 수 있다. 더욱이 최근의 여러 가지 연구는 지능이 단기간에도 잘 변하며, 장기적으로도 환경에 의해 발달된다는 증거가 속출하고 있다.[15) 이 같은 사실은 상대적 크기를 나타내는 유전력 지수 h^2란 아무런 의미가 없음을 시사한다. 아무런 의

15) N. J. Block & G. Dworkin (Eds.), *The IQ Controversy*, New York: Pantheon Books, 1976.
U. Bronfenbrenner, *Is Early Intervention Effective*, Ithien: Cornell University Press, 1974.
B. S. Bloom, *Stability and Change in Human Characteristics*, New York: Wiley, 1964.

미가 없다는 것은 지능의 유전력 변량은 학문적 탐구의 대상으로서의 의미가 없다는 것이 아니라, 유전력이 높다는 그 자체가 지능이 고정적이라거나, 변할 수 없다거나, 유전인자에 의해 결정되어 있다는 뜻으로 해석되어서는 안 된다는 것을 의미한다.

지능의 사회적 함의

첫째, 학교는 경험을 통해 지식을 성장시키고, 품성을 형성하며, 사회적 병리현상을 완화시키기 위한 존재로 흔히 인식하고 있다. 그러나 관점을 달리하면 학교란 노동력의 재생산처요, 현 사회의 지배계급의 문화와 도덕률에 순치시키는 기능을 가진 대표적 기관이라고 해석할 수도 있다. 사실, 자본주의 국가에서는 그들대로, 또 사회주의 국가에서는 그들대로, 그리고 독재국가이건 민주국가이건 이 같은 목적에 어느 정도 이바지하고 있는 것이 학교다.

이와 마찬가지 논리로 지능이라는 개념, 지능검사, IQ가 개인을 이해하고 그들의 지적 잠재 가능성을 최대로 신장시킨다든가, 개인이 가진 지적 결함을 보충하기 위한 것이라는 우아한 목적은 어디로인가 사라지고, 이것이 기존 사회의 부, 재산, 계급, 지적 귀족, 공적주의를 합리화시키고 그것을 정당화시키기 위한 수단으로 이용되거나 이해될 가능성을 경계할 필요가 있다. 자칫하면 우리 주위에 도사리고 있는 귀족계급 의식, 양반 의식, 뿌리 의식, 씨 의식이 IQ를 통해 재현될 가능성이 있고, 이 IQ가 그러한 목적에 이바지할 수도 있다.

둘째, 지능검사라는 도구 개발은 미국이 성취해 놓은 위대한 산업이다. 다른 분야도 그렇기는 하지만 특히 지능이론에 관한 한 미국제 지능검사의 역할은 절대적이다. 우리나라뿐 아니라 기타의 거의 모든 국가가 미국제 지능검사를 모방해서 '번역'하고 있다. 선진문화를 처음 수용할 때 모방에서부터 시작하는 것은 어쩔 수 없는 일이다. 그러나 지능이란 것이 각 개체가 놓여 있는 문화적 배경, 경험이 뒤에 도사리고 있는 문화구속적인 것이라면, 지능검사의 제작도 이 같은 문화적 배경에 관한 예민한 연구를 전제로 제작되고 해석되어야 할 것이다. 미국에서 제작된 지능검사의 이론, 방법론을 가만히 분석해 보면 거기에는 미국이 갖는 문제와 대국주의의 사고가 깊이 도사리고 있음에 유의해야 한다.

셋째, 어떤 사물, 환경, 제도가 이 세상에 도입되고 그것이 존속하게 된 데에는 역사적 실체가 존재하기 마련이다. IQ의 경우에도 이 같은 명제가 예외는 아니다. 왜 IQ가 처음 탄생하고 도입되었으며, 어떤 역사적 발전을 겪으면서 지금의 단계에까지 이르렀는가에 대한 역사의식의 관점에서 보는 비판이 필요하다. 반복해서 살펴본 바처럼 IQ가 처음부터 귀족계급의 시녀, 산업의 시녀, 자본가의 시녀, 군대의 시녀, 능률의 시녀에서 출발하여 결국은 지배계급, 자본계급, 사회 상층 계급의 우수성과 그에 따른 사회 지배의 타당성을 정당화하는 역할에 절대적 존재로 이용되어 왔음에 주목해야 한다. 영국의 귀족계급, 미국의 상류계급과 자본가를 유지하기 위한 한 가지 도구 역할을 했다. 이를 합리화하기 위해 심지어 Galton은 거의 믿을 수 없는 자료를 가지고, Goddard와 Burt는 자료를 날조해 가면서, Terman은 자료를 왜곡해 가면서 그것을 필사적으로 정당화시키고 있다. 이 같은 반역사적 왜곡이 우리의 주위에서 일어나고 있지 않다고 누가 단정적으로 부인할 수 있는가?

넷째, 지능과 같은 역사적 실체, 사회적 실체, 문화적 실체를 생물적 실체(biological reality)로 바꾸어 생각하려는 환원론은 그 밑에 왜곡된 저의를 갖고 있는 것으로 보아야 한다. 마치 아이들이 공부를 못하면 부모가 못나서 그런 것으로, 부모가 못난 것은 조상 탓으로, 조상 못난 것은 씨가 나빠서 그런 것으로 그것을 은근히 생물적 실체로 환원시키려는 사고다. 지능은 어디까지나 문화적 실체이며 역사적 실체다. 비록, 지능의 어떤 특성을 생물적 현상으로 설명할 수 있다고 해서 지능이 생물적 결정론으로 환원된다는 사고는 중대한 오류를 범하는 사고라고 본다. 흔히 머리가 똑똑치 못하고 출세 못하는 것을 족보, 집안에 그 탓을 돌리는데, 그 밑에 깔려 있는 사고는 이 같은 생물적 결정론이 도사리고 있는 셈이다. 지능이 생물 결정론의 도구로 이용되는 것과 곧 서구인의 진화론적 사고, 서구문명의 동양 및 기타 문화에 대한 우위론, 종족차별론은 생물적 진화가 사회적 진화의 개념으로 환원되는 도식을 제공하는 셈이다.

전 망

지금까지 지능과 학습능력, 지능과 성적, 지능과 창의력, 지능과 천재, 지능과 문화, 지능과 종족, 지능과 사회계층, 지능과 이데올로기 등 여러 가지 상호관계를 비교적 최근의 이론과 연구 결과를 통해 살펴보았다. 이 같은 논의에서 얻을 수 있는 결론은 지금까지의 연구만으로 지능이 어느 한 변인의 결정적 변수가 될 수 없다는 사실이다. 그동안 지능이 다른 변인의 중요한 결정변수가 되는 것처럼 이해한 것은 상식적인 해석이었거나 때로는 잘못된 인식 위에서 얻은 결론이라는 것이 명백하다.

그러나 또한 지능이 여러 가지 다른 변인의 결정변수는 아니지만, 학습, 성적, 천재, 창의력, 종족, 사회계층을 이해하기 위해서는 가장 중요한 인간 특성인 것도 사실이라는 것은 분명하다. 앞선 논의에서도 가끔 시사하기는 했지만, 이제부터의 접근은 지능 자체의 개념을 정태적 지수로서가 아니라 역동적인 작용변인으로 이해해야 할 것이라는 것과 지능과 다른 변인 사이의 관계를 이해하기 위한 종합적인 이론(meta-theory)이 제안되어야 할 것이라는 점이다. 지능 → 다른 변인의 직접적이고 기술적 수준에서의 이해는 한계점에 온 것으로 보인다. 이제는 지능 자체를 능력요인으로 이해하거나 그것을 인지과정으로 이해하건 그것이 정태적이며 기술적일 때, 그 설명능력과 예언능력은 한계에 이른다는 것이다. 예컨대, 지능과 학습과의 관계도 이 두 변인이 함께 포함된 새로운 종합이론이 개발되지 않을 때, 그 과거의 타성에서 탈피하기 어렵다. 이제는 지능이론은 그것대로 따로 개발되고, 학습이론은 또 그것대로 따로 개발될 때 그 사이의 이론적 접목은 불가능하다는 것이다. 이 같은 관점에서 보면 능력의 변별적 차이를 통해 그 개인차를 추구하려는 접근, 적성과 교수 방법의 상호작용을 통해 새로운 적성을 탐구하려는 접근, 그리고 지능의 인지과정을 분석함으로써 정보처리과정과 지능과의 관계를 추구하려는 접근 등은 지능이론의 미래를 열 수 있는 밝은 전망이라고 지적하고 싶다. 이들 접근은 모두 '인간능력-X-다른 변수' 라는 공식을 전제로 하고, X변인의 선택과 해석에 차이가 있을 뿐이다.

지능이 갖는 문화적 · 사회적 · 이데올로기적 함의에 대한 시각을 제대로 정립할 필요가 있다. 지능이 문화의 산물, 사회의 산물이며, 그러한 여러 가지 현상을 설명하기 위한 가장 중요한 심리적 변인의 하나지만, 이것이 이데올로기의 세균을 담고 이용된 과거의 역사적 사실은 우리로 하여금 지능의 의미를 다시 한 번 반성적 시각, 해석적 시각에서 조명하기를 요구한다. 지능이 인간인 나를 이해하고, 나의 가능성을 최대로 키워 주며, 나와 남이 다른 것을 밝혀 그것을 길러 주는 개념이 아니라 사회진화, 약육강식, 귀족주의, 업적주의라는 이데올로기의 합리화를 위해 편리하게 만들어 낸 허구적인 것의 구상화가 아닌가에 대한 냉철한 비판의식도 함께 병행되어야 할 것이다.

참고문헌

Bayley, N., "Development of mental abilities", in P. Mussen (Ed.), *Carmichael's Manual of Child Psychology,* vol. 1. New York: Wiley, 1970, pp. 1163-1209.

Bloom, B. S., *Stability and Change in Human Characteristics,* New York: Wiley, 1964.

Bowles, S. & Gintis, H., *Schooling in Capitalist America*, New York: Basic Book, 1976.

Buss, A. R. & Poley, W., *Individual Differences: Traits and Factors,* New York: Gardner Press, 1976.

Cattell, R. B., *Abilities: Their Structure, Growth and Action,* Boston: Houghton Mifflin, 1971.

Cronbach, L. J. & Snow, R. E., *Aptitudes and Instructional Methods,* New York: Irvington, 1977.

Cronbach, L. J., "The two disciplines of scientific psychology", *American Psychologist*, 1957, 12, 671-684.

Cronbach, L. J., *Essentials of Psychological Testing,* 3rd ed., New York: Harper & Row, 1970.

Eysenk, H. J. & Kamin, L. J., *The Intelligence Controversy,* New York: John Wiley, 1981.

Flavell, J. H., *Cognitive Development*, Englewood Cliffs, N. J.: Printice Hall, 1977.

Flavell, J. H., *The Developmental Psychology of Jean Piaget*, Princeton, N.

J.: D. Van Nostrand, 1963.

Fruchter, B. *An Introduction to Factor Analysis*, Princeton, N. J.: Van Nostrand, 1954.

Gagne, R. M. (Ed.), *Learning and Individual Differences*, Columbus, Ohio: Merrill, 1967.

Goodenough, F. L., *Mental Testing*, New York: Rinehart & Co., 1949.

Gould, S. J., *The Mismeasure of Man*, New York: W. W. Norton, 1981.

Goulet, L. R. & Baltes, P. B. (Eds.), *Life-Span Developmental Psychology: Research and Theory*, New York: Academic Press, 1970.

Guilford, J. P., *The Nature of Human Intelligence*, New York: McGraw-Hill, 1967.

Halsey, A. H. (Ed.), *Heredity and Environment*, New York: Free Press, 1977.

Harman, H. H., *Modern Factor Analysis*, Chicago: University of Chicago Press, 1967.

Hebb, D. O., *The Organization of Behavior: A Neuropsychological Theory*, New York: Wiley, 1949.

Hernstein, R. J., *IQ in the Meritocracy*, Boston: Atlantic Monthly Press, 1973.

Hunt, J. Mcv., *Intelligence and Experience*, New York: The Ronald Press, 1961.

Inhelder, B. & Piaget, J., *The Growth of Logical Thinking*, New York: Basic Books, 1958.

Jensen, A. R., *Bias in Mental Testing*, New York: Free Press, 1980.

Jensen, A. R., "How much can we boost IQ and scholastic achievement", *Harvard Educational Review*, 1969, 39, 1-123.

Kamin, L. J., *The Science and Politics of IQ*, Potomac, Md.: Lawrence Erlbaum, 1974.

Marjoribanks, K., *Families and Their Learning Environments: An Empilical Analysis*, London: Routledge & Kegan Paul, 1979.

Newell, A. & Simon, H., *Human Problem Solving*, Englewood Cliffs, N. J.:

Prentice Hall, 1972.

Piaget, J., *Genetic Epistemology,* New York: Columbia University Press, 1970.

Piaget, J., *The Origins of Intelligence in Children*, New York: International University Press, 1952.

Piaget, J., *The Psychology of Intelligence,* New York: Harcourt, Brace & Co., 1950.

Resnick, L. B. (Ed.), *The Nature of Intelligence,* Hillsdale, N. J.: Lawrence Erlbaum, 1976.

Spearman, C., *The Abilities of Man,* New York: Macmillan, 1927.

Sternberg, R. J. & Detterman, D. K. (Eds.), *Human Intelligence,* Norwood, N. J.: Ablex Publishing Co., 1979.

Sternberg, R. J. (Ed.), *Handbook of Human Intelligence*, Cambridge: Cambridge University Press, 1982.

Sternberg, R. J., *Intelligence, Information Processing and Analogical Reasoning*, Hillsdale, N. J.: Lawrence Erlbaum, 1970.

Terman, L. M., *The Measurement of Intelligence*, Boston: Houghton Mifflin, 1916.

Thurstone, L. L. & Thurstone, T. G., *Factorial Studies of Intelligence*, Chicago: University of Chicago Press, 1941.

Thurstone, L. L., *Multiple Factor Analysis*, Chicago: University of Chicago Press, 1947.

Vernon, P. E., *Intelligence, Heredity and Environment,* San Francisco, Calif.: W. H. Freeman, 1979.

Vernon, P. E., *The Structure of Human Abilities*, London: Methuen, 1950.

Wechsler, D., *Wechsler-Bellevue Intelligence Scale,* New York: Psychological Corporation, 1939.

Wolf, T. H., *Alfred Binet*, Chicago: University of Chicago Press, 1973.

찾아보기

국 문

영 문

인 명

황정규

서울대학교 사범대학 교육행정학과(학사)
서울대학교 대학원 교육학과(교육심리학 전공)(석사)
미국 시카고대학교 대학원 교육학과(교육측정 · 평가전공)(박사)

서울대학교 사범대학교 교육학과 교수, 학장 역임
한국교육학회장 역임
서울대학교 명예교수(현재)

[저서]
행동진단의 기술
학습극대화를 위한 교육평가
학교학습과 교육평가
현대 교육심리학의 쟁점과 전망
교육측정 · 평가의 새지평

인간의 지능

2010년 1월 5일 1판 1쇄 인쇄
2010년 1월 15일 1판 1쇄 발행

지은이 • 황정규
펴낸이 • 김진환
펴낸곳 • (주) 학지사
121-837 서울시 마포구 서교동 352-29 마인드월드빌딩 5층
대표전화 • 02-330-5114 팩스 • 02-324-2345
등록번호 • 제313-2006-000265호

홈페이지 • http://www.hakjisa.co.kr
커뮤니티 • http://cafe.naver.com/hakjisa

ISBN 978-89-6330-230-0 93370

정가 18,000원

저자와의 협약으로 인지는 생략합니다.
파본은 구입처에서 교환해 드립니다.